DES

FAILLITES ET BANQUEROUTES.

—

FORMULAIRE GÉNÉRAL

ET

RÉSUMÉ PRATIQUE

DE LÉGISLATION, DE JURISPRUDENCE ET DE DOCTRINE.

Paris. — Imprimerie de COSSE et J. DUMAINE, rue Christine, 2.

DES

FAILLITES ET BANQUEROUTES.

—

FORMULAIRE GÉNÉRAL

ET

RÉSUMÉ PRATIQUE

DE LÉGISLATION, DE JURISPRUDENCE ET DE DOCTRINE

POUR RENDRE PRATIQUES POUR TOUS LA PROCÉDURE ET L'EXERCICE
DE TOUS LES DROITS EN MATIÈRE DE FAILLITES;

Contenant :

LES MODÈLES DES REQUÊTES, ORDONNANCES, JUGEMENTS, RAPPORTS,
BILANS, INVENTAIRES, ETC.

PAR

M. Frédéric LAROQUE-SAYSSINEL,

AVOCAT, ANCIEN RÉDACTEUR DE LA GAZETTE DES TRIBUNAUX DE COMMERCE,
ancien Juge suppléant de justice de paix,
ancien Membre de Comité consultatif d'arrondissement.

—

PREMIÈRE PARTIE.

—

PARIS,

IMPRIMERIE ET LIBRAIRIE GÉNÉRALE DE JURISPRUDENCE.
COSSE ET **MARCHAL,** IMPRIMEURS-ÉDITEURS,
LIBRAIRES DE LA COUR DE CASSATION,
Place Dauphine, 27.

1860

DÉDICACE.

—

A MESSIEURS

LES PRÉSIDENTS ET JUGES DES TRIBUNAUX DE COMMERCE

DE FRANCE.

Ce livre est dû à la bienveillance des Magistrats consulaires qui, pendant près de vingt ans, ont désigné fréquemment l'auteur aux fonctions d'arbitre rapporteur et de syndic de faillites ; ils lui ont fait ainsi une position exceptionnellement heureuse pour recueillir et coordonner les matériaux de son œuvre.

La reconnaissance fait donc un devoir à l'auteur de faire hommage de son livre à cette magistrature consulaire si utile et en même temps si désintéressée.

L'auteur ose espérer qu'elle voudra bien accueillir favorablement son travail,

Et agréer l'expression sincère de ses sentiments les plus respectueux,

Frédéric LAROQUE-SAYSSINEL,
Avocat.

AVANT-PROPOS.

Il existe plusieurs traités des faillites et banqueroutes, œuvres d'éminents jurisconsultes.

Mais, comme le disait M. Billault lors de la discussion de la loi de 1838, les jurisconsultes s'occupent beaucoup trop des principes et des déductions de textes, sans tenir assez compte des faits, c'est-à-dire de la pratique. M. de Saint–Nexent (*Traité des faillites et banqueroutes*, d'après la loi du 28 mai 1838, tome Ier, pages 229, 230 et 231) complète la pensée de M. Billault et ajoute : « On « ne pourrait que les féliciter si leurs théories devaient « demeurer à l'état d'abstraction ; mais dans beaucoup « de circonstances, le fait domine le droit, il le mo- « difie, le change même ; alors la tâche du juriscon- « sulte devient épineuse, il faut qu'il ne dédaigne pas « plus la pratique que celle-ci ne doit dédaigner la loi « qui doit être sa boussole. Les hommes à théories « doivent se rapprocher des praticiens et s'aider mu- « tuellement de leurs lumières ; mais malheureuse- « ment, il n'en est pas ainsi. »

M. de Saint-Nexent continue : « C'est la réunion de « ces deux sciences si différentes, si rares à concilier, « qui constitue l'habile interprète des lois. »

Ces pensées sont fort justes, elles sont surtout applicables à la matière des faillites, où la pratique joue un si grand rôle.

Dans les savants traités dont il est parlé plus haut, la pratique est tout au plus effleurée ; cela suffit-il à ceux qui ont à administrer, à surveiller les affaires d'une faillite ? Il est évident que non, car, dans une pareille gestion, il faut agir et agir vite, au lieu de raisonner ; dresser une infinité d'actes, au lieu d'étudier des textes ; l'intérêt des créanciers, du failli et de la société, le réclame impérieusement.

Existe-t-il un manuel pratique, simple, clair et pourtant complet, qui soit à la portée de tous ceux qui se trouvent par état, par circonstance ou par nécessité, mêlés aux affaires et embarras des faillites ? Il faut de suite répondre non.

MM. Adolphe Chauveau et Glandaz ont publié, il y a quelques années, un excellent formulaire de procédure civile et commerciale ; ces auteurs ont glissé sur le titre des faillites ; M. A. Chauveau, dans une note, explique pourquoi ; l'un des motifs qui l'ont déterminé à ne pas dépasser certaines limites en traitant ce titre, c'est que son développement eût exigé un volume ; il s'est donc borné, à l'exemple d'autres écrivains, à donner un très-petit nombre de formules ou modèles d'actes.

Ce volume spécial restait donc à faire ; mais, pour un pareil travail, la science du jurisconsulte n'était pas suffisante, l'expérience de la pratique était tout à fait indispensable.

Disons d'abord que cette tâche paraît difficile, sinon impossible à l'avocat qui est resté exclusivement attaché au barreau de Paris ; la tradition ne tolère pas là que l'avocat inscrit au tableau accepte les fonctions de syndic de faillites ; quelques abus ont pu motiver cette sévérité ; mais ne va-t-on pas aujourd'hui trop loin ? Est-ce qu'un avocat éclairé, probe, actif, se compromet et engage davantage l'honneur du corps en acceptant un syndicat de faillite qu'en acceptant une curatelle à succession vacante, une mission d'arbitre rapporteur ? Est-ce ce que la matière des faillites, sans contredit l'une des plus subtiles et des plus compliquées, est une partie du droit dont l'étude théorique seulement soit permise à l'avocat ?

En province, loin de repousser les avocats du syndicat des faillites, beaucoup de tribunaux de commerce les désignent de préférence et sont heureux de leur concours, extrêmement utile dans les faillites embarrassées de questions de droit, et où se présentent des procès à intenter ou à soutenir.

Le ministère public accepte sans objection leurs rapports et les provoque quelquefois ; les tribunaux correctionnels et les Cours d'assises voient sans la moindre défaveur un avocat expérimenté, nommé syndic, venir les éclairer, par des dépositions nettes et lucides, sur les faits de banqueroute simple ou de banqueroute frauduleuse reprochés au failli ou à des complices ; en ceci comme en tout, n'est-il pas plus sage de séparer le mal du bien, de combattre les abus, sans se priver d'une chose utile ? (1)

_____

(1) M. Bédarride, avocat à la Cour d'Aix, a publié, en 1844, un excellent traité des faillites et banqueroutes, qu'il a même dédié à

L'auteur de cet ouvrage, ancien suppléant de juge de paix, attaché pendant plus de vingt ans comme avocat plaidant au tribunal civil et au tribunal de commerce d'un arrondissement riche, populeux et éminemment industriel, nommé fréquemment syndic dans les faillites dont la gestion et la liquidation présentaient plus spécialement des difficultés, s'est trouvé dans d'excellentes conditions pour recueillir les matériaux de son œuvre.

Ce livre est né de cette observation, que d'autres que l'auteur ont dû faire, c'est que dans une matière appliquée tous les jours et partout, qui touche au vif à tant d'intérêts, qui compromet tant de fortunes, ébranle et détruit fréquemment de belles positions commerciales, il devait y avoir un grand avantage pour chaque intéressé à trouver sous sa main un manuel, un formulaire, qui lui présentât tous faits les divers actes, procès-verbaux, requêtes, états de situation, rapports et tableaux, etc., etc., prescrits et indiqués par la loi ou

---

M. le procureur général de cette Cour. Cet avocat distingué ne craint pas de déclarer qu'il était fréquemment appelé à diriger des faillites ; qu'en 1838, il eut surtout l'honneur d'être appelé par le Tribunal de commerce d'Aix à conduire la liquidation de la faillite du plus important banquier de la ville d'Aix, et que c'est à cette pratique et aux études qu'elle nécessita qu'on doit la publication de son livre. Il est à regretter que M. Bédarride ne donne aucune formule des actes de la procédure des faillites qu'il a dirigées comme syndic. Le commentaire le plus usuel sur les faillites est celui de M. Alauzet ; ce travail fait partie de son *Commentaire du Code de commerce et de la Législation commerciale* ; est-il besoin d'ajouter que ce jurisconsulte aussi savant que laborieux s'est tenu dans cet important ouvrage à la hauteur de son *Traité des Assurances*, de son *Histoire de la Possession* ; tous deux couronnés par l'Institut de France.

les lois sur les faillites et banqueroutes, et cela au moyen de modèles ou cadres faciles à remplir, et qui n'exigent, le plus souvent, que l'addition de quelques noms, des dates et des chiffres.

Les modèles ou formules de ce livre sont, au surplus, pour la plus grande partie, des copies, ou à peu près, d'actes extraits des dossiers des faillites qui ont passé sous les yeux de l'auteur.

Les causes des faillites et banqueroutes, comme on sait, sont l'inconduite, la négligence, l'impéritie, souvent le dol et la fraude, rarement le malheur seul.

L'administration des biens que la loi substitue à celle du failli doit se recommander par l'ordre, l'activité, l'intelligence et la probité.

Les syndics habiles et honnêtes ne se trouvent pas facilement partout ; les tribunaux de commerce choisissent assez souvent pour ces fonctions des créanciers de la faillite qui connaissent rarement toute l'étendue des devoirs et des obligations que cette qualité leur impose ; à part cet inconvénient, un créancier nommé syndic administrant le bien de son débiteur est bien tenté d'arriver aux moyens de se couvrir de sa perte et de retirer sa créance intacte du naufrage commun.

D'un autre côté, ces syndics, négociants eux-mêmes, ont à veiller à leurs propres affaires ; peu versés dans la procédure des faillites, ils ont recours aux lumières d'autrui, souvent à celles de l'homme pratique qu'ils trouvent toujours à côté d'eux, au greffier du tribunal. Ce dernier, en définitive, est alors le véritable syndic, et c'est souvent le seul moyen de faire marcher un peu convenablement les affaires de la faillite.

Mais le greffier lui-même n'a pas toujours à donner le temps et les soins qu'on vient solliciter de sa complaisance.

Le premier besoin, dans le déplorable désastre d'une faillite, et le législateur en a fait l'objet de sa sollicitude spéciale, c'est d'aviser sans retard au sauvetage des débris de l'actif ; on ne saurait arriver ensuite trop tôt à la réalisation de cet actif ainsi sauvé et à sa répartition entre tous les créanciers.

Procurer les moyens d'atteindre ce but, tel est l'objet de cet ouvrage ; pour compléter son utilité, l'auteur a ajouté à la suite des formules, et article par article de la loi, un résumé, aussi au point de vue pratique, des décisions rendues en cette matière sur toutes les questions, soit de compétence, soit au fond, au moyen d'un choix intelligent parmi les arrêts qui doivent être aujourd'hui suivis, laissant de côté les décisions qui présentent du doute, dont l'application n'est plus opportune, et qui sont même pour le jurisconsulte habile l'objet d'études longues et fatigantes ; il fallait surtout épargner ce travail au praticien qui n'a pas le temps de comparer des décisions très-souvent opposées et contradictoires sur une même question.

Si le travail que nous livrons au public vient aplanir la route que doit suivre tout le cortége d'une faillite ; s'il donne les moyens de la parcourir plus rapidement, avec sécurité et économie, notre but sera atteint ; notre récompense sera surtout dans l'approbation de ceux qui pourront tirer profit de notre livre, et nous en croyons le nombre fort grand.

FAILLITES ET BANQUEROUTES.

FORMULAIRE GÉNÉRAL,

ET

RÉSUMÉ

DE LÉGISLATION, DE JURISPRUDENCE ET DE DOCTRINE.

LIVRE III.

DES FAILLITES ET BANQUEROUTES.

(Loi du 28 mai 1838, promulguée le 8 juin suivant.)

Le livre III du Code de commerce, sur les Faillites et Banqueroutes, ainsi que les art. 69 et 635 du même Code, seront remplacés par les dispositions suivantes.

Néanmoins, les faillites déclarées antérieurement à la promulgation de la présente loi continueront à être régies par les anciennes dispositions du Code de commerce, sauf en ce qui concerne la réhabilitation et l'application des art. 527 et 528.

RÉSUMÉ. — Indication alphabétique.

Dispositions préliminaires.

N° 1. Les faillites qui n'ont été judiciairement déclarées que depuis la loi du 28 mai 1838, modificative du Code de commerce,

sont, d'une manière générale et absolue, soumises aux dispositions de cette loi, bien que le jugement déclaratif de la faillite
en ait reporté l'ouverture à une époque antérieure à sa promulgation.

2. En conséquence, l'hypothèque constituée par le failli,
avant la loi de 1838, et qui, d'après l'ancien art. 443, Cod. comm.
aurait été frappée de nullité, peut, lorsque la faillite s'est ouverte
sous l'empire de cette loi, être déclarée valable, si elle rentre
dans les conditions des nouveaux art. 446 et 447, bien que le
jugement déclaratif de la faillite en ait fait remonter l'ouverture
à une époque antérieure à la loi nouvelle. Arrêt de la ch. civ. du
30 nov. 1847 (S.-V.48.1.545).

3. Par suite encore, l'hypothèque légale de la femme de celui
dont la faillite a été déclarée depuis la loi de 1838, bien que l'ouverture remonte à une époque antérieure, s'étend, relativement
aux créanciers chirographaires, aux biens advenus à celui-ci, depuis son contrat de mariage, par succession ou donation, et non
pas seulement aux biens qui lui appartenaient au jour de son mariage. Cod. comm., 563, ch. des req. du 10 avril 1850 (S.-V.50.
1.345).

4. Peu importe que les créanciers chirographaires soient antérieurs ou postérieurs à la faillite. Cass., 3 janv. 1844 (S.-V.44.
1.106), et Massé, *Droit comm.*, t. III, nº 402.

5. Quant aux créanciers hypothécaires, il faut distinguer entre
ceux qui sont inscrits avant la loi de 1838, et ceux qui ne se
sont fait inscrire que depuis : les premiers ont un droit acquis,
avant cette loi, et que cette loi ne peut dès lors modifier ; les se-
conds, au contraire, sont primés par la femme à laquelle la loi
nouvelle donne un titre à partir de sa promulgation. M. Massé,
loc. cit.

6. De même encore, l'appel d'un jugement rendu en matière
de faillite, sous l'empire de la loi nouvelle, mais dans une faillite déclarée sous la loi ancienne, est régi quant au délai dans
lequel il doit être interjeté, par les anciennes dispositions du
Code de commerce, et non par les dispositions nouvelles. Cet appel peut, dès lors, être interjeté dans le délai de trois mois, conformément à l'ancien art. 645, Cod. comm.; il n'est pas nécessaire qu'il soit interjeté dans le délai de quinzaine, conformément au nouvel art. 582. Ch. civ. du 14 août 1848 (S.-V.-48.1.
548).

7. Ces décisions sont principalement motivées sur ce que la
loi du 28 mai 1838 a abrogé le livre troisième du Code de com-

merce ; que l'article préliminaire n'a maintenu sous l'empire de l'ancien Code que les faillites *déclarées* antérieurement à la promulgation de la nouvelle loi ; que l'on ne peut entendre par faillites déclarées que celles qui ont été déclarées judiciairement ; et qu'ainsi les dispositions de l'ancien Code n'ont pas été maintenues en vigueur, en ce qui concerne les faillites postérieurement déclarées, encore bien que le jugement déclaratif, postérieur à la loi de 1838, ait assigné à la cessation des paiements une date antérieure à la promulgation de ladite loi ;

8. Sur ce que la disposition du préambule de la loi de 1838 doit être générale, exclusive, pour éviter le concours, dans la même faillite, de deux lois opposées ;

9. Et sur ce que ce n'est qu'en vertu de la loi commerciale existant au jour où est né, pour les créanciers chirographaires, le droit de l'invoquer, c'est-à-dire au jour du jugement déclaratif de faillite, qu'ils peuvent demander la restriction de l'hypothèque légale de la femme ; qu'ils n'ont, d'ailleurs, qu'à s'imputer à eux-mêmes le préjudice qu'ils peuvent éprouver, puisqu'il dépendait d'eux de faire suivre, sans intervalle, la cessation de paiement de la déclaration de faillite.

10. A plus forte raison, la loi nouvelle doit-elle être suivie quant à la forme de procéder, dans les faillites déclarées sous son empire.

TITRE PREMIER.

DE LA FAILLITE. — DISPOSITIONS GÉNÉRALES.

437. Tout commerçant qui cesse ses paiements est en état de faillite.

La faillite d'un commerçant peut être déclarée après son décès, lorsqu'il est mort en état de cessation de paiement.

La déclaration de la faillite ne pourra être, soit prononcée d'office, soit demandée par les créanciers que dans l'année qui suivra le décès.

1.

FORMULE Nᵒ 1. —Requête présentée au tribunal de commerce par un créancier d'un commerçant décédé en état de cessation de paiement.

A Messieurs les président et juges composant le Tribunal de commerce de. . . . (indiquer la ville où siége le tribunal de commerce).

Le sieur. . . . (indiquer les nom, prénoms, profession et domicile du créancier).

    A l'honneur de vous exposer :

Qu'il est créancier de feu. . . . (indiquer les nom, prénoms et profession du débiteur décédé), d'une somme de mille francs, montant de deux effets de commerce souscrits le. . . ., et le. . ., à son ordre par ledit feu. . . ., protestés faute de paiement à leur échéance; que d'autres effets de commerce consentis par ledit feu. . . . à l'ordre de divers autres créanciers, ont été également protestés faute de paiement, à leur échéance, et que ledit S. . . . est décédé le. . . . sans avoir pu s'acquitter, c'est-à-dire en état de faillite ;

Que cet état de faillite est, en outre, constaté par un inventaire provoqué par. . . . (indiquer soit la veuve, soit l'héritier sous bénéfice d'inventaire, soit le créancier fondé en titre exécutoire ou dûment autorisé par permission du président du Tribunal de première instance, ou du juge de paix, qui a provoqué et fait dresser l'inventaire), duquel il résulte que le passif, déjà connu, s'élève à la somme de. . ., alors qu'il est constant que l'actif laissé par ledit feu. . . . est loin d'approcher de cette somme (énumérer encore toutes les autres circonstances qui établissent l'état de faillite.)

Et attendu que, dans cet état de choses, il est de l'intérêt des créanciers de faire liquider cette faillite, et même de faire annuler tous actes ou hypothèques que des créanciers ont pu se faire consentir par ledit feu. . . ., alors que son état de faillite était constant et de notoriété publique.

    Ledit S. . . . conclut :

A ce qu'il plaise au Tribunal déclarer que ledit feu. . . . est décédé en état de faillite, faire provisoirement remonter l'époque de cette faillite au. . . . (indiquer le premier acte qui constate la cessation de paiements); nommer un juge-commissaire et un ou plusieurs syndics provisoires ; et ferez justice.

(Date de la requête et signature du créancier de son fondé de procuration : dans ce dernier cas, indiquer la date et l'enregistrement de la procuration).

FORMULE Nᵒ 2. —Jugement du tribunal de commerce qui déclare une faillite après décès.

Le Tribunal de commerce de. . . . (indiquer l'arrondissement),

A rendu le jugement dont la teneur suit :

Le S. . . ., demandeur en déclaration de faillite, comparant par Mᵉ. . . . avocat ou agréé, suivant sa procuration, en date du. . . ., enregistrée à. . . .;

Dans le fait : ledit S. . . . a présenté aujourd'hui au Tribunal, une requête dans laquelle il expose : (copier l'exposé fait dans la requête comme ci-dessus).

Sur cette requête, la cause ayant été appelée à la présente audience,
Ouï pour ledit S. . . ., ledit Mᵉ. . . . qui a conclu à ce qu'il plaise au Tribunal lui adjuger les fins de sa requête.

   Sur quoi :

Vu les articles 437, 440, 441, 445, 457, 458 et 462 de la dernière loi sur les faillites et banqueroutes;

Considérant que l'état de faillite dudit S. . . . était de notoriété publique à l'époque de son décès, et se trouve d'ailleurs suffisamment justifié par le non-paiement de plusieurs de ses effets de commerce échus; par l'inventaire fait après sa mort (énumérer,toutes autres circonstances, comme la renonciation à sa succession par sa veuve, en son nom, ou comme tutrice légale de ses enfants mineurs, après délibération à ce sujet, du conseil de famille);

Que dès lors, c'est le cas, en déclarant que ledit feu S. . . . est mort en état de cessation de paiements, et en prononçant l'ouverture de sa faillite, d'en fixer l'époque au. . . ., où paraît remonter la cessation réelle de ses paiements;

   Par ces motifs :

Le Tribunal, après en avoir délibéré, jugeant publiquement et en premier ressort, disant droit sur la requête dudit S. . . ., déclare la faillite dudit S. . . ., décédé en état de cessation de paiements, et en fixe provisoirement l'époque d'ouverture au. . . .;

Nomme M. . . ., l'un de ses membres, juge-commissaire de la faillite, et le S. . . ., syndic provisoire, pour remplir, sous la surveillance dudit commissaire, les fonctions à lui attribuées par la loi.

Ainsi jugé le. . . .

      (Signature du président et du greffier).

RÉSUMÉ. — **Indication alphabétique**.

Nº 1. La détermination de l'époque de la faillite a fait l'objet de discussions longues et nombreuses, sous le Code de commerce de 1807. On était loin d'être d'accord sur les signes auxquels on pouvait reconnaître l'état de faillite, ainsi que sur les faits caractéristiques de cet état.

2. La loi nouvelle a introduit une amélioration notable, à cet égard, aux anciens textes, et a jeté un grand jour sur les moyens de constater et d'apprécier ce point de fait : *la cessation de paiements.*

3. Ainsi une dette légitime, non contestée, échue, reste-t-elle impayée, malgré la demande et les poursuites du créancier, il y a cessation de paiements, et par suite état de faillite; le commer-

çant a failli à ses engagements : le mot le dit et l'explique ; voilà le guide que la loi nouvelle présente aux tribunaux: ce fait de non-paiement est-il établi pour eux, ils peuvent, ils doivent déclarer la faillite; le nombre des dettes en souffrance, leur quotité prouvent plus ou moins l'impuissance où se trouve le débiteur de faire honneur à ses engagements, mais ne changent pas sa position de débiteur en faillite; la date de la faillite doit être fixée à l'échéance de la dette non payée.

4. Il résulte de ce principe que le commerçant, notoirement insolvable, qui continue à faire ses paiements, au moyen de l'assistance que lui prête l'un de ses créanciers, pour en obtenir une garantie au préjudice des autres créanciers, est en état de cessation de paiement. 7 mars 1846, Paris (S.-V.48.2.645 à la note); *id.*, 31 déc. 1847, Lyon (S.-V.48.2.645).

5. La loi ne fait aucune distinction entre la cessation de paiements et la simple suspension: car, de la part d'un commerçant, suspendre ses paiements, c'est faillir. M. Renouard sur l'art. 437, n° 3; Dalloz, t. xxiv, v° *Faillite*, n° 73, nouvelle édition; Alauzet, *Commentaire des faillites et banqueroutes*, p. 10.

6. La suspension de paiements, suivie de protèt, de condamnations et d'atermoiement, est une cessation de paiement, dans le sens de l'art. 437. 30 avril 1810, Cass. (S.10.1.233 ; D.A. 8.28).

7. Il s'agit moins, en effet, pour le commerçant, d'être solvable ou insolvable, que de savoir si, de fait, il paie ou ne paie pas ; quel que soit son actif, fût-il supérieur à son passif, s'il cesse de payer il est en état de faillite. Au contraire si, par un crédit toujours soutenu, il fait constamment honneur à ses engagements, dût-il plus qu'il ne possède, il n'est point en faillite. Boulay-Paty, n° 24 ; Vincent, t. 1er, p. 535 ; Bedarride, n°^s 20 et 27; Alauzet, *Commentaire des Faillites*, page 8.

8. La mise en faillite d'un commerçant peut être prononcée, bien qu'il n'y ait qu'un seul créancier.—29 mai 1840, Orléans (S.-V.40.2.363 ; D.P.40.2.171); *id.* 7 juill. 1841, rej. (S.-V.41.1. 570 ; D.P.41.1.300); *id.* 6 déc. 1841, Cass. (S.-V.42.1.77; D.P. 42.1.24); MM. Lainné, p. 38; Renouard, p. 265.—Et les raisons de le décider ainsi sont, d'après la Cour de cassation, qu'un créancier quoique unique, sans s'enquérir s'il en existe ou non encore d'autres, est en droit de provoquer la déclaration de faillite du commerçant, son débiteur, et les tribunaux sont, selon les circonstances, dans le devoir de la prononcer; que si, dans ce cas, plusieurs dispositions que la loi prescrit pour l'ouverture,

la marche et la clôture de la faillite, comme, par exemple, le concordat et l'union, demeurent sans effet, les procédures, devenues ainsi plus expéditives et plus simples, ne sont pas inconciliables avec la nature commerciale de l'affaire, les qualités commerciales des parties, les obligations du débiteur et les droits du créancier.

9. La cessation de paiements des dettes civiles d'un commerçant peut constituer l'état de faillite, aussi bien que la cessation de paiements des dettes commerciales.—30 juill. 1842, Nancy (S.-V.42.2.498; D.p.42.2.221); en ce sens Renouard, t. 1er, page 272, n° 7.—Elle peut au moins concourir, avec les autres éléments révélés par les débats, pour déterminer la cessation de paiements pour dettes commerciales. Alauzet, *Commentaire des faillites et banqueroutes*, p. 7 et 8.

10. Les commerçants seuls peuvent être déclarés en faillite ; les non-commerçants insolvables tombent en déconfiture, et la liquidation de leurs affaires échappe aux règles et formalités de la loi sur les faillites et banqueroutes.

11. Quoique l'on ne soit pas notoirement connu comme commerçant, que l'on n'ait pas un magasin, ou boutique, si l'on fait habituellement des actes de commerce, des achats et des ventes, des négociations d'effets de commerce pour, au moyen de pareils trafics, obtenir un bénéfice ou lucre, on peut être déclaré en faillite, comme commerçant, eût-on d'ailleurs toute autre profession bien connue et étrangère au commerce. 15 mai 1815, Cass. (S.15.1.356); Locré, art.438, n° 1, p. 20, et Renouard, art. 437, n° 5, p. 227.

12. Le lieu du domicile commercial d'un marchand, et par suite celui devant le tribunal duquel il est tenu de faire sa déclaration de cessation de paiements, résulte de l'ensemble des circonstances suivantes, savoir : qu'il paie patente en ce lieu ; qu'il y a ses bureaux, sa caisse; qu'il y figure parmi les notables de sa profession ; qu'il y a passé des actes authentiques où il dit y avoir son domicile ; enfin qu'il y a souscrit des actes de commerce. Req. 3 avril 1844.

13. Mais il ne suffirait pas qu'un commerçant eût établi une maison de débit dans un lieu autre que celui du siége primitif ou principal de ses affaires (où il fait fabriquer les produits débités) pour qu'il fût réputé avoir son domicile dans le lieu de cette maison de débit ; en l'absence d'une déclaration de changement de domicile, cette maison n'est réputée être que l'accessoire du premier établissement du commerçant.

14. C'est le tribunal du domicile qu'avait le négociant au moment de la cessation de ses paiements qui doit déclarer la faillite, et non le tribunal du domicile qu'il a au moment de la demande en déclaration de faillite. Rouen, 19 déc. 1842 (S.-V.43.2.401 ; D.P.43.2.203); Renouard, *des Faillites*, t. 1er, p. 250 ; Bédarride, t. 1er, n° 52 ; 8 fév. 1837, rej. (S.-V.37.1.231 ; D.P.37.1.354).

15. Les étrangers établis en France peuvent, comme les régnicoles, être déclarés en faillite s'ils cessent leurs paiements ; ils sont soumis aux dispositions du Code de commerce pour ce qui concerne leur négoce et leur industrie ; Bioche, v° *Faillite*, n° 8 ; Goujet et Merger, *eodem v°*, n° 4.

16. Mais l'étranger, qui est déclaré failli dans son pays, et interdit pour fait de faillite, n'est pas réputé failli et interdit en France. 11 mars 1820, Colmar (*Coll. nouvelle de Sirey*,6.2.224).

17. Pour que la faillite d'un commerçant puisse être déclarée, après son décès, il faut qu'il soit établi qu'au moment de sa mort il se trouvait en état de cessation de paiements ; et les tribunaux de commerce ne peuvent se dispenser, dans ce cas, de déclarer la faillite. 1er déc. 1839, Paris (P.41.2.261). *Sic* Goujet Merger, n° 30.

18. Peu importe que la mort soit volontaire ou non ; et vainement alléguerait-on qu'il n'y a pas eu jusque-là, protêt, ni poursuites judiciaires.

19. La faillite dans ces cas, ne peut être provoquée par les héritiers du décédé, alors même qu'ils seraient créanciers; un sentiment de convenance et de décence publiques doit leur imposer silence.

20. La faillite d'un négociant, décédé en état de cessation de paiements avant la promulgation de la loi du 28 mai 1838, ne peut être déclarée s'il s'est écoulé plus d'un an depuis ce décès, alors même qu'il y aurait eu, avant l'expiration de ce délai, preuve certaine de la cessation de paiements. 15 avril 1840, Douai (D. P.40.2.193) ; Renouard, t. 1er, p. 244 ; Massé, t. III, n° 222 ; Goujet et Merger, n° 29.

21. Dans le cas de décès de l'un des associés, la déclaration de faillite, même pour créances postérieures à ce décès, doit être prononcée, non pas seulement contre les associés survivants, mais contre la société, et envelopper les héritiers du décédé ; peu importe que l'associé soit décédé depuis plus d'un an; à ce cas ne s'applique pas l'art. 437 qui ne permet de déclarer la faillite d'un commerçant mort que dans l'année qui suit son décès. 26 juill. 1843, rej. (S.-V.43.1.881).

22. Quant aux sociétés par actions, dont le Code de commerce ne s'est pas occcupé, elles sont ou des sociétés en commandite dont les actionnaires sont des commanditaires, ou des sociétés anonymes pourvu que les formalités imposées par la loi aient été observées, et dans ce cas, on leur applique les règles relatives à ces sortes de sociétés; quand les formalités prescrites ont été négligées, comme il n'y a pas de société légale vis-à-vis des tiers, celui-là seul qui aura traité avec les tiers pourra être déclaré en faillite, en cas de cessation de paiements. Renouard, p. 262; Dalloz, v° *Faillite*, n° 95; Paris, 29 déc. 1838.

CHAPITRE PREMIER.

DE LA DÉCLARATION DE FAILLITE ET DE SES EFFETS.

438. Tout failli sera tenu, dans les trois jours de la cessation de ses paiements, d'en faire la déclaration au greffe du tribunal de commerce de son domicile; le jour de la cessation de paiements sera compris dans les trois jours.

En cas de faillite d'une société en nom collectif, la déclaration contiendra le nom et l'indication du domicile de chacun des associés solidaires; elle sera faite au greffe du tribunal dans le ressort duquel se trouve le siége du principal établissement de la société.

439. La déclaration du failli devra être accompagnée du dépôt du bilan, ou contenir l'indication des motifs qui empêcheraient le failli de le déposer. Le bilan contiendra l'énumération et l'évaluation de tous les biens mobiliers et immobiliers du débiteur, l'état des dettes actives et passives, le tableau des profits et pertes, le tableau des dépenses; il devra être certifié véritable, daté et signé par le débiteur.

FORMULE N° 3. — **Déclaration de faillite au greffe, accompagnée du dépôt du bilan.**

L'an. . . ., et le. . . . du mois de. . . ., à. . . ., heures du. . . ., au greffe du Tribunal de commerce de. . . ., et par-devant nous greffier soussigné,

S'est présenté le S. . . ., négociant, domicilié à. . . ., lequel, pour se conformer aux dispositions des articles 438 et 439 du Code de commerce, a fait sa déclaration de cessation de paiements, qu'il a fixée à la date du. . . ., et il a accompagné sa déclaration du dépôt de son bilan, certifié véritable, daté et signé par lui, afin de pouvoir invoquer le bénéfice de l'article 456 du même Code ;

De tout quoi nous avons dressé le présent que nous avons signé, après lecture, avec ledit S. . . ., comparant à. . . le. . . .

(Le greffier et le failli signés).

Enregistré à. . . .

FORMULE Nº 4. — Bilan déposé par le failli au greffe.

Je soussigné. . . ., négociant, domicilié à. . . ., obligé de cesser mes paiements, et voulant me conformer aux dispositions des articles 438 et 439 du Code de commerce, ai dressé mon bilan comme suit :

ACTIF.

CHAPITRE Iᵉʳ. — *Biens immeubles.*

1º Une maison située à. . . ., rue. . . ., nº. . . ., évaluée à. . . . . ci.   »   »»

2º Un domaine appelé . . . ., situé dans la commune de. . . ., consistant en terres cultes ou incultes, prés, vignes et bois, avec les immeubles par destination y attachés, évalué à. . . . . ci.   »   »»

3º Un jardin dans le faubourg de. . . ., dans ladite ville de. . . ., avec un petit pavillon, le tout évalué à. . . . ci.   »   »»

CHAPITRE II. — *Biens meubles, créances, mobilier industriel et meubles meublants :*

1º Un contrat d'obligation de la somme de. . . ., consenti en ma faveur par le S. . ., devant Mᵉ. . . ., notaire à. . ., en date du. . ., à échéance du. . . . . ci.   »   »»

2º Une lettre de change de la somme de. . . ., souscrite le. . . ., par ledit S. . . ., en ma faveur, ou bien endossée par le S. . . ., à mon ordre, à échéance au 15 courant, ci.   »   »»

3º Un billet à ordre de la somme de.. . . . . ci.   »   »»

(Désigner successivement les valeurs actives en portefeuille).

(Désigner aussi, en détail, le mobilier industriel, suivant la profession du débiteur failli, et en donner l'évaluation).

(Donner également l'état du mobilier, et meubles meublants avec prisée, et tel qu'il est porté à l'inventaire s'il y en a).

TOTAL de l'actif. . . . .   »   »»

PASSIF.

CHAPITRE Iᵉʳ. — *Créanciers hypothécaires et privilégiés :*

1° Le S. . . ., vendeur de ladite maison ci-dessus, et pour solde du prix d'icelle, avec intérêts depuis le. . . ., pour la somme de. . . . . ci.   »   »»

2° La dame. . . ., épouse du soussigné pour le montant de sa dot et reprises matrimoniales, selon notre contrat de mariage, en date du. . . ., retenu par Mᵉ. . . ., notaire à. . . ., pour la somme de. . . . . ci.   »   »»

3° La même, pour le montant de la donation à elle consentie par feu. . . ., son oncle, selon acte en date du. . . ., devant Mᵉ. . . ., notaire à. . . (ou bien pour le remploi du prix de la maison à elle appartenant en propre et que j'ai vendue. . . . selon acte, retenu le. . . ., par Mᵉ. . . ., notaire à. . ., la somme de. . . . . ci.   »   »»

CHAPITRE II. — *Créanciers chirographaires :*

Messieurs,

1° Pierre Durand, négociant, domicilié à. . . . ., montant de sa facture, en date du. . . ., s'élevant à.. . . . . . ci.   »   »»

2° Etc., etc. . . . (détailler tous les créanciers chirographaires; et indiquer la nature et le montant de leurs créances).

TOTAL du passif. . . . . ci.   »   »»

RÉCAPITULATION :

Passif. . . . . ci.   »   »»»
Actif. . . . . ci.   »   D»»

Différence ou perte. . . , ... ci.   »   »»

TABLEAU DES PROFITS : (*Néant.*)

Ou bien :

PROFITS pendant les dix années qui ont précédé ma cessation de paiements (1).

1ʳᵉ année. Mes profits sur (désigner telle ou telle marchandise), se sont élevés à la somme de.. . . . ci.   »   »»

2ᵉ année. (*Néant.*)

3ᵉ année. Mes profits sur (désigner l'article), se sont élevés à la somme de.. . . . . ci.   »   »»

4ᵉ année. Etc.

TOTAL général pour les dix années. . . . ci.   »   »»

---

(1) Ces tableaux ne doivent pas évidemment se borner, comme l'inventaire prescrit par l'art. 9, Code de comm., à embrasser la dernière année seulement ; ce serait insuffisant pour éclairer la conduite du débiteur et permettre d'apprécier les causes de sa faillite ; ils doivent comprendre dix années au moins, ou remonter à l'époque à laquelle a commencé le commerce, si elle est plus récente, puisque le commerçant n'est

TABLEAU DES PERTES pendant les mêmes dix années :

1re année. Pertes sur (désigner les articles du commerce sur
    lesquels les pertes ont eu lieu). . . . . . ci. » »»
2e année. Pertes dans les faillites des sieurs. . . . (dési-
    gner les négociants faillis), s'élevant à la somme
    de. ci. » »»
(Faire également connaître les pertes des autres années).

   TOTAL des pertes pour les dix années. . . ci. » »»

  TABLEAU DES DÉPENSES, aussi pendant dix années :

Mes dépenses de ménage et autres se sont élevées, année
commune, à une somme d'environ. . . . . ci. » »»

   TOTAL pour les dix années. . . . . ci. » »»

Tel est le bilan, ou situation de mes affaires, que j'ai dressé à. . . .,
le. . . ., et que je certifie sincère et véritable.

         Signature du failli).
          ***

**FORMULE N° 5. — Déclaration de cessation de paiements d'un failli,
contenant l'indication des motifs qui l'empêchent de déposer son
bilan au greffe.**

L'an. . . ., et le. . . ., à. . . . heure du. . . ., au greffe du Tribunal de commerce, et par–devant nous greffier, soussigné :

S'est présenté le S. . . . ., marchand droguiste, domicilié à. . . .;

Lequel, pour se conformer aux dispositions des articles 438 et 439 du
Code de commerce, a fait sa déclaration de cessation de paiements, dont il
a fixé la date au jour de. . . . où il s'est vu obligé de fermer ses magasins. Cette cessation de paiements a été amenée par les pertes nombreuses
et successives que ses débiteurs lui ont fait éprouver ; par la crise finan-
cière qui a régné et règne encore, ce qui a complétement paralysé son
crédit ; pour surcroît de malheur, il a perdu sa femme, dont le concours
lui était tout à fait indispensable pour les affaires de son commerce ;
le trouble causé par cette mort, et les nombreux embarras dont le comparant s'est vu accablé, ne lui ont pas laissé le temps, ni la liberté
d'esprit nécessaires pour dresser le bilan de ses affaires avec l'exactitude nécessaire ;

De laquelle déclaration le comparant a requis acte, afin de pouvoir,
malgré cette circonstance, jouir du bénéfice de l'article 456 du Code
de commerce, promettant, au reste, de déposer son bilan le plus tôt possible ;

De tout quoi nous avons dressé le présent que nous avons signé,
après lecture, avec ledit S. . . ., comparant.

A. . . ., le. . . .   *(Signatures).*
Enregistré. . . .

---

tenu de garder ses livres que pendant dix ans : si les livres cependant avaient été conservés, il paraîtrait naturel de donner un résumé complet de tous les inventaires qui
ont dû être faits, sans que cette omission pût être opposée comme grief au failli.

           (ALAUZET, page 25.)

FORMULE N° 6. — Acte de société en nom collectif (1).

Entre le sieur S. . . ., d'une part,
Et le sieur P. . . ., d'autre part,

    Il a été arrêté et convenu ce qui suit :

ART. 1er. Lesdits sieurs, . . . forment entre eux, par le présent acte une société, en nom collectif, ayant pour objet (désigner le genre de commerce). — Le siége de la société est établi à. . . . — Sa durée demeure fixée à. . . . années qui ont commencé (ou qui commenceront le. . . ., et qui finiront le. . . .

    La raison sociale est. . . .'(*indiquer la raison sociale*).

Art. 2. L'intérêt des parties dans la société sera, savoir: celui du s. . . ., de. . . ., et celui du s. . . ., de. . . .; en conséquence, les associés partageront et supporteront dans la même proportion les bénéfices et les pertes.

Art. 3. Le fonds capital de la société sera de la somme de. . . ., qui sera fournie, le. . . ., par les associés dans la proportion de leur intérêt : ainsi ledit s. . . . fournira une mise sociale de. . . ., et ledit s. . . ., celle de. . . .

    Les sommes que les associés verseront dans la société, au delà de leurs mises respectives, leur porteront intérêt à raison de. . . . p. 0/0 ; et chacun d'eux restera libre de les retirer à volonté, mais cependant en temps opportun, et sans nuire aux affaires de la société ; et en outre, en prévenant son coassocié, au moins. . . jours à l'avance ; il s'établira à cet égard un compte courant qui sera réglé d'un commun accord, tous les. . . . (ou à la fin de chaque année).

Art. 4. La société sera gérée et administrée conjointement et solidairement par les deux associés ; chacun d'eux aura la signature sociale, dont il ne pourra faire usage que dans l'intérêt, et pour les affaires de la société, à peine de nullité et de tous dépens et dommages–intérêts ; de sorte que les billets, lettres de change, mandats, obligations, marchés, endossements et autres engagements quelconques, souscrits par l'un ou par l'autre des associés, engageront la société.

Art. 5. Aucun des associés ne pourra, pendant la durée de la présente société, faire aucune affaire commerciale pour son compte particulier, à peine de. . . ., ni s'intéresser, soit directement, soit indirectement dans aucune autre affaire ou opération commerciale, sans une autorisation écrite de son coassocié, aussi à peine de. . . .

Art. 6. Les livres seront tenus indistinctement par les deux associés, en parties doubles, ainsi que la caisse de la société, dont chacun aura une clé particulière.

Art. 7. Les loyers des lieux dans lesquels s'exercera le commerce,

---

(1) Cette formule, les trois suivantes et quelques autres insérées dans notre *Formulaire,* ne sont pas à proprement parler des actes de la procédure des faillites : mais, comme en cas de faillite des trois diverses sociétés commerciales dont nous parlons, des obligations sont imposées aux associés solidaires en nom collectif, aux administrateurs, gérants ou liquidateurs qui représentent les associés dans les sociétés en commandite et anonymes, nous avons cru devoir placer sous les yeux des intéressés tous les actes, titres et contrats qui ont donné naissance à des difficultés, pour rendre plus claires et plus saisissables les explications et interprétations tirées de la loi, de la jurisprudence et de la doctrine des auteurs, qui suivent ces formules.

les appointements des commis, les gages des domestiques, le bois, la lumière, les frais de bureau, les contributions, les frais de voyage, la nourriture des associés, celle de leurs femmes, de leurs enfants, et généralement toutes les dépenses relatives au commerce, seront à la charge de la société ; les frais de voyage seront payés, sur un simple état de celui qui les aura faits.

Art. 8. Il sera fait, chaque année. . . ., le. . . ., un inventaire de tous objets composant l'actif et le passif de la société ; les bénéfices, prélèvement fait des intérêts résultant du compte courant de chaque associé, et les pertes seront partagées, entre les associés, dans la proportion de leur intérêt et de leur mise sociale.

Art. 9. La société sera dissoute par la volonté unanime des associés; par l'expiration du terme fixé pour sa durée ; par la mort de l'un des associés.

Comme aussi dans le cas d'abus de la signature sociale, ou de l'intérêt pris par l'un des associés dans une opération, entreprise, ou affaire commerciale étrangère à la société.

Art. 10. Dans les deux premiers cas, la liquidation sera faite par les deux associés.

Art. 11. En cas de mort de l'un des associés, sa veuve ou ses héritiers ne pourront faire apposer aucun scellé, former aucune opposition, ni exiger aucun inventaire ; le survivant ne sera comptable envers eux que de la part du décédé, d'après le dernier inventaire, avec l'intérêt de cette part ; le fonds de commerce ainsi que le droit aux baux appartiendront à l'associé survivant qui sera tenu, par suite, du paiement des loyers et charges sociales, à compter du dernier inventaire.

Art. 12. S'il survient des contestations, soit entre les associés, soit avec la veuve, ou les héritiers de l'un d'eux, elles seront soumises et jugées par des arbitres juges, conformément aux dispositions du Code de commerce.

Art. 13. Le présent acte sera revêtu des formalités légales, dans les délais de la loi.

Fait à. . . ., le. . . ., en double   (*signature des associés*).

Enregistré à. . . ., le. . . .

FORMULE N° 7. — Extrait d'acte de société en nom collectif.

Par acte sous signatures privées, en date du. . . ., enregistré à. . . ., le. . . .

Le sieur L. . . ., négociant, demeurant à. . .   d'une part ;

Et le sieur B. . . ., fabricant. . . ., demeurant à. . . . d'autre part ;

Ont formé entre eux une société de commerce en nom collectif, sous la raison sociale L. . . . et B. . . .

L'objet de la société est le commerce de. . . .

Sa durée est fixée à. . . . années entières et consécutives qui ont commencé le. . . (ou qui commenceront le. . . .), et finiront le. . .

Le siége de la société est établi dans la ville de. . . ., et dans la maison appartenant au s. . . ., rue. . . ., n°. . . .

La société est administrée conjointement et solidairement par les deux associés : chacun d'eux a la signature sociale, mais exclusivement pour les affaires concernant le commerce des deux associés, à peine de nullité de tous autres engagements, même à l'égard des tiers.

Pour faire le dépôt et les publications légales, tout pouvoir est donné au porteur du présent extrait   (*signature des associés*).

Enregistré à. . . ., le. . . .

FORMULE N° 8.—Acte de société en nom collectif et en commandite.

Entre les soussignés :

1° M. David A. . . ., commissionnaire en marchandises, demeurant à. . . .,   d'une part ,

2° M. Thomas S. . . ., banquier, demeurant à. . . ., d'autre part ,

Et 3° M. Julien L. . . ., rentier, demeurant à. . . .,

encore d'autre part .

Il a été dit et convenu ce qui suit :

ART. 1er. Les susnommés s'associent entre eux pour l'établissement d'une maison de commerce, dans la ville de. . . ., dont les opérations consisteront en achats et ventes de marchandises , fonds publics, effets de banque et de commerce, en consignations, expéditions maritimes, et toutes autres affaires commerciales qu'ils jugeront utile d'entreprendre.

Art. 2. La société est générale, et en nom collectif, à l'égard de MM. David A. . . et Thomas S. . . ., qui en sont les gérants, et en commandite à l'égard de M. Julien L. . . ., simple bailleur de fonds.

Art. 3. La raison de commerce et la signature sociale sont *David A. . . . Thomas S. . . . et compagnie*. Tous engagements, traites et signatures qui ne seront pas faits ou donnés au nom de la raison sociale, n'engageront pas la société.

Art. 4. Le siége de la société est établi dans la ville de. . . ., maison. . . ., rue. . . ., n°. . . .

Art. 5. La durée de la société est fixée à. . . ., années consécutives, qui commencent le. . . .

Art. 6. Le fonds capital est de la somme de. . . ., et sera fourni, savoir : deux cent mille francs par chacun des associés solidaires, *David A. . . . et Thomas S. . . .*, et cent mille francs par M. *Julien L. . . .*, simple commanditaire ; ces sommes seront versées avant le commencement des opérations sociales, dans la caisse de la société.

Art. 7. Il sera prélevé, à la fin de chaque année, sur les bénéfices, l'intérêt à raison de. . . . p. 0/0, du fonds capital de chaque associé.

L'intérêt des fonds que chaque associé versera dans la caisse sociale, en sus de sa mise première, sera porté au crédit de son compte courant particulier, à raison de. . . . p. 0/0 par année. Chaque associé disposera, à sa volonté, tant du capital que des intérêts de son compte courant.

Art. 8. Les loyers des lieux occupés par l'établissement commercial, les appointements des commis et employés, les gages des garçons de magasin, le chauffage et éclairage relatifs au commerce, les frais de bureau, les assurances, la correspondance, les impôts, les frais de voyage, l'entretien du mobilier industriel, et généralement tous frais et dépenses du commerce, seront supportés par la société, et portés au compte des profits et pertes.

Art. 9. Il sera fait chaque année, au siége social, un inventaire de tous les objets composant l'actif et le passif de la société ; cet inventaire, signé des associés gérants, sera transcrit sur un livre spécial; il en sera délivré copie, signée aussi des gérants, à l'associé commanditaire, M. Julien L. . . .

Art. 10. La répartition des profits et pertes, constatés par le résultat de l'inventaire annuel, sera faite proportionnellement aux droits des parties ; c'est-à-dire. . . . (indiquer les parts des associés).

Art. 11. En cas de décès de l'un des associés gérants, le survivant se concertera avec l'associé commanditaire pour remplacer le gérant décédé, et jusqu'au remplacement, le survivant de MM. David A. . . . et Thomas S. . . ., aura seul la signature sociale. Les héritiers du défunt auront la faculté de demeurer associés, ou de considérer la société comme dissoute, à leur égard, en notifiant leur option aux autres associés, dans le délai de. . . .

La mort de l'associé commanditaire ne changera rien aux clauses de la société ; ses héritiers seront tenus de les exécuter, ce qui est expressément stipulé.

Art. 12. Les associés gérants ne pourront établir aucune autre maison de commerce ou de banque, sous la raison sociale David A. . . . et Thomas S. . . . et compagnie, ni s'intéresser directement ou indirectement dans aucune autre maison de commerce, pendant la durée de la présente société, sous peine de rapporter à la société tous les bénéfices desdits établissements ou intérêts, et d'en supporter seuls les pertes ; ils s'interdisent, en outre, de la manière la plus formelle, et sur l'honneur, toutes opérations de ventes ou d'achats de fonds publics, qui pourraient porter le caractère d'agiotage et de jeux de bourse.

Art. 13. Il sera libre à MM. David A. . . . et Thomas S. . . . d'admettre un ou plusieurs autres associés commanditaires, jusqu'à concurrence d'un supplément de mise de fonds de. . . .; ces nouveaux associés commanditaires se soumettront à toutes les clauses et conditions stipulées ci-dessus.

Art. 14. Un an ou six mois au moins avant l'expiration de la présente société, les gérants et commanditaires se feront part de leur intention de continuer ou de liquider ; en cas de liquidation, elle sera faite par les gérants à compter du jour fixé pour l'expiration de la société.

Art. 15. En cas de difficultés et de contestations entre les associés, ou avec leurs héritiers, à raison des opérations et affaires de la société, elles seront soumises à des arbitres juges, conformément aux dispositions du Code de commerce.

Art. 16. Tout pouvoir nécessaire est donné, par le présent acte, aux associés gérants, à l'effet de faire publier et enregistrer la présente société dans les tribunaux de commerce, et de signer tous extraits nécessaires à cet effet.

Fait en. . ., originaux à. . . ., le. . . . (*signatures des associés*).
Enregistré à. . . .. le. . . .

L'extrait de l'acte de société en nom collectif et en commandite, pour être publié, conformément aux articles 42, 43, 44 du Code de commerce, est dans la forme de celui ci-dessus pour les sociétés en nom collectif, et doit contenir les énonciations et conditions principales.

FORMULE N° 9. — Acte de société anonyme.

(Aux termes de l'art. 40 du Code de commerce, cette société ne peut être formée que par acte public, c'est-à-dire, devant notaire.)

Par-devant Mᵉ C. . . . et son collègue, notaires à. . . .

Ont comparu :

M. F. . . . aîné, négociant, demeurant à. . . .

M. A. . . . G. . . . banquier, demeurant à. . . .

Et M. L . . . rentier, demeurant à. . . .

Agissant tous les trois comme fondateurs de la société anonyme, dont il va être ci-après parlé, lesquels ont arrêté, comme suit, les statuts de ladite société, qui devront être soumis à l'approbation du Gouvernement.

TITRE Iᵉʳ. — OBJET, DÉNOMINATION ET DURÉE DE LA SOCIÉTÉ.

ART. 1ᵉʳ. Il est formé, entre les souscripteurs, propriétaires de toutes les actions créées ci-après, une société anonyme qui a pour objet l'exploitation du chemin de fer de C. . . . à N. . . .

Cette société prendra le titre de Compagnie du chemin de fer de C. . . . à N. . . . et qui forme embranchement sur le chemin de fer du. . . .

Art. 2. Le siége de la société est établi à. . . ., rue. . . ., n°. . . .

Art. 3. Cette société durera tout le temps qui sera déterminé par l'arrêté de concession, et par les prorogations qui pourront être obtenues ; le temps de cette durée commencera à courir de la date du décret qui aura autorisé ladite société.

TITRE II. — OBJET, DÉNOMINATION ET DURÉE DE LA SOCIÉTÉ.

Art. 4. Les comparants, en leur qualité de concessionnaires, font apport à la société, sans restriction ni réserve, de tous les droits que leur confèrent les lois, conventions, décrets et cahiers des charges, relatifs à l'exploitation dudit chemin de fer de C. . . . à N. . . ., dont ils se sont rendus adjudicataires, à la charge, par la société, de satisfaire à toutes les clauses, conditions et obligations qui en résultent.

Le compte des frais relatif à l'entreprise, jusqu'à la promulgation du décret approbatif des présents statuts, sera réglé par l'assemblée générale, qui en autorisera le remboursement à qui de droit.

TITRE III. — FONDS SOCIAL, ACTIONS, VERSEMENT.

Art. 5. Le fonds social est fixé à la somme de. . . . millions de francs. Il est divisé en actions (ou en coupons d'actions) de 500 fr.

La société ne sera définitivement constituée qu'après la souscription de la totalité du capital social et le versement, par chaque actionnaire, du quart du montant des actions par lui souscrites.

Cette souscription et ce versement seront constatés conformément à l'art. 1ᵉʳ de la loi du 17 juillet 1856, sur les sociétés en commandite par actions.

Après leur entière libération, les actions pourront être au porteur.

Art. 6. En souscrivant, chaque actionnaire contracte l'obligation de verser la totalité du montant des actions souscrites, savoir : le 2ᵉ quart

. . . . mois après le premier versement, le 3e quart. . . . mois après, et enfin le dernier quart le. . . .

Art. 7. Les actions ou coupons d'actions ne seront négociables qu'après le versement des deux premiers quarts.

Art. 8. Les actionnaires ne seront responsables des engagements de la compagnie que jusqu'à concurrence du montant de leurs actions.

Art. 9. A défaut de versement aux époques déterminées, l'intérêt sera dû, pour chaque jour de retard, à raison de. . . . p. %, et la société pourra même faire vendre les actions en retard.

TITRE IV. — DE L'ADMINISTRATION DE LA SOCIÉTÉ.

Art. 10. La société sera administrée par des régisseurs généraux, dont le nombre ne pourra être moindre de trois, ni excéder celui de. . . . Ces régisseurs ou administrateurs ne pourront être pris que parmi les actionnaires, et ils devront être propriétaires de. . . . actions au moins, qui seront inaliénables tout le temps de la durée des fonctions des administrateurs.

Art. 11. Les fonctions d'administrateur sont gratuites, mais les administrateurs recevront des jetons de présence, dont la valeur sera fixée par l'assemblée générale ; leurs fonctions dureront. . . . ans, mais ils seront rééligibles.

Pour la première fois ils seront nommés par les comparants, qui s'en réservent expressément la faculté, en qualité de fondateurs de l'entreprise ; à l'avenir ils seront élus en assemblée générale des actionnaires.

Art. 12. En cas d'absence ou de maladie, les régisseurs auront la faculté de se faire remplacer par leurs corégisseurs, ou l'un d'eux, en leur donnant un pouvoir spécial, qui sera annexé au registre des délibérations, ou à l'acte dans lequel le pouvoir aura été donné.

Art. 13. Il y aura un directeur des travaux de l'entreprise, lequel pourra être choisi parmi les actionnaires, et sera nommé par les régisseurs à la majorité des voix.

Art. 14. Les administrateurs et le directeur composeront le conseil de régie ; le directeur n'aura que voix consultative, à moins qu'il ne réunisse le nombre d'actions requis pour être régisseur ; les délibérations et arrêtés seront signés par deux régisseurs au moins.

Art. 15. Les employés principaux tels que caissier, contrôleur principal et tous autres seront nommés par les régisseurs.

Art. 16. Les régisseurs détermineront, par un règlement, les époques de leurs assemblées de régie ; à chaque assemblée de régie, le directeur et le caissier principal remettront un état estimatif de la situation des travaux de l'entreprise, de son exploitation, de la caisse, du personnel et du matériel.

Art. 17. Les délibérations de la régie seront motivées, signées et écrites sur un registre à ce destiné.

Art. 18. Outre les assemblées de régie, il y aura, au moins chaque année, une assemblée générale des actionnaires ; l'époque de la tenue de cette assemblée, ou de ces assemblées, sera déterminée, et les convocations faites par la régie.

Art. 19. Pour être admis aux assemblées générales, il faudra être propriétaire de. . . . actions au moins ; les voix seront comptées suivant le nombre d'actions que l'actionnaire présent, ou représenté, possédera, en calculant une voix par. . . .actions.

Art. 20. Les actionnaires ayant droit de voter aux assemblées, pourront s'y faire représenter, mais seulement par leur fils ou gendre, ou par un associé votant, toujours avec un pouvoir spécial, qui sera joint aux délibérations de l'assemblée.

Art. 21. Les assemblées générales seront présidées par un membre choisi à la pluralité des voix ; les délibérations seront également prises à la pluralité des voix ; en cas de partage égal, le président aura voix prépondérante.

Art. 22. Si quelque actionnaire ne verse pas un, ou plusieurs termes du montant de ses actions, aux échéances ci-dessus fixées, le directeur, ou le caissier, fera traite sur lui pour la somme due, à. . . . de date, en lui en donnant avis ; faute de paiement les administrateurs ordonneront les mesures et dispositions nécessaires pour faire vendre les actions des actionnaires en retard.

Art. 23. Les actionnaires qui auront négligé de fournir aux mises, et laissé vendre ainsi leurs actions, n'auront rien à réclamer ni à prétendre, dans l'actif de la société, sous quelque dénomination que ce soit.

Art. 24. Les actions seront transmissibles par une déclaration de transfert, inscrite sur les registres de l'administration, et signée du cédant ou de son fondé de pouvoir, si les actions ne sont pas sous la forme de titres au porteur.

Art. 25. Si un associé décédé, laisse plusieurs héritiers possédant les actions par indivis, ces derniers seront tenus de se faire représenter par un seul fondé de pouvoir.

Art. 26. Si la place d'un des régisseurs vient à vaquer avant le temps des réélections, par les assemblées générales, et si les régisseurs restants sont au nombre de. . . ., la place restera vacante jusqu'à la prochaine assemblée générale ; mais s'ils restent moins de. . . ., il sera pourvu provisoirement au remplacement par les autres régisseurs, sauf confirmation ou réélection par l'assemblée générale.

TITRE V. — DU CONSEIL DE SURVEILLANCE ET DE SES FONCTIONS.

Art. 27. Un conseil de surveillance, composé de cinq actionnaires au moins, sera établi dans la société. Ce conseil sera nommé par l'assemblée générale des actionnaires, immédiatement après la constitution définitive de la société, et avant toute opération sociale ; il sera soumis à la réélection tous les cinq ans au moins ; toutefois le premier conseil ne sera nommé que pour une année.

Art. 28. Les membres du conseil de surveillance vérifieront les livres, la caisse, le portefeuille, et les valeurs de la société. Ils feront, chaque année, un rapport à l'assemblée générale, sur les inventaires et sur les propositions de distribution de dividendes faites par les gérants ou régisseurs.

Les membres du conseil de surveillance jouiront, au surplus, des droits, et seront assujettis aux obligations énoncées dans la loi du 17 juillet 1856, sur les sociétés en commandite par actions.

TITRE VI. — DES COMPTES ANNUELS ET DES RÉPARTITIONS DES BÉNÉFICES.

Art. 29. Chaque année, la situation de la compagnie sera arrêté au. . . . .

2.

Les régisseurs et le directeur, formant le conseil d'administration, décideront, d'après cette situation, s'il y a lieu à une répartition de bénéfices ou dividendes et en fixeront la quotité.

Art. 30. Il sera prélevé, sur les bénéfices, une somme annuelle de. . . ., pour former un fonds de réserve, pour parer aux frais et dépenses imprévus; le surplus sera réparti entre tous les actionnaires à la fin de la société.

TITRE VII. — Dissolution et liquidation.

Art. 31. La dissolution de la société aura lieu de plein droit:

1° Si les pertes excèdent la moitié du capital social;

2° Si la dissolution est demandée par un nombre d'actionnaires représentant, au moins, les trois quarts des actions.

Le conseil d'administration sera tenu dans ce cas de convoquer immédiatement l'assemblée générale, qui nommera les liquidateurs.

La délibération de l'assemblée, à cet égard, indiquera comment devra se faire la liquidation, le mode de vente des immeubles et du matériel appartenant [à la société, et l'époque où la liquidation devra être terminée.

TITRE VIII. — Des contestations.

Art. 32. Si les actionnaires ont à soutenir collectivement et dans un intérêt commun, comme demandeurs ou comme défendeurs, un procès contre les gérants, ou contre les membres du conseil de surveillance, ils seront représentés par un ou plusieurs commissaires, nommés en assemblée générale.

Si quelques actionnaires seulement sont engagés, comme demandeurs ou comme défendeurs, dans la contestation, le commissaire ou les commissaires seront nommés dans une assemblée spéciale composée des actionnaires parties au procès.

Et dans le cas où un obstacle quelconque empêcherait la nomination des commissaires par l'assemblée générale, ou par l'assemblée spéciale, il y sera pourvu par le tribunal de commerce du siége de la société, sur la requête présentée par la partie la plus diligente.

L'actionnaire, ou les actionnaires qui voudront intervenir personnellement dans l'instance, supporteront, dans tous les cas, les frais de leur intervention.

Art. 33. Toutes contestations au sujet des présentes, entre les actionnaires de la société, seront jugées, au surplus, par des arbitres, conformément aux articles 51 et suivants du Code de commerce.

Art. 34. Il sera pourvu ultérieurement, par des statuts réglementaires, arrêtés par le conseil d'administration, et agréés par la première assemblée générale, aux mesures et voies à prendre pour la complète exécution de l'entreprise et la direction des travaux, ainsi que pour tout ce qui n'aurait pas été prévu par les présentes.

Art. 35. Les présentes pourront être changées ou modifiées en partie par une décision de l'assemblée générale des actionnaires, sur la proposition faite par le conseil d'administration, sauf l'approbation ultérieure du Gouvernement; la décision, à cet effet, n'aura force exécutoire qu'autant qu'elle aura été prise et adoptée à la majorité des actionnaires présents, à l'assemblée, en comptant le nombre de voix, suivant le mode fixé par l'article 19 ci-dessus.

Art. 36. Les administrateurs désigneront celui d'entre eux auquel tous pouvoirs sont donnés, d'ores et déjà,[1] pour faire les publications et le dépôt des présentes, ainsi que pour obtenir l'approbation du Gouvernement.

(OBSERVATION. Les actes des sociétés anonymes, ainsi que le décret qui les autorise, doivent être publiés en entier et non par extraits.)

FORMULE N° 10. — Acte de dissolution de société.

Entre les soussignés (énoncer les prénoms, noms, professions et domiciles des contractants),

Il a été dit et convenu ce qui suit :

La société en nom collectif, qui avait été formée entre les soussignés suivant acte sous signature privée, en date du. . . ., enregistré à. . . ., le. . . ., sous la raison sociale. . . ., ayant pour objet le commerce. . . ., dont la durée était fixée à. . . . années, qui devaient commencer le. . . ., et finir le. . ., et dont le siége était établi à. . .

Est et demeure dissoute, d'un commun accord, à partir de. . .

La liquidation sera faite au siége social, par les soins et à la diligence de M. . . ., investi, à cet effet, de tous les pouvoirs nécessaires.

Fait double, ou triple, ou en autant de copies qu'il y a de parties intéressées,

A. . . ., le. . . .　　　　　　　(Signatures des associés.)

(OBSERVATION. Aux termes de l'art. 46 du Code de commerce, les actes de dissolution de société, avant le terme fixé pour sa durée, tout changement ou retraite d'associés, toutes nouvelles stipulations ou clauses, tout changement à la raison sociale sont soumis aux formalités de publication par extrait, prescrites par les articles 42, 43 et 44 du même Code.)

FORMULE N° 11. — Déclaration de cessation de paiements d'une société en nom collectif.

L'an. . . et le. . . du mois de. . . ., à. . . . heures du. . . ., au greffe du Tribunal de commerce de. . . ., par-devant nous, greffier soussigné ;

S'est présenté le sieur Pierre Durand père, domicilié à. . . ., chef de la société de commerce en nom collectif, sous la raison de commerce Pierre Durand père et fils, et Louis Robert, pour le commerce des vins, eaux-de-vie et liqueurs, dont le siége est en ladite ville de. . . ., rue. . . ., n°. . . .

Lequel, pour obéir aux prescriptions des articles 438 et 439 du Code de commerce, a déclaré que ladite société, dont les associés solidaires sont ledit Pierre Durand père, Philippe Durand fils, et ledit Louis Robert, tous domiciliés à. . . ., a fait cessation de paiements, à la date du. . . .

Et en même temps, ledit sieur Durand père a déposé, au greffe, le bilan de ladite société, certifié véritable, daté et signé par tous lesdits associés solidaires.

En foi de quoi nous avons dressé le présent que nous avons signé, après lecture, avec ledit comparant.

A. . . ., le. . .　　　　　　　(Signatures.)
Enregistré.

FORMULE N° 12. — Déclaration de cessation de paiements d'une société anonyme.

L'an. . . ., et le. . . . du mois de. . . ., à. . . . heures du. . . ., au greffe du Tribunal de commerce de. . . ., par-devant nous greffier soussigné.

S'est présenté le sieur. . . ., ancien gérant (ou liquidateur) de la société du chemin de fer de. . . ., nommé, en cette qualité, dans l'assemblée des actionnaires de ladite société anonyme, par délibération en date du. . . ., qui a déclaré cette société dissoute, lequel, comme procède, a fait la déclaration de cessation de paiements de ladite société, qu'il a fixée à la date du. . . .; en même temps ledit comparant a déposé au greffe le bilan par lui dressé des affaires de ladite société, qu'il a certifié véritable, qu'il a daté et signé.

De tout quoi nous avons dressé le présent que nous avons signé après lecture, avec ledit sieur. . . ., comparant.

A. . . ., le. . . .   (*Signatures du greffier et du comparant.*)
Enregistré à. . . ., le. . . .

RÉSUMÉ. — **Indication alphabétique**.

Acte modificatif de société, n° 5.	Déclaration du failli ne lie ni le créanc. ni le trib., 4.	Nouv. gérant de société, 10.
Arrêté administratif, 12.	Délai de trois jours, 1.	Paiement de la patente, 8.
Associat. en participat., 11.	Dissolut. de la société, 10.	Principal établissement, 6.
Associé retiré, 9.	Étranger, 7.	Siége de la faillite, 2.
Cessat. de paiements, 5, 10.	Fraude, 1.	Société à l'étranger, 7.
Colonies françaises, 6.	Faillite indiv. des assoc., 8.	— en command., 5, 10.
Compétence, 2.	Gérant de commandite, 10.	— anonyme, 5, 10.
Déclaration de faillite, 2.	Greffe du trib. de comm., 2.	Succursale, 7.
		Tribunaux français, 7.

N° 1. La loi a fixé un délai aussi court (trois jours), pour empêcher certains créanciers de s'assurer, par fraude, un paiement intégral, et pour que les tiers soient promptement avertis. Dalloz, v° *Faillite*, n° 78.

2. C'est au greffe du tribunal de commerce de son domicile, ou au greffe du tribunal civil jugeant commercialement, que le failli doit faire sa déclaration ; il est important de fixer le siége de la faillite, puisqu'il règle la compétence. Dalloz, v° *Faillite*, n° 79.

3. Dans les cas de faillite des sociétés en commandite ou anonymes, la déclaration de cessation de paiements doit être faite par les gérants, ou administrateurs, et on ne doit y énoncer que la demeure des associés solidaires ; quant aux commanditaires ou actionnaires qui ne sont engagés que jusqu'à concurrence de leur mise, il n'est pas nécessaire de les signaler dans la déclaration. Boulay-Paty, t. 1er, n° 32 ; Pardessus, n° 1096 ; Esnault, t. 1er, n° 85 ; de Saint-Nexent, t. 2, n° 168.

4. La déclaration du failli, au reste, ne lie ni les créanciers,

ni la justice, quant à la date réelle de la cessation de paiements. Le tribunal a toute liberté de la faire remonter à une date plus reculée, soit d'office, soit sur la demande de tout intéressé. Alauzet, *Faillites et banqueroutes*, page 17.

5. C'est toujours le tribunal du lieu où, soit une société de commerce, soit un négociant, a son principal établissement commercial, qui est compétent pour déclarer la faillite de ce négociant ou de cette société; et par principal établissement on entend le lieu désigné comme siège du commerce, par les circulaires du négociant, ou par l'acte social, lors même que, plus tard, il interviendrait un acte modificatif du contrat de société, d'après lequel le siège social serait transféré ailleurs; du moins cet acte modificatif ne pourrait être opposé aux créanciers de la société antérieurs à cet acte, passé sans leur concours et hors de leur présence. 28 nov. 1842, rej. (S.-V.43.1.42; P.43.1.175).

6. Si le principal établissement commercial d'un négociant ou d'une société de commerce est aux colonies françaises, c'est le tribunal de ces colonies qui est compétent pour déclarer la faillite, lors même qu'il existerait un second établissement, ou succursale du premier, sur le territoire continental de la France; la raison en est que les livres, papiers et documents relatifs aux affaires de ce négociant, ou de cette société, sont présumés se trouver plutôt au siège de l'établissement principal que dans ses dépendances; peu importe même que le tribunal situé en France ait le premier déclaré la faillite. 18 août 1841, C. règl. de juges (S.-V.41.1.767; D.P.42.1.52); M. Renouard, t. 1er, p. 249; sans préjudice des mesures à prendre au lieu où est établi le second établissement, ou succursale. Alauzet, page 19; Paris, 23 déc. 1847 (S.-V.1848.2.355).

7. Cependant, et par exception à ce principe, une société de commerce établie à l'étranger, ayant une succursale établie en France, patentée sous la même raison sociale, et tenue par un gérant français ou étranger, mais investi du droit de faire usage de cette raison sociale, peut être traduite devant les tribunaux français à raison des engagements qu'elle a contractés envers des Français, et être, par ces mêmes tribunaux, déclarée en état de faillite. 23 déc. 1847, Paris (S.-V.48.2.355).

8. Par cela seul qu'une société de commerce est en faillite, chacun des associés doit être réputé en faillite individuelle, même vis-à-vis de ses créanciers personnels. Douai, 9 fév. 1825 (S.26. 2.134; D.P.25.2.195); rej., 10 nov. 1845 (S.-V.45.1.789); Alauzet, page 23.

9. Un associé qui s'est retiré de la société peut, malgré cette retraite, être déclaré en faillite, comme associé, alors qu'au moment de sa retraite, la société était déjà hors d'état d'acquitter ses dettes, et que la faillite a été amenée par cet état de choses. Rej. 11 avril 1849 (S.-V.1849.1.749).

10. Une société en commandite ainsi qu'une société anonyme peuvent être déclarées en faillite. Lainné, pages 24 et suiv., Paris, 27 nov. 1852 (S.-V.1852.2.662); Dalloz, v° *Faillite*, n° 92.

11. Au cas d'une association en participation, l'un des associés peut être déclaré en faillite lorsque les billets souscrits, dans un intérêt commun, par son coassocié sont protestés faute de paiement. Bordeaux, 23 fév. 1836 (D.P.36.2.174).

12. Lorsqu'un arrêté administratif a mis en liquidation un établissement commercial soumis à sa surveillance, notamment une banque créée par ordonnance royale, les tribunaux ne peuvent déclarer cet établissement en état de faillite, bien qu'il ait notoirement cessé ses paiements. Rej., 8 fév. 1837 (S.-V.37.1.231 ; D.P.37.1.354).

13. Par une sage application des règles sur la durée des sociétés et de l'art. 438, Cod. comm., le gérant d'une société en commandite, qui s'est borné à donner sa démission, sans provoquer, au moment de sa retraite, la dissolution et la liquidation de la société, doit être déclaré en faillite, avec le nouveau gérant, lorsque la société vient plus tard à cesser ses paiements. Paris, 26 mars 1840, aff. Fouqueron ; Dalloz, v° *Faillite*, n° 90.

RÉSUMÉ. — Indication alphabétique.

Acquiescement, 7.	Dépenses du failli, 4.	Période de dix ans, 3.
Appel, 7.	Dépôt du bilan, 9.	Pouvoir spécial, 1.
Bilan, 1.	Effets légaux des énoncia-	Profits et pertes, 4.
Caractère de la faillite, 3.	tions du bilan, 5.	Reconnaiss. de dettes, 6.
Carrière commerciale, 4.	Énonciations du bilan, 5.	Rédaction du bilan, 5.
Chapitres du bilan, 3.	Fraudes dans le bilan, 8.	Tableaux contenus au bi-
Concordat, 8.	Greffe du tribunal de com-	lan, 2.
Déclaration de cessation de	merce, 1.	
paiements, 1.	Livres de commerce, 3.	

N° 1. Le failli qui ne pourrait se présenter en personne au greffe du tribunal de commerce pour y faire sa déclaration de cessation de paiements, peut se faire représenter par un fondé de pouvoir spécial ; il peut aussi, par un fondé de pouvoir spécial, faire dresser et déposer le bilan qui doit accompagner sa déclaration. Alauzet, page 27.

2. Le tableau contenu au bilan est nécessaire, pour qu'on puisse discerner s'il y a faillite; pour qu'on en puisse découvrir le

caractère ; pour qu'on connaisse les créanciers, à l'effet de les convoquer ; pour faciliter la vérification des créances et guider les syndics dans leur administration.

3. Le bilan présente cinq chapitres différents : 1° celui de l'actif, qui comprend l'actif matériel de tous les biens meubles et immeubles du failli et la valeur effective de ces biens, pour faciliter la comparaison des ressources et des dettes du failli ; 2° celui du passif, dans lequel on énonce le nom de chaque créancier, la somme qui lui est due et la cause de sa créance ; 3° celui des pertes dont l'objet est d'éclairer sur les causes et les circonstances de la faillite, éprouvées dans les dix années qui ont précédé la faillite ; 4° celui des profits, ayant même objet que le précédent, et devant remonter à dix ans ; 5° celui des dépenses qui doit également faciliter l'appréciation des caractères de la faillite, remontant également à dix ans. Cette période de dix ans est indiquée, par la raison que c'est d'après ses livres que le failli doit dresser son bilan, et que la loi ne l'oblige à garder ses livres que pendant dix ans. Locré, *Esprit du Code de comm.*, art. 471, p. 249 ; et Dalloz, *Répert.*, v° *Faillite*, n° 101 ; Alauzet, page 25.

4. Toutefois le tableau des profits et pertes, et celui des dépenses dans le bilan, doivent, autant que possible, remonter jusqu'à l'époque où le failli a commencé sa carrière commerciale, quelque reculée qu'elle soit. Pardessus, n° 1155 ; Esnault, t. 1er, n° 114 ; Goujet et Merger, v° *Faillite*, n° 58.

5. Le failli doit apporter le plus grand soin à la formation et rédaction de son bilan, car les énonciations qui y sont contenues, si elles ne constituent pas un aveu judiciaire de sa part, produisent cependant leurs effets légaux, si elles sont reconnues sincères.

6. Ainsi la reconnaissance d'une dette ainsi faite de bonne foi interrompt la prescription. Bordeaux, 24 fév. 1843.

7. Et lorsqu'un failli a compris dans le passif de son bilan une dette à laquelle il a été condamné en 1re instance, il est censé, par cela seul, avoir acquiescé au jugement de condamnation ; il est, par suite, non recevable à en interjeter appel. 27 frim. an xii, Paris (S.7.2.762 ; D.a.8.165).

8. Les fraudes qui seraient commises par le failli dans son bilan empêcheraient plus tard la formation d'un concordat avec ses créanciers, et l'exposeraient à des poursuites en banqueroute frauduleuse. Art. 518 et 591, C. comm.

9. Du reste, le défaut de dépôt de bilan prive le failli du bénéfice de l'art. 456 qui, dans les cas qu'il prévoit, permet de l'af-

franchir du dépôt ou de la garde de sa personne, pendant les premières opérations de la faillite, et l'expose même à être, par ce seul fait, déclaré banqueroutier simple. Art. 456 et 586, C. de comm.

10. Un bilan peut être rectifié par des additions supplémentaires, sans qu'il y ait lieu pour cela de le réputer frauduleux. 6 messid. an XIII, Paris (S.5.2.300 ; D.A.8.131) ; MM. Pardessus, n° 1155 ; Esnault, t. 1er, n° 115 ; Bédarride, t. 1er, n° 41.

440. La faillite est déclarée par jugement du tribunal de commerce, rendu, soit sur la déclaration du failli, soit à la requête d'un ou de plusieurs créanciers, soit d'office. Ce jugement sera exécutoire provisoirement.

441. Par le jugement déclaratif de la faillite ou par jugement ultérieur rendu sur le rapport du juge-commissaire, le tribunal déterminera, soit d'office, soit sur la poursuite de toute partie intéressée, l'époque à laquelle a eu lieu la cessation de paiements. A défaut de détermination spéciale, la cessation de paiements sera réputée avoir eu lieu à partir du jugement déclaratif de la faillite.

FORMULE N° 13. — Jugement qui, sur la déclaration d'un failli, le déclare en état de faillite.

Le Tribunal de commerce de l'arrondissement de. . ., département de. . . ., a rendu le jugement dont la teneur suit :

M. . . ., président du Tribunal, a rapporté que le. . . . courant, le sieur. . . (indiquer la profession), domicilié à . . . ., s'est présenté au greffe et a fait sa déclaration de cessation de paiements, en l'accompagnant du dépôt de son bilan, en conformité des articles 438 et 439 de la dernière loi sur les faillites et banqueroutes ; en conséquence, ledit sieur président a demandé au tribunal de déclarer d'office ledit sieur. . . . en état de faillite et d'en fixer la date d'ouverture au. . ., jour de la cessation de paiements dudit sieur. . . ., d'après sa propre déclaration ; d'ordonner l'apposition des scellés au domicile du failli, de désigner un de ses membres pour commissaire, de nommer un ou plusieurs syndics provisoires et d'ordonner en outre le dépôt de la personne dudit sieur. . . . dans la maison d'arrêt pour dettes de. . . .

Sur quoi,

Vu les articles 437, 438, 439, 440, 441, 455, 457, 458 et 462 de la loi du 23 mai 1838 sur les faillites et banqueroutes,

Considérant que l'état de faillite du sieur. . . . est de notoriété publique, et se trouve d'ailleurs suffisamment justifiée par la déclaration de cessation de paiements qu'il a faite devers le greffe, le. . . . courant; que, dès lors, c'est le cas, en déclarant ledit sieur. . . . en état de faillite, d'en fixer l'époque d'ouverture au jour indiqué dans ladite déclaration, et d'ordonner, par suite, l'exécution des autres dispositions de la loi précitée ;

Par ces motifs,

Le Tribunal, après en avoir délibéré, jugeant publiquement, et en premier ressort, disant droit sur la demande de son président, déclare d'office ledit sieur. . . . en état de faillite, et en fixe l'époque au. . . .; en conséquence, ordonne que par le juge de paix du canton de. . . ., les scellés seront, de suite, apposés sur les magasins, comptoirs, caisses, portefeuilles, livres, papiers, meubles et effets du failli ; nomme M. . . ., l'un de ses membres, commissaire de la faillite et M. . . ., demeurant à. . . ., syndic provisoire, pour remplir, sous la surveillance du commissaire, les fonctions à lui attribuées par la loi; ordonne en outre le dépôt dudit sieur. . . . dans la maison d'arrêt pour dettes de. . . . (1), et qu'un extrait du présent jugement sera adressé, sans retard, à M. le procureur impérial de l'arrondissement.

Ainsi jugé et prononcé en audience publique, le. . . ., présents, MM. . . ., président, et. . . ., juges, et. . . ., greffier, signé.

MM. . . ., président, et. . . ., greffier, signé à la minute en marge de laquelle est écrit : enregistré à. . . .

FORMULE N° 14.—**Requête d'un créancier en déclaration de faillite.**

A Messieurs les président et juges composant le Tribunal de commerce de. . . .

Le sieur. . . ., négociant, demeurant à. . . .

A l'honneur de vous exposer :

Qu'il est créancier du sieur. . . ., marchand, domicilié à. . . ., pour une somme de. . . ., en vertu d'une lettre de change, souscrite, en sa faveur, par ledit sieur. . . ., le. . . ., et protestée faute de paiement à son échéance, par un exploit de. . . ., huissier, en date du. . . ., enregistré. Et attendu que ledit sieur. . . . a déjà subi d'autres protêts, et que plusieurs condamnations ont été prononcées récemment contre lui; que son état de cessation de paiements est constant et remonte au moins au. . . ., ledit sieur. . . . conclut à ce qu'il plaise au tribunal,

Déclarer le sieur. . . . en état de faillite, en fixer provisoirement l'ouverture au. . . . dernier; désigner un juge-commissaire, et un ou plusieurs syndics provisoires; ordonner l'apposition des scellés sur les magasins, comptoirs, livres, papiers, marchandises et effets du failli, et le dépôt de sa personne dans la maison d'arrêt pour dettes, ordonner toutes autres dispositions exigées par la loi; et ferez justice.

A. . . ., le. . . . (le créancier signé, ou bien son fondé de procuration pour lui).

---

(1) L'acte d'écrou du failli dans une maison d'arrêt pour dettes n'est autre chose que la transcription, sur le registre de la prison, du jugement qui a déclaré la faillite et ordonné le dépôt de la personne du failli dans ladite maison d'arrêt pour dettes.

(*Note de l'auteur.*)

FORMULE Nº 15. — Jugement déclaratif de failite, à la requête d'un créancier.

Le Tribunal de commerce de l'arrondissement de. . . ., département de. . . ., a rendu le jugement dont la teneur suit :

Entre le sieur. . . ., négociant, domicilié à. . . ., demandeur en déclaration de faillite, comparant par Me. . . ., avocat ou agréé, son procureur fondé, suivant le pouvoir sous seing privé à lui donné le. . . ., et enregistré à. . . ., le. . . . du même mois, fo. . . ., V. C. . . ., reçu deux francs vingt centimes, d'une part ;

Et le sieur. . . ., marchand, domicilié à. . . ., débiteur failli, d'autre part ;

Dans le fait : le sieur. . . . a présenté cejourd'hui au Tribunal une requête dans laquelle il expose qu'il est créancier dudit sieur. . . (on transcrit ici l'énoncé de la requête), on ajoute :

Sur cette requête la cause ayant été appelée à la présente audience,

Ouï pour ledit sieur. . . ., Me. . . ., avocat, qui a conclu à ce qu'il plaise au Tribunal lui adjuger les fins de sa requête.

Sur quoi,

Vu la requête ci-dessus énoncée ;

Vu les articles 437, 438, 439, 440, 441, 455, 457, 458, et 462, de la loi du 28 mai 1838, sur les faillites et banqueroutes ;

Considérant que l'état de faillite du sieur. . . . se trouve suffisamment justifié par les nombreux protêts, ou jugements intervenus contre lui ; que, dès lors, c'est le cas, en déclarant ledit sieur. . . . en état de faillite, d'en fixer l'époque au. . . . dernier, où remonte sa cessation de paiements, et d'ordonner, par suite, l'exécution des autres dispositions de la loi précitée.

Par ces motifs :

Le Tribunal, après en avoir délibéré, jugeant en premier ressort, disant droit sur la requête dudit sieur. . . ., déclare le sieur. . . ., en état de faillite ; en fixe l'époque au. . . . dernier. En conséquence, ordonne que, par le juge de paix du canton de. . . ., les scellés seront de suite apposés sur les magasins, comptoirs, caisses, portefeuilles, livres, papiers, meubles et effets du failli et partout où besoin sera ; nomme M. . . . juge-commissaire de la faillite, et M. . . . syndic provisoire, pour remplir, sous la surveillance du commissaire, les fonctions à lui attribuées par la loi ; ordonne en outre le dépôt de la personne dudit sieur. . . . dans la maison d'arrêt pour dettes de la ville de. . . ., ordonne l'affiche et l'insertion par extrait, dans les journaux, du présent jugement, conformément à l'art. 442, et qu'un extrait dudit jugement sera adressé, sans retard, à M. le procureur impérial de l'arrondissement, et condamne ledit S...., failli, aux dépens, qui seront prélevés par privilége sur l'actif de la faillite.

Ainsi jugé et prononcé en audience publique... (la fin comme au jugement précédent, formule 13).

FORMULE N° 16. — Jugement qui déclare d'office un commerçant en état de faillite.

Le Tribunal de commerce de l'arrondissement de. . . ., département d. . . ., a rendu le jugement dont la teneur suit :

M. . . . . ., président du Tribunal, a rapporté qu'il est instruit personnellement, et qu'il résulte, d'ailleurs, des renseignements qui lui sont parvenus, que le sieur. . . ., domicilié à. . . ., a fermé ses magasins, a quitté le pays et se trouve sous le coup des poursuites de ses créanciers, dont les titres, pour la plupart protestés, se trouvent impayés ; que la cessation de paiements dudit sieur. . . . est constante et de notoriété publique ; qu'il importe à l'ordre public, comme à l'intérêt des créanciers dudit sieur. . . ., que sa faillite soit déclarée, pour les opérations en être suivies et réglées, conformément à la loi ; en conséquence, ledit sieur président a demandé au Tribunal de déclarer d'office ledit sieur. . . . en état de faillite et d'en fixer provisoirement l'ouverture au. . . . ., jour de la clôture de ses magasins, d'ordonner l'apposition des scellés, etc. (La suite comme à la formule 13 précitée.)

RÉSUMÉ. — Indication alphabétique.

Acte notarié, 3.
Adhésion au jugement de faillite, 27.
Apposition de scellés, 13.
Assignation, 11.
Assignation préalable, 16.
Audience publique, 14.
Commandit. créancier, 10.
Contrainte par corps, 8.
Créancier conditionnel, 5.
Créancier hypothécaire, 6.
Créancier privilégié, 6.
Déclaration d'office, 12.
Dépôt de la personne, 25.
Dispersion de l'actif, 4.
Dessaisissement, 24.

Dettes commerciales, 2.
Dettes non commerc., 1.
Effets juridiques de la faillite, 23.
Enfants du failli, 9.
Exécution du jugement de faillite, 25.
Exécutoire par provision, 26.
Femme du failli, 9.
Force de chose jugée, 26.
Gage, 3.
Hypothèque, 3.
Irrégul. de poursuites, 17.
Jugement déclaratif, 18.
Maison d'arrêt pour dettes, 25.

Mise en faillite, 9.
Nomination des syndics, 26.
Nullité absolue, 13.
Obligation civile, 1.
Ordonnance sur requête, 13.
Ordre public, 12.
Organisat. de la faillite, 23.
Péremption, 25.
Qualification du failli, 19.
Régie des douanes, 7.
Règlement de juges, 26.
Rétractation de jugem., 27.
Syndic provisoire, 11.
Tribunaux civils, 20, 21.
Tribunaux criminels, 22.
Titre échu, 4.

N° 1. Le créancier d'un commerçant, en vertu d'une obligation civile, peut le faire déclarer en faillite, en cas de cessation de paiements de ses dettes commerciales, car la faillite est un état général et indivisible, qui s'étend et sur la personne du failli et sur l'universalité de ses biens et de ses dettes. Paris, 27 nov. 1841, rej., 9 août 1849 (D.P.49.1.207).

2. Si, rigoureusement, la cessation de paiements de dettes non commerciales ne suffit pas pour entraîner la faillite d'un négociant et autoriser une déclaration de faillite, l'éclat cependant d'une poursuite à raison de pareilles dettes ébranlerait son crédit, et ne tarderait pas à entraîner sa chute, s'il ne prenait les moyens les plus prompts de la faire cesser. Dalloz, v° *Faillite*, n° 71.

3. Dans tous les cas, une créance dont la cause est commerciale ne devient pas purement civile parce qu'elle aurait été contractée par acte notarié et qu'on y aurait affecté un gage ou une hypothèque ; celui à qui appartient cette créance est donc, au moins comme créancier commercial, recevable à demander la déclaration de faillite de son débiteur (Voir l'arrêt du 27 nov 1841, de Paris, cité plus haut).

4. Le droit de faire déclarer la faillite de son débiteur appartient au créancier porteur d'un titre non échu (MM. Boulay-Paty, n° 34 ; Pardessus, n° 1099 ; Renouard, t. 1er, p. 270, et Bédarride, n° 50). En effet les créances non échues deviennent exigibles dès le moment où, par la cessation de paiements, il y a faillite, quoi-qu'elle ne soit pas déclarée ; et ce créancier a dès lors un intérêt évident à empêcher la dispersion de l'actif. Dalloz, v° *Faillite*, n° 105, Paris, 22 déc. 1831.

5. La même solution doit être suivie à l'égard d'un créancier conditionnel, car son titre crée, en sa faveur, un principe de droit qui le rend intéressé à la conservation de l'actif de son débiteur.

6. Un créancier privilégié, ou hypothécaire, est également recevable à requérir la mise en faillite, car la loi n'interdit à aucun créancier le droit de faire déclarer la faillite ; souvent, en effet, les créanciers privilégiés ou hypothécaires ne viennent pas utilement, pour être payés sur la chose qui leur sert de gage; ce qui suffit pour qu'on les considère comme tous autres intéressés à la conservation de l'actif de leur débiteur. MM. Renouard, t. 1er, p. 278, et Pardessus, n° 1099.

7. La régie des douanes peut, comme tout autre créancier, faire déclarer la faillite de l'un de ses redevables. Aix, 27 nov. 1835.

8. Le créancier qui a renoncé à exercer la contrainte par corps contre son débiteur négociant n'en est pas moins recevable à provoquer la déclaration de faillite de ce dernier. 20 mai 1849, Orléans (S.-V. 40.2.363; D.p.40.2.171); Gouget et Merger, v° *Faillite*, n° 65 ; Renouard, t. 1er, p. 275.

9. Mais des raisons de convenance ne permettent pas d'admettre la femme ou les enfants d'un commerçant à provoquer sa mise en faillite (Pardessus, 1099 ; Boulay-Paty, n° 35) ; mais il est impossible d'ériger en article de loi ce sentiment de convenance qui doit avoir des limites et que les circonstances rendent plus ou moins impérieux. Alauzet, page 28.

10. Un commanditaire est créancier des associés et non de la

société; par suite, il ne peut provoquer la déclaration de faillite de la société. Renouard, t. 1er, p. 263 ; Bédarride, nos 45 et 46.

11. Le syndic provisoire d'une faillite a qualité pour provoquer la déclaration de faillite d'un associé du failli : c'est là un acte conservatoire. 6 janv. 1836, Paris (S.-V.36.2.163; D.p.36.2.74).

12. Les dispositions de la loi des faillites présentent des règles à l'observation desquelles l'ordre public est intéressé ; il est donc logique d'admettre que les tribunaux de commerce puissent, d'office, déclarer la faillite des négociants de leur ressort, en état de cessation de paiements. Alauzet, page 29.

13. C'est un jugement rendu par le tribunal de commerce que l'art. 440 exige pour la déclaration de faillite ; en conséquence, une simple ordonnance, rendue sur requête, par le président du tribunal, ne suffit pas (Rouen, 10 mai 1813), et l'apposition des scellés sur les biens d'un failli ne peut, à peine de nullité absolue et de droit public, être ordonnée par un seul juge. Elle ne doit avoir lieu qu'en vertu d'un jugement émané du tribunal entier. Riom, 4 juill. 1809.

14. Comme tous autres jugements, les jugements déclaratifs de faillite doivent, à peine de nullité, être prononcés en audience publique. Amiens, 24 avril 1839.

15. Les créanciers ne sont pas tenus, pour faire déclarer en faillite leur débiteur, qui a cessé ses paiements, de l'assigner devant le tribunal, la loi accordant seulement à ce dernier les droits de former opposition au jugement qui l'a déclaré en faillite (Besançon, 13 mai 1808). Ils peuvent donc agir par voie de simple requête. Alauzet, page 29.

16. L'obligation d'une assignation préalable au failli peut néanmoins être imposée aux créanciers par les juges, s'ils l'estiment nécessaire. M. Lainné, page 35.

17. De toute manière, il est permis au créancier d'agir par voie d'une assignation, si ce moyen lui paraît préférable à celui d'une requête, et l'irrégularité même des poursuites ne peut influer sur la décision d'un tribunal de commerce qui déclare un commerçant en faillite, lorsque, d'ailleurs, il a prononcé en connaissance de cause, et d'après les pièces constatant la cessation de paiements. Rennes, 10 juill. 1820.

18. Le jugement déclaratif constate le fait de la faillite, mais ne le crée pas ; la faillite existe par le seul fait de la cessation de paiements, indépendamment de toute déclaration judiciaire. Liége, 13 déc. 1843.

19. L'art. 437, C. comm., doit être entendu en ce sens que, par le fait seul de la cessation de paiements, le commerçant est considéré par la loi comme failli, sans que cette qualification soit subordonnée à un jugement qui déclare la faillite ; que par suite il suffit qu'un commerçant ait cessé ses paiements, pour que sa femme ne puisse exercer sur ses biens aucune action, à raison des avantages portés au contrat de mariage. Rej., 13 nov. 1838 (D.P.38.1.401).

20. Du principe que la faillite existe par le seul fait de la cessation de paiements, indépendamment du jugement déclaratif, il suit que, bien que la faillite n'ait pas été déclarée, il appartient aux tribunaux civils, qui sont investis de la plénitude de la juridiction, de reconnaître, en jugeant les contestations qui leur sont soumises, si le fait caractéristique de la faillite (la cessation de paiements) a ou n'a pas existé, et d'en appliquer les effets légaux aux parties en cause ; ils n'empiètent pas en cela sur les attributions des tribunaux de commerce, seuls compétents pour déclarer la faillite et en fixer l'époque. 13 nov. 1838, rej. (S.-V. 39.1.121; D.P.38.1.400); id. Bordeaux, 6 mai 1848 (S.-V.49.2. 609); Pardessus, n° 1108 ; Troplong, Hyp., t. III, n° 636.

21. Ainsi un tribunal civil, appelé à prononcer sur la distribution du prix des biens d'un commerçant peut, sans empiéter sur la juridiction commerciale, décider que ce commerçant est en état de faillite et fixer l'époque de l'ouverture de la faillite. 7 juin 1834, Grenoble (S.-V.34.2.438; D.P.35.2.40).

22. Il en est de même des tribunaux criminels appelés à statuer sur les crimes et délits commis dans les faillites : ils peuvent, quant à la prévention ou à l'accusation dont ils sont saisis, déterminer l'époque de la faillite du commerçant prévenu ou accusé. Pardessus, n° 1094 ; Boulay-Paty, t. Ier, n° 38.

23. Mais il faut remarquer toutefois que, du moment que la faillite est considérée par le législateur comme une situation de fait, toutes les juridictions peuvent, en s'appuyant sur ce fait, reconnu constant par elles, en déduire les effets juridiques ; mais l'organisation légale de l'état de faillite, les règles spéciales relatives au syndicat, à la vérification, au concordat, etc., ne recevront leur application qu'après que le tribunal de commerce compétent aura déclaré régulièrement que le débiteur est en état de cessation de paiements. Dalloz, Rép., v° Faillite, n° 120.

24. Il est à remarquer néanmoins que la loi a attaché au jugement déclaratif certains effets ; il est nécessaire qu'un jugement intervienne pour que ces effets soient produits ; ainsi le commerçant qui cesse ses paiements n'est dessaisi de l'administration

de ses biens que lorsqu'il y a eu jugement déclaratif de la faillite. Cass., 26 juin 1844 (S.-V.44.1.483 ; D.p.44.1.311).

25. Le jugement par défaut déclaratif d'une faillite doit être comme tous les jugements semblables, exécuté dans les six mois de sa date, sous peine de tomber en péremption ; et l'exécution de ce jugement résulte de l'affiche et de l'insertion aux journaux qui en sont faites, des opérations de la faillite auxquelles assiste le failli, et mieux encore du dépôt de la personne dans la maison d'arrêt pour dettes. 26 fév. 1834, rej. (S.-V.35.1.22 ; D.p.34.1. 177); *id.* 6 déc. 1838, Paris (S.-V.39.2.480; D.p.40.2.10) ; *id.* 31 août 1858, Orléans (S.-V.51-2.23); *sic* Pardessus, n° 1110 ; Renouard sur l'art. 580, t. II, p. 416.

26. Le failli n'est pas réputé acquiescer à un jugement déclaratif de faillite, par cela seul qu'il laisse passer outre à la nomination des syndics ; alors, surtout que ce jugement est exécutoire par provision, et que le failli y a préalablement formé opposition. — Dans ce cas, cette exécution du jugement ne lui fait pas acquérir force de chose jugée qui puisse empêcher l'exercice ultérieur de recours en règlement de juge. 3 mai 1841, Douai (S.-V.42.2.57 ; D.p.42.2.73).

27. Le silence de l'un ou de plusieurs des associés, ou leur adhésion au jugement qui déclare la société en faillite, ne peut nuire aux droits des autres associés, et ne saurait être un obstacle à la rétractation de ce jugement, sur la demande de ceux-ci. 5 janv. 1849, Lyon (S.-V.49.2.190).

FORMULE N° 16 *bis.* — Requête pour faire rendre exécutoire, en France, un jugement déclaratif de faillite étranger.

A Messieurs les président et juges composant le Tribunal civil de première instance de. . . .

Me S. . . ., avoué près ledit Tribunal et du sieur W. . . ., domicilié à Tournay, agissant comme syndic définitif de la faillite du sieur G. . . ., batelier, domicilié aussi à Tournay (Belgique),

A l'honneur de vous exposer,

Que le Tribunal de commerce de Tournay, par jugement en date du. . . ., dûment enregistré, expédié et représenté, a déclaré ledit sieur G. . . . en état de faillite et en a fixé l'ouverture au. . . . (Indiquer le jour, le mois et l'année).

Il importe au syndic de faire apposer, dans le plus bref délai possible, les scellés à bord du bateau *le Jeune Charles*, appartenant au failli, et qui se trouve actuellement en France dans le port de. . . ., chargé de marchandises et autres objets.

En conséquence, l'exposant conclut à ce qu'il plaise au Tribunal déclarer exécutoire en France le susdit jugement déclaratif de faillite, à

I.　　　　　　　　　　　　　　　　　　　3

l'effet, par le syndic, de faire apposer les scellés sur ledit bateau, et partout où besoin sera, et ferez justice.

A. . . ., le. . . .   (Mᵉ S. . . ., avoué, *signé*).

FORMULE Nº 16 *ter*. — Jugement portant ordonnance d'exécution d'un jugement étranger.

Le Tribunal civil de première instance de. . . ., a rendu le jugement dont la teneur suit :

En fait : Mᵉ S. . . ., avoué près le Tribunal et du sieur W. . . ., domicilié à Tournay (Belgique), syndic de la faillite du sieur G. . . ., batelier, domicilié aussi à Tournay.

A présenté cejourd'hui au Tribunal une requête ainsi conçue (Copier la requête).

Après le rapport du juge commis par le président pour faire son rapport à la présente audience ;

Ouï, Mᵉ S. . . ., avoué, qui a conclu à ce qu'il plaise au Tribunal lui adjuger les fins de sa susdite requête ;

Ouï, M. le procureur impérial dans ses conclusions verbales et motivées ;

Vu la requête ci-dessus mentionnée ; Vu l'expédition, en due forme, du susdit jugement déclaratif de faillite ;

Attendu que ce jugement est régulier en la forme ; qu'il ne contient rien de contraire aux lois, à l'ordre public, ni aux bonnes mœurs ;

Par ces motifs,

Le Tribunal, eu délibération, jugeant publiquement et en premier ressort ;

Ordonne que le jugement du Tribunal de commerce de Tournay (Belgique), en date du . . ., qui a déclaré la faillite du sieur G. . . ., batelier, domicilié aussi à Tournay, sera exécuté en France, selon sa forme et teneur.

Ainsi jugé. . . ., le. . . .   (*Suivent les signatures*).

RÉSUMÉ.

1. La demande d'exequatur des jugements de tribunaux étrangers rendus sur simple requête est légalement formée par cette même voie devant les tribunaux français, alors surtout que, d'après la législation française, les jugements de la nature de ceux dont l'exequatur est demandé sont aussi rendus en France sur simple requête, comme par exemple les jugements de déclaration de faillite. Cod. proc., 546 ; Cod. comm., 440 ; Douai, 14 août 1845 (S.-V.46.2.303).

2. Les tribunaux civils seuls, à l'exclusion des tribunaux de commerce, sont compétents pour déclarer exécutoires en France les jugements émanés de tribunaux étrangers, alors même que ces jugements prononcent sur des contestations commerciales. Bordeaux, 25 fév. 1836 (S.-V.48.2.153) ; *id.* 22 janv. 1840 (D.P.

40.2.167) ; *id.* Douai, 9 déc. 1843 (S.-V.44.2.563) ; *sic* Félix, *Droit international,* § 324 ; Massé, *Droit comm.,* t. 2, n° 313 ; Valette, *Revue de droit français,* t. 6, p. 612 ; Demolombe, t. 1er, p. 325.

3. Les tribunaux français peuvent reconnaître l'état de faillite d'un individu résultant de la déclaration d'un tribunal étranger, et par suite la qualité des syndics de sa faillite ; ce n'est pas là attribuer force exécutoire en France à des actes émanés d'une juridiction étrangère. Bordeaux, 22 déc. 1847 (S.-V.48.2.228); Gilbert, *Code de procédure annoté,* art. 546.

4. L'appréciation des faits établissant la cessation de paiements étant laissée, dans tous les cas, aux juges, les tribunaux français peuvent accueillir le jugement étranger prononçant la faillite comme suffisant pour établir la date et le fait de la cessation de paiements (Renouard, t. 1er, p. 230) ; à ce point de vue la question de l'exécution en France des jugements de faillite rendus en pays étranger présente moins d'intérêt, mais si aucune déclaration de faillite n'a été demandée aux tribunaux français, ni aucune exécution du jugement rendu en pays étranger, l'étranger déclaré en faillite dans son pays ne pourrait revendiquer le bénéfice de la loi française qui autorise le juge à donner mainlevée de l'emprisonnement pour dettes. C'est là un bénéfice de la loi française, qui ne peut être invoqué par l'étranger déclaré en faillite dans son pays, et en vertu de la loi étrangère, dont les dispositions ne sont pas exécutoires contre un créancier français. Alauzet, *des Faillites et banqueroutes,* n° 1646, p. 15; tribunal civil de la Seine du 21 janv. 1857.

OBSERVATIONS. En même temps qu'on signifie le jugement étranger, dans les cas où cette signification est nécessaire, il faut signifier le jugement qui en a ordonné l'exécution en France. (*Note de l'auteur.*)

RÉSUMÉ. — **Indication alphabétique.**

Atermoiement, 10.	Demande d'un terme, 15.	Mort en état de cessation de paiements, 22.
Caractères de la faillite, 1, 3 *bis.*	Echéance d'effets renouvelés, 6.	Qualification des faits, 3.
Cessation de paiements antérieure au décès, 22.	Emprunts hypothécaires,8.	Paiements fictifs, 5.
Concordat, 19.	Epoque de la cessation de paiements, 4.	Paiements réels, 5.
Constit. d'hypothèques, 7.	Faits constitutifs de la faillite, 1.	Pouvoir discrétion., 2.
Débiteurs du failli, 20.	Faillite après décès, 22.	Preuve testimoniale, 16,17.
Défaut de paiement d'un seul effet de comm., 13.	Jugement ultérieur, 18.	Protèt, 8, 11.
Degré de juridiction, 21.	Législation précédente, 1.	Réalité de la cessation de paiements, 1.
Délégation de paiement, 7.	Lettre circulaire, 9.	Refus de payer, 14.
		Renouvellement d'effet, 5.

N° 1. Les tribunaux ne doivent, sous le Code de 1838, s'atta-

3.

cher qu'à la réalité de la cessation de paiements et à sa généralité ; ils ne doivent plus hésiter à faire résulter cette cessation de tous les faits graves qui la constituent, quoique ces faits n'offrent pas d'identité avec ceux que la législation précédente a prévus, puisque l'on a supprimé les caractères attribués par la loi de 1807 aux faits extérieurs de retraite, de fermeture de magasin, etc. Dalloz, vo *Faillite*, no 136.

2. Les juges ont un pouvoir discrétionnaire pour apprécier les circonstances et les faits qui constituent un négociant en état de cessation de paiements, et, par suite, en état de faillite. Orléans, 30 juill. 1844. —Conf. MM. Pardessus, no 1107 ; Renouard, t. 1er, p. 230, et Massé, nos 201 et 202 ; Dalloz, vo *Faillite*, no 136.

3. Mais ce principe ne doit être admis qu'en ce sens, qu'il s'agit de la constatation des faits de cessation et non de leur qualification, laquelle ne lierait pas la Cour de cassation, et que cette Cour pourrait réformer si elle lui paraissait méconnaître les caractères essentiels de la faillite, tels qu'ils se déduisent de l'économie de la loi. Argum. req. 1er avril 1829, p. 29.1.205.

3 *bis*. *Id*. 26 avril 1841, C. c. req., ainsi la Cour de cassation, compétente pour vérifier si les caractères légaux de l'état de faillite résultent des faits reconnus constants par les juges du fond, ne l'est pas pour reviser l'appréciation des circonstances d'après lesquelles ces juges ont fixé l'époque de la cessation de paiements et, par suite, l'ouverture de la faillite à tel temps plutôt qu'à tel autre. Req., 21 mars 1822, affaire *Billiet*, et 12 mai 1841, affaire *Deport* (S.-V.41.1.663 ; D.P.41.1.264).

4. La cessation de paiements n'est pas exigée seulement pour autoriser la déclaration de faillite ; elle est aussi nécessaire pour en déterminer l'époque. 7 mars 1829, Paris (S.-V.29.2.299 ; D.P. 29.2.229).

5. Par cessation de paiements la loi entend des paiements réels et non fictifs, tels que le renouvellement d'effets échus. En conséquence l'ouverture de la faillite doit, sans égard à ces renouvellements, être reportée au jour où il y a eu cessation de paiements effectifs. 11 juin 1830, Bordeaux (S.-V.30.2.355 ; D.P.30. 2.261) ; *id*. 26 avril 1841, Cass. (S.-V.41.1.713 ; D.P.41.1.227) ; *sic* Goujet et Merger, vo *Faillite*, no 21.

6. Dès lors cette ouverture peut être reportée à la date de la première échéance d'un effet renouvelé et non payé à l'époque de sa nouvelle échéance, alors qu'à l'époque du renouvellement l'insolvabilité du débiteur était déjà notoire, malgré le paiement de quelques billets peu importants. Même arrêt du 26 avril 1841.

7. Des constitutions d'hypothèques consenties par un failli, des délégations de paiements sur des débiteurs, quelque nombreuses qu'elles soient, ne peuvent être regardées comme des actes propres à fixer l'époque de l'ouverture de la faillite, alors que, postérieurement à ces actes, le débiteur a continué son commerce. 1er juin 1831, Grenoble (S.-V.32.2.591 ; D.p.32.2.240).

8. De même encore l'ouverture de la faillite d'un négociant, qui a contracté des emprunts hypothécaires pour des sommes considérables et qui ensuite a laissé protester des effets par lui souscrits, a pu être fixée à la date du protêt des effets et non à celle des emprunts, alors surtout que, dans le temps intermédiaire, le failli est resté à la tête de ses affaires, et a fait honneur à ses engagements. 12 mai 1841, rej.; 41.1.663 (D.p.41.1.264).

9. Mais lorsque, par lettre circulaire, un négociant annonce à ses créanciers qu'il cesse tout paiement, et que ses créanciers lui accordent un terme, il y a faillite ouverte à partir du jour de la lettre, encore qu'il continue son commerce. 13 nov. 1838, rej. (S.-V.39.1.121 ; D.p.38.1.400); *sic* Pardessus, n° 1107 ; Esnault, t. 1er, n° 131.

10. De même encore, lorsqu'après avoir cessé ses paiements (mais sans qu'il y ait eu déclaration de faillite), un commerçant a obtenu de ses créanciers un atermoiement, s'il arrive que, plus tard, et faute de remplir les conditions de l'atermoiement, le commerçant soit déclaré en faillite, l'ouverture de cette faillite doit être fixée ou reportée à l'époque de la cessation de paiements ; peu importe que, dans l'intervalle écoulé entre cette époque et la déclaration de faillite, ce failli ait acquitté quelques-unes de ses dettes. 9 mai 1828, Bordeaux (S.28.2.313 ; D.p.29.22.25); *sic* Esnault, t. 1er, n° 130.

11. Le protêt est l'acte par lequel se manifestent d'ordinaire les poursuites qui sont dirigées contre un commerçant. Dalloz, v° *Faillite*, n° 152.

12. Un seul protêt peut être un signe certain de détresse et servir à la fixation de la faillite. Aussi un seul protêt peut servir à déterminer l'époque de l'ouverture d'une faillite lorsque, depuis cet acte, le failli a cessé complétement de payer ses engagements. Bordeaux, 20 juill. 1837; Dalloz, v° *Faillite*, n° 157 ; *id.* Bordeaux, 19 déc. 1833 (D.p.34.2.116).

13. Enfin la cessation de paiements qui détermine l'état de faillite peut résulter du défaut de paiement d'un seul effet de commerce important, malgré le paiement ultérieur de quelques

autres billets d'une faible valeur. Req., 26 avril 1841 (S.-V.41. 1.713; D.p.41.1.227).

14. La faillite résulte également de tout acte constatant un refus de payer, même par de simples lettres missives, si les tribunaux trouvent dans ces lettres la preuve de l'insolvabilité actuelle du débiteur. Nancy, 16 fév. 1832.

15. L'ouverture de la faillite d'un commerçant doit être reportée au jour de la demande d'un terme de paiement, faite par celui-ci à un grand nombre de ses créanciers éloignés du siége de son industrie, bien qu'il n'ait pas cessé positivement à cette époque ses affaires et ses paiements, lorsque, par l'effet de ces propositions, les créanciers à qui elles ont été adressées ont pu être empêchés de se présenter pour être satisfaits, comme ceux de la localité. Angers, 4 juin 1841.

16. La preuve testimoniale n'est pas admissible pour établir le refus de paiements d'engagements de commerce, de la part d'un failli, à l'effet de fixer l'époque de l'ouverture de la faillite, ce refus doit être prouvé par des actes, dont la date constate le refus de paiement.

17. Il en est ainsi quand même la preuve testimoniale serait offerte, non comme devant fixer seule l'époque de la faillite, mais comme pouvant, réunie à d'autres circonstances, servir à déterminer cette époque. 4 janv. 1847, Douai (S.27.2.250).

18. Aujourd'hui (comme sous l'ancien Code) le tribunal n'est pas obligé, à peine de nullité, de déterminer l'époque de la cessation de paiements dans le jugement même qui déclare la faillite ; il peut, en tout état de cause, et sur des renseignements, fixer cette époque par un jugement ultérieur. Laimné, p. 40 et suiv. ; Renouard, t. Ier, p. 274 ; Bédarride, n° 68.

19. Dans tous les cas, après un concordat passé entre le failli et ses créanciers, l'époque de l'ouverture de la faillite ne peut plus, dans le cas où elle n'a pas été déterminée par le jugement déclaratif de la faillite, être fixée par le jugement même qui homologue le concordat. 13 nov. 1837, Cass. (S.-V.37.1.948; D. p.37.1.465).

20. Les débiteurs du failli ont, comme toutes autres parties intéressées, qualité pour demander la fixation de l'époque de la faillite, lorsque le sort de leurs dettes peut être affecté par cette fixation. Renouard, t. Ier, p. 275.

21. Sur l'appel d'un jugement qui fixe *provisoirement* l'ouverture d'une faillite, la Cour d'appel peut fixer *définitivement* cette ouverture à une autre époque. On ne peut dire que les premiers

juges n'ayant statué que *provisoirement*, la Cour qui statue définitivement décide un point qui n'a pas subi le premier degré de
juridiction. 24 déc. 1818, rej. (S.19.1.335 ; D.a.8.34).

22. La dernière règle de l'art. 441, d'après laquelle, à défaut
de détermination spéciale, la cessation de paiements est réputée
avoir eu lieu à partir du jugement déclaratif de la faillite, serait
sans application, s'il s'agissait d'une faillite déclarée après le décès du failli ; car un commerçant ne peut être déclaré en faillite,
après son décès, que lorsqu'il est mort en état de cessation de
paiement ; il faut donc, lorsqu'il s'agit d'une faillite déclarée
après le décès du failli, que le jugement déclaratif détermine,
pour la cessation de paiements, une date antérieure au décès, ou
que cette détermination soit faite, sur la poursuite de toute partie intéressée, par un jugement postérieur. Renouard, t. 1er,
p. 276 ; de Saint-Nexent, t. 2, p. 217 ; Devilleneuve et Massé,
v° *Faillite,* n°s 19 et 20.

442. Les jugements rendus en vertu des deux articles
précédents, seront affichés et insérés par extrait dans les
journaux, tant du lieu où la faillite aura été déclarée, que
de tous les lieux où le failli aura des établissements commerciaux, suivant le mode établi par l'art. 42 du présent
Code.

FORMULE N° 17. — **Extrait d'un jugement déclaratif de faillite pour
être affiché et inséré dans les journaux.**

Tribunal de commerce de. . . .

AVIS.

Sur la requête présentée par le sieur. . . ., négociant, demeurant
à. . . ,, le Tribunal de commerce, par son jugement du. . . ., a déclaré, en état de faillite, le sieur. . . ., et en a fixé provisoirement
l'ouverture au. . . ., par le même jugement, Monsieur. . . ., juge au
Tribunal de commerce, a été nommé commissaire, et le sieur. . . .,
syndic provisoire de ladite faillite. L'apposition des scellés au domicile
du failli et le dépôt de sa personne dans la maison d'arrêt pour dettes
de. . . ., ont été aussi ordonnés.

Le présent extrait a été affiché (dans le tableau placé dans l'auditoire du Tribunal) par le greffier soussigné, en exécution de l'art. 442
du Code de commerce, et selon procès-verbal, en date du. . . ., dûment enregistré. *(Signature du greffier.)*

(Extrait pareil est inséré dans le journal d'annonces judiciaires ; l'insertion est constatée par le numéro du journal, *signé* par l'imprimeur,
dont la signature est légalisée par le maire).

FORMULE N° 18. — Procès-verbal du greffier constatant l'affiche de l'extrait du jugement déclaratif de la faillite.

L'an. . . ., et le. . . ., à. . . . ., heures du. . . .

Nous. . . ., soussigné, greffier du Tribunal de commerce de l'arrondissement de. . . .

Déclarons avoir affiché, cejourd'hui, dans le tableau placé dans l'auditoire dudit Tribunal de commerce,

Conformément aux dispositions de l'art. 442 de la loi du 28 mai 1838, sur les faillites et banqueroutes, un extrait, en due forme du jugement dûment enregistré, rendu par ledit Tribunal de commerce. . . ., le. . . ., qui a déclaré le sieur. . . ., négociant. . . ., demeurant à. . . ., en état de faillite.

En foi de quoi nous avons dressé le présent procès-verbal, pour valoir ce que de droit.

Fait à. . . ., le. . . .   (*Le greffier signe.*)

RÉSUMÉ. — **Indication alphabétique.**

Art. 42, Cod. comm., 4.	Enregistrement, 8.	Légalisation, 7.
Simple certificat du greffier, 2.	Exploit d'huissier, 2.	Nullité, 7, 8.
Certificat d'un afficheur, 3.	Extrait du jugement, 5.	Pouvoir présumé, 6.
Exemplaire de journal, 6.	Formalités d'affiche et insertion, 1, 2.	Procès-verbal du greffier, 2.
Employé d'imprimerie, 6, 7.	Journaux, insertion, 5.	Publicité de l'ancien article 437, 4.

N° 1. Le jugement qui maintient la date de l'ouverture de la faillite, fixée par un jugement antérieur, n'est pas soumis aux formalités d'affiche et d'insertions aux journaux, comme le sont le jugement déclaratif de la faillite et celui qui en fixe l'ouverture. 6 mars 1850, Orléans (S.-V.50.2.642).

2. Les formalités de l'affiche et de l'insertion dans les journaux, par extrait du jugement déclaratif de la faillite, sont prescrites pour faire courir les délais de l'opposition ; et l'accomplissement de ces formalités doit être constaté par un acte régulier d'officier ministériel, tel qu'un procès-verbal du greffier ou un exploit d'huissier : notamment quant à l'affiche, il ne suffit pas que ces formalités soient attestées par tous autres documents ou preuves, et, par exemple, par un simple certificat du greffier. 11 mars 1846, Orléans (S.-V.51.2.24); 24 août 1841, Cass. (S.-V.51.2.24); Nancy, 3 juin 1842 (D.P.42.2.177); Cass., 7 janv. 1856 (S.-V.56.1.447).

3. Le certificat d'un afficheur, même commissionné par l'autorité, ne suffirait pas pour faire courir les délais de l'opposition (Pardessus, n° 1109).

4. La disposition de l'art. 442 modifie le mode de publicité prescrit par l'ancien art. 437, en renvoyant, non plus à l'art. 683

du Code de procédure civile, mais à l'art. 42, C. comm., tel qu'il a été rédigé par la loi du 31 mars 1833 et qui porte : « Chaque « année, dans la première quinzaine de janvier, les tribunaux de « commerce désigneront au chef-lieu de leur ressort, et à défaut « de la ville la plus voisine, un ou plusieurs journaux où devront « être insérés, dans la quinzaine de leur date, les extraits d'actes « de société en nom collectif ou en commandite, et régleront le tarif « de l'impression de ces extraits, il sera justifié de cette insertion « par un exemplaire du journal certifié par l'imprimeur et léga- « lisé par le maire, et enregistré dans les trois mois de sa date. »

5. Il n'est pas nécessaire que l'extrait du jugement déclaratif de la faillite soit inséré dans tous les journaux de la localité désignés par le tribunal de commerce ; il suffit que l'insertion ait lieu dans l'un de ces journaux. Toulouse, 22 avril 1837 (S.-V.37. 2.441 ; D.p.37.2.164 ; 37.2.536).

6. L'exemplaire du journal, qui contient l'insertion, est valablement signé par un employé de la raison de commerce de l'imprimerie, au nom de l'imprimeur ; l'employé est présumé avoir reçu pouvoir, à cet égard, de l'imprimeur (même arrêt de Toulouse).

7. L'exemplaire certifié par l'imprimeur et légalisé par le maire doit, à peine de nullité, être enregistré dans les trois mois de sa date (même arrêt). Voir cependant table de S.-V. de 1858, v° *Faillite*, n° 21, qui est contraire.

8. Et le défaut d'enregistrement dans les trois mois emporte nullité de la formalité qui est censée n'avoir pas été remplie. Cass., 30 janv. 1839 (S.-V.39.1.393 ; D.p.39.1.90) ; et Bordeaux, 5 fév. 1841 (S.-V.41.2.219 ; D.p.41.2.185). Si le jugement déclaratif est tombé en péremption, il est comme non avenu, et ne produit aucun effet. Alauzet, page 36.

443. Le jugement déclaratif de la faillite emporte de plein droit, à partir de sa date, dessaisissement pour le failli de l'administration de ses biens, même de ceux qui peuvent lui échoir tant qu'il est en état de faillite.

A partir de ce jugement, toute action mobilière ou immobilière ne pourra être suivie ou intentée que contre les syndics.

Il en sera de même de toute voie d'exécution, tant sur les meubles que sur les immeubles.

Le tribunal, lorsqu'il le jugera convenable, pourra recevoir le failli, partie intervenante.

FORMULE N° 19. — Requête d'intervention par un failli.

A Messieurs les présidents et juges composant le Tribunal de commerce de. . . .

Le sieur. . . ., négociant failli, demeurant à. . . ., demandeur en intervention, d'une part ;

Contre le sieur. . . ., demeurant à. . . ., en sa qualité de syndic définitif de la faillite de l'exposant, demandeur au principal, d'autre part ;

Et le sieur. . . ., négociant, demeurant à. . . ., défendeur au principal, encore d'autre part ;

A l'honneur de vous exposer :

Que, par un exploit, en date du. . . ., dûment enregistré, ledit sieur syndic définitif a assigné devant le Tribunal, au délai de la loi, jours suivants et utiles, ledit sieur. . . ., pour y voir annuler un acte de vente d'une maison et jardin attenant, situés à. . . ., dans la commune de. . . ., à lui consenti par l'exposant, le. . . ., devant Mᵉ. . ., notaire à. . . ., au prix de. . . ., déclaré payé comptant, avant ledit acte ; que cependant la vérité était que ce prix ne fut pas réellement payé, mais qu'il fut compensé avec pareille somme due à l'acquéreur, pour des livraisons de marchandises antérieurement faites ; que, dès lors, cet acte consenti, après l'époque fixée provisoirement par le Tribunal, par son jugement déclaratif de faillite, comme étant celle de l'ouverture de la faillite, constituait un paiement d'une dette échue, fait autrement qu'en espèces, ou effets de commerce, après la cessation de paiements, et établissait un traité fait par un créancier avec le failli, au préjudice de la masse, que les articles 597 et 598 du Code de commerce frappent de nullité ;

Attendu qu'il importe à l'exposant que la vérité soit mise dans tout son jour, sur toutes les circonstances de la cause ; que par sa présence et ses explications devant le tribunal, il peut concourir utilement à faire éclater cette vérité, qu'il a d'ailleurs le plus grand intérêt à repousser les allégations de déloyauté et de fraude dirigées contre lui,

En conséquence l'exposant supplie,

Qu'il vous plaise le recevoir partie intervenante dans la cause engagée devant vous, entre lesdits sieurs. . . ., sur la demande sus-énoncée ;

Ce faisant, dire et déclarer que l'acte de vente précité du. . . ., ne constitue pas un traité particulier, duquel résulterait, en faveur de l'acquéreur, un avantage à la charge de l'actif du failli ; que ledit acte est, au contraire, sincère et non simulé ; qu'il ne fut pas imaginé, comme dation en paiement d'une dette échue ; que le prix en fut réellement compté à l'exposant, qui en a fait l'emploi le plus légitime, ainsi qu'il l'établira amplement au besoin;

Déclarer, par suite, ledit sieur. . . ., syndic, non recevable dans sa demande, témérairement engagée, sur de faux renseignements, ou, en tous cas, l'en débouter et le condamner aux dépens, qui seront passés, comme frais de faillite.

A. . . ., le. . . .   (*La signature.*)

RÉSUMÉ. — **Indication alphabétique.**

N° 1. Le dessaisissement du failli a lieu de plein droit, tant pour l'administration de ses biens présents que de ceux à venir, tant qu'il est en faillite, en vertu du jugement déclaratif de sa faillite ; il est donc inutile que ce jugement prononce ce dessaisissement par une disposition spéciale ; comme aussi le tribunal de commerce ne peut, sous aucun prétexte, et par une disposition formelle de son jugement, maintenir le failli dans l'administration de ses biens ; c'est, au reste, de l'administration de ses biens seulement que le failli est dessaisi, le droit de propriété continue à résider sur sa tête. Caen, 19 janv. 1829 (S. 29.2.73).

2. Aujourd'hui, et d'après la loi nouvelle, ce n'est plus du jour de la cessation de paiements, quoique constitutive de l'état de faillite, que le dessaisissement du failli a lieu ; c'est du jour du jugement déclaratif de la faillite. Pardessus, n° 1119, et S. Horson, questions 155 et 156.

3. Bien que la cessation de paiements soit un fait certain et notoire, les créanciers ont le droit de prendre, contre leur débi-

teur, des jugements ayant pour effet de conférer des hypothèques judiciaires, ou tout autre droit de préférence, tant qu'un jugement n'a pas déclaré ce débiteur en état de faillite. Cass., 27 juin 1844; S.-V.44.1.483 ; D.p.44.1.311).

4. Un jugement rendu contre le failli personnellement, même depuis l'ouverture de sa faillite, est valable, alors que ce jugement porte simplement débouté d'opposition à un jugement par défaut antérieur à la faillite ; en un tel cas, le véritable titre repose moins dans le second jugement que dans le premier. 7 juill. 1831, Orléans (S.31.2.90).

5. Quoique dessaisi de l'administration de ses biens, le failli peut attaquer de nullité la saisie de ses immeubles poursuivie contre les syndics de sa faillite (même arrêt d'Orléans).

6. Aujourd'hui, comme sous l'ancien Code, tous actes, soit à titre gratuit, soit à titre onéreux, faits par le failli, après le jugement qui l'a déclaré en faillite, sont radicalement nuls, à l'égard de la masse des créanciers ; et cela a lieu, lors même que les actes auraient été faits ou passés avec le failli, à une grande distance du lieu où a été rendu le jugement déclaratif de faillite, fût-ce même en pays étranger, et à une époque où il paraîtrait même impossible physiquement que le failli et les tiers avec lesquels il a traité eussent pu avoir connaissance du jugement déclaratif de faillite.

7. Il faut remarquer que la loi ne se préoccupe aucunement de la question de savoir si les tiers qui ont traité avec le failli, postérieurement au jugement qui le dessaisit de l'administration de ses biens, ont été, ou non, de bonne foi ; il s'agit ici, en effet, d'une question de capacité et non d'une question de bonne foi ; de même que lorsqu'un mineur ou un interdit a traité avec un tiers qui ignore cet état de minorité ou d'interdiction. 13 mai 1835, Cass. (S.-V.35.1.707; D.p.35.1.237); MM. Renouard, t. 1er, p. 292, et Massé, n° 239.

8. C'est du jour de sa prononciation que le jugement déclaratif de faillite produit son effet, à l'égard des tiers, et non du jour de sa publicité par les journaux. 2 juill. 1821, Cass. (S.21.1.350) ; et 12 avril 1851 , Grenoble (S.V.51.2.727).

9. Ce jugement produit même son effet quant au dessaisissement du failli et à son incapacité dès la première heure du jour où il a été rendu, sans qu'on soit admis à rechercher si l'acte attaqué a été fait avant ou après l'heure à laquelle le jugement a été rendu. 18 mars 1848, Amiens (S.-V.48.2.715).

10. En principe, le mandat est révoqué par la survenance de

la faillite du mandant (C. civ., 2007), mais les art. 2008 et 2009,
C. civ., déclarent valables, à l'égard des tiers de bonne foi, les
actes faits par le mandataire depuis la fin de son mandat et alors
qu'il ignorait la cause de cette cessation. Il suit de là que tout ce
qui a été fait entre ce mandataire et des tiers, depuis la faillite
du mandant, est valable tant que cette faillite ne leur est pas connue. Cass., 15 fév. 1808 (S.8.1.196) ; MM. Pardessus, n° 1121 ;
Massé, t. III, n° 241 ; Dalloz, v° *Faillite*, n° 191.

11. La raison de décider, dans cette hypothèse, autrement que
dans celle où un tiers de bonne foi a traité avec le failli lui-même
se tire de ce que le dessaisissement frappe directement le failli
et lui enlève à l'instant même toute sa capacité, ce qui ne laisse
aucune place aux questions de bonne foi, tandis qu'au cas de
mandat, la révocation du mandataire ne peut avoir effet, relativement au mandataire et aux tiers, que du jour où elle est connue d'eux, la faillite n'agissant pas directement sur le mandataire, mais d'une manière médiate. Dalloz, v° *Faillite,* n° 191.

12. Il est certain qu'on n'appliquerait pas la distinction qui
précède au cas de cessation du mandat par la faillite du mandataire, car les tiers ne peuvent pas plus invoquer l'ignorance de
son état de faillite, eu égard aux actes qu'il a faits pour un autre,
qu'en ce qui concerne ceux qu'il a faits en son nom personnel.
Dalloz, *Rép.*, v° *Faillite*, n° 191.

13. Toutefois le failli, ni ses créanciers qui le représentent, ne
sont recevables à demander la nullité des actes qu'il a consentis
en qualité de mandataire après que la faillite a mis fin à son mandat. — Spécialement, ils ne peuvent demander la nullité d'une
obligation hypothécaire consentie par le mandataire failli sur les
biens du mandant qui, depuis, sont devenus par voie de succession la propriété de ce mandataire. Cod. civ., 1167, 2003 ; 24
août 1847, Cass. (S.-V.48.1.34).

14. Pour repousser l'action en nullité de ce mandataire ou de
ses créanciers qui le représentent, on admet qu'il s'est opéré dans
la personne du mandataire, héritier du mandant, une sorte de
confusion ou d'indivisibilité de droits et de qualités, qui ne lui
permet plus de les exercer d'une manière distincte et séparée ; il
ne doit donc pas être admis à revenir contre son propre fait ou, ce
qui revient au même, à en décliner la garantie ; en effet s'il a en
sa personne, comme héritier du mandant, l'action en nullité qui
lui donnerait le droit d'attaquer l'acte par lui fait en dehors de
son mandat, il a aussi, en sa personne, le principe de l'exception
de garantie qui peut être opposée à cette action par le tiers, avec

qui il a contracté (*Observation* de M. Devilleneuve sur l'arrêt qui précède).

15. Si le jugement déclaratif de faillite vient à tomber en péremption, faute d'exécution dans les six mois, le failli est censé n'avoir jamais été dessaisi de l'administration de ses biens ; les actes par lui faits depuis l'époque où l'ouverture de la faillite avait été reportée ne peuvent être déclarés nuls, comme faits par un incapable. 27 fév. 1834, Cass. (S.-V.35-1.222).

16. Les biens qui adviennent au failli, tant qu'il est en faillite, même ceux qu'il acquiert par son travail personnel, tombent dans l'actif de la faillite, mais sous la déduction des dettes et charges dont ils sont grevés. 22 janv. 1840, Paris (J. du P , 47.1.137).

17. Le dessaisissement de l'administration de ses biens dont la loi frappe le failli s'étend jusqu'aux produits de ses travaux et de son industrie personnelle postérieurs à la faillite et au contrat d'union qui en a été la suite. — Seulement, dans un tel cas, il y a lieu d'attribuer au failli une part rémunératoire sur ces produits. Paris, 6 juillet 1855 (S.-V.55.2.479).

17 *bis*. Les nouveaux créanciers d'un failli en état d'union ont action sur le nouvel actif que leur débiteur s'est procuré depuis la faillite ; ils peuvent, à défaut de diligences antérieures de la part des syndics sur ce nouvel actif, le poursuivre directement par voie de saisie de cet actif ; surtout les poursuites sont valables si elles sont exercées dans l'ignorance de l'état de faillite. C. comm., art. 443; Cour de Paris, 26 juin 1851 (S.-V.51.2. 572).

18. Par application de ce principe, les créanciers de la faillite ne peuvent toucher les revenus des biens de la femme et des enfants du failli, qu'à la condition de supporter les charges auxquelles la loi affecte ces mêmes biens, tels que frais d'entretien du ménage et d'éducation des enfants. Pardessus, nᵒ 1117 ; Renouard, t. 1ᵉʳ p. 293.

19. Les dons et legs faits au failli, à titre d'aliments, conservent leur caractère d'insaisissabilité attribué par l'art. 581, C. proc. civ., et par conséquent sont exceptés du dessaisissement du failli. Bioche, nᵒ 68 ; Goujet et Merger, nᵒ 107.

20. Toutefois, cela ne peut s'appliquer qu'aux dons faits ou aux legs ouverts postérieurement au jugement déclaratif de la faillite. Renouard, t. 1ᵉʳ, p. 294, nᵒ 11.

21. Le don d'usufruit fait même par contrat de mariage, pour procurer au donataire les moyens d'exister avec le plus d'aisance

possible, ne peut être considéré comme un don d'aliments; en cas de faillite du donataire, ses créanciers ont droit à cet usufruit. 17 nov. 1818, rej. (S.19.1.260; D.ᴀ.8.206).

22. Quant aux traitements et aux pensions dus par l'Etat, la faillite ne profite que de la portion que les lois et ordonnances permettent de saisir. Renouard, t. 1ᵉʳ, p. 298, nᵒ 12.

23. En ce qui touche les salaires et traitements dus par des particuliers, ils appartiennent aussi à la faillite, sauf le droit des tribunaux de réserver une quotité de chaque annuité, pour pourvoir aux besoins du débiteur malheureux. 13 mai 1839, Lyon (S.-V.40.2.79; D.ᴘ.40.2.56).

24. Le dessaisissement qui enlève au failli l'administration de ses biens n'entraîne pas cependant son interdiction et ne le place pas sous la curatelle de ses créanciers représentés par les syndics; il peut donc acheter et vendre, se livrer à de nouvelles opérations commerciales, en un mot s'obliger et contracter, mais ces nouveaux actes ne peuvent en rien compromettre l'actif existant au jour de sa déclaration de faillite. 2 fév. 1855, Paris (S.-V.35.2.347), conforme à un précédent arrêt de la Cour de cassation, du 6 juin 1831 (S.-V.31.1.238).

25. Les bénéfices des nouvelles opérations ne sont pas le gage exclusif des premiers créanciers; ils appartiennent indistinctement à tous les créanciers du failli, aux nouveaux comme à ceux antérieurs à la faillite. Même arrêt du 2 fév. 1835.

26. Si les engagements du failli peuvent être attaqués par ses créanciers, il est du moins, lui personnellement, non recevable à se prévaloir d'un défaut de capacité, il peut donc valablement acquiescer aux jugements obtenus contre lui par des créanciers. 23 avril 1834, rejet (S.-V.34,1.230).

27. La masse n'est pas obligée de respecter un acte qui lui est préjudiciable, passé par le failli, plus de trente ans après le jugement déclaratif, ou depuis les dernières poursuites dont il a été l'objet; car tant qu'il existe un syndicat régulièrement constitué, et tant que la gestion du syndic n'est pas terminée par la réalisation de toutes les valeurs de la faillite, la prescription n'a pu courir au profit du failli, contre la masse, puisque les droits du failli et ceux de la masse reposaient en même temps dans les mains des syndics; ainsi les transports consentis par les héritiers du failli, plus de trente ans après la déclaration de faillite, de créances appartenant à celui-ci sont radicalement nuls, à l'égard de ses créanciers. Paris, 31 mars 1842.

28. L'état de faillite suspend chez le failli l'exercice de la

qualité de citoyen ; la loi du 31 mai 1850 n'a plus admis parmi les électeurs et les éligibles que les faillis réhabilités ; cette loi a été abrogée par le décret du 2 décembre 1851; mais ses dispositions, quant aux faillis, ont été reproduites par le décret organique du 2 fév. 1852, art. 15 et 26.

29. Mais l'état de faillite ne prive pas le failli de l'exercice de ses droits civils ; privé de l'administration de ses biens personnels, il conserve l'administration des biens de sa femme, tant qu'une séparation de biens n'a pas été prononcée (il est cependant assez rare, dans l'usage, que cette séparation de biens ne soit pas provoquée par la femme). Pardessus, no 1117 ; Devilleneuve et Massé, vo Faillite, no 116.

30. Le failli conserve aussi la tutelle et l'administration des biens de ses enfants 14 août 1833, Bruxelles (S.-V.34.2.683 ; D.P.34.2.143).

31. Le failli serait même admissible aux fonctions de tuteur, si un concordat l'avait remis à la tête de ses affaires, et quand même il ne serait pas réhabilité. Renouard, t. 2, p. 481.

32. Il peut être membre d'un conseil de famille. Arrêt ci-dessus et les autorités citées à la suite.

33. Il n'est pas dépouillé de l'autorité inhérente à sa qualité d'époux ; par conséquent, il reste habile à autoriser sa femme, pour les actes qui peuvent exiger cette autorisation. 21 déc. 1840, Bordeaux (P.41.1.351); sic Bioche, Femme mariée, no 47 ; Renouard, t. 2, p. 482.

34. Le commerçant déclaré en état de faillite cesse par cela même de faire partie du conseil municipal, et il doit être procédé à son remplacement, sans qu'il soit besoin de faire procéder à son élimination. 2 mars 1839, Cons. d'Etat (S.-V.40.2.544 ; D.P.40.3.33); Esnault, t. 1er, no 152.

35. Le failli non réhabilité ne peut être témoin dans un acte authentique. 13 mars 1839, rej. (S.-V.39.2.396).

36. Il peut au moins être témoin testamentaire.—10 mars 1829, rejet (S.29.1.252 ; D.P.29.1.173); sic Merlin, Quest., vo Témoins instrum., § 6, no 3 ; Coin-Delisle, Don. et test., art. 980, no 18 ; Pardessus, no 1313 ; Renouard, t. II, p. 480.—La loi du 25 vent. an XI, art. 9, exige que les témoins aux actes notariés soient citoyens français, mais l'art. 980, C. Nap., exigeant seulement que les témoins appelés pour être présents aux testaments jouissent des droits civils, il s'ensuit qu'un failli peut être témoin dans un testament, malgré la suspension de ses droits de citoyen. Dalloz, Rép. de législation, vo Faillite, no 171, qui pense

que la solution en ce sens ne peut être douteuse ; à l'appui de cette opinion, voir arrêt de cass. 10 mars 1829 (S.29.1.252, ci-dessus cité).

37. Les faillis non réhabilités sont incapables d'être jurés. 12 nov. 1841, Cass. (S.-V.42.1.945).

38. Ils ne peuvent faire partie de la garde nationale. Loi, 13 juin 1851, art. 8.

39. Ils ne peuvent concourir à l'élection des membres des conseils de prud'hommes. Décret, 27 mai 1848, art. 11.

40. Un failli ne peut non plus concourir à l'élection des juges des tribunaux de commerce, par suite de la suspension de l'exercice de la qualité de citoyen. Vincens, t. 1er, p. 114 ; Nouguier, t. 1er, p. 53.

41. L'entrée de la Bourse est interdite aux faillis. Art. 612, C. comm.

42. Tout entrepreneur qui a fait faillite ne peut plus ouvrir de théâtre. Décret du 8 juin 1808, art. 12.

43. Le failli non réhabilité n'est pas admis à l'escompte par la Banque de France. Décret du 16 janv. 1808, art. 50.

44. Lorsqu'un commerçant en état de faillite s'est livré à de nouvelles opérations commerciales, avant la clôture définitive de la faillite, ses créanciers nouveaux ne peuvent agir directement contre lui en paiement de leur créance ; ils doivent s'adresser aux syndics de la faillite.—19 mai 1845, Rouen (D.P.45.4.266, et J. du P.45.2.247.—Cette décision doit être préférée à celle contraire d'un arrêt de Paris du 2 fév. 1835 (S.-V.35.2.347).

45. L'opposition au jugement déclaratif de faillite ne peut être formée contre les créanciers du failli, sur la poursuite desquels le jugement a été rendu ; elle ne peut être formée que contre les syndics de la faillite. Metz, 6 déc. 1849 (S.-V.50.2.390).

46. Le deuxième paragraphe de l'art. 443 souffre exception lorsque le failli est poursuivi pour crime, délit ou contravention ; dans ce cas, on le comprend, c'est contre le failli personnellement que l'exercice de l'action publique est dirigé, pour l'application des peines; et il n'est pas nécessaire d'appeler en cause les syndics de la faillite. Cass., 9 mai 1846 (S.-V.46.1.844 ; D.P.46.1.316).

47. Le même arrêt décide encore que l'action en dommages-intérêts formée, en pareil cas, devant les tribunaux criminels, contre un accusé en état de faillite, est valablement dirigée contre le failli, sans l'assistance des syndics.

I.   4

48. Les créanciers d'un failli, ou leurs syndics, bien qu'ils soient les ayants cause du failli, comme substitués à ses droits, n'en sont pas moins des tiers, comme représentant la masse de la faillite, en tant qu'elle a des droits à défendre contre les actes du failli, et notamment à conserver dans son actif les valeurs qu'il en aurait fait sortir. 4 janv. 1847, Cass. (S.-V.47.1.161 ; D.p.47.1.130); *id.*, 15 mai 1850, rej. (S.-V.50.1.609); Massé, t. III, n° 281.

48 *bis*. Les créanciers d'un failli sont des tiers et non les ayants cause de leur débiteur, lorsqu'ils agissent pour défendre le gage commun et pour faire rentrer dans l'actif des valeurs qu'on en aurait fait sortir ; par suite ils sont recevables à contester la date d'un cautionnement souscrit par la mère de leur débiteur en faveur d'un créancier de ce dernier, et à soutenir qu'en conséquence les biens revenant au failli dans la succession de la mère décédée ne sont pas grevés de ce cautionnement à leur préjudice. C. Nap., art. 1322, 1328 ; C. comm., art. 443 ; ch. des req., 29 déc. 1858 (S.-V.59.1.209).

49. En conséquence, les syndics peuvent demander la nullité d'un transport consenti par le failli, sur le motif que le transport n'a pas été notifié au débiteur cédé, avant la faillite. Nancy, 22 août 1844 (S.-V.45.2.53) ; *id.*, Riom, 8 mars 1845 (S.-V.46.1.118); *id.*, Cass., 4 janv. 1847 (S.-V.47.1.161 ; D.p.47.1.130); Duranton, t. XVI, n° 500; Duvergier, *Vente,* t. II, n°s 190 et suiv. ; Troplong, *Vente,* t. II, n°s 893 et suiv.; Zachariæ, *Droit civil,* § 359.

50. Ils peuvent attaquer pour cause de nullité ou de lésion les contrats qui auraient été surpris au failli, par erreur, dol ou violence. Pardessus, n° 1180 ; Proudhon, *Usuf.,* t. III, p. 284.

51. Ils peuvent également demander, en leur qualité, la nullité d'un acte de nantissement consenti par le débiteur failli, sans l'observation des formalités légales.—Nîmes, 2 août 1847 (S.-V.48.1.609); conforme à un précédent arrêt de cassation du 5 juillet 1820 (S.21.1.14).

52. Ils peuvent encore demander la nullité d'une contre-lettre souscrite par le failli, alors surtout que cette contre-lettre, sans date, n'a été enregistrée qu'après la faillite, et ne présente aucune apparence de sincérité. Rej., 10 mars 1847 (S.-V.47.1.167 ; D.p. 47.1.132);

53. Ou attaquer les énonciations fausses ou frauduleuses qui se trouvent dans les actes du failli, par exemple une fausse date, sans être tenus de prendre la voie de l'inscription de faux. 15 mai 1850, rej. (S.-V.50.1.609).

54. Les syndics ont mission de représenter la masse dans toute action, tant en demandant qu'en défendant, sans que des autorisations spéciales du juge-commissaire soient nécessaires. Pardessus, n° 1178).

55. L'héritier bénéficiaire d'un failli doit intenter, contre les syndics, les actions qu'il a à exercer contre la succession ; ce n'est pas le cas de provoquer la nomination d'un curateur au bénéfice d'inventaire, conformément à l'art. 996, C. proc. civ. Amiens, 14 mars 1820 (S.23.2.299).

56. Le dessaisissement de l'administration de ses biens ne va pas jusqu'à frapper d'incapacité absolue le failli, pour intenter action et ester en jugement. Poitiers, 29 janv. 1829 (S.29.2.134).

57. Ainsi il peut faire des actes conservatoires de ses droits, par exemple intervenir en son nom, pour empêcher une péremption d'instance. Bordeaux, 14 avril 1840 (D.P.40.2.243).

58. Il peut interrompre une prescription, par exemple demander le délaissement d'immeubles contre un tiers détenteur, pour faire rentrer à la masse dévolue à ses créanciers une propriété qui, sans cela, aurait été perdue pour eux ; surtout si les syndics gardent le silence. Arrêt de Poitiers ci-dessus cité.

59. Il peut, à plus forte raison, exercer les droits et actions exclusivement attachés à sa personne, par exemple réclamer la remise des vêtements, hardes et effets qui lui sont nécessaires. Paris, 29 avril 1812 (S.14.2.147).

60. Il peut défendre contre les syndics son honneur et sa liberté, lorsqu'une prévention de banqueroute est dirigée contre lui, que le juge-commissaire rend ordonnance tendant à cette prévention, et qu'un jugement du tribunal de commerce confirme cette disposition, sur le rapport du juge-commissaire ; le failli, dans ce cas, peut et doit former opposition à ce jugement ou en relever appel, après l'expiration du délai d'opposition. —Arrêt de Bruxelles du 13 mars 1810 (S.11.2.291).—Voir dans ce sens M. Renouard, t. 1er, p. 394, et Dalloz, *Répert.*, v° *Faillite*, n° 204, qui fait très-bien observer que la règle qui enlève au failli le droit d'ester en justice ne peut s'appliquer qu'aux actions qui intéressent la fortune du failli, et qu'il n'est pas douteux que s'il est poursuivi, ou s'il y a lieu à le poursuivre pour crimes, délits ou contraventions de police, ce serait toujours contre sa personne que les actions seraient dirigées, sauf aux syndics à inter-

4.

venir pour contester les demandes en réparation pécuniaire qui pourraient augmenter le passif de la faillite. M. Pardessus, n° 1174, se prononce aussi en ce sens.

61. Il existe aussi certaines actions civiles que le failli seul peut intenter, ou contre lesquelles il peut seul défendre, malgré le texte de l'art. 443 ; ce sont celles qui ne concernent pas l'administration de ses biens, mais sont exclusivement attachées à sa personne ; et les raisons de cette distinction se tirent du texte de la loi et de la nature des choses : en effet, l'art. 443 ne prononce que le dessaisissement de l'administration des biens ; il laisse donc en dehors de ce dessaisissement les actions qui n'ont pas les biens pour objet direct : l'art. 1166, C. Nap., veut, en outre, que les créanciers puissent exercer les actions de leur débiteur, à l'exception de celles attachées à sa personne. Dalloz, *Répert.*, v° *Faillite*, n° 204.

62. D'après cela on est forcé de reconnaître que le failli n'étant pas mis en tutelle, on ne peut laisser les syndics exercer ses droits de famille ou d'homme ; diriger à sa place ou malgré lui une action en séparation de corps, en adultère, en voies de fait, en diffamation. Dalloz, même numéro.

63. Il a été jugé, en ce sens, qu'un failli peut interjeter appel du jugement qui l'a déclaré non excusable. Arrêt de Bruxelles ci-dessus cité.

64. Le failli conserve encore le droit d'intenter en justice toutes les actions qui ont pour objet le règlement, le mode, les conditions et l'époque d'un acte qui exige sa participation personnelle, par exemple du concordat. Nancy, 19 mars 1839, extrait de M. Garnier, *Jurispr. de la Cour de Nancy*, v° *Faillites et banqueroutes*, n° 6.

65. Une action en révocation de donation pour cause d'ingratitude est une action attachée à la personne ; l'intérêt pécuniaire ne s'y lie qu'accessoirement ; le donateur seul est capable d'apprécier la gravité des faits qui lui font injure ; on ne saurait donc autoriser les syndics à provoquer la révocation pour cette cause. Si, au contraire, la demande était fondée sur l'inexécution des conditions apposées à la donation, ou sur une survenance d'enfants, on devrait décider autrement par la raison que l'action a pour objet direct et principal un intérêt pécunaire, et qu'elle repose sur un fait que tout le monde peut apprécier. Dalloz, *Répert.*, v° *Faillite*, n° 285 ; M. Renouard, t. 1er, p. 304, enseigne à cet égard la même doctrine.

66. A part ces cas, et s'il s'agit d'actions se rattachant aux biens,

comme le jugement déclaratif de faillite en a dessaisi complétement le failli, quant à l'administration, le droit d'appel ne peut plus être exercé personnellement par le failli ; peu importe que l'instance ait été originairement engagée contre le failli lui-même ; qu'il ait même figuré en première instance, comme partie, concurremment avec les syndics, et que l'affaire lui soit toute personnelle et concerne des droits immobiliers comme des droits mobiliers ; l'adhésion même que les syndics donneraient ensuite à l'audience à l'appel interjeté par le failli, ne saurait couvrir le vice dont cet acte est entaché, et saisir régulièrement la Cour d'appel. 18 janv. 1843, Nîmes (P.43.1.568).

67. Le failli est recevable à se pourvoir en cassation contre un arrêt rendu entre les syndics et des tiers, lorsque les syndics ne se sont pas pourvus eux-mêmes. 7 avril 1830, Cass. (S.30.1. 296 ; D.P.30.1.204). *Sic* Gouget et Merger, n° 141. Cette décision, motivée sur les circonstances de la cause, ne paraît pas devoir faire règle au point de vue des principes ; elle paraît même faire entendre que le droit de se pourvoir en cassation appartient exclusivement aux syndics.

68. Le failli est non recevable à proposer des moyens de nullité du chef des syndics, lorsque la masse de la faillite est désintéressée par des offres satisfactoires non contestées par les syndics. 18 juillet 1833, rej. (S.-V.33.1.628 ; D.P.34.1.69); M. Esnault, t. 1er, n° 164.

69. Du reste, la nullité ou fin de non-recevoir, prise de ce que l'action intentée par un demandeur failli l'a été pendant la faillite, est couverte si elle n'est pas opposée avant toute défense au fond. 26 nov. 1836 Paris (S.-V.37.2.143; D.P.37.2.49).

70. Le failli est valablement assigné s'il a été, par concordat, chargé de l'administration de l'avoir de la faillite, sous la direction de commissaires. Ainsi, dans le cas d'assignation au failli seul, le jugement n'est nul ou annulable qu'en ce qui touche l'intérêt de la masse des créanciers, ou le défaut d'assignation aux représentants de la masse ; l'action intentée contre le failli lui-même n'en subsiste pas moins. 21 juin 1825, rej. (S.26.1.301; D.P.25.1.225).

71. Quant à la demande en séparation de biens formée par la femme du failli, elle doit, après la faillite, être suivie ou intentée, à peine de nullité, tout à la fois contre le mari et contre les syndics de la faillite. 24 mai 1826, Bourges (S.27.2.142; D.P. 27.2.39) ; *id.*, 11 mars 1842, Angers, *Droit*, 20 avril ; Bioche, v° *Séparation de biens*, n° 75 ; Pardessus, n° 1177.

72. L'étranger déclaré en faillite dans son pays, n'étant pas réputé en faillite en France, peut être personnellement assigné devant un tribunal français par un Français, sans que les syndics de sa faillite, dans son pays, puissent opposer son incapacité ; ces syndics sont eux-mêmes sans qualité pour représenter l'étranger en France. 11 mars 1820, Colmar, *Collection nouvelle* de Sirey, 6 (D.A.6.502).

73. Le § 3 de l'art. 443 s'occupe des voies d'exécution sur les meubles et sur les immeubles du failli, et il décide qu'elles ne pourront être intentées ou suivies que contre les syndics.

74. Quant aux biens meubles, les créanciers qui n'ont pas de priviléges sur les biens ou valeurs mobilières, n'ont plus le droit, à compter de la déclaration de faillite, de continuer ou de commencer des exécutions même après qu'ils auraient fait constater la légitimité de leur titre et la quotité de leur créance, contre les syndics. M. Pardessus, n° 1174.

75. Ainsi le créancier qui, avant la faillite de son débiteur, a fait saisir les meubles et effets de celui-ci, n'en peut plus faire opérer la vente, depuis la déclaration de faillite. Paris, 9 mars 1837 ; Bordeaux, 3 fév. 1838 ; Rouen, 6 janv. 1843 (S.-V.43.2. 120 ; D.P.43.2.100), et Paris, 2 juillet 1846 (S.-V.46.2.391 ; D.P. 46.4.285).

76. M. Renouard, t. Ier, p. 313, appuie cette doctrine ; il dit, en parlant d'un créancier ordinaire : « Vous voulez faire vendre un meuble ; à quoi bon votre poursuite de vente si le prix, au lieu de vous être attribué, doit être versé dans l'actif de la masse ? Pourquoi des syndics ? Pourquoi une administration collective ? Pourquoi la centralisation de tous les pouvoirs dans leurs mains, si chaque créancier peut, selon son caprice, vendre les meubles, saisir les rentes, pratiquer des saisies-arrêts ?

77. M. Esnault, t. Ier, n° 158, est du même avis, et il le motive sur la volonté bien comprise du législateur dans les art. 571 et 572, C. comm., qui posent une exception en matière de poursuites en expropriation des immeubles du failli, au profit des créanciers chirographaires qui auraient commencé ces poursuites avant le jugement déclaratif de faillite ; cette exception confirme la règle énoncée dans l'art. 443 pour tous autres biens que les immeubles.

78. Et quant aux immeubles, les créanciers privilégiés ou hypothécaires seuls ont le droit de commencer des poursuites en expropriation, depuis le jugement déclaratif, et les simples chirographaires ne peuvent que continuer les poursuites inten-

tées avant la faillite. Dalloz, *Répert.*, v° *Faillite*, n°ˢ 222 et 224.

79. Il est donc bien certain, aujourd'hui, que si une saisie immobilière a été commencée contre le failli, elle devra être continuée par le poursuivant créancier hypothécaire ou créancier chirographaire, sur les mêmes errements, sauf la substitution des syndics au failli, sans retard des actes de la procédure. Dalloz, *Répert.*, v° *Faillite*, n° 230 ; et arrêt de rejet, 10 mars 1845 (D.ᴘ.45.1.209).

80. Quoique le paragraphe 3 de l'art. 443 ne s'occupe pas des voies d'exécution sur la personne du failli, les principes généraux en matière de faillite et les dispositions formelles de plusieurs autres articles du Code ne permettent pas de douter qu'elles sont interdites. La contrainte par corps a pour objet, en effet, de forcer le débiteur au paiement : or, le failli est dessaisi de l'administration de ses biens ; il ne peut faire aucun paiement ni consentir aucune transaction. Pourquoi autoriserait-on cette voie d'exécution, contre lui, au profit des créanciers ? M. Renouard, t. 1ᵉʳ, p. 311 ; Dalloz, *Répert.*, v° *Faillite*, n° 221.

81. En conséquence, le failli qui a formé opposition au jugement déclaratif de faillite est recevable à demander la nullité des jugements de contrainte obtenus contre lui, directement, depuis la faillite déclarée. Bruxelles, 2 nov. 1837.

82. Il y a, néanmoins, exception à la règle générale de l'art. 443, pour l'exercice des droits du Trésor, régis par des lois spéciales. Cod. Nap., 2098. Les percepteurs de ces droits peuvent décerner des contraintes contre un redevable failli, et les faire exécuter sur ses biens, comme s'il n'était pas en faillite. Pardessus, n° 1208.

83. Et lorsque le Trésor a fait saisir les meubles d'un débiteur après sa faillite, la vente doit être poursuivie à la requête des agents du Trésor, et non des syndics de la faillite. 9 janv 1815, Cass. (S.15.1.254 ; D.ᴀ.8.184) ; M. Pardessus, n° 1208.

84. De même la régie des douanes, créancière d'un failli, peut poursuivre le paiement de ce qui lui est dû par voie de contrainte contre les syndics, comme contre le débiteur lui-même ; elle n'est pas tenue de se conformer aux règles prescrites par le Code de commerce aux créanciers ordinaires. 12 août 1811 ; Bruxelles (S.12.2.270 ; D.ᴀ.8.184).

85. Bien que la disposition de l'art. 443, § 4, ne prévoie que le cas où les syndics sont défendeurs, il est certain qu'elle s'applique aussi au cas où les syndics sont demandeurs ; il y a même raison, en effet, dans les deux hypothèses, de permettre au failli

de faire entendre sa voix alors que les syndics peuvent compromettre ses intérêts ; et comme le droit d'intervention est soumis à l'appréciation du tribunal, l'exercice n'en saurait devenir abusif. Renouard, t. 1er, p. 305 ; Dalloz, *Répert.*, v° *Faillite*, n° 238 ; Alauzet, p. 51.

86. La demande en intervention, de la part du failli, peut être formée pour la première fois en cause d'appel. L'art. 466, Cod. de proc. civ., il est vrai, veut qu'aucune intervention ne soit reçue, si ce n'est de la part de ceux qui auraient le droit de former tierce opposition, et l'art. 474, même Code, porte qu'une partie peut former tierce opposition à un jugement qui préjudicie à ses droits, et lors duquel ni elle ni ceux qu'elle représente n'ont été appelés. Or, le failli a été représenté par les syndics et suffisamment appelé en leur personne, d'où la conséquence que l'intervention ne devrait pas être admise.

87. Cependant cette intervention doit être accueillie en appel. Bruxelles, 21 juin 1820.

88. On doit statuer de la même manière sous la loi de 1838, l'art. 443, C. comm., dérogeant, par son caractère spécial, à la généralité de la règle du Code de procédure ; cet article dérive de l'utilité de séparer, suivant les circonstances, en deux personnes judiciaires distinctes, l'unique personne judiciaire qui, dans la plupart des cas, réside dans les syndics chargés de représenter et la masse et le failli. M. Renouard, t. 1er, p. 318.

89. Un créancier est non recevable à intervenir personnellement dans une instance engagée par les syndics. 24 déc. 1849, Paris (D.P.50.2.195), et M. Renouard, t. 1er, p. 306.

90. L'état de faillite et même de concordat ne suspend point, en faveur du porteur d'effets de commerce, la prescription quinquennale établie par l'art. 189, Cod. comm., alors surtout qu'il n'a été ni admis au passif de la faillite, ni partie dans le concordat. Rej., 14 fév. 1833 (S.-V.33.1.844 ; D.P.33.1.282).

91. Et de même l'état de faillite d'un créancier n'a pas pour effet d'interrompre le cours de la prescription à l'égard de son débiteur. Metz, 3 fév. 1823 ; Dalloz, v° *Faillite*, n° 217, et arrêt en marge.

92. Ces deux dernières décisions sont fondées sur le principe que le dessaisissement du failli ne met pas obstacle à l'exercice des actions actives ou passives du failli, actions qui sont exercées par les syndics et contre eux. Dalloz, *Répert.*, v° *Faillite*, n° 217.

93. Le failli a qualité pour demander, seul et en son nom, une

indemnité, à titre de locataire d'une maison expropriée pour cause d'utilité publique. Cass., ch. civ., 16 août 1852 (S.-V.1853. 1.16).

444. Le jugement déclaratif de faillite rend exigibles, à l'égard du failli, les dettes passives non échues. En cas de faillite du souscripteur d'un billet à ordre, de l'accepteur d'une lettre de change, ou du tireur à défaut d'acceptation, les autres obligés seront tenus de donner caution pour le paiement à l'échéance, s'ils n'aiment mieux payer immédiatement.

FORMULE N° 20. — **Sommation d'avoir à donner caution, en cas de faillite du souscripteur, ou tireur, d'un effet de commerce.**

L'an. . . . et le. . . ., je soussigné. . . ., huissier, et. . . .

A la requête du sieur. . . ., banquier, demeurant à. . . ., ai exposé au sieur. . . ., négociant domicilié à. . ., que le sieur. . ., marchand. . ., demeurant à. . ., a été déclaré en faillite, par jugement du Tribunal de commerce de. . . ., qui en a fixé provisoirement l'ouverture au. . . .; et comme le requérant se trouve porteur d'une lettre de change, de la somme de. . . ., souscrite le. . . ., par ledit sieur. . . ., actuellement failli, à l'ordre dudit sieur. . . ., qui l'a passée par un endossement régulier, à l'ordre du requérant, ladite lettre de change, payable le. . . prochain, mais devenue exigible, à l'égard du failli, à suite du jugement déclaratif de la faillite, il importe audit requérant d'obtenir dudit sieur. . . ., endosseur, caution pour le paiement, à son échéance, de la susdite lettre de change, si mieux n'aime, ledit sieur. . . ., payer immédiatement.

En conséquence, j'ai invité, et en tant que besoin sommé, par le présent, ledit sieur. . . ., d'avoir, dans le délai de. . . . jours, à fournir bonne et valable caution au requérant, pour le paiement à son échéance de la susdite lettre de change, aux termes et selon le vœu de l'article 444 du Code de commerce, si mieux il n'aime la payer immédiatement; et faute de ce faire, dans ledit délai, j'ai, d'ores et déjà, assigné ledit sieur. . . . à comparaître, au délai de la loi, à l'audience du tribunal de commerce de. . . ., séant au palais de justice, à. . . . heures du. . . ., et à toutes audiences suivantes, s'il est utile, pour s'y entendre condamner, conformément aux dispositions de l'article 444 du Code de commerce précité, à donner au requérant bonne et valable caution, pour assurer le paiement, à son échéance, de la susdite lettre de change, si mieux il n'aime la payer immédiatement avec. . . . de dommages, et avec dépens. Baillé copie du présent audit sieur. . . ., dans son domicile susdit, en parlant à. . . .

(Signature.)

FORMULE N° 21. — **Présentation de caution, par exploit.**

L'an. . . ., à la requête du sieur. . . ., je. . . ., huissier. . . ., ai déclaré, par le présent, au sieur. . . ., banquier, domicilié à. . . ., qu'en réponse à la sommation notifiée au requérant, par exploit en date du. . . ., d'avoir à fournir caution pour le paiement, à son échéance, d'une lettre de change de la somme de. . . ., souscrite le. . . ., par le sieur. . . ., marchand domicilié à. . . ., actuellement en état de faillite déclarée à l'ordre du requérant, et par celui-ci passée à l'ordre dudit sieur. . . ., le requérant offre pour caution la personne de M. . . ., négociant, domicilié à. . . ., sommant ledit sieur. . . . d'avoir à déclarer, en réponse au présent, s'il accepte, ou conteste, ladite caution offerte. Baillé copie, etc.

(Si la caution est acceptée, l'huissier, ajoute : lequel a répondu qu'il accepte la personne dudit M. . . ., comme caution présentée par ledit sieur. . . ., pour les causes énoncées au présent; et a signé avec nous dit huissier. Si, au contraire, la caution présentée est refusée, ou s'il n'est fait aucune réponse, l'huissier le constate succinctement.)

FORMULE N° 22. — **Acte de soumission de la caution, lorsqu'elle est acceptée.**

L'an. . . ., et le. . . ., au greffe du Tribunal de commerce de. . . ., A comparu le sieur. . . ., négociant, domicilié à. . . ., lequel nous a dit que, par exploit, dûment enregistré, fait à la date du. . . ., le sieur. . . ., négociant, demeurant à. . . ., a offert au sieur. . . ., banquier, demeurant à. . . ., la personne du comparant, comme caution, pour assurer le paiement, à son échéance, d'une lettre de change de la somme de. . . ., souscrite le. . . ., par le sieur. . ., failli, à l'ordre du sieur. . ., qui l'a passée à l'ordre dudit sieur. . ., payable le. . . . prochain; que le comparant ayant été accepté comme caution, ainsi que cela résulte de la déclaration dudit sieur. . . ., consignée au susdit exploit, et signée de lui, ledit comparant, en conséquence desdites présentation et acceptation (ou en défaut de toute contestation), déclare se constituer caution dudit sieur. . . ., pour le paiement, à son échéance, du montant de la lettre de change dont il s'agit ;

Desquelles comparution, déclaration et soumission, le comparant a demandé acte, que nous lui avons donné, et a signé avec nous, greffier.

FORMULE N° 23. — **Acte portant refus d'accepter une caution présentée.**

L'an. . . ., et le. . . ., à la requête du sieur. . . ., banquier, demeurant à. . . .,

Ai déclaré au sieur. . . ., négociant, demeurant à. . . ., en réponse à l'acte de présentation de caution, fait par exploit de. . . ., huissier, en date du. . . ., que le requérant conteste formellement, par le présent, la validité de la présentation, comme caution, de la personne de M. . . ., négociant, demeurant à. . . ., attendu que la solvabilité de ladite caution n'est pas suffisamment établie. C'est pourquoi j'ai assigné ledit sieur. . . . à comparaître, au délai de la loi, à l'audience du tribunal de commerce de. . . ., séant à. . . ., à. . . . heures du. . . ., et à toutes audiences suivantes, s'il est utile, pour y entendre déclarer insuffisante la caution offerte, voir rejeter ladite caution, et s'entendre, par suite, condamner à payer immédiatement au requérant la somme de. . . ., montant de la lettre de change, souscrite par le sieur. . . ., actuellement en état de faillite, au profit du sieur. . . ., qui l'a passée à l'ordre du requérant, le tout en exécution de l'article 444 du Code de commerce, avec. . . . de dommages-intérêts, avec dépens et contrainte par corps. Baillé copie, etc.

FORMULE N° 24. — Jugement qui admet une caution, aux fins de l'article 444 du Code de commerce.

Le Tribunal de commerce de l'arrondissement de. . . ., département du. . . ., a rendu le jugement dont la teneur suit :

Entre le sieur. . . ., négociant, domicilié à. . . ., comparant en personne (et s'il est représenté, il faut dire, comparant par. . . ., Mᵉ. . . ., avocat, son procureur fondé, suivant procuration en date du. . . ., sous seing privé, dûment enregistré à. . . ., le. . . ., d'une part) ;

Et le sieur. . . ., négociant, domicilié à. . . ., d'autre part ;

Dans le fait (énoncer le point de fait) :

Ouï, pour ledit sieur. . . ., Mᵉ. . . ., qui a conclu (copier succinctement les conclusions du demandeur) ;

Ouï, pour ledit sieur. . . ., Mᵉ. . . ., qui a conclu (copier également les conclusions du défendeur) ;

En droit, faut-il admettre ou rejeter la caution offerte ? Que faut-il statuer sur les dépens ?

Sur quoi,

Vu l'article 444 du Code de commerce,

Attendu que la caution présentée offre toutes les conditions de solvabilité requises,

Le Tribunal, sans s'arrêter ni avoir égard à la demande du sieur. . . . à fin de rejet de la personne du sieur. . . ., présentée pour caution, pour assurer le paiement, à son échéance, de la lettre de change susénoncée, de laquelle demande ledit sieur. . . . est débouté, reçoit ledit sieur. . . . pour caution, ordonne, en conséquence, que ledit sieur. . . . fera sa soumission au greffe dans le délai de. . . ., à partir de la date du présent jugement, et qu'en notifiant ledit acte de soumission audit sieur. . . ., ledit sieur. . . . sera dispensé de payer immédiatement le montant de la lettre de change dont il s'agit, et jouira, au contraire, du délai qui reste à courir jusqu'à l'échéance de ce titre ;

Condamne ledit sieur. . . . aux dépens, sans dommages, ordonne l'exécution provisoire du présent jugement, nonobstant appel et sans y préjudicier.

FORMULE N° 25. — Jugement qui rejette une caution présentée.

(Tout le préambule, comme à la formule qui précède.)

Le surplus du jugement est ainsi conçu :

Le Tribunal, sans s'arrêter ni avoir égard à la caution présentée par partie de Mᵉ. . . ., laquelle caution est déclarée insuffisante, rejette ladite caution ; déclare ledit sieur. . . . déchu du bénéfice du terme qui reste à courir pour le paiement de la lettre de change dont il s'agit en la cause; condamne, avec contrainte par corps, ledit sieur. . . . à payer et rembourser immédiatement audit sieur. . . . la somme de. . . ., montant de ladite lettre de change, sous la déduction toutefois de l'intérêt légal, pour le temps qui reste à courir, jusqu'à l'échéance du titre ; condamne, en outre, ledit sieur. . . . aux dépens, liquidés à la somme de. . . ., sans dommages (ou bien avec la somme de. . . ., à titre de dommages) ; ordonne l'exécution provisoire du présent jugement, nonobstant appel, et sans y préjudicier.

Ainsi jugé et prononcé, en audience publique, tenue le. . . ., le président et le greffier signés, à la minute où est écrit : enregistré à. . . . .

RÉSUMÉ. — **Indication alphabétique.**

Actionnaires, 4.	Dettes chirographaires et	Escompte, 9.
Annuités d'actions, 4.	hypothécaires, 5.	Exigibilité, 1, 2.
Arrérage de rente viagère, 3.	Dettes civiles et commer-	Expropriation (droit d'), 6.
Cautions solidaires, 11.	ciales, 1.	Failli tireur, 10.
Codébiteur, 12.	Donation d'une somme d'ar-	Indemnité due au locataire,
Compensation, 8, 14, 15, 16.	gent, 2.	13.
Créancier privilégié, 7.	Endosseur failli, 10.	Locateur failli, 15.

N° 1. Il n'y a pas de distinction à faire, quant à l'exigibilité résultant du jugement déclaratif de la faillite, entre les dettes passives purement civiles et les dettes commerciales ; la raison en est que la position du failli est indivisible. (MM. Locré, t. v, p. 276 ; Boulay-Paty, n° 111 ; Bioche, v° *Faillite*, n° 77 ; Esnault, n° 168 ; Bédarride, n° 93, et autres auteurs.

2. La donation, par un père à sa fille, d'une somme d'argent payable seulement au décès du père donateur, devient exigible par l'événement de la faillite de ce dernier. Toulouse, 20 nov. 1835 (S.-V.39.2.151 ; D.P.36.2.41) ; M. Renouard, t. 1er, 331.

3. Les arrérages d'une rente viagère dus par un failli, bien qu'ils ne soient qu'éventuels, constituant une dette actuellement née, deviennent exigibles par l'événement de la faillite. Cass., 20 mars 1847 (S.-V.47.1.433 ; D.P.47.1.236).

4. Les actionnaires d'une société de commerce, déclarée en faillite, sont tenus de verser les annuités non échues de leurs actions pour acquitter les dettes de la société. Lyon, 1er août 1850 (S.-V.50.2.374 ; D.P.50.2.147).

5. Et il n'y a pas lieu de distinguer entre les dettes chirographaires et les dettes hypothécaires ou privilégiées. Bordeaux, 4 juin 1832 (D.P.32.2.177).

6. Le créancier hypothécaire dont la créance n'était pas échue lors de la déclaration de faillite du débiteur, mais qui est devenue exigible par l'ouverture de la faillite, a le droit de poursuivre

sans délai l'expropriation des immeubles du failli. Bordeaux, 22 août 1827 (D.P.28.2.146; S.-V.28.2.177; D.P.28.284.) Cet arrêt, rendu sous l'ancienne législation des faillites, et dont la doctrine pouvait alors être contestée, est aujourd'hui hors de toute discussion, d'après l'art. 571 de la nouvelle loi. Gouget et Merger, n° 164.

7. Comme aussi le créancier privilégié peut, en cas de faillite de son débiteur, faire saisir et vendre sur celui-ci des effets mobiliers affectés par privilége au paiement de sa créance à terme, mais rendu exigible par la faillite. Cass., 10 mai 1809 (S.9.1.259).

8. L'exigibilité n'a lieu qu'à l'égard ou contre le failli, et le créancier, en vertu d'un titre non échu, mais rendu exigible par la faillite, ne peut, s'il est débiteur du failli, en vertu d'un titre échu, éteindre sa dette par compensation. Cass., 24 nov. 1841 (S.-V.42.1.80), et c'est l'opinion de tous les auteurs: seulement, M. Duranton, t. XII, n° 412, n'admet ce principe qu'autant qu'il s'agit de dettes commerciales; distinction qui est repoussée par Devilleneuve et Carette (Collection nouvelle, 3.1.293; Zachariæ, Milleret, Gouget et Merger), et cela, par la raison que la compensation est un véritable paiement. Or, après la faillite déclarée, nul paiement ne saurait être fait par le failli, puisque le créancier qui invoquerait cette compensation, s'il avait reçu son paiement en espèces, serait tenu de rapporter à la masse ce qu'il aurait touché pour venir au marc le franc avec les autres. Tous les auteurs sont unanimes à cet égard. Dalloz, Répert., v° Faillite, n° 251.

9. Les porteurs de titres non échus, mais devenus exigibles par le jugement de faillite, ne doivent pas subir un escompte au taux légal de l'intérêt qui reste à courir jusqu'à l'échéance. Locré, t. v, p. 274; Renouard, t. Ier, p. 329; Dalloz, Répert., n° 244. Cette opinion se justifie par le texte de l'art. 1188, C. civ., qui porte que, toutes les fois qu'il y a diminution de sûreté, il y a déchéance du terme, et par cette considération, qu'il ne faut pas faire acheter au créancier, en quelque sorte, les avantages que la loi lui donne, car ils sont compensés par la diminution de la sûreté; et c'est surtout en cas de faillite qu'il y a diminution de sûreté.

10. Lorsque le failli est simple endosseur, ou même tireur d'une lettre de change acceptée, les autres obligés ne sont pas tenus de fournir caution ou de payer. Bédarride, n° 97; Esnault, n° 169; Dalloz, Répert., v° Faillite, n° 258.

11. Du reste, sauf le cas exceptionnel prévu par l'art. 444, les

coobligés ou cautions du failli, même solidaires, continuent, nonobstant l'état de faillite, à jouir du bénéfice du terme, conformément aux principes généraux. Pardessus, n° 1129; Boulay-Paty, n° 115; Renouard, t. 1er, p. 321; Bédarride, n° 94; Esnault, n° 170; Alauzet, *Faillites et Banqueroutes,* p. 53.

12. En tout cas, le codébiteur, assigné afin de donner caution, est tenu de payer, sans escompte, la créance devenue exigible, s'il ne fournit pas la caution requise; il n'a pas le droit de demander une réduction d'intérêts à raison de l'anticipation du remboursement. 4 mai 1843, trib. de comm. de la Seine, *Droit,* 30 mai.

13. En cas de faillite du bailleur, la masse est tenue, comme le serait le failli lui-même, de supporter la déduction, sur les loyers, du montant d'une indemnité due au locataire pour privation de jouissance d'une partie de la chose louée; les syndics ne peuvent poursuivre le paiement des loyers dus tant que cette indemnité n'a pas été réglée. 29 nov. 1832, rej. (S.-V.33.1.18; D.P.33.1.108).

14. La compensation peut également s'opérer, lorsque, par l'effet d'un concordat, le failli a été rétabli à la tête de ses affaires, mais seulement jusqu'à concurrence et à mesure des termes de paiement de la créance réduite par le concordat. 24 nov. 1841, Cass. (S.-V.42.1.80; D.P.42.1.40).

15. Et dans ce cas, le failli est recevable à opposer que la compensation dont on se prévaut contre lui n'a pu s'opérer pour la créance totale; ce n'est pas là une exception que ses créanciers puissent seuls faire valoir. Rés. imp. par l'arrêt ci-dessus.

16. Au reste, si la compensation était déjà opérée au moment où le jugement déclaratif est rendu, la faillite n'aurait aucune influence à cet égard, car elle n'enlève pas les droits légitimement acquis au moment de la déclaration. Dalloz, *Répert.,* v° *Faillite,* n° 255. Cela est sans difficulté.

445. Le jugement déclaratif de faillite arrête, à l'égard de la masse seulement, le cours des intérêts de toute créance non garantie par un privilége, par un nantissement ou par une hypothèque.

Les intérêts des créances garanties ne pourront être réclamés que sur les sommes provenant des biens affectés au privilége, à l'hypothèque ou au nantissement.

446. Sont nuls et sans effet, relativement à la masse, lorsqu'ils auront été faits par le débiteur depuis l'époque déterminée par le tribunal, comme étant celle de la cessation de ses paiements, ou dans les dix jours qui auront précédé cette époque :

Tous actes translatifs de propriétés mobilières ou immobilières à titre gratuit ;

Tous paiements, soit en espèces, soit par transport, vente, compensation ou autrement, pour dettes non échues, et pour dettes échues, tous paiements faits autrement qu'en espèces ou effets de commerce ;

Toute hypothèque conventionnelle ou judiciaire, et tous droits d'antichrèse ou de nantissement constitués sur les biens du débiteur pour dettes antérieurement contractées.

447. Tous autres paiements faits par le débiteur pour dettes échues, et tous autres actes à titre onéreux par lui passés après la cessation de ses paiements et avant le jugement déclaratif de faillite, pourront être annulés si, de la part de ceux qui ont reçu du débiteur ou qui ont traité avec lui, ils ont eu lieu avec connaissance de la cessation de ses paiements.

FORMULE N° 26. — Assignation en nullité d'actes translatifs de propriétés mobilières et immobilières , à titre gratuit.

L'an. . . ., à la requête du sieur L. . . ., syndic définitif de la faillite du sieur A. . . .,

Je. . . . (immatricule de l'huissier),

Ai exposé au sieur C. . . que, par jugement du tribunal de commerce de. . . ., en date du. . . ., ledit sieur A. . . . a été déclaré en état de faillite, dont l'époque a été provisoirement fixée au 1er mars précédent ; que par un acte public devant Me. . ., notaire à. . ., ledit sieur A. . . a vendu audit sieur C. . . . sa maison d'habitation, située à. . . ., au prix de. . . . francs, que le vendeur chargea l'acquéreur de payer, à sa libération, à Marie A. . . ., son épouse, à laquelle il devait cette somme, savoir : . . . . francs formant sa dot, par lui reçue, selon son contrat de mariage, passé sous le régime dotal, devant Me. . . ., notaire à. . . ., le. . ., et. . . francs, dont ledit A. . . ., vendeur, se reconnut débiteur envers sadite femme, par acte d'obligation, retenu par le notaire précité, le. . . . ; cette somme de. . . . francs provenait, est-il dit dans l'acte d'obligation, de la vente à réméré que ladite Marie A. . . . avait consentie en faveur dudit C. . . ., son beau-frère, de tous ses droits immobiliers dans la succession de feu A. . . ., son père, suivant acté au rapport de M^e. . . ., notaire, le. . .

Mais attendu que le. . . . 1857, jour de la vente de cette maison, ledit sieur A. . . . était en déconfiture complète, ce qui résulte de plusieurs protêts intervenus contre lui; que le sieur C. . . ., son beau-frère, initié depuis longtemps à toutes ses affaires, habitant le même lieu, connaissait parfaitement cette situation; que la vente de cette maison n'a été en réalité qu'un acte translatif d'une propriété immobilière à titre gratuit; que ce qui vient à l'appui de cette vérité, c'est que ledit sieur C. . . . ne s'est jamais mis en possession des immeubles, à lui vendus à faculté de réméré, par la femme du failli, quelque temps auparavant, et à une époque où ledit sieur A. . . . était bien au-dessous de ses affaires; que, soit ladite Marie A. . . ., soit la veuve A. . . . sa mère, qui avait la jouissance de la moitié des immeubles délaissés par son mari, n'ont pas cessé un instant de posséder les immeubles prétendus vendus, à faculté de réméré, au sieur C. . . .;

Attendu que, d'un autre côté, ledit sieur C. . . . a reçu dudit sieur A. . . ., son beau-frère, postérieurement à la vente de la maison précitée, et au moment où le failli allait quitter le pays, la totalité de son matériel industriel; que cette remise n'est constatée par aucun acte ou titre apparent; que ledit sieur C. . . . soutient à la vérité que ce matériel industriel lui fut vendu verbalement, au prix de. . . . francs, par lui payés comptant, mais que la vérité est encore que ce n'est là qu'une libéralité déguisée, imaginée entre parties, pour enlever aux créanciers le dernier gage de leurs créances;

Attendu qu'aux termes de l'article 446 du Code de commerce, sont nuls et sans effet relativement à la masse, tous actes translatifs de propriétés mobilières et immobilières, à titre gratuit, lorsqu'ils auront été faits par le débiteur, depuis l'époque déterminée, comme étant celle de la cessation de ses paiements, ou dans les dix jours qui auront précédé cette époque,

J'ai assigné ledit sieur C. . . . à comparaître, au délai de la loi, à l'audience du tribunal de commerce de. . . ., pour y voir déclarer nul et sans effet l'acte de vente de sa maison d'habitation, à lui consenti, le. . . . dernier, par ledit sieur A. . . ., ainsi que la prétendue vente verbale que celui-ci lui aurait consentie, vers le mois de. . . . de la même année, de tout son matériel industriel, au prix allégué de. . . . francs; voir ordonner, en conséquence, que la maison et le matériel industriel dont il s'agit seront rapportés à la masse, et remis au requérant en sa qualité de syndic définitif de la faillite, et faute par ledit sieur C. . . . de faire la remise dudit matériel dans le délai que le tribunal arbitrera, condamner ledit sieur à payer au syndic la somme de. . . ., pour tenir lieu de la valeur dudit matériel industriel; le tout avec intérêts, dépens, et avec contrainte par corps. Baillé copie, etc.

FORMULE N° 27. — Jugement qui statue sur la validité d'actes translatifs de propriétés mobilières et immobilières, à titre gratuit.

Le Tribunal de commerce de l'arrondissement d. . . ., département d. . . ., a rendu le jugement dont la teneur suit :

Entre le sieur S. . . ., syndic définitif de la faillite du sieur A. . . ., comparant par Me. . . ., agréé d'une part ;

Et le sieur C. . . ., comparant par Me. . . ., avocat, d'autre part ;

Dans le fait :

Par un exploit de. . . ., huissier, en date du. . . ., ledit sieur. . . ., syndic, a exposé. . . . (on copie ou on analyse la teneur de l'exploit).

La cause appelée, à tour de rôle, à la présente audience ;

Ouï, pour ledit syndic, ledit Me. . . ., qui a conclu à ce qu'il plaise au Tribunal annuler, dans l'intérêt de la masse, aux termes de l'art. 446 du Code de commerce, l'acte de vente de sa maison d'habitation située à. . . ., consenti par le failli, en faveur dudit sieur C. . . ., son beau-frère, le. . . ., devant Me. . . ., notaire, à. . . ., ainsi que la pré-tendue vente verbale, par ledit failli, de tout son matériel industriel, en faveur dudit sieur C. . . ., et qui aurait eu lieu vers le mois de. . . . de la même année, comme faite par le débiteur, depuis l'époque déter-minée par le Tribunal, comme étant celle de la cessation de ses paie-ments, lorsqu'ils n'ont été, en réalité, que des actes translatifs de propriétés mobilières et immobilières, à titre gratuit, ce qui est suffi-samment démontré par la date desdits actes, leurs énonciations, et par toutes les circonstances qui les ont précédés et suivis, comme aussi par la qualité des parties ;

Ordonner, par suite, que les objets prétendus vendus seront rapportés à la faillite et remis au syndic ; et faute par ledit sieur C. . . d'opérer, aux mains dudit syndic, la remise de tout le mobilier industriel qu'il a reçu du failli, dans le délai qui sera fixé par le Tribunal, le condamner à payer audit syndic la somme de. . . . francs pour tenir lieu de sa va-leur ; le condamner à faire compte des fruits et intérêts depuis l'indue possession, avec dépens, mille francs à titre de dommages et avec con-trainte par corps ;

Ouï, pour sa partie, Me. . . ., qui a conclu à ce qu'il plaise au Tribunal se déclarer incompétent, quant au chef de la demande du syndic, ayant trait à la vente de la maison dont il s'agit : attendu qu'une pareille demande soulève une question qui se rattache à des droits immobiliers, et sort des attributions du tribunal de commerce ; que le tribunal civil seul est compétent pour statuer sur une propriété d'immeubles et sur la validité, par suite, d'une vente de propriétés de cette nature ;

. Au fond, attendu que les actes de vente susénoncés ne tombent pas sous le coup de la disposition précitée de l'art. 446 du Code de com-merce ; qu'ils ne constituent pas des actes translatifs de propriétés mo-bilières et immobilières à titre gratuit ; que le prix stipulé est bien celui de la valeur des objets vendus, et fut réellement payé au failli, ou au créancier par lui délégué pour le recevoir, ce qui résulte, pour la première vente, des énonciations mêmes de l'acte ; qu'il est d'usage que les ventes verbales de marchandises et autres objets mobiliers, se consomment par la remise des objets vendus, suivie du paiement du prix ; que cette pré-somption est suffisante et ne peut être détruite que par la preuve con-traire, qui n'est pas faite, ni même offerte ; plaise au Tribunal rejeter les demandes du syndic de la faillite A. . . . et le condamner aux dépens.

Ouï, dans son rapport, Me. . . ., juge-commissaire de ladite faillite (Voir, Formule 45, le modèle d'un rapport) ;

En droit : le moyen d'incompétence proposé par la partie de Me. . . . doit-il être, ou non, accueilli ?

I.   5

Que faut-il statuer, au fond, sur les demandes du syndic?
Quid des dommages et des dépens ?

Sur la question de compétence :

Attendu que le nouvel art. 635, édicté par la loi du 28 mai 1838, modificatif de l'ancien art. 635 du Code de commerce, porte que les tribunaux de commerce connaîtront de tout ce qui concerne les faillites, conformément à ce qui est prescrit au livre III dudit Code ;

Attendu que l'art. 446, compris au livre III du Code précité, règle, en cas de faillite, l'effet des actes translatifs de propriétés mobilières et immobilières à titre gratuit, lorsque ces actes, de la part du failli, sont intervenus à l'époque déterminée par cet article ; que la question de nullité de pareils actes naît de l'état même de la faillite, intéresse la faillite, et la masse des créanciers, au profit de laquelle la nullité est prononcée; que le même acte pouvant renfermer une transmission, à titre gratuit, d'un immeuble et d'objets mobiliers, on ne s'expliquerait pas que le législateur eût entendu attribuer au tribunal de commerce la connaissance de la nullité de l'acte, quant aux propriétés mobilières, et réserver au tribunal civil la question de nullité relative aux propriétés immobilières ;

Que c'est évidemment le traité frauduleux concerté par le failli que le législateur de la loi des faillites a voulu atteindre et faire disparaître, de quelque nature que fussent les propriétés ou valeurs faisant l'objet du traité ; que le tribunal de commerce, saisi de toutes les questions que la faillite fait naître, est le meilleur juge de la moralité des actes et de a conduite du failli;

Attendu que le tribunal de commerce, aux termes mêmes dudit article, est parfaitement compétent, ainsi que cela a été jugé, pour annuler une vente d'immeuble qui ne serait, de la part d'un failli, qu'une dation en paiement d'une dette échue ou non échue, et pour ordonner le rapport, à la masse, d'un immeuble ainsi transmis ;

Attendu, au fond, qu'il résulte de toutes les circonstances de la cause, de la date des actes, de la qualité des parties contractantes, que déjà depuis longtemps ledit sieur A. . . . était bien au-dessous de ses affaires, voyait arriver sa faillite et se préparait à enlever à ses créanciers le gage de leurs créances ; que c'est dans ce but qu'il amena sa femme à consentir, en faveur du sieur C. . . ., son beau-frère, une vente à réméré de ses immeubles au prix de. . . . fr., et qu'il se reconnut débiteur, par autre acte du même jour, de cette somme que sa femme, qui l'aurait reçue de son acquéreur, lui remettait en prêt ; que tout démontre que cette vente à réméré, en faveur d'un proche parent, n'avait rien de sérieux, puisque l'acquéreur ne se mit jamais en possession des immeubles vendus, ce qui était même impossible, puisque pour la majeure partie ces mêmes immeubles étaient, au moment de la vente, et ont continué depuis à être possédés par la mère de la venderesse, qui en avait la jouissance ; qu'on ne voit pas trace, de la part du failli, de l'emploi de ces. . . francs qu'il aurait reçus en prêt de sa femme, qui ne prit pas même inscription sur les biens de son mari, pour sûreté du remboursement de la somme prêtée ;

Attendu que, de tous ces faits, résulte, pour le tribunal, la preuve que les actes prémentionnés n'ont été concertés que pour dépouiller les créanciers légitimes qu'avait alors ledit sieur A. . . ., et pour faire passer aux mains de sa femme tout ou partie du prix d'une maison qui était le meilleur de leur gage ;

Attendu que la loi n'a pas entendu frapper de nullité les seuls actes ostensibles de donations mobilières ou immobilières, mais encore tous contrats, en apparence, à titre onéreux, qui cachent de véritables dispositions gratuites ;

Attendu que les présomptions de fraude et de dissimulation s'appliquent encore avec autant de force à la prétendue vente verbale faite par le débiteur, de son mobilier industriel, en faveur du sieur C. . . ., son beau-frère ; qu'il n'est pas présumable que ce dernier, qui venait d'acheter, peu de temps auparavant, la maison d'habitation de ce débiteur aux abois, ait payé comptant ce mobilier industriel, dont la remise, pour ainsi dire clandestine, décelait, à elle seule, la situation critique du sieur A. . . ., que, d'ailleurs, son beau-frère, initié à toutes ses affaires, son conseil, et vivant dans la même localité, connaissait parfaitement ;

Attendu que ledit sieur C. . . . ne justifie en aucune manière de ce paiement, et que son allégation, à cet égard, ne mérite aucune confiance ; que tout porte donc à croire que cette vente n'est encore qu'un acte translatif de ce mobilier à titre gratuit avec une destination qu'on ne veut pas faire connaître ;

Par ces motifs,

Le Tribunal, après en avoir délibéré, jugeant en premier ressort, vu ce qui résulte du rapport de M. le juge-commissaire de la faillite,

Se déclare compétent,

Et statuant au fond, disant droit aux conclusions dudit syndic, déclare nulles et sans effet, à l'égard de la masse, les deux ventes dont il s'agit, comme faites par le débiteur, depuis l'époque déterminée par le tribunal de commerce comme étant celle de la cassation de ses paiements, et constituant, en réalité, des actes translatifs de propriétés mobilières et immobilières à titre gratuit ;

Condamne, en conséquence, ledit sieur C. . . . à rapporter à la masse de la faillite la maison et le matériel industriel ayant appartenu au failli ; et faute par lui de faire la remise dudit matériel industriel, aux mains du syndic de la faillite, dans le délai de. . . . à partir de la date du présent jugement, le condamne à payer audit syndic une somme principale de. . . ., pour tenir lieu de sa valeur ; le condamne, en outre, à la restitution des fruits et des intérêts depuis l'indue possession des objets prétendus vendus, avec dépens et contrainte par corps, mais sans dommages.

Ainsi jugé en audience publique, etc.

FORMULE N° 28.—Jugement qui ordonne la remise d'objets mobiliers appartenant à la faillite, détenus par un créancier qui prétend les avoir achetés.

Audience du. . . .

Entre le sieur F. L. . . . ., avocat, domicilié à. . . ., agissant en qualité de syndic définitif de la faillite du sieur H. M. . . ., sellier-carrossier, demeurant à. . . ., M. . . ., demandeur, comparant en personne, d'une part ;

Et le sieur P. B. . . ., négociant, demeurant à. . . ., comparant par Me H. . . ., avocat, son procureur fondé suivant pouvoir à lui donné au bas de la copie d'assignation le. . . ., enregistré à. . . ., le . . ., défendeur, d'autre part ;

5

En fait :

Par un exploit d'assignation de. . . ., huissier, en date du. . . ., ledit sieur F. L. . . . a exposé audit sieur P. B. . . . qu'il ne saurait disconvenir que, le. . . dernier, il fit remettre à M. . . ., par ledit sieur H. M. . . ., une voiture à quatre roues, non encore terminée, d'une valeur d'environ huit cents francs, et en outre une assez grande quantité de marchandises relatives au commerce de la sellerie-carrosserie, pour se payer de certaines sommes dont il se prétendait créancier dudit M. . . ., qui se trouvait à cette époque en état de cessation de paiements ; que, le soir même, en effet, celui-ci quittait furtivement M. . . ., après avoir fermé son magasin, et se dirigeait vers Montpellier, pour se soustraire aux poursuites déjà commencées contre lui, par quelques-uns de ses créanciers ; qu'il paraît même que M. . . . quitta ainsi M. . . . d'après les avis dudit sieur B. . . ., qui lui promettait de traiter pour lui, avec ses créanciers, et de les désintéresser au moyen des marchandises qui lui étaient remises ; que M. . . . a été déclaré en état de faillite par jugement du tribunal de commerce de C. . ., en date du. . . dernier, qui en a fixé l'ouverture au. . . précédent, par conséquent six jours avant la remise à B. . . des marchandises et de la voiture prémentionnées ; qu'en vertu des poursuites dirigées contre le failli, par le ministère public, sur la plainte de deux de ses créanciers, poursuites suivies de l'arrestation du failli, et en exécution de commission rogatoire de M. le juge d'instruction près le tribunal de première instance de C. . . ., la voiture et les marchandises ci-dessus ont été saisies entre les mains dudit sieur B. . ., et placées sous les scellés, par M. le juge de paix du canton de M. . . ; que le requérant, en sa qualité de syndic de la faillite M. . . ., ayant requis la levée desdits scellés et procédé à l'inventaire des biens du failli, parmi lesquels figuraient la voiture dont il s'agit, allait procéder aux formes de droit, à la vente de tout, lorsque ledit sieur B. . . . s'est permis d'enlever ladite voiture du lieu où le syndic l'avait déposée momentanément, et s'est refusé, comme il se refuse encore, à la rendre, en alléguant qu'elle est sa propriété ; mais attendu qu'aucune vente de cette voiture n'a été consentie à B. . . . par M. . . . ; que, d'ailleurs, une semblable vente, dans les circonstances susénoncées, serait radicalement nulle, car B. . . . connaissait alors parfaitement l'état des affaires de son débiteur et la cessation de ses paiements ; que, d'un autre côté, le prix de cette voiture ne fut pas payé par B. . . ., mais aurait été compensé avec sa créance, qui n'était pas même échue, circonstance insignifiante d'ailleurs, puisque la loi annule tous paiements faits en marchandises ; c'est pourquoi assignation, par le même exploit, a été donnée audit sieur P. B. . . ., à comparaître le. . . ., à l'audience du tribunal de commerce de. . . ., pour y voir déclarer nulle et de nul effet toute vente qui pourrait être alléguée par ledit sieur B. . . ., de la susdite voiture, à lui consentie par M. . . ., et pour s'entendre, en conséquence, ledit sieur B. . . ., condamner à remettre, sans le moindre délai, au requérant, comme procède, ladite voiture dite phaëton, et, faute de faire cette remise, s'entendre condamner à payer au syndic une somme principale de huit cents francs pour sa valeur, avec les intérêts de droit, avec cent francs de dommages, avec dépens et contrainte par corps.

La cause appelée à tour de rôle à la présente audience :

Ouï ledit Mᵉ F. L. . . ., syndic, qui a conclu à ce qu'il plaise au Tribunal lui adjuger les conclusions par lui prises, dans l'intérêt de la masse des créanciers, dans son exploit d'assignation avec dépens ;

Ouï, pour le sieur B. . . ., ledit Mᵉ H. . . .,.qui a conclu à ce que,

Attendu que la vente de la voiture dont il s'agit a été consentie au concluant par le sieur M. . . ., dès le 1ᵉʳ mai dernier, ainsi que cela résulte de la facture représentée, et par conséquent avant les dix jours qui ont précédé l'époque à laquelle est fixée la faillite du sieur M. . . ;

Attendu que le prix de cette voiture fut convenu à la somme de. . . . francs, et payé au moyen de la remise d'un effet de. . . . francs, souscrit par M. . . . au sieur B. . . ., qui était à échéance fin avril dernier, et qui fut alors rendu à M. . . . ;

Attendu que si le concluant ne retira pas immédiatement cette voiture, c'est parce qu'elle n'était pas encore entièrement confectionnée et qu'elle fut laissée à M. . . . pour la terminer ;

Il plaise au Tribunal démettre le syndic de la faillite M. . . . de sa demande, avec dépens ;

Ouï M. . . ., juge–commissaire de la faillite, dans son rapport conformément à l'art. 452 du Code de commerce ;

En droit, faut-il accueillir la demande du syndic de la faillite, ou bien au contraire doit-il en être démis ?

Que faut-il statuer sur les dommages réclamés et sur les dépens ?

Attendu qu'il est constant en fait que le sieur H. M. . . . a été déclaré en état de faillite par jugement du 22 août dernier, et que l'époque en a été fixée au 19 mai précédent ;

Attendu que le sieur B. . . . a prétendu que la voiture dont la remise est réclamée par le syndic lui avait été vendue par ledit M. . . le 1ᵉʳ mai dernier, et que dès ce jour il était devenu débiteur du prix de la voiture, qui s'était compensé, jusqu'à due concurrence, avec un billet de la somme de. . . . francs, dont M. . . . était son débiteur, échu fin avril, et qui lui fut rendu au moment de la vente ;

Attendu que cette prétention de B. . . . n'a été nullement justifiée, et ne saurait être admise ; que, outre qu'elle n'est pas même vraisemblable, car il était difficile de croire qu'il ait, le 1ᵉʳ mai, remis à M. . . . son effet de 674 francs pour prix d'une voiture vendue seulement 650 francs, et qui n'était pas entièrement terminée, elle est encore formellement contredite, non-seulement par M. . . ., mais aussi par les propres déclarations et les aveux du sieur B. . . . consignés dans le procès-verbal du juge de paix de M. . . ., en date du 11 juin dernier, agissant en vertu d'une commission rogatoire de M. le juge d'instruction de C. . ., pour rechercher et saisir tous les objets mobiliers et marchandises ayant appartenu à M. . . . ;

Attendu, d'un autre côté, qu'il est certain que la voiture dont il s'agit fut saisie par M. le juge de paix de M. . . ., et confiée à la garde du sieur E. . . ., propriétaire de cette ville, et placée dans sa remise ; que c'est là qu'elle a été inventoriée par le syndic en présence du juge de paix, qui signa l'inventaire avec son greffier ; que jusque-là le sieur B. . . . n'avait élevé aucune prétention à la propriété de la voiture, et que ce n'est qu'au moment où cette voiture, momentanément déposée par le syndic, dans la remise de l'hôtel C. . . ., à M. . . ., pour être dirigée sur C. . . , avec toutes les marchandises et effets mobiliers de la faillite, que ledit sieur B. . . . s'en est dit propriétaire et s'en est même emparé ;

Attendu que la vérité est que c'est seulement le 25 mai, et à une époque où M. . . . avait cessé ses paiements, ce que savait très-bien le sieur B. . . ., que ce dernier, pour sauver sa créance, s'est fait remettre par M. . . . la voiture et quantité d'autres marchandises;

Attendu que, dans ces circonstances, fût-il intervenu entre B. . . et M. . . . une vente de la voiture, cette vente serait radicalement nulle aux termes de l'article 446 de la loi sur les faillites, alors surtout qu'il n'a été établi d'aucune manière que le billet souscrit à B. . . . par M. . . . fût échu à la date du 25 mai dernier;

Attendu encore que, lorsque le syndic s'est rendu à M. . . ., pour prendre la voiture portée dans son inventaire, il ne l'a plus trouvée dans la remise du sieur E. . . ., à la garde duquel elle avait été confiée. par le juge de paix; qu'après plusieurs recherches faites par ledit sieur E. . . ., celui-ci l'ayant découverte chez A. . . ., à N. . . ., où elle n'avait pu être conduite que de l'ordre du sieur B. . . ., ledit syndic et le juge de paix se transportèrent à N. . . ., où se trouvait réellement la voiture, qui fut ramenée à M. . . et déposée, par le syndic, dans la remise de l'hôtel C. . . .;

Attendu que, bien que ce nouveau dépôt de la voiture eût été fait par le syndic, le sieur B. . . . est allé la faire reprendre chez le sieur C. . . . quelques moments après, et a refusé de la rendre, nonobstant les observations du syndic, dont il a ainsi entravé la mission, sans motifs légitimes; que, par suite, il est de toute justice, en condamnant le sieur B. . . . à la remise de la voiture, de le condamner aussi à des dommages que sa conduite justifie suffisamment;

Attendu que la partie qui succombe doit supporter les dépens;

     Par ces motifs,

Le Tribunal, après en avoir délibéré, vu ce qui résulte du rapport de M. le juge-commissaire de la faillite, jugeant en dernier ressort, disant droit sur les conclusions dudit syndic, sans avoir égard à celles de Me H. . . ., avocat, défenseur de B. . . ., ordonne que ce dernier remettra, dans quinzaine, audit syndic la voiture neuve dont il s'agit, et lui payera une somme de. . . . francs, à titre de dommages; et faute par lui de ce faire dans ledit délai, le condamne d'ores et déjà, avec contrainte par corps, à payer audit sieur L. . . ., comme procède, la somme de. . . . francs, pour la valeur de la susdite voiture, ou pour dommages, avec les intérêts légitimement dus; condamne, en outre, ledit B. . . . aux dépens liquidés à la somme de. . . . francs, à ce non compris les frais d'enregistrement, expédition et signification du présent jugement.

Ainsi jugé. . . .   (*Signatures du président et du greffier.*)

Formule n° 28 *bis*.—Assignation en nullité d'un acte de nantissement de valeurs mobilières.

L'an. . . ., à la requête du sieur. . . ., syndic, etc., je. . . ., huissier. . . ., soussigné,

Ai exposé au sieur S. . . ., négociant, demeurant à. . . ., qu'il ne saurait disconvenir que par un acte sous seing privé, en date du 1er juillet 1857, enregistré à. . . ., le lendemain, ledit sieur B. . . ., aujourd'hui en état de faillite, lui a donné en nantissement des marchandises, pour une somme de quinze cents francs, pour garantie, est-il dit dans l'acte, de la somme de mille francs, actuellement prêtée audit sieur B. . . .; que postérieurement et par jugement du tribunal de commerce de. . . ., en date du 1er août suivant, ledit sieur B. . . . a été déclaré en état de faillite, et qu'un second jugement du même tribunal, en date du. . . ., a fait remonter l'ouverture de cette faillite au 20 juin précédent; attendu que l'acte de nantissement précité a été fourni, non, comme il est faussement énoncé, pour la somme de mille francs prêtée lors dudit acte, mais en réalité pour garantir audit sieur S. . . . le paiement de la somme de mille francs, à lui due antérieurement, et pour solde du compte réglé entre parties, ainsi que cela résulte de la correspondance dudit sieur B. . . ., et même de ses aveux ; que dès lors ledit acte de nantissement se trouve nul de plein droit aux termes de l'art. 446 du Code de commerce, comme donné par le débiteur, depuis l'époque déterminée par le tribunal comme étant celle de la cessation de ses paiements, et pour une dette antérieurement contractée, j'ai, en conséquence, assigné ledit sieur S. . . . à comparaître au délai de la loi, à l'audience du tribunal de commerce de. . . ., qui se tient le vendredi de chaque semaine à. . . ., heures du. . . ., et à toutes autres audiences suivantes, s'il est utile, pour y entendre déclarer nul et sans effet ledit acte de nantissement ; y voir ordonner que les marchandises qui en font l'objet seront remises au requérant, comme procède, pour être rapportées à la masse de la faillite ; et faute par ledit sieur S. . . d'effectuer cette remise dans le délai qu'il plaira au Tribunal de fixer, s'entendre, ledit sieur S. . ., condamner, d'ores et déjà, à payer au requérant, en sadite qualité, la somme principale de. . . ., pour leur valeur, le tout avec intérêts, dépens et contrainte par corps, et cent francs, à titre de dommages-intérêts. Baillé copie, etc.

Formule n° 29. — Assignation en nullité d'un nantissement de valeurs immobilières ou antichrèse.

L'an. . . ., à la requête du sieur. . . ., syndic définitif de la faillite du sieur B. . . ., négociant, demeurant à. . . ., qui constitue Me. . . . pour son avoué près le tribunal civil de première instance de. . . ., chez lequel il fait élection de domicile,

Je. . . ., huissier. . . ., soussigné,

Ai exposé au sieur S. . . ., négociant, demeurant à. . . ., qu'il ne saurait disconvenir que, par acte public retenu par Me. . . ., notaire à. . . ., le 1er juillet 1857, ledit sieur B. . . lui a donné, à titre d'antichrèse, pour l'espace de quatre ans, son domaine, appelé. . . ., situé dans la commune de. . . ., composé de bâtiments, terres, jardins, etc., moyennant le prix stipulé de cinq mille francs, déclarés reçus comptant par ledit sieur B. . . ., qui en a fourni quittance ; mais attendu que, postérieurement et le 15 dudit mois de juillet, le tribunal de commerce de. . . . a déclaré ledit sieur B. . . . en état de faillite et en a fait remonter l'époque au 25 juin précédent; que la vérité est qu'au lieu de recevoir comptant la susdite somme de cinq mille francs, le prix de l'antichrèse a été compensé, jusqu'à due concurrence, avec les sommes dues audit sieur S. . . ., résultant du solde, en sa faveur, du compte courant ayant existé entre ledit sieur B. . . . et ledit sieur S. . . .; que dans une semblable position ledit acte de nantissement et d'antichrèse est nul et sans effet aux termes de l'article 446 du Code de commerce, comme fait par le débiteur depuis l'époque déterminée par le tribunal, comme étant celle de sa cessation de paiements, j'ai assigné ledit sieur à comparaître, huitaine franche, après la date du présent, à l'audience du tribunal civil de première instance de. . . ., pour y entendre déclarer nul et sans effet ledit acte d'antichrèse, par application du susdit article 446 ; y voir ordonner que rapport sera fait à la masse de la faillite, du domaine précité, avec la restitution de tous fruits et revenus perçus et de tous autres objets détenus par ledit sieur S. . . ., depuis sa prise de possession dudit domaine, à quoi il sera contraint par toutes voies de droit et même par corps ; le tout avec dépens, et mille francs de dommages-intérêts. Baillé copie, etc.

FORMULE Nᵒ 30. — Assignation en nullité de ventes d'immeubles faites après faillite et comme dation en paiements de dettes en faveur d'un créancier du failli.

L'an. . . ., à la requête du sieur L. . . ., syndic définitif de la faillite du sieur A. . . .,

Je. . . ., huissier. . . ., etc.,

Ai donné assignation au sieur R. . . ., marchand de charbons, demeurant à. . . ., à comparaître le. . . ., à l'audience du tribunal de commerce de. . . ., pour y entendre prononcer la nullité d'un acte de vente à lui consenti, le. . . ., devant Mᵉ. . . ., notaire à. . . ., par ledit sieur A. . . ., failli, d'une maison et jardin joignant, situés à. . . ., au prix de. . . ., somme qui n'a pas été réellement payée au vendeur, mais a été compensée avec une créance dudit sieur R. . . ., pour livraisons de marchandises faites audit sieur A. . . ., failli ; et comme ladite vente a été consentie postérieurement au. . . . de la même année, époque déterminée par le tribunal comme étant celle de la cessation de paiements dudit sieur A. . . ., et que l'acquéreur connaissait parfaitement la fâcheuse position de son vendeur, ladite vente n'a été, en réalité, de la part du failli qu'une véritable dation en paiement d'une dette antérieurement contractée, et se trouve, par suite, frappée de nullité, aux termes des art. 446 et 447 du Code de commerce ; se voir, en conséquence, ledit sieur R. . . . condamner à rapporter à la masse de la faillite les immeubles vendus, si mieux n'aime ledit sieur R. . . . payer au requérant, comme procède, ladite somme de. . . ., pour la valeur desdits immeubles, avec les intérêts à dater du jour de la vente ; et au cas de rapport des immeubles, avec la restitution des fruits, depuis l'indue possession, le tout avec intérêts, dépens et contrainte par corps ; sauf audit sieur R. . . . à demander et poursuivre le recouvrement de ce qu'il justifiera lui être dû, comme en matière de faillite. Baillé copie.

FORMULE Nᵒ 31.— Jugement qui prononce la nullité d'une vente d'immeubles faite en compensation d'une créance sur un failli.

Le Tribunal de commerce de. . . ., etc. . . . ;

Entre le sieur L. . . ., syndic définitif, etc. . . . ;

Et le sieur R. . . ., marchand, demeurant à. . . . ;

Dans le fait :

Par un exploit (copier ou analyser l'exploit d'assignation) ;

Sur cette assignation la cause fut appelée, à tour de rôle, et contradictoirement plaidée à l'audience du. . . ., à laquelle M. . . ., juge-commissaire de la faillite du sieur R. . . ., fut d'abord entendu, dans son rapport, et les défenseurs des parties prirent ensuite les conclusions suivantes ·

Ouï, pour le syndic. . . ., le sieur. . . ., agréé, qui a conclu à ce qu'il plaise au Tribunal, sans s'arrêter au déclinatoire proposé par ledit sieur R. . . ., se déclarer compétent, et statuant au fond, lui accorder les fins de son exploit d'assignation (on reproduit les conclusions de l'exploit de demande) ;

Ouï, aussi pour ledit sieur R. . . ., Me. . . ., avocat, son procureur fondé, qui a conclu à ce qu'il plaise au tribunal, sans s'arrêter à la demande du syndic de la faillite du sieur R. . . ., et la rejetant, par toutes voies et moyens de droit, même par incompétence, à raison de la matière, maintenir en tout son contenu l'acte de vente dont il s'agit, qui constate authentiquement le paiement de la somme réclamée, et condamner le syndic en. . . . de dommages et aux dépens ;

Ouï M. le juge-commissaire de la faillite en son rapport. . . ., fait à l'audience ;

Après ces conclusions et ledit rapport, le tribunal renvoya la cause au conseil, pour en délibérer, et prononcer son jugement à une autre audience.

En droit faut-il, ou non, accueillir le moyen d'incompétence proposé par le sieur R. . . . ?

Dans le cas de la négative, faut-il adjuger au syndic de la faillite du sieur A. . . . les fins de ses conclusions, ou bien doit - on, au contraire, les rejeter ?

Que faut-il statuer sur les dépens ?

Attendu, sur la première question, que c'est plus d'un mois après l'époque fixée par le tribunal, comme étant celle de la cessation de paiements du sieur A. . . ., que le sieur R. . . ., par un acte du 5 avril 1856, acheta dudit sieur A. . . . une maison et jardin joignant, situés à. . . ., au prix de. . . ., que ledit A. . . . déclara avoir reçu avant l'acte et en fournit quittance ;

Attendu que des renseignements recueillis par le syndic il résulte que la vente faite à R. . . ., par A. . . ., n'avait été qu'un moyen de payer, au premier, des livraisons de marchandises antérieurement faites au failli ; que ledit sieur R. . . . lui-même a confirmé ces renseignements, en convenant, dans ses dires, comme témoin devant la justice, à l'occasion de la poursuite correctionnelle contre le failli, qu'ayant livré des marchandises à A. . . ., il s'était réglé avec celui-ci, devant le notaire, au moment de la passation de l'acte ; qu'ainsi la valeur de ces marchandises entra dans le règlement de tout ou partie du prix de la vente, et qu'il s'établit une compensation à cet égard ;

Attendu que le syndic de la faillite A. . . ., instruit de ces faits, a assigné ledit sieur R. . . . devant le tribunal, et que ses conclusions au fond tendent à l'annulation du susdit acte de vente aux termes des articles 446, 597 et 598 de la dernière loi sur les faillites et banqueroutes, comme constituant un paiement d'une dette échue, fait autrement qu'en espèces ou effets de commerce, après cessation de paiements, et comme établissant un traité fait par un créancier avec le failli au préjudice de la masse ; que c'est bien là une action concernant la faillite, qui naît de la faillite seule, et qui, par suite, est de la compétence exclusive du tribunal de commerce, d'après les dispositions des articles 599 et 635 de la loi précitée ;

Attendu, sur la seconde question, qu'il résulte des aveux du sieur R. . . . lui-même que, par suite du règlement intervenu entre lui et le sieur A. . . ., la somme à lui due, pour prix de marchandises déjà livrées, entra dans ce règlement, lors de la vente précitée;

Attendu que cette vente a été une véritable dation en paiement d'une créance sur le sieur A. . . ., échue ou non échue; qu'elle n'a pas eu lieu pour une somme payée comptant, ainsi qu'il est énoncé dans l'acte; que du moment que la vente faite à R. . . ., après la cessation de paiements du failli, a eu lieu en extinction de la créance de l'acquéreur, pour tout ou pour partie, elle doit être annulée sans aucune difficulté, aux termes de l'art. 446 déjà cité, alors surtout que le sieur R. . . . n'a pu faire connaître les éléments du susdit règlement, ni établir la quotité de sa créance sur le sieur R. . . .; qu'il est, en outre, à supposer que ce dernier n'a consenti la vente que dans le but de profiter d'une partie du prix de. . . ., puisque divers renseignements, fournis aux débats, paraissent démontrer que ledit R. . . . n'était créancier du sieur A. . . . que d'une bien moindre somme;

Attendu que le sieur R. . . . ne peut pas même invoquer sa bonne foi, car, à l'époque de la vente précitée, il ne pouvait ignorer la déconfiture du sieur A. . . ., révélée par des poursuites contre lui et les actes de la conduite de ce débiteur; déconfiture qui était déjà de notoriété publique dans le village habité par toutes parties;

Attendu, sur la troisième question, que la partie qui succombe doit supporter les dépens;

Par ces motifs,

Le Tribunal, après en avoir délibéré, vidant le renvoi au conseil, vu ce qui résulte du rapport de M. . . ., juge-commissaire de la faillite du sieur A. . . ., sans s'arrêter au déclinatoire proposé par le sieur R. . . ., se déclare compétent;

Et statuant au fond, en dernier ressort, disant droit, quant à ce, sur les conclusions du sieur. . . ., syndic définitif de la faillite dudit sieur A. . . ., sans avoir égard aux exceptions contraires de Me. . . ., avocat, procureur fondé du sieur R. . . ., annule l'acte de vente du. . . ., dont il s'agit; en conséquence, ordonne que les immeubles vendus seront rapportés à la faillite dudit sieur A. . . ., si mieux n'aime ledit R. . . . verser, de suite, entre les mains du syndic de cette faillite, la somme de. . . ., qui forme le prix desdits immeubles, le tout avec intérêts à partir du jour de la vente; condamne, en outre, ledit R. . . . aux dépens envers ledit syndic, liquider à. . . ., à ce non. . . . compris les frais d'enregistrement, expédition et signification du présent jugement.

Ainsi jugé et prononcé en audience publique, tenue le. . . ., présent MM. . . ., président. . . ., S. D. . . . et A. R. . . ., juges, et G., greffier. *Signé* à la minute, où est écrit: enregistré à. . . .

RÉSUMÉ.

No 1. L'art. 445 n'est pas applicable lorsque, au lieu d'un capital, le failli est débiteur, soit d'une somme d'intérêts, soit d'une rente. Ces intérêts ou les arrérages de la rente constituent dans ce cas le capital même de la créance. Dalloz, *Répert.*, vo *Faillite*, no 262.

2. Le cours des intérêts n'est pas arrêté à l'égard du failli,

qui est tenu de les acquitter intégralement avec le capital, s'il peut obtenir sa réhabilitation. Renouard, t. 1er, p. 332 ; Alauzet, p. 55.

3. Ces intérêts ne sont pas arrêtés à l'égard des codébiteurs solidaires du failli. Bédarride, n° 98.

4. D'après l'opinion de M. Lainné, p. 56, il faut décider que le créancier porteur de billets non échus, dans lesquels les intérêts ont été réunis au capital, ne doit pas subir la réduction des intérêts postérieure à la déclaration de faillite.

5. De même, le créancier pour marchandises vendues avec escompte doit être admis pour sa facture en entier, et ne doit pas subir la déduction de l'escompte proportionnel au temps qui resterait à courir après la déclaration de faillite. Lainné, p. 58.

RÉSUMÉ. — **Indication alphabétique.**

Actes frauduleux, 4.	Époux (bonne foi), 6.	Loi nouvelle, 4.
Apport matrimonial, 4.	Escompte, 5.	Père, 2.
Capital, 4.	Fils, 2.	Principe d'égalité, 4.
Codébiteur, 5.	Fraude, 4.	Réhabilitation, 2.
Constitution dotale, 6.	Futur époux, 4.	Titre onéreux, 6.
Déduction d'intérêts, 4.	Intérêts et arrérages, 4.	
Donation immobilière, 2.	Libéralité, 4, 5.	

N° 1. La loi nouvelle ne faisant partir le dessaisissement qu'à dater du jugement déclaratif de faillite, n'annule, parmi les actes antérieurs, que ceux qui sont évidemment frauduleux ou contraires au principe d'égalité qui doit faire la loi de tous les créanciers, et maintient tous les autres, tant qu'il n'est pas prouvé qu'ils ont été faits de mauvaise foi ; quant à ceux dont s'occupe l'art. 446, ils sont d'une nature telle, qu'il a été généralement reconnu qu'ils doivent être annulés, par cela seul qu'ils sont postérieurs à la cessation de paiement, ou qu'ils l'ont précédé seulement de quelques jours (dix jours).

2. *Donation.* — L'abandon d'un immeuble fait dans les dix jours qui précèdent l'époque à laquelle un jugement postérieur a déclaré que la cessation de paiements doit remonter, par un père à son fils, en paiement de la somme qu'il lui a constituée en dot, avec réserve de l'acquitter en espèces ou en immeubles, est nul : peu importe que le père ait eu la faculté de se libérer en argent. Riom, 20 juill. 1841 ; Esnault, t. 1er, p. 185.

3. La donation faite à titre de dot, par un donateur insolvable (depuis tombé en faillite), et qui connaissait son insolvabilité, est nulle, nonobstant la bonne foi du donataire et la

célébration du mariage en vue duquel la donation a été faite. Grenoble, 3 fév. 1842.

4. Dans le cas où l'apport matrimonial déclaré par le futur n'est pas réel, la constitution de dot faite à la femme, par son père, peut être considérée comme prenant, à raison de cette simulation, le caractère d'un acte de pure libéralité, et peut, par suite], être révoquée, tant à l'égard de la fille que du gendre, lorsque la dot a été constituée en fraude des droits des créanciers du donateur. Req., 6 juin 1844.

5. Si la donation avait le caractère d'acte de justice plutôt que de pure libéralité, elle devrait, ce semble, être maintenue : par exemple, le don d'une faible somme qu'une personne, près de faillir, ferait à un domestique ou commis qui l'aurait longtemps servie, afin de l'aider à vivre jusqu'à ce qu'il fût replacé, ne devrait pas être annulé, — Lainné, p. 62, — sauf le droit des tribunaux d'apprécier le véritable caractère de l'acte.

6. Une constitution dotale est un acte à titre onéreux (au moins à l'égard du mari) qui ne peut être annulée, par application des règles relatives aux dispositions à titre gratuit, dont parle l'art. 446, § 2; dès lors, les créanciers du constituant ou donateur ne peuvent attaquer une telle constitution comme faite en fraude de leurs droits, si les époux ont été de bonne foi. Cass., 23 fév. 1845 (S.-V.45.1.417 ; D.P.45.1.173), et 2 mars 1847 (S.-V. 47.1.186).

7. L'annulation d'une donation profite aux créanciers postérieurs à la donation. Gouget et Merger, vᵒ *Faillite*, nᵒ 193.

RÉSUMÉ. — **Indication alphabétique.**

Actes à titre onéreux, 31, 56.
Associé solidaire, 24.
Billet, 48, 52.
Bordereaux de collocat., 11.
Commissionnaire, 7, 8, 62.
Compte courant, 2, 26, 27, 28, 30.
Compensation, 23, 24.
Connaissance de la cessation de paiement, 18.
Consignation, 14.
Créanciers ayant cause, 40.
Créanciers tiers, 40.
Débiteur incarcéré, 14.
Décès, 30.
Délégation de créance, 10.
Dettes non échues, 49, 50.
Endossement, 9.
Escompte, 1.
Faillite, 30.

Facture à terme, 1.
Faculté d'annuler, 18, 19.
Fraude (preuve), 32, 33, 34.
Gage, 61.
Greffier de la maison d'arrêt, 14.
Hypothèque, 54, 55, 56, 57, 58, 59.
Intérêts de sommes payées, 22.
Jour de l'ouverture de la faillite, 17.
Lettres de change, 55.
Marchandises, 2, 5, 6, 7.
Matières premières, 5.
Mise sociale, 24.
Nantissement, 60, 61.
Négociation, 55.
Notificat. de transport, 38, 39, 41, 42, 43, 46, 47.

Nullité, 63.
Ordonnance de référé, 13.
Ordre, 59.
Paiement, 1, 20, 49, 50, 51, 52, 53.
Pouvoir discrétionnaire, 19.
Présomption légale de fraude, 31.
Privilège, 62.
Remise de traites, 15, 16.
Restitution, 21.
Saisie-arrêt, 12.
Société, cessation de paiements, 23.
Transport, 38, 39, 41, 42, 44, 45, 46.
Usages du commerce, 3. 6.
Vente, 32, 34, 35, 36, 37.

N° 1. Le créancier qui reçoit de bonne foi le montant d'une facture à terme, sous la déduction de l'escompte, ne doit pas être soumis au rapport ; il est d'usage, dans le commerce, de considérer le bénéfice du terme accordé à l'acheteur comme l'équivalent de celui abandonné, sous le titre d'escompte, au débiteur qui se libère par anticipation. Lainné, p. 64.

2. Les envois de machandises faits par un commerçant, pour solder un compte courant, ne doivent pas être réputés nuls de plein droit. Que l'on suspecte le paiement en marchandises d'une dette qui était payable en argent, cela se conçoit ; car ce mode de paiement révèle un état de gêne ; mais il n'en saurait être de même d'envois de marchandises entre négociants habitués à solder de cette manière leur compte courant. Dalloz, *Répert.*, v° *Faillite*, n° 292.

3. Des envois respectifs de marchandises, destinés à se balancer réciproquement, n'ont pas le caractère de paiement prohibé, surtout s'ils ont été précédés d'une série d'opérations de même nature, qui constateraient de la part des négociants un usage antérieur auquel ils se seraient conformés sans fraude. Rapport de M. Tripier à la Chambre des pairs. Dalloz, *Répert.*, v° *Faillite*, n° 292. Mais dans toutes les circonstances où l'opération présentera le caractère d'un véritable paiement, quel que soit le moyen employé pour dissimuler le véritable caractère, elle est nulle. Alauzet, p. 66 et 67.

4. Ainsi, par exemple, lorsque le paiement en marchandises d'une dette échue résulte d'une opération de commerce faite dans les conditions de publicité ordinaires, et, par exemple, par l'intermédiaire d'un courtier, le paiement doit être maintenu, quoique fait dans les dix jours qui ont précédé l'époque à laquelle a été reportée l'ouverture de la faillite du débiteur. Req.; 3 août 1847 (S.-V.48.1.131; D.P.47.1.345); Dalloz, v° *Faillite*, n° 293.

5. Que l'art. 446 n'est pas applicable au cas où il a été convenu que des matières premières livrées seraient soldées par la remise de ces mêmes matières ouvrées, sauf compte au profit du fabricant de la plus-value produite par la mise en œuvre. Lyon, 31 déc. 1847 (S.-V.48.2.351; D.P.48.2.15); Bédarride, t. 1er, n° 112.

6. Dans ces deux espèces, il est manifeste que la livraison des marchandises, bien que faite pour l'extinction d'une dette, résulte d'une opération de commerce licite, et qu'elle s'éloigne,

par conséquent, des prévisions de l'art. 446. Dalloz, *Répert.*, vᵒ *Faillite*, nᵒ 293.

7. Mais l'art. 446 s'applique aux marchandises qu'un commissionnaire serait dans l'usage de recevoir, et sur le prix desquelles il se paierait des avances précédemment faites; alors surtout que ce commissionnaire a connu, dès avant l'expédition, l'état des affaires du failli; et ce serait en vain que le commissionnaire prétendrait compenser le prix des marchandises à lui expédiées, avec les sommes que l'expéditeur lui devait en vertu de comptes courants. Grenoble, 13 avril 1848 (D.P. 49.2.102).

8. Dans cette espèce, la circonstance que le commissionnaire connaissait, avant l'expédition des marchandises, l'état des affaires du failli, justifie la décision.

9. On ne peut assimiler à une dette non échue l'endossement d'un effet de commerce non encore arrivé à échéance; et l'endosseur, tant qu'il n'y a pas eu refus de payer, de la part du souscripteur, ne peut être réputé débiteur de l'effet; en conséquence, la rétrocession que cet endosseur s'est fait faire, moins de dix jours avant sa faillite, du billet non encore venu à échéance, ne peut être annulée, comme constituant un paiement de dette non échue, et les valeurs, consistant, soit en effets négociables, soit en argent, remises par le failli, ne sont pas susceptibles d'être rapportées. Bourges, 7 mars 1845 (D.P. 46.2.226).

10. La délégation d'une créance, consentie par le failli, dans les dix jours qui ont précédé la faillite, même dans le but d'éteindre par compensation une dette échue dont il se trouvait tenu envers le délégataire, est nulle, encore bien qu'elle ait eu lieu par compte courant; une telle délégation ne peut être assimilée à un paiement fait en espèces, dans le sens de l'art. 446, Cod. comm. 3 janv. 1841, Rouen (S.-V.41.2.165; D.P. 41.1.135). — *Sic*, Renouard, t. iᵉʳ, p. 360; Esnault, t. iᵉʳ, nᵒ 195).

11. Mais la délivrance d'un bordereau de collocation dans une procédure de distribution par contribution, en vertu d'une ordonnance passée en force de chose jugée, équivaut à un paiement en espèces; en conséquence, la faillite ultérieure du débiteur n'empêche pas le créancier porteur d'un semblable bordereau d'en toucher le montant, alors même que la faillite aurait été reportée à une époque antérieure à la délivrance du bordereau. 16 nov. 1841, Bordeaux (S.-V.42.2.312; D.P. 42.2. 186). — *Sic*, Esnault, nᵒ 206; Gouget et Merger, nᵒ 209; Dalloz, *Répert.*, vᵒ *Faillite*, nᵒ 291.

12. De même le créancier qui, en vertu d'un jugement déclarant valable une saisie-arrêt par lui formée, sur son débiteur, depuis déclaré en faillite, a touché les deniers sur lesquels portait la saisie, n'est pas tenu de rapporter ces deniers à la masse, encore que l'ouverture de la faillite soit reportée à une époque antérieure au paiement. 23 juin 1828. Rouen (S.29.2.333; D.P.30.2.45). — *Sic*, Esnault, n° 208; Bédarride, t. II, n°ˢ 922 et suiv.

13. Une ordonnance de référé, qui ordonne le versement d'une somme saisie-arrêtée à la caisse des consignations avec affectation spéciale à l'acquit de la créance du saisissant, opère, au profit de celui-ci, une délégation privilégiée, de telle sorte que, même au cas de faillite postérieure du saisi, les autres créanciers n'ont aucun droit sur cette somme, qui est définitivement sortie de l'actif de leur débiteur. 25 juin 1841, Paris (S.-V. 41.2.589; D.P. 42.2.101). — *Sic*, Bédarride, n° 924.

14. Il en est de même de la consignation faite par le débiteur incarcéré pour dettes, entre les mains du greffier de la maison d'arrêt, des sommes pour lesquelles il a été écroué; le montant de cette consignation, quoique faite après la cessation de paiements, mais avant le jugement déclaratif de la faillite, appartient exclusivement au créancier incarcérateur, à moins de fraude ou mauvaise foi de sa part. Esnault, t. Iᵉʳ, n°ˢ 208 et 210.

15. La remise de traites et autres effets ultérieurement acquittés est considérée comme un véritable paiement. Lors donc qu'un créancier d'une dette exigible a reçu du débiteur des traites tirées sur un tiers, il s'est opéré une compensation en sa faveur du moment de la remise; de telle sorte que la survenance de la faillite du débiteur, avant l'échéance des traites, ne rend pas nul le paiement fait plus tard au créancier, et n'oblige point celui-ci à rapporter à la masse. 25 avril 1826, rej. (S. 26.1.441; D.P.26.2.262).

16. Les paiements faits en effets de commerce par le failli dans les dix jours qui ont précédé la faillite, ne sont, néanmoins, valables qu'autant qu'ils ont été réalisés par la remise effective de ces effets dans les mains du créancier; ces paiements sont nuls, bien que les effets aient été endossés au profit du créancier, lorsqu'ils ont été déposés entre les mains d'un tiers, en attendant l'accomplissement d'une condition. 24 mars 1841, Lyon (S.-V.41.2.343).

17. Le paiement d'une dette échue, fait par le failli le jour

même, ou postérieurement au jour où l'ouverture de la faillite a été répartie, mais antérieurement au jugement déclaratif de la faillite, c'est-à-dire où le failli avait encore, de fait, l'administration de ses biens, est valable, si le créancier a reçu de bonne foi. 28 mai 1833, rej. (S.-V.33.1.656; D.p. 33.1.263).

18. Mais la connaissance acquise de la cessation de paiements suffit, quant au créancier, pour constituer la fraude et faire annuler le paiement. 2 juill. 1834, rej. (S.-V.34.1.710; D.p. 34.1.289).

18 *bis*. Il n'y a pas obligation absolue pour un tribunal d'annuler le paiement d'une dette échue fait par le failli, par cela seul que le créancier avait connaissance de l'état de cessation de paiements de son débiteur; le tribunal doit examiner l'ensemble des faits et circonstances de la cause pour décider s'il doit accorder ou refuser aux syndics le recomblement dans l'actif par eux demandé. Prononcer l'annulation d'un pareil paiement comme conséquence forcée de la connaissance, par le créancier, de l'état de cessation de paiements de son débiteur, c'est appliquer une théorie de droit erronée et mal interpréter et violer l'art. 447, Cod. de comm., qui accorde la faculté d'annuler dans ce cas, mais ne l'impose pas aux juges. Cass., 20 janv. 1857, ch. civ. (S.-V.58.1.330).

19. Du reste, les tribunaux ont un pouvoir discrétionnaire pour annuler les paiements pour dettes échues, reçus depuis la cessation de paiements du débiteur failli, par cela seul qu'ils constatent, en fait, que le créancier avait connaissance de la cessation de paiements; il n'est pas nécessaire qu'ils constatent, de plus, que le créancier était de mauvaise foi. 30 juill. 1850, rej. (S.-V.50.1.641; D.p.50.2.171).

20. Les art. 446 et 447 qui déclarent valables les paiements pour dettes échues, effectués de bonne foi, par le failli, dans l'intervalle de la cessation de paiements au jugement déclaratif, s'appliquent non-seulement aux dettes échues avant la cessation de paiements, mais encore aux dettes échues après la cessation de paiements, et avant le jugement déclaratif. 17 fév. 1845. Cass. (S.-V.45.1.464; D.p.45.1.166).

21. Le failli lui-même ne peut exiger la restitution des sommes touchées par l'un de ses créanciers postérieurement à l'ouverture de la faillite, bien que ces sommes excèdent le dividende fixé par le concordat : la masse des créanciers seule a le droit de demander le rapport des sommes ainsi touchées. 9 mai 1834, rej. (S.-V.34.1.523; D.p.34.1.241).

22. Les intérêts des sommes payées par un failli depuis sa faillite, en fraude de ses créanciers, et dont la restitution est ordonnée, sont dus du jour du paiement, et non pas seulement du jour de la demande en restitution. 2 juill. 1834, rej. (S.-V.34.1. 710 ; D.P.34.1.289); Renouard, t. 1ᵉʳ, p. 372.

23. A partir du jour de la faillite, aucune compensation ne peut valablement s'opérer au préjudice de la masse, peu importe que la faillite n'ait été déclarée que postérieurement à l'échéance des deux dettes prétendues compensées, s'il est reconnu qu'elle était notoire au moment de cette échéance. 10 juill. 1832, Cass. (S.-V.32.1.429; D.P.32.1.318).

24. D'après cette doctrine, un associé commanditaire ne peut, après la faillite de la société, opposer en compensation de la mise sociale qu'il doit pour sa commandite, les sommes qui lui sont dues par la société, par suite d'opérations particulières distinctes faites avec elle. 28 fév. 1844, rej. (S.-V.44.1.692; D.P.44.1.143).

25. Au cas même de simple cessation de paiements de la société et alors qu'il n'y a pas eu de déclaration de faillite. 8 avr. 1845, Cass. (S.-V.45.1.589; D.P.45.1.248).

26. Les effets de commerce transmis par compte courant deviennent immédiatement la propriété de celui qui les accepte ainsi, et doivent, dès lors, être portés réellement et actuellement au crédit de celui qui les a transmis, sans qu'on puisse dire que la validité de cet article de crédit est subordonnée au paiement des effets à l'échéance, et qu'en cas de non-paiement, le titre de la créance originaire que ces effets avaient pour but de compenser reprend tout son empire. 9 janv. 1838 (S.-V.38.1.518; D.P.38.1.50).

27. Ainsi, les remises d'effets de commerce, par compte courant, ne sont pas toujours et essentiellement faites, sauf encaissement, de telle sorte qu'elles ne puissent devenir, pour celui qui les a opérées, des articles définitifs de crédit, que par leur paiement effectif; le crédit n'est subordonné à la condition d'encaissement que lorsque cette condition a été stipulée. C. civ., art. 1289.

28. Par suite, en cas de faillite de celui qui a opéré les remises non payées, celui qui les a reçues ne peut en déduire la valeur du compte; il ne peut que se présenter à la faillite comme les autres créanciers, pour y être payé, au marc le franc, du montant des effets restés impayés. 443 et suivants, Cod. comm.; 27 avr. 1846, ch. des req. (S.-V.46.1.593; D.P.46.1.243); *idem*, 29 avr. 1847; Dijon (S.-V.48.2.187).

29. Observation. (Dans l'état actuel de la jurisprudence de la

I.   6

Cour de cassation, il est prudent, de la part de celui qui reçoit des remises d'effets de commerce en compte courant, de stipuler, dans sa correspondance avec le négociant qui les lui envoie, qu'il n'entend devenir débiteur de ces traites qu'après encaissement et paiement effectif).

30. La faillite ou le décès arrête le compte courant ouvert avec le failli ou le décédé, de telle sorte que le solde du compte courant est fixé au jour du décès ou de l'ouverture de la faillite; par suite, si un banquier, après avoir retiré de la circulation un effet endossé par son correspondant, le lui renvoie, à la charge de l'en créditer dans son compte courant, et que ce correspondant vienne à décéder ou à tomber en faillite, avant d'avoir reçu cet effet, l'effet reste la propriété du banquier envoyeur qui n'a pu en être crédité, et qui peut, dès lors, le revendiquer dans la faillite de celui à qui il était adressé. 20 juill. 1846, Cass. (S.-V. 46.1.875).

31. Aujourd'hui, tous actes à titre onéreux faits par le failli dans les dix jours qui ont précédé sa cessation de paiements ne sont frappés d'aucune présomption légale de fraude par les art. 446 et 447. Ces actes restent soumis aux règles du droit commun.

32. Une vente faite, même en faveur d'un frère ou autre parent du failli, dans les dix jours qui ont précédé la cessation de paiements ou antérieurement, n'est pas présumée pour cela frauduleuse; les créanciers, qui, dans ce cas, allégueraient la fraude, doivent la prouver. 24 mars 1810, Bruxelles (S.11.2.89; D.A.8.41).

33. Mais cette preuve peut résulter pour les juges, non-seulement de pièces écrites, mais même de simples présomptions. Dalloz, *Répert.*, vo *Faillite*, no 304.

34. Néanmoins, si une pareille vente, ou tous autres actes ou paiements ont été faits en fraude des droits des créanciers, ceux-ci, quelle que soit la date de ces actes ou paiements, peuvent en demander la nullité en vertu du principe général posé par l'art. 1167, Cod. Nap., auquel il n'est nullement dérogé par les dispositions du Code de comm. Pardessus, nos 190 et 1131; Bioche, vo *Faillite*, no 106; Renouard, t. 1er, p. 371.

35. Une vente faite par le failli postérieurement au jour auquel l'ouverture de la faillite a été reportée, mais antérieurement au jugement déclaratif de faillite, c'est-à-dire, à une époque où le failli avait de fait l'administration de ses biens, est valable, à l'égard de l'acquéreur, si cet acquéreur est de bonne foi. 13 mai 1829, Cass. (S.29.1.429).

36. Et les actes, à titre onéreux, faits par le failli, dans les

mêmes circonstances, sont nuls à l'égard des tiers de mauvaise foi : telle est la vente faite par le failli à sa femme, pour la payer du montant de ses reprises liquidées par le jugement de séparation de biens : la connaissance qu'a nécessairement la femme du mauvais état des affaires du mari suffit pour la constituer de mauvaise foi. 30 juill. 1819, Colmar (S.20.2.58).

37. Et, lorsqu'une vente a été faite, après la faillite déclarée, la bonne foi de l'acquéreur qui aurait traité dans l'ignorance de l'état de faillite du vendeur, et la transcription même du contrat de vente au bureau des hypothèques, ne purgent pas le vice de l'acquisition. 8 oct. 1806 (S.6.2.744).

38. Le transport d'une créance, bien que consenti en temps utile par le failli, c'est-à-dire, à une époque ou la faillite n'était ni déclarée, ni publiquement connue, n'est pas valable, à l'égard des créanciers du failli, si la notification n'en a été faite au débiteur cédé, ou si ce dernier ne l'a accepté que postérieurement à l'ouverture de la faillite. 13 juill. 1830, Cass. (S.-V.30. 1.375 ; D.p.30.13.19).

39. L'art. 1690, C. civ., en faisant dépendre de la signification au débiteur la transmission, à l'égard des tiers, de la créance cédée, renferme une disposition absolue, contre l'exécution de laquelle le cessionnaire n'est pas relevé, dans le cas même où la sincérité de la cession serait reconnue par ceux qui entendent se prévaloir de la tardiveté de la signification ; ainsi, une cession faite par un négociant, avant sa faillite, mais qui n'a été notifiée que postérieurement, est nulle, à l'égard de la masse de la faillite ; et, en cas pareil, les créanciers du failli sont des tiers dans le sens de l'art. 1690, C. civ., et non ses ayants cause, tenus, en cette qualité, de respecter les engagements de celui-ci. Rej. 13 juill. 1830 ; req. 5 juill. 1832 ; Bourges, 18 juin 1839 ; Riom, 8 mars 1845 (D.p.46.2.65).

40. Les créanciers d'une faillite sont à la fois les ayants cause du failli et des tiers par rapport à lui, en ce sens qu'il leur appartient d'exercer ses droits, comme substitués à lui, en vertu de l'art. 1166, C. civ., et de se porter comme tiers, pour combattre, en leur nom personnel, conformément à l'art. 1167, les actes frauduleux émanés de lui, qui leur sont préjudiciables ; en conséquence, les créanciers d'un failli sont fondés à écarter du passif un transport fait avant sa cessation de paiements, mais signifié par le cessionnaire après le jugement déclaratif de faillite. Nancy, 22 août 1844 et son pourvoi, rej. 4 janv. 1847 (D.p. 45.2.124 ; 7.1.430) ; 10 mars 1847 (D.p.47.1.132).

6.

41. Le transport fait par le failli, avant sa cessation de paiements, n'est pas opposable à la masse par le cessionnaire qui ne
justifie pas d'une signification antérieure au jugement déclaratif de faillite. Rej. 4 janv. 1847 (D.p.47.1.133).

42. Et, peu importe que la cession opérée par acte authentique ait été acceptée, si elle ne l'a été que par acte sous seing
privé, le jour même du jugement déclaratif de la faillite, et si
cette acceptation n'a été enregistrée que le lendemain. Bordeaux,
18 août 1829.

43. Au surplus, si la signification de la cession avait été
faite avant le jugement déclaratif, elle produirait ses effets, à
moins que la masse ne prouvât la mauvaise foi du cessionnaire;
en effet, la loi n'annule les actes, à titre onéreux, faits par le
failli, qu'autant qu'ils sont postérieurs au jugement déclaratif,
ou qu'ils ont été accomplis avec connaissance par les tiers de la
situation des débiteurs, s'ils sont antérieurs à la faillite et passés
dans les dix jours ayant précédé la cessation de paiements. Dalloz, *Répert.*, v⁰ *Faillite,* n⁰ 618.

44. Ainsi, le transport qui a précédé la cessation de paiements
du failli, bien que signifié et même enregistré postérieurement,
mais cependant avant le jugement déclaratif de la faillite, est
valable alors d'ailleurs qu'aucune circonstance ne se présente
qui puisse faire croire que la date de la cession ne soit pas sincère. Lyon, 17 mars 1842; Paris, 17 fév. 1849 (D.p.49.5.192).

45. Toutefois, le transport qui n'a été ni enregistré ni notifié
avant la faillite du cédant est d'ailleurs inattaquable de la part
des créanciers de la faillite, lorsque, indépendamment de la ratification formelle des syndics, sa validité a été reconnue par tous
les créanciers, pendant toute la durée des opérations de la faillite, et qu'il a reçu, sans aucune réclamation, une exécution
prolongée. Req. 18 juin 1844 (S.-V.44.1.486; D.p.44.1.332).

46. Le véritable principe, en cette matière, est qu'il faut considérer l'époque de la signification au débiteur cédé comme la
date véritable du transport. Duvergier, *Collect. des Lois,* t. 38,
p. 374.

47. Au cas d'annulation d'une cession pour défaut de notification avant la faillite du cédant, le cessionnaire ne peut être
condamné à restituer les sommes qui lui ont été payées volontairement par le débiteur cédé, avant la déclaration de faillite,
et qu'il a reçues de bonne foi. 4 janv. 1847, Cass. (S.-V. 47.1.
161; D.p.47.1.130).

48. Un billet souscrit par un failli, encore qu'il n'ait pas de date certaine antérieure à la faillite, n'en est pas moins valable, lorsqu'il est prouvé avoir une cause légitime antérieure à la faillite. — Paris, 26 déc. 1810 (S.11.2.181). — Mais c'est au créancier, porteur de ce billet, à prouver l'origine de la créance et la légitimité de la cause antérieure à la faillite.

49. L'art. 446 déclare nuls de plein droit les paiements de *dettes non échues*, de quelque manière qu'ils aient été effectués, et il traite avec la même rigueur ceux qui sont faits pour *dettes échues*, autrement qu'en espèces ou effets de commerce. Il admet donc implicitement la validité d'un paiement en espèces, en effets de commerce, pour une dette échue.

50. Cette distinction est juste, car lorsque le créancier reçoit en paiement d'une dette échue des espèces ou des effets de commerce, l'opération qui se produit n'a par elle-même aucun caractère illicite; l'intérêt du commerce demandait que, dans cette hypothèse, on ne traitât pas le créancier avec la sévérité dont il faut user envers celui qui, altérant les conditions du contrat primitif, reçoit du débiteur autre chose que ce qui lui est dû, et démontre par cela même qu'il n'a pas agi de bonne foi. Dalloz, *Répert.*, v° *Faillite*, n° 305.

51. L'art. 447 a en vue tous autres paiements que ceux qui sont nuls de plein droit, c'est-à-dire les paiements pour dettes échues, mais qui ne sont pas faits en espèces ou en effets de commerce; pour que ces paiements tombent sous l'application de cet article, il faut qu'ils aient eu lieu après la cessation de paiements; si donc le paiement a eu lieu dans les dix jours qui précèdent cette cessation de paiement, c'est-à-dire l'ouverture de la faillite, l'art. 447 n'est pas applicable; il faut que la dette soit échue; mais pour que le paiement soit valable, l'art. 447 exige seulement que la dette soit échue lors du paiement qui en est effectué et avant la déclaration de faillite, mais non pas qu'elle soit échue avant l'époque où cette faillite a pu être reportée.

52. Ainsi, en cas de faillite, déclarée le 26 oct. 1841, puis reportée au 10 oct. 1839, les billets échus postérieurement à cette dernière époque ont pu être valablement remboursés avant la déclaration de faillite, c'est-à-dire, en septembre 1841, 17 fév. 1845, Cass. (S.-V.45.1.464; D.P.45.1.166).

53. Il faut, pour troisième condition de la validité du paiement, que le créancier, en recevant son paiement, ait ignoré la situation fâcheuse dans laquelle se trouvait son débiteur; s'il l'a connue, il est atteint par la disposition de l'art. 447. Nancy, 4

juin 1840, extrait de M. Garnier, *Jurisprud. de Nancy ;* Dalloz, *Répert.*, v° *Faillite*, n° 308.

54. Sous l'empire des dispositions anciennes du Code de commerce, et à plus forte raison aujourd'hui, sous l'empire de la loi du 28 mai 1838, l'hypothèque consentie par le failli pour garantie d'un prêt à lui fait de bonne foi, avant la déclaration de sa faillite, est valable, bien que l'ouverture de la faillite ait été reportée à une époque antérieure. Paris, 22 janv. 1840 (S.-V.40.2.116; D.P.40.2.115).

55. L'art. 446, Cod. comm., ne déclare nuls et sans effet, relativement à la masse que les hypothèques conventionnelles ou judiciaires et tous droits d'antichrèse ou de nantissement constitués sur les biens du débiteur pour dettes antérieurement contractées; il en résulte que le débiteur peut emprunter, pourvu que ce soit sans fraude ; et cette faculté a dû lui être laissée par la loi qui n'a pas voulu le priver du seul moyen qui peut lui rester de rétablir ses affaires. *Moniteur* du 13 nov. 1838. La négociation faite par un failli, après sa cessation de paiements, ou dans les dix jours qui l'ont précédée, de lettres de change destinées non à couvrir des dettes antérieures, mais à continuer des opérations de commerce déjà engagées entre l'endosseur et le porteur, ne peut être considérée comme une opération atteinte par la nullité que prononce l'art. 446, Cod. comm. Cass., ch. civ., 20 juin 1854 (S.-V.54.1.593).

56. Cette doctrine s'applique aux hypothèques légales et aux priviléges comme aux hypothèques conventionnelles; la distinction que des auteurs, notamment M. Pardessus, n° 1135, faisaient entre les hypothèques ou les priviléges qui viennent de de la loi, et ceux qui procèdent de la volonté de l'homme, n'a plus de portée aujourd'hui.

57. La loi nouvelle n'a, il est vrai, aucune disposition spéciale à ce genre d'hypothèques, mais les hypothèques légales se trouvent nécessairement régies par le principe général qui domine la loi ; c'est-à-dire, que si les obligations prises par le débiteur déclaré, plus tard, en faillite sont de nature à être annulées, l'hypothèque qui y est jointe conventionnellement ou légalement devient sans effet ; mais, au contraire, l'hypothèque a effet si l'obligation est maintenue. Devilleneuve et Massé, v° *Faillite*, n°s 182 et 191 ; Dalloz, *Répert.*, v° *Faillite*, n° 300.

58. Du reste, lorsque l'hypothèque consentie par le failli postérieurement à l'époque de l'ouverture de la faillite est annulée, cette nullité entraîne par voie de conséquence la nullité

des paiements faits en vertu de cette hypothèque. 30 mai 1848, Cass. (S.-V.49.1.301).

59. Les syndics qui, dans un ordre ouvert pour la distribution du prix des biens du failli, ne contestent pas la collocation d'un créancier dont l'hypothèque serait nulle pour avoir été constituée après la cessation des paiements, ne sont pas recevables à demander cette nullité après la clôture définitive de l'ordre ; ils ne peuvent prétendre que, dans la poursuite d'ordre, ils ne représentaient que le failli et non les créanciers chirographaires. 7 nov. 1848, rej. (S.-V.49.1.106).

60. Le nantissement en créances mobilières constitué par un négociant depuis tombé en faillite est valable, à l'égard des créanciers de la faillite, lors même qu'il n'a été signifié que depuis la cessation de paiements, mais, toutefois, avant le jugement déclaratif de la faillite ; et, dans ce cas, le gage est mis en la possession du créancier par la simple remise du titre de créance, comme, par exemple, une grosse d'acte d'obligation ou des actions d'une société de commerce que possédait le débiteur ; il n'est pas besoin d'un transport en règle, c'est-à-dire signifié au débiteur de l'obligation ou des actions. 19 juin 1848, rej. (S.-V.48.1.465).

61. Mais il est nécessaire que le nantissement ait été donné pour garantie d'un emprunt actuellement fait par le débiteur, non encore déclaré en faillite, et saisi de l'administration de ses biens, pour se créer des ressources, et non que ce nantissement ait eu lieu pour venir en aide à un créancier antérieur à la cessation des paiements, lequel n'aurait pas de gage, et pour consolider sa créance par cette constitution de gage ou de nantissement. Devilleneuve, notes sur l'arrêt qui précède.

62. Le privilége du commissionnaire pour ses avances sur marchandises n'est pas du nombre de ceux que la loi déclare ne pouvoir s'acquérir valablement dans les dix jours qui précèdent la faillite. 29 nov. 1843, Douai (S.-V.44.2.145 ; D.P. 44.2.109).

63. Mais le failli ne peut se prévaloir lui-même de la nullité prononcée par les art. 446 et 447, dans l'intérêt exclusif de la masse de ses créanciers. Paris, 24 déc. 1843; le *Droit*, 2 fév. 1844. — *Sic*, Bioche, v° *Faillite*, n° 93; Lainné, p. 66.

448. Les droits d'hypothèques et de privilége valablement acquis pourront être inscrits jusqu'au jour du jugement déclaratif de la faillite.

Néanmoins, les inscriptions prises après l'époque de la cessation de paiements, ou dans les dix jours qui précèdent, pourront être déclarées nulles, s'il s'est écoulé plus de quinze jours entre la date de l'acte constitutif de l'hypothèque ou du privilége et celle de l'inscription.

Ce délai sera augmenté d'un jour à raison de cinq myriamètres de distance entre le lieu où le droit d'hypothèque aura été acquis, et le lieu où l'inscription sera prise.

Formule n° 32. — Bordereau d'inscription d'un privilége.

Au profit de dame J. V., sans profession, veuve du sieur B. A. . . . ., officier pensionné, chevalier de la légion d'honneur, demeurant à. . . . ., où elle fait élection de domicile, en l'étude de Me. . . . ., notaire. . . . ;

Contre le sieur C. P. . . . ., son frère, négociant, habitant dudit. . . . ., adjudicataire de l'immeuble ci-après hypothéqué, provenant de la succession du sieur S. P., aîné, père commun, ancien négociant à. . . . ., suivant un procès-verbal d'adjudication définitive, au rapport de Me D. . . . ., notaire, du. . . . juillet 1851, au prix de. . . .

Résultant dudit procès-verbal d'adjudication et encore d'un acte du 21 du même mois de juillet 1851, aussi au rapport du même notaire D. . . . ., contenant partage entre tous les héritiers de la succession dudit sieur S. P. aîné.

Pour sûreté de la somme principale de. . . . francs, revenant à la dame requérante, dans la susdite succession, et due par sondit frère, sur le prix de ladite adjudication, laquelle somme est actuellement exigible en entier, à la volonté de la dame A. . . . ., par suite du décès du sieur A. G. . . . ., qui avait certains droits viagers sur partie de ladite somme, d'après ledit partage.

Intérêts accordés par la loi, au même rang du capital et dont le paiement annuel doit être effectué le. . . . juillet. (*Mémoire*). . . . . »· »»

Frais et droits de la présente inscription et de mise à exécution, provisoirement évalués à quatre cents francs, ci.   × »»

Total, ci. . . . . » »»

L'inscription est requise spécialement et par privilége sur le susdit immeuble, consistant en une maison sise à. . . . ., sur la place publique. . . . ., tenant du levant à ladite place. (*Indiquer les autres confronts*).

Inscrit au bureau des hypothèques 1851, vol. . . . ., n°. . . .

(*Le conservateur, signé*).

Formule n° 33. — Bordereau d'hypothèque conventionnelle.

Droit d'hypothèque résultant d'un acte d'obligation, passé le cinq juillet mil huit cent cinquante-un, devant Me. . . . ., notaire, à. . . . ., et dont une grosse a été représentée à M. le conservateur des hypothèques de. . . . (nom de l'arrondissement).

Au profit du sieur M. . . ., propriétaire, demeurant à. . . ., lequel fait élection de domicile en sa demeure (ou chez. . . .).

Contre le sieur J. . . ., demeurant à. . . .

Pour sûreté de la somme de. . . ., exigible le. . . ., et produisant intérêts à cinq pour cent, ci. . . . .   »   » »

Intérêts dont la loi conserve le rang. . . . (*Mémoire*). .   »   » »

Frais de mise à exécution exposés ou à exposer, évalués provisoirement à. . . ., ci. . . . .   »   » »

TOTAL, ci. . . . .   »   » »

L'inscription est requise contre ledit sieur J. . . ., sur son entier domaine appelé. . . ., situé dans la commune de. . . ., composé de bâtiments, jardins, prés, bois, champs et vignes.

(*Le conservateur, signé*).

FORMULE N° 34. — Assignation en nullité d'une hypothèque constituée pour une dette antérieurement contractée.

L'an. . . ., à la requête du sieur. . . ., syndic définitif de la faillite du sieur S. . . .

Je. . . ., huissier près le Tribunal civil. . . ., demeurant. . . ., soussigné ;

Ai exposé au sieur T. . . ., qu'un jugement du Tribunal de commerce de. . . ., en date du 1er décembre 1857, a déclaré ledit sieur S. . . ., en état de faillite et en a fixé l'époque au 1er août précédent ; que le requérant a été instruit que par acte du 1er septembre de la même année, devant Me. . . ., notaire à. . . ., ledit sieur S. . . . a consenti, en faveur dudit sieur T. . . ., son créancier, une hypothèque conventionnelle, sur tous ses biens immeubles, pour garantie, est-il dit dans l'acte, du paiement de la somme principale de. . . ., à lui due, pour prêt ; qu'une inscription a été requise, en conséquence, au bureau des hypothèques de. . . ., le 3 du même mois de septembre ; mais attendu que ladite hypothèque a été constituée sur les biens dudit sieur S. . . ., postérieurement à l'époque déterminée par le tribunal de commerce, comme étant celle de la cessation de paiements de ce dernier ; que, dès lors, ladite hypothèque et l'inscription qui en a été requise sont nulles et sans effet, à l'égard de la masse des créanciers, aux termes de l'art. 446 du Code de commerce ; le prêt pour garantie duquel l'hypothèque a été constituée ayant eu lieu bien antérieurement à l'acte, ce qui sera suffisamment établi en cas de déni ; que le requérant, en sadite qualité, a intérêt à ne pas attendre l'ouverture de l'ordre du prix des biens immeubles dudit sieur S. . . ., pour contester la validité de ladite hypothèque, j'ai assigné ledit sieur T. . . . à comparaître, au délai de la loi, à l'audience du Tribunal civil de première instance de. . . ., pour y voir déclarer nulles et sans effet, relativement à la masse des créanciers dudit sieur S. . . ., l'hypothèque et l'inscription précitées ; y voir ordonner, en conséquence, la radiation de ladite inscription ; le tout avec dépens, et avec déclaration que le requérant constitue Me. . . ., pour son avoué près ledit Tribunal de première instance, chez lequel il fait élection de domicile. Baillé copie, etc.

FORMULE N° 35. — **Assignation en nullité d'une hypothèque conventionnelle pouvant être déclarée nulle, aux termes de l'article 448 du Code de commerce.**

L'an. . . ., à la requête du sieur. . . ., syndic définitif de la faillite du sieur S. . . ., négociant, demeurant à. . . .

Je. . . ., huissier. . . ., soussigné. . . .

Ai exposé au sieur T. . . ., qu'un jugement du Tribunal de commerce de. . . ., en date du 15 octobre 1856, a déclaré ledit sieur S. . . ., en état de faillite, et en a fixé provisoirement l'époque au 1er juillet précédent; que le requérant a appris que ledit sieur T. . . ., postérieurement à ladite époque du 1er juillet 1856 (ou bien dans les dix jours qui ont précédé ladite époque du 1er juillet), a requis, au bureau des hypothèques de. . . ., une inscription, en vertu d'un acte d'obligation de la somme principale de. . . ., à lui consenti, par le failli le 1er mai précédent, devant M^e. . . ., notaire à. . . . (ou bien en vertu d'un jugement de condamnation rendu par le Tribunal de commerce de. . . ., le 1er juin de la même année, au profit dudit sieur T. . . ., contre ledit sieur S. . . .), et vu qu'il s'est écoulé plus de quinze jours, entre la date de l'acte précité (ou du jugement précité) constitutif de l'hypothèque et la susdite inscription ; que, dès lors, ladite inscription peut être déclarée nulle, aux termes de l'art. 448 du Code de commerce, j'ai assigné ledit sieur T. . ., à comparaître. . ., le. . . à l'audience du Tribunal civil de première instance de. . . ., pour y entendre déclarer nulle et de nul effet l'inscription hypothécaire précitée, voir ordonner, en conséquence, qu'elle sera, en vertu du jugement à intervenir radiée sur le registre du conservateur, sauf audit sieur T. . . ., à prouver que le retard par lui apporté à requérir ladite inscription provient de force majeure, et non de sa négligence, de sa complaisance ou de sa connivence pour favoriser le débiteur failli au préjudice des tiers; le tout avec dépens et avec déclaration que le requérant constitue M^e. . . . pour son avoué près ledit Tribunal de première instance, chez lequel il fait élection de domicile. Baillé copie, etc.

RÉSUMÉ. — **Indication alphabétique.**

Bonne foi, 5, 7.	Inscription au nom de la masse, 11.	Dettes échues, 2.
Circonstances (inscription tardive), 2.	Inscription tardive, 1, 3, 9.	Dix jours, 2.
Créances principales, 15.	Intérêts, 15.	Effets de commerce, 2.
Dix jours, 4, 5.	Juges du fond, 2.	Fraude, 1.
Donation d'immeubles, 4,5.	Long intervalle, 8.	Ignorance, 3.
Empêchement, 1, 5.	Nullité, 9.	Intervention, 1.
Entrepreneur, 14.	Privil. de constructeur, 13.	Masse, 2.
Force majeure, 1, 5.	Renouvellement d'inscription, 10, 12.	Premier porteur, 2.
Impossibilité d'agir, 1.	Transcription, 6.	Rapport, 2.
		Tiers porteur, 1, 3.

N° 1. L'art. 448 qui, tout en permettant de prendre inscription sur les biens du débiteur jusques au jour du jugement déclaratif de la faillite, ajoute que lorsque plus de quinze jours se seront écoulés entre la date du titre hypothécaire et celle de l'inscription, cette inscription pourra être annulée par les juges, doit être entendu en ce sens que le maintien de l'inscription, en ce cas, est subordonné à la preuve que le retard d'inscrire provient d'un empêchement de force majeure, de circonstances fortuites, ou tout au moins d'un empêchement sérieux ; à défaut de cette preuve par le créancier, son inscription doit être annulée. — Bourges, 9 août 1848 (S.-V.48.2.597); Bédarride, t. 1er, no 128. — C'est la fraude ou la faute qu'on doit punir et non l'impossibilité d'agir.

2. A cet égard, l'art. 448 laisse aux juges du fond la faculté d'annuler l'inscription tardive, suivant les circonstances qu'ils ont le pouvoir souverain d'apprécier.

3. Ainsi l'arrêt qui, pour annuler une inscription tardive se fonde sur ce qu'aucun empêchement de force majeure ou, du moins, sérieux, n'a fait obstacle à l'inscription, échappe à la censure de la Cour de cassation. Rej., 7 avril 1849 (S.-V.49.1. 638 ; D.-P.49.1.150).

4. Une donation d'immeubles ne peut être déclarée nulle par cela seul qu'elle a été transcrite dans les dix jours qui ont précédé l'ouverture de la faillite du donateur. Grenoble, 17 juin 1822 (S.23,2.275). — Sic, Lainné, p. 63 ; Coin-Delisle, Donat., art. 941, no 14).

5. De même une donation faite par une personne, depuis tombée en faillite, peut être valablement inscrite après l'ouverture de la faillite ou dans les dix jours qui l'ont précédée, alors qu'elle a été faite et exécutée de bonne foi. Rej., 26 nov. 1845 (S.-V.46.1.226 ; D.P. 46.1.53).

6. Même alors que plus de quinze jours se sont écoulés entre la donation et la transcription. Bourges, 9 août 1847 (S.-V.47. 2.485).

7. Surtout si la bonne foi du donataire au moment de la transcription n'est pas mise en doute. 24 mai 1848, Cass. (S.-V. 48.1.437).

8. Toutefois une inscription prise après la cessation de paiements du débiteur, d'une hypothèque dont le titre date de plus de quinze jours, peut être annulée, nonobstant la bonne foi du créancier, si le long intervalle qui s'est écoulé entre l'hypothèque et l'inscription a dû tromper les tiers sur la situation hypothécaire du débiteur, et porter préjudice à ces tiers. Req., 17 avril 1849 (D.P.49.1.150).

9. La nullité des inscriptions hypothécaires prises dans les dix jours qui précèdent l'ouverture de la faillite, ne peut être invoquée que par les autres créanciers, et nullement par le tiers

détenteur des immeubles. Persil, *Rég. hyp.*, art. 2146, n° 12).

10. La survenance de la faillite ne dispense pas les créanciers de renouveler leurs inscriptions hypothécaires ou privilégiées. Rej., 15 déc. 1829 (S.30.1.62); Paris, 19 août 1841 (S.-V.41.2.588). — *Sic*, Merlin, *Répert.*, vº *Inscrip. hyp.*, t. xvi, p. 491; Troplong, nᵒˢ 660 *bis* et 727 *ter*.

11. Même alors qu'il y a inscription prise au nom de la masse des créanciers par les syndics, conformément au Code de commerce. Limoges, 26 juin 1820 (S.21.2.57).

12. Si les inscriptions originaires sont devenues caduques, pour n'avoir pas été renouvelées avant l'expiration des dix années de leur date, comme il s'agirait pour les faire revivre de prendre une nouvelle inscription, il est évident que l'art. 448 est applicable, et que de telles inscriptions sont nulles. Dalloz, *Répert*, vº *Faillite*, n° 336; Esnault, t. 1ᵉʳ, n° 224).

13. Le privilége du constructeur doit, pour être conservé, avoir été inscrit avant le jour déclaratif de la faillite du débiteur. Rouen, 12 juin 1841 (D.p.41.2.204).

14. L'entrepreneur de constructions qui, pour la conservation de son privilége, a fait dresser un procès-verbal de l'état des lieux et des travaux à faire, conformément à l'art. 2103, Cod. civ., ne peut plus utilement inscrire le procès-verbal de réception de ces travaux, et perd par suite son privilége si, dans l'intervalle, le propriétaire débiteur du prix des travaux est tombé en faillite. Vainement prétendrait-il qu'il ne pouvait être tenu d'inscrire tant que les travaux n'étaient pas achevés et reçus. Limoges, 1ᵉʳ mars 1847 (S.-V.47.2.637).

15. L'art. 448 ne s'applique qu'aux créances principales, et non aux intérêts d'une créance antérieurement inscrite : par suite, le créancier hypothécaire, inscrit avant la faillite, peut prendre, après la déclaration de faillite, une inscription pour les intérêts de sa créance, non conservés par l'inscription première. Rej., 20 fév. 1850 (S.-V.50.1.185).

449. Dans le cas où des lettres de change auraient été payées après l'époque fixée, comme étant celle de la cessation de paiements, et avant le jugement déclaratif de faillite, l'action en rapport ne pourra être intentée que contre celui pour compte duquel la lettre de change aura été fournie.

S'il s'agit d'un billet à ordre, l'action ne pourra être exercée que contre le premier endosseur.

Dans l'un et l'autre cas, la preuve que celui à qui on demande le rapport, avait connaissance de la cessation de paiement à l'époque de l'émission du titre devra être fournie.

FORMULE N° 36. — Lettre de change à vue, ou à tant de jours, de mois, d'usances, de vue.

Lyon, le

B. P. F.

A (un ou plusieurs jours de =un ou plusieurs mois de = une ou plusieurs usances de) vue, il vous plaira payer par cette première (ou seule lettre) de change à mon ordre, ou à l'ordre de (nom du preneur ou bénéficiaire) la somme de. . . ., valeur reçue comptant (en marchandises, en compte, ou de toute autre manière). Suivant avis de (ou sans autre avis de).

(Signature du tireur).

A Monsieur (nom du tiré), négociant,
       à Marseille.

FORMULE N° 37. — Lettre de change à échéance certaine, c'est-à-dire, à tant de jours, de mois, d'usances, de date.

Lyon, le

B. P. F.

A (un ou plusieurs jours =un ou plusieurs mois = une ou plusieurs usances) de date, il vous plaira, payer à l'ordre de. . . ., valeur reçue comptant (en marchandises, etc.). Suivant avis de

(Signature du tireur).

A Messieurs. . . . et Cᵉ, négociants,
       à Bordeaux.

FORMULE Nº 38. — **Lettre de change, à jour fixe, à jour déterminé, en foire.**

Toulouse, le   *B. P. F.*

Au (trente juillet prochain = ou quinze jours après livraison justifiée de quatre tonneaux de sucre brut pour mon compte = ou en foire du mois de. . . . à Beaucaire), il vous plaira payer à l'ordre de. . . ., la somme de. . . . valeur. . .,

Suivant avis de. . . .

        A Monsieur. . . ., négociant, à. . . .   *(Signature du tireur).*

FORMULE Nº 39. — **Lettre de change,** *où se trouvent les huit conditions principales qui entrent dans sa forme, d'après l'art. 110 du Code de commerce, et quatre conditions circonstancielles, d'après les articles* 110, *dernier alinéa,* 111, 143 *et* 147. *Celles-ci sont distinguées par le caractère italique. L'omission de ces conditions nouvelles, lorsqu'elles doivent être énoncées, pourrait avoir des suites très-graves par rapport au paiement.*

Paris, le. . . . 1858.   *B. P.* **5,000** *F.*

A trois mois de vue, *par ordre et pour compte de* M. VIDAL, il vous plaira payer, *à Bayonne,* à l'ordre de M. TELLIER, *par cette seconde de change, dont le paiement annulera les autres,* la somme de cinq mille francs *écus,* valeur - en compte, que passerez suivant avis de

        A M. LESCUYER, négociant,   *Accepté, pour payer à Bayonne, au*   DESLAURIER.
        à Bordeaux (Gironde).   *domicile de* M. MERY, *banquier.*

                              Bordeaux, le. . . . 1858.

                                 LESCUYER, *signé.*

FORMULE N° 40. — Lettre de change ordinaire.

B. P. 5,000 F.

Paris, le. . . .

A trois mois de vue (ou fin août prochain) il vous plaira de payer, à l'ordre de M. TRILHE, la somme de cinq mille francs, valeur reçue en marchandises, et que vous passerez sans autre avis.

DUMONT, *signé.*

Accepté,
LAINNÉ, *signé.*

A M. LAINNÉ, banquier,
à Nimes.

(ENDOSSEMENTS.) (1)

Payez à l'ordre de M. SOULET,
valeur en compte.
Carcassonne, le. . . . 1858.
TRILHE, *signé.*

Payez à l'ordre de M. ROBERT,
valeur en marchandises.
Limoux, le. . . . 1858.
SOULET, *signé.*

Payez à l'ordre de M. BENOIT,
valeur reçue comptant.
Montpellier, le. . . . 1858.
ROBERT, *signé.*

Pour acquit.
BENOIT, *signé.*

(1) (Les endossements sont écrits au dos du titre; les endosseurs sont quelquefois si nombreux qu'il devient nécessaire d'ajouter une allonge à la lettre de change, ou au billet à ordre, ce qui se fait au moyen d'une simple bande de papier non timbré).

(ENDOSSEMENTS.)

FORMULE N° 41. — Billet à ordre.

Bon pour **600** *francs.*

Au trente juin mil huit cent cinquante-huit, je paierai à l'ordre de M. REYNAUD, la somme de six cents francs valeur reçue comptant (ou en marchandises ou de toute autre manière).

Paris, le premier janvier mil huit cent cinquante-huit.

DUCHEMIN, *signé.*

Payez à l'ordre de M. SIMON, valeur en compte,

Paris, le. . . .1858.

RAYNAUD, *signé.*

Payer à l'ordre de M. PEYRÉ.

Nantes, le. . . . 1858.

[SIMON, *signé.*

Pour acquit,

PEYRÉ, *signé.*

FORMULE N° 42. — Assignation en rapport du paiement d'une lettre de change.

L'an. . . ., à la requête du sieur. . . ., syndic définitif de la faillite du sieur B. . . .,

Je. . . ., huissier. . . . soussigné,

Ai déclaré au sieur D. . . . qu'il ne peut nier que, le 1er mars 1856, il fut souscrit à son ordre, par ledit sieur B. . . ., une lettre de change de la somme de. . . ., sur le sieur P. . . ., payable à un mois de date; que cette lettre de change, négociée par lui, au sieur F. . . ., et venue à échéance, a été protestée faute de paiement; qu'après jugement de condamnation solidaire, obtenu par le tiers porteur, contre les endosseurs et ledit sieur B. . . . tireur, celui-ci a remboursé ladite lettre de change; que, postérieurement et par jugement du tribunal de commerce de. . . ., du 15 mai de la même année, ledit sieur B. . . . a été déclaré en faillite, dont l'époque a été fixée par le même jugement au 1er janvier précédent; mais attendu que ledit sieur D. . . ., à l'ordre duquel fut fournie la susdite lettre de change, connaissait parfaitement, lors de l'émission de ce titre, la cessation de paiements dudit sieur B. . . ., ainsi que cela sera établi au besoin; qu'en recevant ce titre, qu'il allait lancer dans la circulation, ledit sieur D. . . . a évidemment essayé de prolonger le crédit dudit sieur B. . . .; que, dans de semblables circonstances, toutes les présomptions sont que ce dernier n'a pas reçu dudit sieur D. . . . la valeur au moins totale de ladite lettre de change; que dès lors le paiement qui en a été fait après l'époque fixée, comme étant celle de la cessation de paiements, et avant le jugement déclaratif de faillite dudit sieur B. . ., tombe sous l'application de l'article 449 du Code de commerce, et soumet celui à l'ordre duquel elle a été souscrite, au rapport de la somme par lui reçue, j'ai assigné ledit sieur D. . . . à comparaître, au délai de la loi, à l'audience du Tribunal de commerce de. . . ., pour s'y entendre condamner à rapporter à la faillite, et à payer au requérant, en sadite qualité, la susdite somme de. . . ., montant de la lettre de change précitée, le tout avec les intérêts de droit, avec dépens et contrainte par corps. Baillé copie, etc.

FORMULE N° 43. — Assignation en rapport du paiement d'un billet à ordre.

L'an. . . ., à la requête du sieur. . . ., syndic définitif de la faillite du sieur B. . . .,

Je. . . ., huissier. . . ., soussigné,

Ai déclaré au sieur D. . . ., négociant, demeurant à. . . ., qu'il ne saurait disconvenir que le 1er mars 1856, ledit sieur B. . . . lui souscrivit un billet à ordre de la somme de. . . ., payable à un mois de date; qu'après diverses négociations ledit billet à ordre a été protesté, faute de paiement à son échéance; que le tiers porteur a été remboursé par le souscripteur dudit billet à ordre; que, postérieurement, un jugement du tribunal de commerce. . . ., en date du 15 mai de la même année, a déclaré ledit sieur B. . . . en état de faillite, et en a reporté l'époque au 1er janvier précédent; mais attendu que ledit sieur D. . . ., à l'ordre duquel a été souscrit ledit billet à ordre, connaissait parfaitement la cessation de paiements du souscripteur, lors de l'émission du titre, ainsi que le requérant offre de le prouver si on ose le contester; que

1.   7

dès lors le paiement dudit billet à ordre tombe sous l'application de l'art. 449 du Code de commerce, et soumet le premier endosseur au rapport du montant dudit billet à ordre ; j'ai assigné ledit sieur D. . . ., en sa qualité de premier endosseur, à comparaître, etc. . . ., pour s'y entendre condamner, par application de l'art. 449 du Code de commerce précité, au rapport à la masse de la faillite, et par suite à payer au requérant, comme procède, la susdite somme principale de. . ., montant dudit billet à ordre avec les intérêts de droit, avec dépens, cent francs à titre de dommages et avec contrainte par corps.

RÉSUMÉ. — **Indication alphabétique**.

Dettes échues, 2.	Ignorance, 3.	Rapports, 2.
Dix jours, 2.	Intervention, 1.	Tiers porteur, 1, 3.
Effets de commerce, 2.	Masse, 2.	
Fraude, 1.	Premier porteur, 2.	

N° 1. Le tiers porteur ne pourrait se prévaloir de l'art. 449, si son intervention avait eu lieu avec connaissance de la fraude tentée par son cédant pour obtenir un paiement illégal ; la loi a voulu protéger la bonne foi ; mais lorsque le tiers porteur s'associe à la fraude, il n'y a pas de motif de le traiter plus favorablement que l'auteur de la fraude. Dalloz, *Répert.*, v° *Faillite*, n° 339.

2. En résumé, l'art. 449 revient à ceci : quand le paiement a été effectué pour dettes échues, et réalisé en espèces ou en effets de commerce, la masse est obligée de le respecter à l'égard de toutes personnes, alors qu'il a eu lieu avant la cessation de paiements, eût-il été fait dans les dix jours qui l'ont précédé. La masse doit encore en reconnaître la validité vis-à-vis du tiers porteur, quand il a été ainsi effectué régulièrement, même après la cessation de paiements ; mais elle peut en exiger le rapport contre le premier porteur, en prouvant que celui-ci avait connaissance de la cessation de paiements.

3. Et le tiers porteur d'une lettre de change qui a reçu le montant du tireur, à une époque postérieure à celle où la faillite de celui-ci a été reportée, mais avant le jugement déclaratif de cette faillite, ne peut être tenu de restituer le montant à la masse, alors qu'il résulte des faits et circonstances que, d'une part, la lettre était pour le compte du tireur et non pour celui du tiers porteur, et que, d'autre part, le tiers porteur ignorait, à l'époque du paiement, l'état des affaires du tireur. Rej., 16 juin 1846 (S.-V.46.1.1526; D.P.51.1.127).

450. Toutes voies d'exécution pour parvenir au paiement des loyers sur les effets mobiliers servant à l'exploitation du commerce du failli seront suspendues pendant trente jours à partir du jugement déclaratif de faillite, sans préjudice de toutes mesures conservatoires, et du droit qui serait acquis au propriétaire de reprendre possession des lieux loués.

FORMULE N° 44. — Sommation en suspension des voies d'exécution pour parvenir au paiement de loyers, et assignation en référé contre le propriétaire saisissant.

L'an. . . ., à la requête du sieur L. . . ., syndic définitif de la faillite du sieur B. . . .,

Je. . . ., huissier. . . ., soussigné,

Ai sommé le sieur S. . . ., propriétaire de la maison et des magasins en dépendant, par lui loués verbalement audit sieur B. . . ., et dans lesquels ce dernier exploite son commerce, d'avoir, en exécution des dispositions de l'art. 450 du Code de commerce, au titre des Faillites, à suspendre pendant trente jours les poursuites en saisie-gagerie, par lui pratiquées sur les effets mobiliers servant à l'exploitation dudit commerce, poursuites qui, dans l'état des choses, ne sont d'aucune utilité réelle pour ledit sieur S. . . ., et peuvent, au contraire, causer un notable dommage, tant aux créanciers dudit sieur B. . . . qu'à ce dernier lui-même, puisqu'il peut espérer de trouver dans un concordat les moyens de reprendre les opérations de son commerce et de relever ainsi son crédit ; que, d'un autre côté, aucune négligence, pour arriver à ce résultat, ne saurait être reprochée au syndic, qui offre de désintéresser ledit sieur S. . . . du montant des loyers à lui dus jusqu'à ce jour, avant l'expiration du délai de trente jours ; et faute par ledit sieur S. . . . de déférer à la présente sommation, je l'ai assigné, d'ores et déjà, à comparaître le. . . ., par-devant M. le président du Tribunal civil de. . . ., en audience des référés, pour, tous droits des parties tenant au fond, y voir ordonner, par provision, la discontinuation, pendant le susdit délai de trente jours, des poursuites en saisie-gagerie pratiquées à la requête dudit sieur S. . . ., au préjudice dudit sieur B. . . ., aujourd'hui déclaré en état de faillite, par jugement du Tribunal de commerce de. . . ., en date du. . . ., en tant que ces poursuites portent sur les effets mobiliers servant à l'exploitation du commerce du failli, avec dépens. Baillé copie, etc.

RÉSUMÉ. — **Indication alphabétique.**

N° 1. Les droits du propriétaire, touchant l'exécution, pour

7.

le paiement des loyers, ne sont suspendus qu'à l'égard des effets mobiliers servant à l'exploitation du fonds de commerce ; ils subsistent dans toute leur force contre les autres valeurs mobilières, notamment contre les meubles servant à l'usage personnel du failli. Lainné, p. 78.

2. Et la suspension de poursuites ne peut être invoquée par les syndics, pour arrêter l'action en paiement des loyers échus pendant la faillite. Lainné, p. 78.

3. L'art. 450 n'est pas applicable au cas où, par le bail, le propriétaire s'est réservé le droit de résilier dans certaines circonstances déterminées à l'avance. Paris, 12 oct. 1842, Journal le Droit du 13 oct. 1842.

4. La faillite du locataire ne donne pas, par elle-même, au bailleur le droit de faire prononcer la résolution du bail. Caen, 25 août 1846 (S.-V.47.2.433).—Sic, Troplong, Louage, p. 263, n° 467.

5. Mais elle deviendrait une cause de rupture du bail si le bailleur perdait toute garantie de paiement ; elle ferait rentrer les choses sous l'application de l'art. 1741, Cod. Nap.

6. Le bail doit être maintenu lorsque les syndics offrent de céder le droit au bail à une personne solvable, qui sera tenue de toutes les obligations du preneur failli envers le propriétaire bailleur. Caen, arrêt ci-dessus.

7. Et, dans ce cas, le bailleur n'a pas le droit d'exiger une caution. Paris, 16 mars 1840 (S.-V.47.2.433).

8. Dans le cas où les syndics d'une faillite ont continué à occuper les lieux loués au failli, postérieurement à l'expiration du bail, le propriétaire a, à raison de cette occupation prolongée, une action en indemnité contre la masse des créanciers du ailli, dont il peut exiger le paiement sur l'actif entier de la faillite, par préférence à tous autres créanciers ; son privilége de bailleur, quant à cette indemnité, ne se borne pas au prix des meubles garnissant les lieux loués. Cass., 7 avr. 1847 (S.-V. 58.1.51).

9. La créance du propriétaire, quoique privilégiée, est soumise à la formalité de la vérification et de l'affirmation exigée pour les créances ordinaires. Paris, 1er juill. 1828 (S.30.2.291 ; D.P.30.2.197).

10. En effet, tous ceux qui se prétendent créanciers du failli, même pour cause étrangère au commerce, sont obligés de produire à la vérification ; il n'y a nulle distinction à faire entre les créanciers chirographaires, hypothécaires ou privilégiés, entre ceux dont la créance est pure et simple et ceux dont la

créance est éventuelle ou indéterminée, par la raison qu'alors même que la qualité de la créance ne serait pas douteuse, le fait de son existence ou de sa qualité peut être susceptible de vérification; et, à l'inverse, la qualité de la créance peut être contestée, quoique sa légitimité soit reconnue : cette solution est conforme au texte et à l'esprit de la loi, qui ne dispense aucune créance de la nécessité de l'affirmation. Dalloz, *Répert.*, v° *Faillite*, n° 574.

11. *Observation.*—Dans l'usage et la pratique, la créance privilégiée du propriétaire est toujours soumise à la formalité de la vérification et de l'affirmation avant d'être admise au passif.) A l'appui de cette opinion, *voir* un arrêt du 30 juin 1856, Cour imp. de Douai (S.-V 56.2.257).

12. Comme l'art. 450 borne les voies d'exécution à celles qui ont pour objet de parvenir au paiement des loyers sur les effets mobiliers servant à l'exploitation du commerce du failli, nulle atteinte ne se trouve portée à l'exercice des autres priviléges.

13. Ainsi, on doit décider aujourd'hui, comme sous le Code de 1807, que lorsque le Trésor public a fait saisir les meubles d'un débiteur tombé en faillite, la vente doit être poursuivie à la requête des agents du Trésor et non des syndics. Cass., 9 janv. 1815 (S.-V.15.1.254 ; D.ᴀ.8.185).

14. La saisie-arrêt pratiquée par l'administration des domaines sur un failli, entre les mains des syndics, est valable. Rennes, 20 janv. 1811.

15. Le Trésor public, qui forme opposition aux scellés apposés sur les meubles et effets d'un comptable tombé en faillite, et décerne une contrainte contre lui, n'est pas obligé de procéder contre son débiteur failli, et sur les biens duquel il a un privilége, suivant les formes prescrites, en matière de faillite, et devant le tribunal de commerce; il peut poursuivre par les voies ordinaires l'exécution de la contrainte qu'il a décernée, jusqu'à ce qu'il y soit formé opposition devant le tribunal civil compétent, c'est-à-dire, devant le tribunal du lieu où le failli a son domicile. Cass., 9 mars 1808 (S.-V.8.1.266 ; D.ᴀ.8.183); *idem*, Bourges, 13 déc. 1811 (C.ɴ.3.2.593).

16. Le Trésor public peut, nonobstant la faillite de son débiteur comptable, poursuivre, au préjudice de ce dernier, la saisie de ses immeubles; mais la poursuite doit être faite contre les syndics, aux termes du nouvel art. 443 de la loi des faillites, qui a fait cesser la controverse qui existait auparavant, sur le point de savoir si la poursuite devait être faite contre le failli

personnellement. Renouard, t. II, sur l'art. 571 de la nouvelle loi des faillites.

17. La contrainte décernée par la régie des douanes contre son débiteur n'est pas arrêtée par la faillite de ce dernier, et le syndic est obligé d'en souffrir l'exécution, par la vente des meubles du failli et le versement des deniers dans la caisse de la douane, jusqu'à due concurrence. Bruxelles, 12 août 1811.

18. Cette régie, aux termes de l'art. 4, tit. 6 de la loi du 4 germ. an II, a privilége sur tous autres créanciers, pour droits, confiscations, amendes et restitution, et avec contrainte par corps.

19. Elle a un privilége sur les meubles des cautions de ses redevables, comme sur les meubles des redevables eux-mêmes. 12 déc. 1822, Cass. (S. 23.1.164).

CHAPITRE II.

DE LA NOMINATION DU JUGE-COMMISSAIRE.

451. Par le jugement qui déclarera la faillite, le tribunal de commerce désignera l'un de ses membres pour juge-commissaire.

452. Le juge-commissaire sera chargé spécialement d'accélérer et de surveiller les opérations et la gestion de la faillite.

Il fera au tribunal de commerce le rapport de toutes les contestations que la faillite pourra faire naître, et qui seront de la compétence de ce tribunal.

FORMULE N° 45. — **Rapport d'un juge-commissaire d'une faillite, au Tribunal de commerce.**

Messieurs,

Par votre jugement en date du. . . ., vous avez déclaré le sieur. . . . en état de faillite, sur la déclaration de cessation de ses paiements, par lui faite à votre greffe le. . . .; vous avez, en même temps, ordonné l'apposition des scellés au domicile du failli, et le dépôt de sa personne dans la maison d'arrêt pour dettes de la ville de. . . .; sur la réquisition du syndic provisoire de cette faillite, les scellés ont été, en effet, apposés par M. le juge de paix de. . . ., et le syndic définitif a procédé, conformément à la loi, à l'inventaire des marchandises et effets mobiliers appartenant audit sieur. . . .; ce syndic nous a adressé, aussi conformément à la loi, un mémoire ou compte sommaire de l'état apparent de la faillite, de ses principales causes et circonstances, et des caractères qu'elle paraît avoir.

Il résulte de ce mémoire qu'il n'existe aucun indice de fraude ou de mauvaise foi de la part du failli, et qu'on ne peut lui reprocher aucun fait d'inconduite; d'un autre côté le failli s'est conformé aux prescriptions des articles 438 et 439 du Code de commerce; dans de telles circonstances il est convenable de le faire jouir du bénéfice prévu par l'art. 456 du même Code.

En conséquence nous proposons au Tribunal d'affranchir ledit failli du dépôt de sa personne dans la maison d'arrêt pour dettes qui avait été ordonné par le jugement déclaratif de la faillite.

FORMULE N° 46. — Jugement qui affranchit un failli du dépôt de sa personne dans la maison d'arrêt pour dettes.

Le Tribunal, après délibération, jugeant publiquement et en premier ressort,

Vu ce qui résulte du rapport qui vient de lui être présenté par M. . ., juge-commissaire de la faillite du sieur. . . .; vu aussi les dispositions de l'art. 456 du Code de commerce,

Dispose que ledit sieur. . . ., failli, sera affranchi du dépôt de sa personne dans la maison d'arrêt pour dettes, qui avait été ordonné par le jugement déclaratif de sa faillite en date du. . . .

RÉSUMÉ.

N° 1. Les juges suppléants d'un tribunal de commerce peuvent être nommés juges-commissaires dans les faillites, aussi bien que les juges titulaires. — Montpellier, 28 juin 1850 (S.-V. 50.2.443). — C'est ce qui se voit tous les jours.

2. Le juge-commissaire est nommé pour toute la durée des opérations de la faillite, sauf le cas de remplacement. Renouard, t. 1er, p. 390.

RÉSUMÉ. — Indication alphabétique.

Actions de la faillite, 2.	Juge-commissaire, 1, 3, 7, 8, 9, 10.	Pouvoir de juridiction, 7.
Autorisation, 2.		Rapport, 9.
Compétence, 9.	Juge suppléant, 5.	Remplacement du juge-commissaire, 11, 12.
Causes de la faillite, 10.	Ministère public, 10.	
Contestation, 3.	Mise en liberté, 10.	Remplacem. (forme du), 11.
Exception, 4.	Objets prétendus recélés, 8.	Section du tribunal, 6.
Excusable, 10.	Ordonnances du juge com-	Surveillance, 1, 2.
Gestion, 1.	missaire, 4.	Vérification de créances, 7.
	Plaintes, 11.	Voix délibérative, 5, 6.

N° 1. Le juge-commissaire surveille, mais ne gère ni n'administre les affaires de la faillite. Renouard, sur l'art. 452.

2. Ce droit de surveillance du juge-commissaire n'oblige pas les syndics à prendre son autorisation pour intenter les actions de la faillite. 1er fév. 1830, Cass. (S.30.1.42).

3. Le juge-commissaire, quoique chargé de faire rapport sur les affaires portées devant le tribunal, et faire, à cet égard, des

propositions au tribunal, peut concourir au jugement des contestations relatives à la faillite. Rouen, 16 fév. 1829 (S.-V.30. 2.344).

4. Il faut excepter cependant le cas où le tribunal aurait à se prononcer sur les propres ordonnances de ce magistrat. Esnault, t. Ier, n° 248 ; Dalloz, *Répert.*, v° *Faillite*, n° 354. Dans ce cas, en effet, l'esprit de la loi et la raison commandent au juge-commissaire de s'abstenir, car sa décision est mise en question ; il s'agit de la confirmer ou de la réformer, et il y aurait lieu de craindre que, par un sentiment d'amour-propre, ce juge ne persistât dans sa première résolution, au lieu de statuer comme un juge parfaitement désintéressé sous tous les rapports.

5. Les juges suppléants, nommés commissaires, ont aussi, comme tous les juges-commissaires, à peine de nullité, voix délibérative au jugement, quand même le tribunal se trouverait déjà composé de trois juges titulaires. Montpellier, 28 juin 1850 (S.-V.50.2.443).

6. Le juge-commissaire a voix délibérative, même lorsque l'affaire est portée à une section du tribunal autre que celle à laquelle il siége habituellement. Pardessus, n° 1142 ; Bédarride, t. Ier, n° 153 ; Bioche, *Dict. de proc.*, v° *Faillite*, n° 119.

7. En présidant à la vérification des créances, le juge-commissaire n'exerce pas un pouvoir de juridiction ; il ne fait que constater, préciser les difficultés qui divisent les parties ; les discussions devant ce juge sont donc en dehors de l'action qui doit être ultérieurement portée devant le tribunal, et ne sauraient avoir pour effet d'attribuer au tribunal de commerce la connaissance de la difficulté au sujet de laquelle la contestation s'est élevée devant le juge-commissaire. Rouen, 17 juin 1848, *Jurisprud. de Rouen*, t. II, p. 191.

8. Le juge-commissaire d'une faillite n'a aucun caractère pour ordonner ou faire la recherche des objets prétendus recélés par le failli ; pour l'interroger et ordonner sa mise en arrestation ; ce droit n'appartient qu'aux officiers de police judiciaire et au juge d'instruction. Cass., 13 nov. 1823 (S.24.1.158 ; D.A.8.102).

9. Il ne faut pas induire de ces expressions de l'art. 452 : *qui seront de la compétence de ce tribunal*, que le juge-commissaire soit dispensé de faire un rapport, s'il estime que la contestation soulevée est du domaine des tribunaux civils : il doit, au contraire, dans ce cas, faire son rapport, sauf au tribunal de commerce, seul juge de sa propre compétence, à statuer sur ce point. Ce n'est que lorsque la contestation est de nature à être

tranchée par le juge-commissaire seul qu'il est dispensé de faire un rapport. Dalloz, *Répert.*, v° *Faillite*, n° 347.

10. Le juge-commissaire est chargé spécialement de rechercher les causes de la faillite. S'il présume la fraude, il doit en avertir le tribunal, soit pour prévenir la mise en liberté du failli (456), soit pour empêcher qu'il ne soit déclaré excusable et susceptible d'être réhabilité ; s'il la découvre, il doit la dénoncer au ministère public ; obligé de rendre compte au tribunal de commerce de l'état apparent de la faillite, il a incontestablement tous les pouvoirs nécessaires pour s'entourer de documents propres à éclairer sa religion. Dalloz, n° 351, v° *Faillite*.

11. A toutes les époques, le tribunal de commerce peut remplacer le juge-commissaire de la faillite par un de ses membres. La loi n'a rien tracé sur la marche à suivre pour provoquer ce remplacement ; c'eût été jeter une sorte de discrédit et de déconsidération sur la justice consulaire que d'organiser devant le tribunal de commerce une procédure contre un de ses membres, à la requête des syndics, des créanciers ou du failli. Le tribunal reçoit les plaintes, il remplace le juge-commissaire ou le maintient, suivant qu'il estime que ces plaintes sont fondées ou injustes ; mais il ne rend pas un jugement ; il fait un simple acte administratif qui n'est soumis à aucun recours. Renouard, t. 1er, p. 395 ; Bédarride, t. 1er, n° 164.

12. Ce remplacement peut avoir pour cause, soit la démission du juge-commissaire lui-même, soit l'expiration de ses pouvoirs, ou les travaux dont il est chargé par le tribunal, soit la maladie, soit sa négligence, son incurie et même sa faiblesse, envers les syndics, les créanciers ou le failli. Dalloz, n° 356, v° *Faillite*. Le juge-commissaire peut être récusé, en exécution de l'art. 383, Cod. proc. civ.; les causes de récusation sont celles qui peuvent être proposées contre tous les juges. Alauzet, p. 88 et 89.

453. Les ordonnances du juge-commissaire ne seront susceptibles de recours que dans les cas prévus par la loi. Ces recours seront portés devant le tribunal de commerce.

FORMULE N° 47. — Recours au Tribunal de commerce, contre une ordonnance du juge-commissaire.

A Messieurs les président et juges composant le tribunal de commerce du. . . .

Le sieur L. . . ., syndic définitif de la faillite du sieur. . . .,

A l'honneur de vous exposer :

Que sur une demande de secours alimentaires à lui adressée par le failli, pour lui et sa famille composée de trois personnes, l'exposant, dans une requête à M. le juge-commissaire, en date du. . . ., proposa à ce magistrat de fixer le montant de ces secours alimentaires à la somme de cent francs par mois, à partir de la date du jugement déclaratif de la faillite, en prenant pour base de cette fixation l'étendue de la famille du failli, les ressources que cette famille peut trouver dans les biens propres de la femme, et surtout l'importance de la perte éprouvée par les créanciers.

Cependant M. le juge-commissaire, dont la religion a été trompée, sans doute, par des renseignements erronés, a cru devoir, dans l'ordonnance par lui rendue le. . . ., au pied de ladite requête, élever le montant de ces secours alimentaires à une somme double, c'est-à-dire à deux cents francs par mois. L'exposant estime que cette fixation, vu l'état des affaires de la faillite et les faibles ressources que présente l'actif réalisé ou à réaliser, est exagérée.

En conséquence, l'exposant conclut à ce qu'il plaise au Tribunal, vu les dispositions de l'art. 453 du Code de commerce, accueillir en la forme le recours par lui formé en sa qualité, contre l'ordonnance précitée de M. le juge-commissaire ; et disant droit à ses conclusions, réduire les secours alimentaires à la susdite somme de cent francs par mois, primitivement proposée par le concluant, et ordonner que les frais de l'instance seront alloués comme frais de faillite.

FORMULE N° 48. — Autre recours, contre une ordonnance du juge-commissaire.

A Messieurs les président et juges, etc.,

Le sieur L. . . ., syndic définitif de la faillite du sieur. . . .,

A l'honneur de vous exposer :

Que sur les réclamations des sieurs P. . . . et F. . . ., créanciers de ladite faillite, M. le juge-commissaire a rendu, le. . . ., une ordonnance qui dispose que les objets servant à l'exploitation du fonds de commerce du failli, et placés sous les scellés, en seront immédiatement extraits, afin que l'exploitation dudit fonds de commerce soit continuée, vu que lesdits objets mobiliers sont sujets, par leur nature, à un dépérissement prochain, en cas de chômage.

Mais l'exposant s'était assuré par lui-même, et par l'examen qu'il en fit faire par un homme de l'art, que lesdits objets mobiliers ne pouvaient se détériorer d'une manière sensible et préjudiciable à la masse, pendant le peu de temps qu'ils resteraient placés sous les scellés; que d'un autre côté l'exploitation du fonds de commerce du failli n'offrait, du moins quant à présent, que des chances de perte, et qu'il était prudent de ne pas la continuer.

C'est pourquoi l'exposant conclut à ce qu'il plaise au Tribunal, recevant en la forme le recours par lui formé contre l'ordonnance précitée de M. le juge-commissaire, dire et ordonner que l'exploitation du fonds de commerce dépendant de la faillite ne sera pas continuée, n'étant pas suffisamment démontré, quant à présent, qu'elle est avantageuse à la masse ; que par suite les objets mobiliers servant à cette exploitation seront maintenus sous les scellés, jusqu'à la confection de l'inventaire qui sera incessamment dressé par le syndic ; qu'après cette opération lesdits objets mobiliers, consistant en machines et métiers à filer la laine, seront soignés et entretenus à la diligence du syndic, qui pourra préposer à cet effet un contre-maître de filature ou toute autre personne capable, et ce jusqu'à la vente qui pourra avoir lieu ultérieurement, si un concordat n'intervient pas entre le failli et ses créanciers ; ordonner, en outre, que les dépens de la présente instance seront alloués comme frais de faillite.

FORMULE N° 49. — Jugement sur un recours, contre une ordonnance du juge-commissaire.

Le Tribunal, après délibération, jugeant en dernier ressort, vu la requête à lui présentée par le syndic définitif de la faillite du sieur B. . ., les faits y exposés et les documents mis sous ses yeux, et après avoir entendu, en son rapport, M. le juge-commissaire de ladite faillite ;

Attendu qu'il résulte des renseignements fournis que l'exploitation du fonds de commerce du failli, dans les circonstances actuelles, n'est pas avantageuse pour la masse, à raison des dépenses considérables qu'elle paraît exiger, et de l'incertitude des bénéfices qu'elle peut procurer ;

Attendu, d'un autre côté, qu'il ne paraît pas que les objets mobiliers servant à cette exploitation, et qui sont placés sous les scellés, soient exposés à se détériorer sensiblement dans l'espace de quelques jours ; qu'il suffira, après la confection de l'inventaire, de les soigner et de les entretenir, pour empêcher tout dépérissement ultérieur ;

Dispose que les objets mobiliers servant à l'exploitation dudit fonds de commerce resteront provisoirement sous les scellés, jusqu'à la confection, par le syndic, de l'inventaire qui doit en être dressé ; que lesdits objets mobiliers, après inventaire, seront soignés et entretenus à la diligence du syndic, pour éviter tout dépérissement, jusqu'au concordat qui pourra intervenir entre le failli et ses créanciers, et en cas d'union jusqu'à la vente qui en sera faite, aux formes de droit ; ordonne que les dépens de la présente instance seront alloués comme frais de faillite.

Ainsi jugé et prononcé en chambre du conseil le. . . ., présents MM. . . ., président, et. . . ., juges.

Le président et le greffier. . . .   (Signé.)

RÉSUMÉ.

N° 1. Les cas de recours contre les ordonnances du juge-commissaire sont ceux prévus par les articles suivants de la loi du 28 mai 1838 : 466, 474, 530 et 567. Ce recours n'est permis qu'autant qu'une disposition formelle de la loi l'autorise. Dalloz, n° 361, v° Faillite.

2. Il suit de là que lorsque la loi est muette quant au recours contre la décision du juge-commissaire, cette décision est en dernier ressort. Dalloz, n° 352, v° Faillite.

3. La notification des ordonnances rendues par le juge-com-

missaire n'est pas obligatoire ; dans l'usage, ces ordonnances
sont, en effet, rarement notifiées.

4. Le recours est possible jusqu'à l'exécution de l'ordonnance;
quand on la fait exécuter ,'ceux qui veulent la contredire y forment opposition (Paroles du rapporteur lors de la discussion de
la loi à la Chambre des députés, en 1835, sur la proposition
qui avait été faite de fixer à trois jours le délai dans lequel
devrait être exercé le recours). Dalloz, *Répert.*, v° *Faillite*,
n° 353.

5. Aux termes de l'art. 583, C. comm., les jugements qui statuent sur des recours formés contre les ordonnances des juges-
commissaires des faillites, dans les limites de leurs attributions,
ne sont susceptibles ni d'opposition ni d'appel.

454. Le tribunal de commerce pourra, à toutes les
époques, remplacer le juge-commissaire de la faillite, par
un autre de ses membres.

Formule n° 50. — Requête au Tribunal de commerce pour le remplacement d'un juge-commissaire de faillite.

A Messieurs les président et juges composant le Tribunal de commerce de. . . .

Le sieur L. . . ., syndic définitif de la faillite du sieur A. . . .,

A l'honneur de vous exposer :

Que M. S. . . ., nommé commissaire de ladite faillite, par jugement
du. . . ., ayant cessé ses fonctions de juge audit Tribunal, il y a lieu
de procéder à son remplacement comme commissaire de ladite faillite.

En conséquence l'exposant conclut à ce qu'il plaise au Tribunal nommer un de ses membres, commissaire de ladite faillite, en remplacement dudit M. S. . . ., qui a cessé ses fonctions de juge près le
Tribunal.

A. . . ., le. . . .   (*Signature du syndic.*)

Formule n° 51. — Jugement qui nomme un juge-commissaire en remplacement d'un autre.

Audience du. . . .

Entre le sieur L. . . ., syndic définitif de la faillite du sieur A. . .,
marchand, demeurant à. . . ., d'une part,

Et ledit sieur A. . . ., failli, d'autre part ;

Dans le fait, ledit sieur L. . . . en sadite qualité de syndic, a présenté cejourd'hui au Tribunal une requête dans laquelle il expose (copier l'exposé de la requête).

Sur cette requête la cause ayant été appelée à la présente audience,

Ouï ledit M. L. . . ., syndic de la faillite dudit sieur A. . . ., qui a conclu à ce qu'il plaise au Tribunal lui adjuger les fins de sa requête ;

Sur quoi,

· Considérant que dès que M. S. . . . a cessé ses fonctions de juge, par suite du dernier renouvellement partiel du Tribunal, il y a lieu de le remplacer comme commissaire de la faillite dudit sieur A. . . ., pour que les opérations de cette faillite puissent être continuées.

Par ces motifs,

Le Tribunal, après en avoir délibéré, disant droit sur la requête du syndic de la faillite dudit sieur A . . . ., nomme M. B. . . ., l'un de ses membres, commissaire de ladite faillite en remplacement dudit M. S. . ., qui a cessé ses fonctions de juge près ce Tribunal.

Le président et le greffier. . . .   (*Signé*.)

RÉSUMÉ.

N° 1. La décision du tribunal de commerce, qui prononce le remplacement du juge-commissaire, étant plutôt un acte d'administration, comme il a été dit, qu'un véritable jugement, n'a pas besoin d'être motivée ; et d'ailleurs, cette décision n'est susceptible ni d'opposition, ni d'appel, ni de recours en cassation, aux termes de l'art. 583 de la nouvelle loi.

2. Le juge-commissaire peut être récusé pour l'une des causes prévues par les neuf paragraphes de l'art. 378, C. proc. civ., et la partie qui voudra le récuser devra le faire avant le commencement des plaidoiries, et, si l'affaire est en rapport, avant que l'instruction soit achevée ou que les délais soient expirés, à moins que les causes de récusation ne soient survenues postérieurement.

3. La récusation est proposée par un acte au greffe du tribunal de commerce, qui en contiendra les moyens, et sera signée de la partie ou de son fondé de procuration authentique et spéciale, laquelle sera annexée à l'acte. Art. 382 et 384, C. pr. civ.

4. La récusation est jugée par le tribunal de commerce qui a nommé le juge-commissaire. Esnault, t. 1er, nos 237 et suiv.

5. Le juge-commissaire d'une faillite peut aussi être pris à partie dans l'un des cas prévus par les quatre paragraphes de l'art. 505, C. proc. civ. ; mais ce n'est pas le tribunal de commerce qui connaît de la prise à partie, comme dans le cas de récusation ; la connaissance de la prise à partie appartient à la Cour d'appel du ressort. Art. 509, C. proc. civ. ; Esnault, t. 1er, n° 244).

CHAPITRE III.

DE L'APPOSITION DES SCELLÉS ET DES PREMIÈRES DISPOSITIONS A L'ÉGARD DE LA PERSONNE DU FAILLI.

455. Par le jugement qui déclarera la faillite, le tribunal ordonnera l'apposition des scellés, et le dépôt de la personne du failli dans la maison d'arrêt pour dettes, ou la garde de sa personne par un officier de police ou de justice, ou par un gendarme.

Néanmoins, si le juge-commissaire estime que l'actif du failli peut être inventorié en un seul jour, il ne sera point apposé de scellés, et il devra être immédiatement procédé à l'inventaire.

Il ne pourra, en cet état, être reçu, contre le failli, d'écrou ou recommandation pour aucune espèce de dettes.

(Voir, pour le jugement déclaratif de faillite, la formule 15.)

FORMULE Nº 52. —Requête à M. le juge-commissaire pour être dispensé de l'apposition des scellés.

A Monsieur S. . . ., juge-commissaire de la faillite du sieur A. . . .
Le sieur L. . . .

A l'honneur de vous exposer :

Que par jugement du Tribunal de commerce de. . . ., en date du. . . ., ledit sieur A. . . . a été déclaré en état de faillite; par ce même jugement vous avez été nommé commissaire de ladite faillite, et l'exposant en a été nommé syndic provisoire.

Il résulte des renseignements obtenus par le syndic sur l'importance et la situation des affaires du failli, que l'actif de ce dernier pourra être inventorié en un seul jour.

C'est pourquoi l'exposant vous prie, Monsieur le juge-commissaire, vu les dispositions de l'article 455, § 2, de la loi du 28 mai 1838, sur les faillites et banqueroutes, de le dispenser de l'apposition des scellés, au domicile du failli, afin qu'il puisse procéder immédiatement à l'inventaire, et ferez justice.

A. . . ., le. . . .   (*Le syndic signé.*)

(ORDONNANCE.)

Nous S. . . ., juge-commissaire de la faillite du sieur A. . . .; vu la requête ci-dessus, et les dispositions de l'art. 455 de la loi précitée, dispensons, par notre présente ordonnance, le syndic de ladite faillite de l'apposition des scellés au domicile du failli, afin qu'il soit immédiatement procédé par ledit syndic à l'inventaire de l'actif du failli.

Donnée à. . . ., le. . . .

(Signature du juge-commissaire.)

Enregistré à. . . ., le. . . .

RÉSUMÉ. — Indication alphabétique

Amendes, 15.	Emprisonnement, 17.	Supplément d'inventaire, 5.
Banqueroute simple, 17.	Gardes du commerce, 19.	Récolement, 5.
Condamnat. pénales, 14, 15	Inventaire, 3.	Recommandation, 13, 17.
Contrainte par corps, 10,11,	Juge de paix, 6, 7.	Scellés, 1.
12.	Maison d'arrêt, 18.	Septuagénaire, 18.
Dispense de scellés, 2, 6.	Nullité, 9.	Stellionat, 10.
Dispense d'inventaire, 3.	Ordonnances (recours), 6.	Syndics, 7.
Dispositions nouvelles, 4.	Peines et amendes, 15.	
Dommages-intérêts, 16.	Procès-verbal de saisie, 3.	

Nº 1. C'est le tribunal de commerce, régulièrement composé, qui peut ordonner l'apposition des scellés sur les biens du commerçant en état de cessation de paiements, demandée par ses créanciers ; elle ne peut être ordonnée par un seul juge, ni par le président du tribunal seul, à peine de nullité. Riom, 4 juill. 1809 (S.14.2.185).

2. Le juge-commissaire peut, sur requête à lui présentée par les syndics, dispenser ceux-ci de l'apposition des scellés, dans le cas prévu par l'art. 455.

2. Le juge-commissaire peut encore dispenser les syndics de l'inventaire dans le cas où, avant la déclaration de faillite, le mobilier et les marchandises du débiteur ont été saisis à la requête d'un ou de plusieurs de ses créanciers, le procès-verbal de l'huissier qui contient le détail des uns et des autres étant un véritable inventaire, et la responsabilité du séquestre ou gardien excluant toute possibilité de détournement ultérieur. Bédarride, t. 1er, nº 172.

4. Cette disposition introduite dans la loi nouvelle a pour objet de procurer économie de temps et de frais dans les faillites de peu d'importance.

5. Il sera néanmoins toujours utile de la part des syndics de procéder à un supplément d'inventaire ou à un récolement sur le procès-verbal de saisie, car l'huissier peut avoir omis quelques objets, et le récolement peut aussi constater la disparition de quelques-uns de ceux portés au procès-verbal de l'huissier.

6. Quand le juge-commissaire rend une ordonnance portant dispense d'apposition de scellés, cette ordonnance échappe à tout recours, car l'art. 453 ne permet le recours contre ces or-

donnances qu'autant qu'une disposition formelle de la loi l'autorise : or, l'art. 455 ne contient aucune autorisation de ce genre. Si donc le juge de paix s'était déjà transporté sur les lieux pour apposer les scellés, il doit, sur le vu de l'ordonnance du juge-commissaire, se borner à dresser procès-verbal de son abstention et des causes qui la motivent. Dalloz, n° 361, v° *Faillite*.

7. Dans le cas de l'art. 455, le syndic dûment autorisé par l'ordonnance du juge-commissaire procède à l'inventaire sans l'assistance du juge de paix. Ordonnances, sur référé du président du tribunal de première instance de la Seine, notamment des 8 août 1838 et 9 août 1839, et *Journal de procédure*, n° 1547 ; Renouard, t. 1er, p. 400.

8. Cette décision doit être suivie malgré l'opinion contraire de quelques auteurs, et, dans la pratique, c'est toujours ainsi que cela a lieu.

9. La circonstance qu'un inventaire qui, en matière de faillite, a duré plus d'un jour, a eu lieu sans apposition de scellés, de l'ordre du juge-commissaire, qui estimait que l'actif pouvait être inventorié en un seul jour, n'entraîne pas la nullité de l'inventaire et de tout ce qui s'en est suivi, spécialement du concordat, lorsque d'ailleurs aucun fait de détournement n'est établi. Req., 13 fév. 1855 (S.-V.55.1.357).

10. Aujourd'hui, tant que dure l'état de faillite, que la liquidation n'est pas terminée et que le failli reste dessaisi de l'administration de ses biens, la contrainte par corps ne peut être exercée par un créancier de la faillite, même pour cause de stellionat. Metz, 2 nov. 1837 (D.P.39.2.22) ; Renouard, t. 1er, p. 311 ;

11. Pas même par un créancier postérieur à la faillite (16 mai 1851, Lyon (S.-V.51.2.572).

12. Ni pour aucune espèce de dettes, soit civiles, soit commerciales, ni pour dommages-intérêts prononcés par un tribunal correctionnel ou de police ; un créancier privé ne peut recommander le débiteur failli. Nancy, 21 nov. 1845 (S.-V.46.2.417).— *Sic* Renouard, t. 1er, p. 311.

13. L'interdiction de recommandation du failli est applicable aux droits du Trésor contre ses redevables, l'art. 455 interdisant les recommandations pour toute espèce de dettes. Renouard, t. 1er, p. 311 ; Dalloz, n° 381, v° *Faillite*.

14. Mais cette disposition de loi ne saurait s'appliquer aux condamnations pénales prononcées à la réquisition du ministère

public, ni à la détention préventive résultant d'un mandat d'arrêt. Esnault, n° 262.

15. Ce n'est, au surplus, que relativement aux peines et amendes qui intéressent la vindicte publique que les condamnations pour crimes et délits doivent suivre leur cours, et non quant aux réparations civiles qui ne touchent qu'à des intérêts privés. Paris, 12 oct. et 25 nov. 1837 (S.-V.38.2.429 ; D.P.38.2.68); Dalloz, n° 380, v° *Faillite*.

16. La condamnation à des dommages-intérêts prononcée par la juridiction criminelle contre un failli poursuivi pour banqueroute, au profit de plusieurs de ses créanciers, qui s'étaient portés parties civiles sur la poursuite, ne crée pas un privilége en faveur de ces créanciers au préjudice des autres ; et, dans ce cas, l'exécution de la contrainte par corps doit se concilier avec les dispositions du Code de commerce qui déterminent les cas où, dans l'intérêt de la masse des créanciers, le failli peut être privé ou admis à jouir de la liberté de sa personne. 9 mai 1846, Cass. (S.-V.46.1.844).

17. Le failli qui est emprisonné par suite d'une condamnation intervenue contre lui, comme banqueroutier simple, ne peut être recommandé, s'il est en même temps sous le poids du dépôt de sa personne dans la maison d'arrêt pour dettes, en exécution de l'art. 455, C. comm. Riom, 25 mai 1829 (S.30.2.304).

18. Le dépôt d'un failli dans la maison d'arrêt pour dettes peut être ordonné, même contre un septuagénaire. Paris, 23 déc. 1847 (S.-V.48.2.238); 10 juin 1847, trib. de Toulouse; Troplong, *Contrainte par corps*, n°s 56 et 57.

19. A Paris, les gardes du commerce peuvent être commis à la garde des faillis. Décret du 14 mars 1808, art. 7 (S.8.2.137).

456. Lorsque le failli se sera conformé aux articles 438 et 439, et ne sera point, au moment de la déclaration, incarcéré pour dettes ou pour autre cause, le tribunal pourra l'affranchir du dépôt ou de la garde de sa personne.

La disposition du jugement qui affranchirait le failli du dépôt ou de la garde de sa personne, pourra toujours, suivant les circonstances, être ultérieurement rapportée par le tribunal de commerce, même d'office.

(Voir le rapport du juge-commissaire et le jugement qui affranchit le

I.   8

failli du dépôt de sa personne dans la maison d'arrêt pour dettes, formules 35 et 36.)

Il est procédé de même, lorsqu'il y a lieu, par le tribunal, de rapporter la disposition du jugement qui affranchit le failli de ce dépôt.

RÉSUMÉ.

Nᵒ 1. L'art. 456, qui ne permet pas d'affranchir le failli du dépôt ou de la garde de sa personne, alors qu'au moment de la déclaration de faillite il se trouve incarcéré pour dettes, n'empêche
pas le tribunal de commerce, d'après le rapport du juge-commissaire sur l'état apparent des affaires du failli, de lui accorder
postérieurement un sauf-conduit, avec ou sans caution, aux termes des art. 472 et 473, C. comm. Paris, 31 août 1839 (S.-V.40.
2.122).

2. La concession du sauf-conduit est faite dans l'intérêt de la
masse encore plus que dans celui du débiteur failli; et ce cas
diffère de celui prévu par l'art. 456, qui ne parle que de la faculté donnée au tribunal d'affranchir le failli du dépôt de sa
personne, lors du jugement déclaratif de la faillite (même arrêt).

457. Le greffier du tribunal de commerce adressera sur-
le-champ, au juge de paix, avis de la disposition du jugement qui aura ordonné l'apposition des scellés.

Le juge de paix pourra, même avant ce jugement, apposer les scellés, soit d'office, soit sur la réquisition d'un ou
de plusieurs créanciers, mais seulement dans le cas de
disparition du débiteur ou de détournement de tout ou
partie de son actif.

FORMULE Nᵒ 53. — **Lettre d'avis du greffier à M. le juge de paix.**

Monsieur le juge de paix,

Pour me conformer aux dispositions de l'art. 457 du Code de commerce, j'ai l'honneur de vous informer que, par son jugement, en date
de ce jour, le tribunal de commerce de. . . . a déclaré le sieur R. . .
en état de faillite, et en a fixé provisoirement l'époque au. . . .,
M . S. . . ., juge audit tribunal, a été nommé commissaire, et le sieur
L. . . . syndic provisoire de ladite faillite ; par le même jugement l'apposition des scellés a été ordonnée sur les magasins. comptoirs, caisses,
portefeuilles, livres, papiers, meubles et effets du failli, ainsi que le dépôt
de sa personne dans la maison d'arrêt pour dettes.

Veuillez agréer, monsieur le juge de paix, mes respectueuses salutations.   (*Signature du greffier.*)

FORMULE N° 54.—Inventaire en double minute de l'actif dépendant de la faillite du sieur. . . ., limonadier, demeurant à. . . .

Nous L. . . ., domicilié à . . ., syndic provisoire de la faillite dudit sieur. . . . nommé, en cette qualité, par jugement du tribunal de commerce de. . . ., en date du. . . . dernier, dûment enregistré ;

Et en vertu de l'ordonnance , sur pied de requête , rendue le. . . ., par M. S. . . ., juge-commissaire de ladite faillite, dûment enregistrée à . . ., le. . . ., laquelle ordonnance nous a dispensé de l'apposition des scellés au domicile du failli ;

Nous sommes transporté le. . . ., au domicile du failli, à. . . ., rue. . . ., où nous avons appris que se trouvait l'actif dépendant de la faillite, que nous avons inventorié comme suit, en présence du failli, et en nous aidant des indications qu'il nous a fournies :

CHAPITRE Ier. — *Les livres, notes et papiers du failli consistent en ceux suivants :*

1° Un livre-journal, ou main courante, commençant le. . . . et finissant le. . . ., contenant le détail de ses ventes journalières ;

2° Un livre contenant le relevé des comptes qui lui sont dus ;

3° Un carnet contenant ses divers achats, en sucres, cafés, liqueurs , eaux-de-vie, bière, vins et autres articles, commençant le. . . ., et finissant le. . . .;

4° Un livre copie de lettres, qui ne contient que quelques feuillets écrits et qui n'a pas été continué ;

5° Un paquet ou liasse d'effets de commerce acquittés, au nombre de . . .;

6° Quatre paquets, ou liasses de lettres reçues, ou lettres de voiture.

CHAPITRE II.—*Argent comptant, billets ou autres créances actives.*

Dans le comptoir du café nous avons trouvé une somme de vingt-cinq francs soixante-quinze centimes. . . . . . ci.   25 75

Et dans le portefeuille du failli un billet à son ordre souscrit par le sieur. . . ., payable le. . . ., de la somme de deux cents francs. . . . . ci.   200 »»

Plus un acte d'obligation consenti en sa faveur par le sieur. . . ., devant M^e. . . ., notaire à. . . ., de la somme de trois cents francs échus. Un commandement de payer a été notifié le. . . ., au débiteur ; mais le failli nous a dit que, vu la mauvaise position de ce dernier, il n'avait pas cru devoir exposer de plus grands frais. Nous donnons cette somme pour mémoire. . . . . ci.   300 »»

CHAPITRE III. — *Marchandises diverses.*

Dans une pièce ou petit caveau, au rez-de-chaussée, et à côté de la salle du café, nous avons trouvé :

Un baril eau-de-vie de Cognac, de contenance de cent litres, dans lequel il n'y a plus que trente litres, estimé . ci.   »   »»

Six bouteilles liqueurs diverses estimées deux francs 50 c. pièce. . . . . ci.   »   »»

Quatre bouteilles rhum, à 2 fr. 50 c. pièce. . . . . . . ci.   »   »»

(Inventorier ainsi toutes les marchandises.)

8.

CHAPITRE IV. — *Mobilier industriel et autres effets mobiliers.*

Dans la salle du café :

Douze tables en marbre gris, estimées 6 fr. pièce. . . . ci.   »   »»

Vingt-quatre chaises façon acajou, garnies en paille estimées. . . . . ci.   »   »»

Quatre glaces de 80 cent. de hauteur sur 56 cent. de largeur, etc. . . . . ci.   »   »»

Une pendule, etc. . . . . ci.   »   »»

(Inventorier ainsi tous les objets mobiliers industriels.)

Dans le laboratoire, à côté de ladite salle :

Un fourneau économique en fonte estimé. . . . . . . ci.   »   »»

Un bruloir pour le café, etc. . . . . ci.   »   »»

Un moulin pour le café. . . . . ci.   »   »»

Une cafetière plaquée argent pour servir le café. . . . ci.   »   »»

Une fontaine à filtre. . . . . ci.   »   »»

(Inventorier ainsi tous autres objets.)

Dans la salle de billard :

Un billard à bandes rembourrées, sans blouses, estimé. ci.   »   »»

Vingt queues de billard et un porte-queues, etc. . . . ci.   »   »»

Un jeu de boules ou billes en ivoire. . . . . ci.   »   »»

(Inventorier ainsi tous autres accessoires du billard.)

Dans une chambre à coucher au premier étage :

Un lit composé de son bois de lit en noyer, d'une paillasse, un matelas rempli de laine, deux couvertures, une en laine, l'autre en coton, etc. . . . . ci.   »   »»

(Inventorier ainsi tous les meubles meublants)

Dans une pièce à côté de la cuisine, servant de salle à manger

Une table ronde, à manger, en noyer. . . . . ci.   »   »»

Un buffet à deux portes. . . . . ci.   »   »»

Dans le buffet, deux douzaines assiettes en terre de pipe. ci.   »   »»

(Inventorier ainsi tous les objets de la salle à manger)

Dans la cave :

Six barriques, dont deux remplies, l'une de vin rouge et l'autre de vin blanc du pays. . . . . ci.   »   »»

Trois barricots vides et une comporte. . . . . ci.   »   »»

Un cuvier en bois cerclé en fer, pour les lessives . . . ci.   »   »»

Dans le galetas :

Un stère bois à bruler, essence de chêne, valant. . . ci.   »   »»

Un demi-cent de fagots même essence, et deux cents fagots de sarment, etc. . . . . ci.   »   »»

Un tas de charbon de bois pesant environ 200 kilog., etc. ci.   »   »»

Le failli nous a déclaré qu'il lui était dû quelques anciens comptes de café, portés sur ses livres, dont le recouvrement pourrait être opéré, au moins en partie, moyennant des délais.

N'ayant plus rien trouvé à inventorier, nous avons clos le présent inventaire, que nous avons dressé en double minute.

A. . . ., le. . . ., et nous sommes. . . .   (*Signé.*)

FORMULE N° 55. — **Réquisition par des créanciers à M. le juge de paix pour apposer les scellés.**

A Monsieur le juge de paix du canton de. . . .

Les soussignés A. J. . . ., marchand de laine, J. P. . . ., teinturier, domiciliés à. . . .,

Ont l'honneur de vous exposer :

Qu'ils sont créanciers du sieur L. F. . . ., fabricant, demeurant à. . . ., savoir : le premier de la somme de. . . . francs, pour prix de laines vendues, et le second, de la somme de. . . . francs. . . cent. pour montant de teintures, selon règlement arrêté entre parties, le. . .; ces sommes devaient leur être payées par ledit sieur L. F. . . ., à son retour de la foire de. . . ., où il avait, disait-il, des marchandises à vendre ; la foire de. . . . est passée, et ledit sieur L. F. . . ., au lieu de payer les exposants, vient de disparaître de son domicile, et les exposants n'ont pu apprendre ce qu'il est devenu.

D'un autre côté, les renseignements que ces derniers ont cherché à se procurer sur la situation de leur débiteur, leur ont appris que, pendant la nuit dernière, des marchandises et autres objets mobiliers, sont sortis de la maison du sieur L. F. . . ., sans qu'on ait pu savoir, jusqu'à présent, où ils ont été dirigés ; il n'est pas douteux, d'après cela, que des détournements, de tout ou partie de l'actif de ce débiteur, ont été opérés et peuvent se continuer encore ; ce qui le démontre, c'est que des marchandises et d'autres effets mobiliers que les exposants avaient vus, il y a quelques jours seulement, chez le sieur L. F. . . ., ont aujourd'hui disparu.

Dans cette situation, il est urgent, dans l'intérêt des exposants, comme dans celui de tous autres créanciers, et en attendant la déclaration de faillite dudit sieur L. F. . . ., qui va être provoquée, d'empêcher d'autres détournements, et d'apposer dans le plus bref délai possible, les scellés au domicile dudit sieur L. F. . . .

Et comme l'art 457 du Code de commerce, dispose que le juge de paix pourra, même avant le jugement de faillite, apposer les scellés, soit d'office, soit sur la réquisition d'un ou plusieurs créanciers, dans le cas de disparition du débiteur, ou de détournement de tout ou partie de son actif, ce qui est le cas dans l'espèce,

Les exposants vous prient, Monsieur le juge de paix, de vouloir bien, en exécution dudit art. 457, apposer, dans le plus bref délai possible, les scellés au domicile dudit sieur L. F. . ., et partout où besoin sera, et ferez justice.

A. . . ., le. . . .   (*Suivent les signatures des impétrants.*)

RÉSUMÉ.

N° 1. Ce n'est qu'un simple avis qui doit être aujourd'hui envoyé au juge de paix par le greffier du tribunal de commerce, et non plus une expédition du jugement, comme l'exigeait l'ancien art. 449, ce qui occasionnerait des frais plus considérables en pure perte. Dalloz, n° 362.

2. Il faut considérer, au surplus, que le § 2 de l'article n'est pas restreint au cas où soit le détournement, soit la tentative de

détournement qui doit lui être assimilée, serait le fait du débiteur ; d'où l'on doit conclure que tout détournement, qu'il procède du débiteur ou de toute autre personne, donne lieu à l'application de la mesure.

3. Du reste, le juge de paix n'est pas dans l'obligation d'apposer les scellés, soit d'office, soit sur la demande des créanciers ; *il pourra*, dit la loi, laissant à son appréciation personnelle le soin de décider si la réquisition des créanciers mérite qu'on y défère. Dalloz, n° 353.

458. Les scellés seront apposés sur les magasins, comptoirs, caisses, portefeuilles, livres, papiers, meubles et effets du failli.

En cas de faillite d'une société en nom collectif, les scellés seront apposés, non-seulement dans le siége principal de la société, mais encore dans le domicile séparé de chacun des associés solidaires.

Dans tous les cas, le juge de paix donnera, sans délai, au président du tribunal de commerce, avis de l'apposition des scellés.

FORMULE N° 56. — Apposition des scellés après faillite.

L'an mil. . . . et le. . . .

Nous juge de paix du canton de. . . ., arrondissement de. . .,

Sur l'avis qui nous a été donné par M. . . ., greffier du Tribunal de commerce de. . . ., que le sieur C. P. . . ., marchand. . . ., demeurant à. . . ., venait d'être déclaré en faillite, et sur la réquisition à nous verbalement faite par M. F. L. . . ., syndic provisoire de cette faillite,

Nous sommes transporté, accompagné de notre greffier, et dudit M. F. L. . . ., syndic, dans le domicile dudit sieur C. P. . . ., situé en cette ville, rue. . . ., n°. . . ., pour y apposer les scellés sur les magasins, comptoirs, caisses, portefeuilles, livres, papiers, meubles et effets du failli.

Arrivés dans ladite maison, nous y avons trouvé ledit sieur C. P. . . ., failli, auquel nous avons fait part de l'objet de notre transport, et en sa présence nous avons procédé à nos opérations comme suit :

Dans une chambre, au premier étage, prenant jour par deux croisées sur la rue. . . ., nous avons laissé en évidence les objets suivants :

Un lit complet composé de. . . ., servant de coucher au failli ;

Six chaises en merisier, garnies en paille, en bon état ;

Deux fauteuils recouverts d'étoffe de laine rouge ;

Une glace sur la cheminée, de 90 c. de haut sur 70 c. de large, etc.

(Désigner tous les objets laissés en évidence.)

Dans une pièce appelé salon, à côté de la précédente, et prenant jour par deux croisées sur ladite rue, nous avons laissé en évidence un canapé en acajou, recouvert en étoffe de laine rouge, six chaises aussi en acajou, recouvertes de même étoffe, quatre fauteuils aussi en acajou, recouverts de même étoffe que le canapé et les chaises, une table ronde ou guéridon, au milieu du salon.

(Désigner aussi tous les objets laissés en évidence.)

Dans la cuisine donnant sur la cour intérieure de la maison, et prenant jour par une fenêtre, nous avons laissé en évidence les meubles et objets nécessaires au failli et à sa famille, et qui consistent : 1º en un fourneau économique en fonte; 2º une fontaine à filtre; 3º une chaudière et deux chaudrons en cuivre, pesant ensemble. . . . kilog. ; 4º deux casseroles en cuivre; 5º trois douzaines d'assiettes en porcelaine blanche, etc. (Désigner tous les objets.)

Dans une chambre, à côté de la cuisine, servant d'arrière-cuisine, nous avons fait transporter tous les objets mobiliers dont le détail et la désignation seraient trop longs, et nous avons apposé le scellé sur la porte de ladite chambre, au moyen d'une bande de papier par nous signée et paraphée, sur chacun des bouts de laquelle est empreint notre cachet, sur cire rouge; la clef de ladite porte a été remise au greffier.

Nous avons ensuite apposé le scellé extérieurement sur un bureau qui se trouve dans une chambre au premier étage, sur le devant, prenant jour sur la place Nationale, dans lequel bureau nous avons enfermé tous les livres et papiers que nous avons trouvés; cette apposition a été faite au moyen d'une bande de papier, etc. (comme ci-dessus).

Nous avons apposé le scellé extérieurement, de la manière susindiquée, sur la porte d'entrée de ladite chambre où se trouve ledit bureau, et dans laquelle il y a des marchandises; la clef de cette chambre, ou magasin, a été remise au greffier.

Descendus au rez-de-chaussée, nous avons fait fermer le magasin prenant jour sur ladite place Nationale, par la porte d'entrée, et par deux grandes fenêtres ou arceaux; nous avons apposé le scellé extérieurement sur la porte d'entrée dudit magasin; cette apposition a été faite, au moyen d'un ruban de fil, sur chacun des bouts duquel est imprimé notre cachet, sur cire rouge; les deux clefs de la porte de ce magasin ont été remises au greffier.

Nos opérations étant terminées, ledit sieur C. P. . . . nous a déclaré que depuis le. . . . jusqu'à aujourd'hui, il avait vendu des marchandises pour une somme de. . . . qu'il a en mains, et que nous lui avons laissée pour servir aux besoins de sa famille, et notamment de la dame. . . ., son épouse, retenue dans son lit par une grave maladie; le syndic présent à nos opérations a donné son consentement à ce que le failli gardât ladite somme, sauf à en rendre compte plus tard.

Nous avons établi gardien des scellés le sieur G. . . ., négociant, voisin du failli, qui s'est chargé de tout représenter.

De ce que dessus nous avons dressé le présent procès-verbal que nous avons signé, avec le syndic, le gardien et notre greffier. Le failli, requis de signer, a déclaré n'être nécessaire.

(Suivent les signatures.)

Enregistré à. . . ., le. . . .

Formule n° 57. — **Lettre d'avis du juge de paix à M. le président
du Tribunal de commerce.**

Monsieur le président,

J'ai l'honneur de vous faire savoir que, sur l'avis qui m'a été transmis le. . . ., par le greffier du Tribunal que vous présidez, de l'existence du jugement, en date du. . ., qui a déclaré que le sieur C. P. . ., marchand, demeurant à. . . ., en état de faillite, et en exécution de ce jugement, j'ai apposé, cejourd'hui, les scellés au domicile du failli selon le vœu de la loi.

Veuillez agréer, Monsieur le président, l'expression de mes sentiments distingués.

A. . . ., le. . . .   (*Le juge de paix, signé.*)

RÉSUMÉ.

N° 1. Au cas de faillite d'une société en commandite ou anonyme, il n'y a pas lieu d'apposer les scellés au domicile personnel, soit des commanditaires, soit des membres de la société anonyme, à moins qu'ils ne fussent détenteurs de valeurs, livres ou papiers appartenant à la société, sur lesquels les scellés devraient être apposés; l'existence de ces objets aux mains des commanditaires ou des membres de la société anonyme constituerait une sorte de détournement dont le caractère mériterait d'être examiné. Renouard, t. 1er, p. 402; Gilbert, *Code annoté*, art. 458.

2. Il en serait différemment au cas où l'un ou plusieurs associés commanditaires se seraient immiscés dans la gestion; toutefois, dans ce cas, les scellés ne devraient être apposés à leurs domiciles personnels qu'après que la question d'immixtion aurait été jugée définitivement contre eux. Bédarride, n° 196.

459. Le greffier du tribunal de commerce adressera, dans les vingt-quatre heures, au procureur impérial du ressort, extrait des jugements déclaratifs de faillite, mentionnant les principales indications et dispositions qu'ils contiennent.

Formule n° 58. — **Extrait d'un jugement déclaratif de faillite,
adressé par le greffier au procureur impérial.**

Extrait de jugement de faillite :

Par un jugement du. . . . courant, le Tribunal de commerce de l'arrondissement de. . . . a déclaré d'office (ou sur la requête de tels ou tels créanciers, indiqués dans l'extrait), le sieur L. B. . . ., marchand, demeurant à. . . ., en état de faillite, et en a fixé provisoirement l'époque au. . . . dernier ; M. . . ., juge audit Tribunal, a été nommé commissaire, et le sieur F. L. . . . syndic provisoire de ladite faillite ; par le même jugement, l'apposition des scellés au domicile du failli et le dépôt de la personne de ce dernier, dans la maison d'arrêt pour dettes de la ville de. . . ., ont aussi été ordonnés.

Pour extrait conforme, délivré à M. le procureur impérial.

A. . . ., le. . . .   (*Le greffier signé.*)

FORMULE Nº 59. — Lettre d'envoi de l'extrait ci-dessus.

Paris, le. . . .

Monsieur le procureur impérial,

J'ai l'honneur de vous adresser, en exécution de l'art. 459 du Code de commerce, un extrait d'un jugement rendu le. . . . . par le Tribunal de commerce de. . . ., qui déclare en état de faillite le sieur L. B. . . ., marchand, demeurant à. . . .

Veuillez agréer, Monsieur le procureur impérial, mes respectueuses salutations.   (*Le greffier signé.*)

460. Les dispositions qui ordonneront le dépôt de la personne du failli dans une maison d'arrêt pour dettes, ou la garde de sa personne seront exécutées à la diligence, soit du ministère public, soit des syndics de la faillite.

Avis du conseil d'État du 5 août 1840, sur l'interprétation de l'art. 460 de la loi du 28 mai 1838.

Le comité de législation, consulté par M. le garde des sceaux sur le sens de l'art. 460 de la loi du 28 mai 1838, et sur la marche à suivre par le ministère public agissant d'après cet article ;

Vu la lettre de M. le procureur général près la Cour royale de Paris, du 13 avril 1840 ;

Vu l'avis du conseil d'administration du ministère de la justice du 5 mai 1840, et autres pièces jointes au dossier ;

Vu la loi du 28 mai 1838, la loi du 17 avril 1832, et le décret du 4 mars 1808 ;

Considérant que l'art. 460 de la loi du 28 mai 1838, en confiant l'exécution du jugement qui aura ordonné l'incarcération du failli, soit au ministère public, soit aux syndics, a introduit un droit nouveau qu'on ne doit pas laisser sans effet ;

Que l'intention de la loi ne peut avoir été de prescrire dans tous les cas l'incarcération du failli, ce qui serait souvent inutile et quelquefois nuisible, ou même injuste ; mais qu'elle a voulu donner au ministère public le droit d'agir lorsque les syndics n'agiraient pas, et que pourtant l'incarcération du failli lui paraîtrait utile et juste ;

Que ce droit n'a pas été conféré au ministère public dans le seul intérêt privé des créanciers, mais encore dans l'intérêt public, pour intimider par de justes sévérités les commerçants de mauvaise foi, et déjouer les calculs fondés sur l'intérêt ou la faiblesse des créanciers ;

Considérant que les art. 460 et 461 de la loi du 28 mai 1838 ne chargent nullement le ministère public qui fait incarcérer le failli de pourvoir à ses aliments ; que l'on est à cet égard resté dans le droit commun, le ministère public n'ayant à s'occuper que sous le rapport moral et judiciaire de l'action qui lui est confiée, et l'état pourvoyant lui-même aux aliments de ceux que le ministère public a fait incarcérer dans un intérêt général, sauf répétition de ses avances, s'il y a lieu ;

Que, s'il en était autrement, si, par exemple, dans l'hypothèse prévue, l'action du ministère public était subordonnée à la vérification à faire, de l'insuffisance des fonds de la faillite et au bon vouloir du juge-commissaire, cette action serait le plus souvent illusoire ;

Considérant que l'art. 28 de la loi du 17 avril 1832 n'est applicable qu'aux incarcérations faites dans l'intérêt privé des créanciers et à leur poursuite ;

Que la loi du 17 avril 1832 n'a pas abrogé le décret du 4 mars 1808 ; que, lorsque l'État doit fournir des aliments, il ne peut y avoir lieu à consignation, parce que, suivant les expressions du décret, l'État pourvoit lui-même, par des fonds généraux, aux dépenses des prisons et aux subsistances des prisonniers ;

Considérant que dans le cas où, par un motif quelconque, l'État doit faire l'avance des aliments, il y a, quant à la consignation, même raison de décider que dans le cas où il doit les fournir ;

Est d'avis :

1° Que l'art. 460 du Code de commerce doit être entendu en ce séns que le ministère public n'est pas tenu de requérir dans tous les cas l'incarcération du failli, mais qu'il en a le droit suivant les circonstances, lors même que les syndics ne le demandent pas ;

2° Que cette incarcération, faite dans l'intérêt public aussi bien que dans l'intérêt des créanciers, ne doit pas être précédée d'une consignation d'aliments ; que l'État doit faire l'avance des aliments pour tout le temps durant lequel la détention sera maintenue par le ministère public, non pas en se les consignant à lui-même, mais en les fournissant en nature au détenu, sauf son recours contre la faillite, dès qu'elle aura des fonds disponibles conformément à l'art. 461 ;

3° Qu'il conviendrait de donner aux parquets des instructions dans le sens du présent avis.

Le garde des sceaux, par la circulaire du 1ᵉʳ août 1840, en adressant cet avis aux procureurs généraux, les invite à transmettre des instructions à leurs substituts pour faciliter l'exécution des mesures qu'ils croiront devoir prendre, en vertu de l'art. 460 de la loi précitée.

FORMULE N° 60. — **Avis au procureur impérial d'un jugement qui affranchit un failli du dépôt de la personne dans la maison d'arrêt pour dettes.**

Paris, le. . . .

Monsieur le procureur impérial,

J'ai l'honneur de vous informer que le Tribunal de commerce de. . ., par son jugement, en date du. . . courant, a affranchi le sieur L. B. . ., marchand, demeurant à. . ., du dépôt de sa personne, dans la maison d'arrêt pour dettes, qui avait été ordonné par le jugement déclaratif de sa faillite, en date du. . . . dernier.

Vous trouverez ci-joint le mémoire que le syndic de cette faillite a remis à M. le juge-commissaire qui me charge de vous le transmettre.

Veuillez agréer, etc.   (*Le greffier signé.*)

RÉSUMÉ.

N° 1. Le ministère public n'est pas tenu de requérir, dans tous les cas, l'incarcération du failli; mais il en a le droit, suivant les circonstances, lors même que les syndics ne le demanderaient pas. Avis du conseil de législation du conseil d'Etat, du 5 août 1840, et circulaire du garde des sceaux, du 1er octobre suivant; Gosse, *Manuel des juges de commerce*, p. 209.

2. L'incarcération sur la poursuite du ministère public ne doit pas être précédée d'une consignation d'aliments; l'État doit faire l'avance des aliments pour tout le temps qu'elle est maintenue, sauf son recours contre la faillite, dès qu'elle aura des fonds disponibles, conformément à l'art. 461 du Code commerce. Même avis.

461. Lorsque les deniers appartenant à la faillite ne pourront suffire immédiatement aux frais du jugement de déclaration de la faillite, d'affiches et d'insertions de ce jugement dans les journaux, d'apposition des scellés, d'arrestation et d'incarcération du failli, l'avance de ces frais sera faite, sur ordonnance du juge-commissaire, par le Trésor public, qui en sera remboursé par privilége sur les premiers recouvrements, sans préjudice du privilége du propriétaire.

FORMULE N° 61.—**Requête au juge-commissaire pour l'avance à faire par le Trésor public des frais de faillite.**

A Monsieur J. B. . . ., juge-commissaire de la faillite du sieur. . . .

Le sieur F. L. . . ., syndic provisoire de ladite faillite, nommé en cette qualité, par jugement du Tribunal de commerce de. . . ., en date du. . . .

A l'honneur de vous exposer :

Qu'il résulte des renseignements acquis par l'exposant et de l'examen qu'il a pu faire des affaires de ladite faillite, que les deniers appartenant à cette faillite ne pourront suffire immédiatement, aux frais du jugement de déclaration, d'affiches et d'insertion de ce jugement dans les journaux, d'apposition des scellés, d'arrestation et d'incarcération du failli; l'actif qui en dépend ne paraît consister, jusqu'à présent, que dans la valeur d'une maison située à. . . ., indivise entre le failli et sa femme, et dont la vente devra être ordonnée.

C'est pourquoi l'exposant vous prie, Monsieur le juge-commissaire, d'ordonner que l'avance des frais du jugement, actes et formalités ci-dessus énoncés, sera faite, conformément à l'état de liquidation desdits frais, joint à la présente requête, par le Trésor public, aux termes de l'art. 461 du Code de commerce, desquels frais le Trésor public sera remboursé, par privilége, sur les premiers recouvrements qui seront opérés, et ferez justice.

A. . . ., le. . . .   (*Le syndic, signé.*)

État des frais et dépenses relatifs à la faillite du sieur. . . ., négociant à. . . ., dont l'avance doit être faite par le Trésor public, conformément à l'art. 461 du Code de commerce.

1° Frais du jugement déclaratif de la faillite. . . . ., ci.	»	»»
2° Frais d'affiches et d'insertion de ce jugement dans les journaux. . . . . ci.	»	»»
3° Frais d'apposition des scellés. . . . . ci.	»	»»
4° Frais d'arrestation et d'incarcération du failli. . . . ci.	»	»»
5° Timbre du présent état. . . . . ci.	»	»»
Total. . . . ci.	»	»»

Lyon, le. . . .   (*Signature du syndic.*)

Observation.— Cet état est dressé par le syndic sur les notes de frais que doit lui remettre le greffier qui en fait l'avance, revêtues de l'acquit de ce dernier.— Le syndic joint ces notes de frais à sa requête.

Formule n° 62. — Ordonnance du juge-commissaire rendue sur la requête qui précède.

Nous. . . ., juge au Tribunal de commerce de. . . ., commissaire de la faillite du sieur. . . .,

Vu la requête ci-dessus, les faits y exposés, et les dispositions de l'article 461 du Code de commerce, avons taxé à la somme de. . . . l'état de frais ci-dessus; et attendu que les deniers appartenant à la faillite ne suffisent pas, quant à présent, pour subvenir aux paiements desdits frais, ordonnons que les frais du jugement déclaratif de la faillite, d'affiches et d'insertions de ce jugement dans les journaux, d'apposition des scellés, d'arrestation et d'incarcération du failli, seront avancés par le Trésor public, sur la quittance du syndic de ladite faillite, desquels frais le Trésor public sera remboursé, par privilége, sur les premiers recouvrements qui seront opérés par ledit syndic.

Donné à. . . ., le. . . .   (*Le juge-commissaire, signé.*)
Enregistré à. . . .

RÉSUMÉ.

N° 1. Pour le mode d'exécution de cet article, une circulaire du ministre de la justice, du 8 juin 1838, trace les règles suivantes :

« Sous le Code de 1807, il arrivait souvent que les créanciers,
« effrayés par les avances qu'exigent les frais d'une faillite, n'o-
« saient en poursuivre les opérations, et préféraient subir la loi
« qui leur était imposée par leur débiteur. L'art. 461 a pour
« objet de faire cesser cet inconvénient: dans le cas qu'il pré-
« voit, les frais sont payés par les receveurs de l'enregistre-
« ment, au moyen d'une ordonnance du juge-commissaire mise
« au bas de chacun des mémoires; dans les frais d'incarcéra-
« tion à avancer par le Trésor, se trouvent compris les aliments
« dont la consignation est indispensable. » Le juge-commissaire
doit faire tenir note au greffe des sommes ordonnancées, et le
greffier est tenu de dresser l'état de liquidation pour en payer le
montant, à récupérer, s'il y a lieu. Dalloz, n° 403.

CHAPITRE IV.

DE LA NOMINATION ET DU REMPLACEMENT DES SYNDICS
PROVISOIRES.

462. Par le jugement qui déclarera la faillite, le tribunal de commerce nommera un ou plusieurs syndics provisoires.

Le juge-commissaire convoquera immédiatement les
créanciers présumés à se réunir dans un délai qui n'excé-
dera pas quinze jours; il consultera les créanciers présents
à cette réunion, tant sur l'état des créanciers présumés que
sur la nomination de nouveaux syndics; il sera dressé procès-verbal de leurs dires et observations, lequel sera représenté au tribunal.

Sur le vu de ce procès-verbal et de l'état des créanciers
présumés, et sur le rapport du juge-commissaire, le tribunal nommera de nouveaux syndics, ou continuera les premiers dans leurs fonctions.

Les syndics ainsi institués sont définitifs; cependant ils
peuvent être remplacés par le tribunal de commerce, dans
les cas et suivant les formes qui seront déterminés.

Le nombre des syndics pourra être, à toute époque, porté

jusqu'à trois ; ils pourront être choisis parmi les personnes étrangères à la masse, et recevoir, quelle que soit leur qualité après avoir rendu compte de leur gestion, une indemnité que le tribunal arbitrera sur le rapport du juge-commissaire.

FORMULE N° 63.—Circulaire aux créanciers présumés d'une faillite.

Lyon, le   18. .

Le juge-commissaire de la faillite du sieur . . . ., aux créanciers de ce dernier.

Monsieur,

Pour me conformer aux dispositions de l'article 462 du Code de commerce, je vous invite à vous réunir, le . . . du courant, à . . . ., h. . . ., d. . . ., dans la salle du greffe du tribunal de commerce de l'arrondissement d. . . . (ou bien dans la salle des délibérations du tribunal de commerce de l'arrondissement d. . . .), pour y être consultés, tant sur la composition de l'état des créanciers présumés dudit sieur . . . ., que sur la nomination des syndics définitifs.

J'ai l'honneur de vous saluer.

(*Juge-commissaire, signé.*)

FORMULE N° 64.—Procès-verbal des dires et observations des créanciers présumés d'une faillite, pour la nomination des syndics définitifs.

L'an mil. . . ., à. . . heures du. . . ., dans la salle des délibérations du Tribunal de commerce de. . . .

Pardevant nous, J. S. . . ., juge suppléant audit Tribunal, commissaire de la faillite du sieur R. V. . . ., limonadier, demeurant à. . . .

Se sont présentés les sieurs (désigner les créanciers qui se présentent, par leurs nom, profession et domicile), lesquels en leur qualité de créanciers présumés dudit sieur R. V. . . ., se sont réunis, en vertu de la convocation que nous en avons faite, par notre circulaire du. . . . courant, et se sont formés en assemblée, sous notre présidence, conformément aux dispositions de l'article 462 du Code de commerce ;

En conséquence, nousdit juge-commissaire, après avoir entendu les créanciers présents, nous sommes d'abord occupé de l'état des créanciers présumés dudit sieur R. V. . . . et cette opération terminée, nous avons consulté l'assemblée sur la nomination d'un nouveau syndic.

L'assemblée a, de suite, délibéré sur ce point, et a été unanimement (ou bien à la majorité) d'avis que le sieur F. L. . . ., syndic provisoire devait être nommé syndic définitif ;

De tout quoi a été dressé le présent procès-verbal que nous avons signé avec le greffier.

Enregistré à. . . ., le. . . .

(**Le juge-commissaire, signé.**)   (*Le greffier, signé*).

FORMULE N° 65.—État des créanciers présumés du sieur R. V. . . .,
marchand, demeurant à. . . .

Messieurs,

1° David Peyré, banquier, domicilié à. . . .

2° (Ainsi de suite désigner ces créanciers par leurs noms, profession et domicile), l'état se termine ainsi :

Nous, J. S. . . ., juge suppléant au Tribunal de commerce de. . . ., commissaire de la faillite du sieur R. V. . . ., avons dressé l'état ci-dessus, conformément à l'article 462 du Code de commerce, après avoir consulté les créanciers présents à la réunion qui a eu lieu cejourd'hui devant nous.

A. . . ., le. . . .   (*Le juge-commissaire, signé.*)

Enregistré, à. . . ., le. . . .

FORMULE N° 66.—Jugement qui nomme des syndics définitifs.

Le Tribunal de commerce de l'arrondissement de. . . ., département d. . . ., a rendu le jugement dont la teneur suit :

M. J. B. . . ., juge au Tribunal, commissaire de la faillite du sieur C. P. . . ., négociant, demeurant à. . . ., a rapporté que par une circulaire en date du. . . courant, il avait, conformément à l'article 462 du Code de commerce, invité tous les créanciers connus dudit sieur C. P. . . . à se présenter le. . . ., à. . . heures du. . . dans la salle des délibérations du Tribunal, pour y être consultés, tant sur la composition de l'état des créanciers présumés, que sur la nomination de nouveaux syndics; qu'en vertu de cette circulaire, plusieurs créanciers s'étaient réunis sous sa présidence; qu'après les avoir entendus, il s'était d'abord occupé de l'état des créanciers présumés dudit sieur C. P. . . .; qu'ayant ensuite consulté les créanciers présents sur la nomination de nouveaux syndics, la majorité avait été d'avis que les sieurs A. J. . . ., fabricant et H. V. . . ., marchand confectionneur, demeurant à. . . devaient être nommés syndics définitifs, tandis que la minorité avait pensé qu'il y avait lieu de nommer à ces fonctions M. F. L. . . ., déjà syndic provisoire, et de lui adjoindre comme second syndic ledit sieur A. J. . . . ;

En conséquence, ledit commissaire, après avoir déposé sur le bureau l'état des créanciers présumés et le procès-verbal par lui dressé, a proposé au Tribunal de procéder à la nomination de deux syndics définitifs;

Sur quoi :

Vu l'état des créanciers présumés dudit sieur P. . . ., le procès-verbal dressé par M. le juge-commissaire de la faillite et l'art. 462 du Code de commerce ;

Le Tribunal, en délibération, jugeant en dernier ressort, ayant égard à la proposition faite par M. J. B. . . ., juge-commissaire de la faillite du sieur C. P. . . nomme les sieurs A. J. . . ., fabricants, et C. A. . . ., avocat, demeurant à. . . ., syndics définitifs de ladite faillite.

Ainsi jugé et prononcé en audience publique tenue le. . . ., présents MM. C. . . ., président; A. G. . . ., J. D. . . . et J. B. . . ., juges; et G. . . ., greffier. C. . . ., président; G. greffier, *signés* à la minute en marge de laquelle est écrit : enregistré à. . . ., le. . . .

FORMULE Nᵒ 67.—Jugement qui nomme un syndic définitif en remplacement d'un autre.

Le Tribunal de commerce de. . . .

A rendu le jugement dont la teneur suit :

M. J. B. . . ., juge au Tribunal de commerce, de la faillite du sieur C. P . . ., marchand, demeurant à. . . ., a rapporté que, par une circulaire en date du. . . ., il avait, conformément à l'art. 462 du Code de commerce, invité tous les créanciers connus dudit sieur C. P. . . . à se présenter le. . . ., dans la salle des délibérations du Tribunal, pour y être consulté, tant sur la composition de l'état des créanciers présumés que sur la nomination de nouveaux syndics ; qu'en vertu de cette circulaire plusieurs créanciers s'étaient réunis, sous sa présidence ; qu'après les avoir entendus, il s'était d'abord occupé de l'état des créanciers présumés dudit sieur C. P. . . . .; qu'ayant ensuite consulté les créanciers présents sur la nomination de nouveaux syndics, la majorité avait été d'avis que les sieurs A. J. . . ., fabricant, et H. V. . . ., marchand confectionneur, demeurant à. . . ., devaient être nommés syndics définitifs, tandis que la minorité avait pensé qu'il y avait lieu de nommer à ces fonctions Mᵉ F. L. . . ., avocat, déjà syndic provisoire, et de lui adjoindre comme second syndic ledit sieur A. J. . . .; que sur son rapport et par un jugement du. . . ., le Tri- avait nommé pour syndics définitifs de la faillite ledit sieur A. J. . . ., et le sieur C. A. . . ., ancien fabricant, demeurant à. . . ., mais que ce dernier ayant écrit au président du Tribunal pour lui faire connaître son refus d'accepter les fonctions à lui confiées, il était nécessaire de procéder à son remplacement ; en conséquence, ledit sieur. . . ., com- missaire, a invité le Tribunal à désigner un nouveau syndic à la place dudit sieur C. A. . . .

Sur quoi,

Vu le procès-verbal dressé par M. le juge-commissaire de la faillite du sieur C. P. . . . le. . . . . l'expédition du jugement rendu le. . . ., la non-acceptation du sieur C. A. . . ., nommé syndic, et l'art. 462 du Code de commerce ;

Le Tribunal, après en avoir délibéré, jugeant en dernier ressort, vu ce qui résulte du rapport de M. le juge-commissaire de la faillite du sieur C. P. . . ., et ayant égard à sa proposition, nomme Mᵉ F. L. . . ., avocat, demeurant à. . . ., syndic définitif de ladite faillite à la place dudit C. A. . . ., non-acceptant.

Ainsi jugé, etc.

FORMULE Nᵒ 68.—Procès-verbal de reddition de compte de gestion d'un syndic de faillite.

L'an mil. . . .

Par devant nous, J. B. . . ., juge au Tribunal de commerce de. . ., commissaire de la faillite du sieur A. R. . . ., demeurant à. . . ., dans la salle du greffe dudit Tribunal à. . . ., heures du. . . .

Ont comparu, d'une part, le sieur F. L. . . ., syndic définitif de la- dite faillite;

Et, d'autre part, ledit sieur R. V. . . ., failli;

Ledit syndic nous a exposé que le concordat passé entre ledit sieur

V. . . . et ses créanciers chirographaires, le. . . ., ayant été homologué à sa requête, sans aucune opposition, par jugement du Tribunal, en date du. . . ., il doit, d'après l'art. 519 du Code de commerce, rendre audit sieur V. . . ., compte de sa gestion et lui remettre l'universalité de ses biens, livres, papiers et effets.

En conséquence ledit syndic a présenté son compte audit sieur V. . ., de la manière suivante :

CHAPITRE Ier.

Recettes (on énumère tous les articles de recettes).

    TOTAL de la recette. . . . . ci. 50,000

CHAPITRE II.

Dépenses (on énumère de même tous les articles de la dépense, en y comprenant les entiers frais de la faillite).

    TOTAL de la dépense. . . . . ci. 3,300

RÉCAPITULATION.

Recette. . . . . ci. 50,000
Dépense. . . . . ci. 3,300

    Reste en caisse. . . . . . ci. 46,700

Ledit sieur V. . . ., après avoir vérifié le susdit compte de gestion, en a reconnu l'exactitude, et moyennant la remise qui lui a été faite par ledit syndic, des pièces à l'appui, il a approuvé les susdites recette et dépense, et remercié le syndic de la manière avec laquelle il a rempli ses fonctions.

Demeurant l'approbation de son compte, ledit syndic a déclaré que la somme de. . . ., serait distribuée sans retard aux créanciers chirographaires, ainsi qu'il en demeurait chargé par ledit concordat, formant le résidu de la recette.

Après quoi, ledit syndic a remis au sieur V. . . ., l'universalité de ses biens, livres, papiers et effets, ainsi que toutes les pièces relatives à la procédure de la faillite, que ledit sieur. . . ., a acceptées et en a fourni décharge ; à la condition néanmoins, par le syndic, de rapporter les quittances du dividende de. . ., qu'il doit payer lui-même aux créanciers avec le produit des sommes par lui recouvrées pendant l'exercice de ses fonctions.

De tout quoi a été dressé le présent procès-verbal qui a été signé par ledit syndic, par ledit sieur V. . . ., failli, par nous juge-commissaire, et par le greffier.

                      (Suivent les signatures.)

Enregistré à. . . ., le. . . .

FORMULE No 69. — Requête présentée au Tribunal de commerce par un syndic pour faire fixer l'indemnité à lui due.

A Messieurs les président et juges composant le Tribunal de commerce de. . . .

Le sieur F. L. . . ., avocat, demeurant à. . . ., en sa qualité de syndic définitif de la faillite du sieur J. A. . . ., marchand, demeurant à. . . .

I.   9

A l'honneur de vous exposer :

Que la liquidation de la faillite dudit sieur J. A. . . . est aujourd'hui terminée, et que ses créanciers ont été convoqués à une dernière assemblée fixée au. . . . courant, aux termes de l'art. 537 du Code de commerce,

Aux termes de l'art. 462 dudit Code, le syndic peut recevoir une indemnité qui est fixée par le Tribunal, sur le rapport de M. le juge-commissaire.

L'exposant vous prie, Messieurs, de vouloir bien fixer le montant de l'indemnité à laquelle la loi lui donne le droit de prétendre, après qu'il aura régulièrement rendu son compte de gestion, en prenant pour base de votre appréciation la durée des opérations que la faillite a rigoureusement nécessitées; les graves difficultés que le syndic a rencontrées pour rechercher les valeurs actives qui en dépendaient, les procès qu'il a été dans l'obligation d'intenter ou de soutenir, pour faire réintégrer à la masse ces valeurs actives, pour faire maintenir l'époque fixée par le Tribunal, comme étant celle de la cessation réelle des paiements du failli ;

Les voyages, démarches et correspondances pour obtenir la connaissance de plusieurs actes passés par le failli chez les notaires des localités de. . . ., au moyen desquels le failli s'était indûment dépouillé de tout son actif, tant mobilier qu'immobilier; la rédaction de mémoires remis au juge-commissaire, ou lus aux assemblées des créanciers ; la rédaction de l'inventaire en double minute, du bilan, de tous les autres actes et requêtes que la loi prescrit aux syndics de dresser, enfin ses déplacements et comparutions aux assemblées de créanciers, devant le juge d'instruction, à l'occasion des poursuites criminelles dirigées contre le failli et devant le Tribunal ou la Cour d'assises comme témoin.

A. . . ., le. . . .   (*Le syndic, signé.*)

Formule n° 70. — Jugement du Tribunal de commerce, rendu sur la requête ci-dessus, et à la suite.

Le Tribunal, après avoir entendu en son rapport M. J. B. . . ., l'un de ses membres, commissaire de la faillite du sieur J. A. . . .,

Vu l'art. 462 de la loi sur les faillites et banqueroutes, l'exposé fait dans la requête ci-dessus, la demande de M. F. L. . . ., syndic de ladite faillite, et les documents mis sous ses yeux, autorise ledit syndic définitif à prélever sur l'actif de la faillite, après reddition de son compte de gestion, une indemnité qui demeure fixée à la somme de. . . .,

Non compris les frais de voyage dudit syndic effectués pour les affaires de la faillite, non plus que ses autres déboursés et dépenses.

A l'effet de quoi le Tribunal a rendu le présent jugement et délivré le présent exécutoire.

Fait, délibéré et jugé en chambre du conseil dudit Tribunal.

A. . . ., le. . . . Présents : MM. . . .
                          (*Le président et le greffier, signé.*)

RÉSUMÉ. — **Indication alphabétique.**

N° 1. Les fonctions des syndics provisoires se continuent jusqu'à la nomination, par le tribunal de commerce, de nouveaux syndics.

2. Les fonctions des syndics provisoires ne sont pas déterminées d'une manière bien précise par la loi ; elles doivent cependant se restreindre aux actes conservatoires, aux mesures provisoires et urgentes pour lesquelles on ne saurait attendre la nomination des syndics définitifs ; et ce qui le démontre, c'est que le juge-commissaire est tenu de convoquer immédiatement les créanciers à se réunir dans un délai qui n'excède pas quinze jours. Dalloz, n° 404.

3. Les créanciers doivent être convoqués dans la quinzaine, sans augmentation de délai, à raison des distances ; mais si des circonstances particulières retardaient cette convocation, les fonctions des syndics provisoires continueraient, et aucune nullité ne serait le résultat de ce retard. Lainné, p. 102.

4. Si la loi fixe le délai que le juge-commissaire est tenu de ne pas dépasser pour la convocation des créanciers, elle ne détermine aucun délai à laisser aux créanciers pour qu'ils aient le temps de se rendre à la convocation ; il faut, cependant, leur laisser un temps moral suffisant pour que cette convocation ne soit pas illusoire. Paris, 18 juillet 1841, Dalloz, n° 408, à la note.

5. C'est ordinairement dans une des salles du tribunal de commerce que la réunion se fait ; mais rien n'empêche qu'elle ait lieu chez le juge-commissaire, chez le failli ou ailleurs. Dalloz, n° 407.

6. Aucune forme particulière n'est prescrite par l'art. 462, pour la convocation des créanciers. M. Gilbert, *Code de commerce annoté*, art. 462, n° 3, dit, d'après Massé, t. III, n° 278, et Goujet et Merger, v° *Syndic*, n° 7, qu'à Paris, elle se fait ordinairement dans les formes tracées par l'art. 492, c'est-à-dire, par lettres du greffier et insertions dans les journaux.

7. Dans d'autres tribunaux, cette convocation se fait par lettres du juge-commissaire, signées de ce magistrat, que le greffier du tribunal est chargé de faire parvenir aux créanciers. L'in-

9.

sertion aux journaux d'une copie de la circulaire n'est pas indispensable.

8. Les créanciers hypothécaires ayant un intérêt, soit présent, soit éventuel, à la nomination des syndics, on ne peut se dispenser de les appeler, pour être consultés sur cette nomination. 23 prairial an IX, Cass. (S.1.1.453 ; D.A.8.105). Arrêt rendu sur l'opinion conforme de Merlin, procureur général.

9. Le jugement qui arbitre l'indemnité due aux syndics doit contenir la mention qu'il a été rendu sur le rapport du juge-commissaire, et il doit être motivé. Rennes, 22 déc. 1841 (S.-V. 42.2.62 et 207 ; D.P.42.2.86).

10. Ce jugement est susceptible d'appel, et l'appel peut être formé par voie de simple requête devant la Cour. Même arrêt.

11. A toute époque le maximum du nombre des syndics est de trois. Mais le tribunal n'est pas obligé de le porter, dès sa première formation, au nombre qu'il voudra définitivement atteindre. Ce mode de procéder est une garantie de plus de la maturité des choix. On offre ainsi le moyen, soit de tempérer les inconvénients de mauvais choix, trop peu graves pour autoriser la révocation, soit de retenir au syndicat des personnes qui ne voudraient pas seules porter le poids d'une administration, qui a cependant besoin de leurs lumières. Dalloz, n° 419.

463. Aucun parent ou allié du failli, jusqu'au quatrième degré inclusivement, ne pourra être nommé syndic.

464. Lorsqu'il y aura lieu de procéder à l'adjonction ou au remplacement d'un ou de plusieurs syndics, il en sera référé par le juge-commissaire au tribunal de commerce, qui procédera à la nomination suivant les formes établies par l'art. 462 (*Voir Formule 67 ci-dessus*).

465. S'il a été nommé plusieurs syndics, ils ne pourront agir que collectivement ; néanmoins, le juge-commissaire peut donner à un ou plusieurs d'entre eux des autorisations spéciales, à l'effet de faire séparément certains actes d'administration ; dans ce dernier cas, les syndics autorisés seront seuls responsables.

FORMULE N° 71. — **Requête au juge-commissaire pour obtenir des autorisations à l'effet de faire séparément des actes d'administration.**

A Monsieur J. B. . . ., négociant, demeurant à. . . ., juge-commissaire de la faillite du sieur E. A. . . ., négociant, demeurant à M. . . .

Le sieur F. L. . . ., négociant, demeurant aussi à M. . . ., syndic définitif de ladite faillite,

A l'honneur de vous exposer :

Que, par un jugement du Tribunal de commerce de. . . ., en date du. . . ., l'exposant et le sieur I. D. . . ., avocat, demeurant à C. . . ., ont été nommés syndics définitifs de ladite faillite ; que, parmi les biens qui en dépendent se trouve un domaine appelé le. . . ., situé aux portes de ladite ville de M. . . ., et composé de. . . ., que pour la gestion de ce domaine plusieurs actes d'administration sont nécessaires et d'une certaine urgence ; que l'éloignement de M° I. D. . . ., second syndic, qui habite le chef-lieu d'arrondissement, ne lui permet pas toujours d'agir collectivement avec l'exposant, pour tous les actes de détail, achats et ventes relatifs et indispensables à la bonne gestion dudit domaine.

En conséquence, l'exposant vous prie, Monsieur le juge-commissaire, de vouloir bien lui donner l'autorisation spéciale à l'effet de faire séparément tous les actes d'administration que pourra exiger la gestion dudit domaine, jusques à la vente qui devra en être ultérieurement poursuivie, s'il n'intervient pas de concordat entre le failli et ses créanciers.

Fait à. . . ., le. . . .   (*Signature de l'exposant.*)

Nous. . . ., juge-commissaire de la faillite du sieur. . . .

Vu la requête ci-dessus et les faits y exposés, autorisons ledit sieur F. L. . . ., l'un des deux syndics de la faillite précitée, et ce, conformément aux dispositions de l'art. 465 du Code de commerce, à faire séparément tous les actes d'administration que pourra exiger la bonne gestion du domaine dont il s'agit, dépendant de la faillite, sous sa seule responsabilité.

Donné à. . . ., le. . . .   (*Le juge-commissaire, signé.*)
Enregistré à. . . ., le. . . .

FORMULE N° 71 *bis.* — **Réclamation d'un syndic contre un acte d'administration fait par son cosyndic seul.**

A Monsieur. . . ., juge-commissaire de la faillite du sieur S. . . ., marchand de cuirs, demeurant à. . . .

Le sieur F. L. . . ., négociant, domicilié à. . . ., agissant comme syndic de ladite faillite,

A l'honneur de vous exposer :

Que le sieur D. . ., banquier, demeurant à. . ., autre syndic de la même faillite, trompé sans doute par des renseignements inexacts, vient de donner assignation, tant à sa requête qu'à celle de l'exposant, son cosyndic, au sieur R. . . ., ancien bottier, domicilié à. . . ., à comparaître devant le Tribunal de commerce de. . . ., en paiement d'un ancien compte

qui serait dû par ledit sieur R. . . . au failli, s'élevant à la somme capitale de. . . .; mais attendu que l'exposant est parfaitement instruit
de la complète insolvabilité du débiteur, qui ne vit plus aujourd'hui
qu'au moyen de l'assistance qu'il reçoit de son fils, auprès duquel il est
venu habiter ; que, dès lors, une pareille instance ne peut qu'entraîner
des frais en pure perte à la charge de la faillite ; que la responsabilité
de l'exposant peut être engagée, du moment que la poursuite a lieu aussi
en son nom, lorsque cependant son cosyndic a agi seul et sans votre
autorisation comme juge-commissaire ; qu'il importe donc à l'exposant
de protester contre cet acte et de dégager sa responsabilité.

C'est pourquoi il vous prie, Monsieur le juge-commissaire, de déclarer,
en exécution des art. 465 et 466 de la loi sur les faillites et banqueroutes, que c'est sans autorisation spéciale de votre part que ledit sieur
D. . . ., syndic, s'est permis de faire séparément l'acte dont il s'agit ;
que, par suite, cet acte est nul et ne saurait lier la masse ni engager la
responsabilité de l'exposant, qui conclut à ce qu'il vous plaise, statuant
sur la présente réclamation et protestation, annuler l'assignation précitée et tout l'ensuivi, dont les frais resteront à la charge du sieur D. . . .,
ainsi que ceux de la présente protestation et de la décision à intervenir,
laquelle sera exécutoire par provision.

A. . . ., le. . . .   *(Le syndic, signé.)*

Ordonnance du juge-commissaire statuant sur la réclamation ci-dessus.

Nous, juge-commissaire de la faillite du sieur. . . .,

Vu la requête ci-dessus et la protestation qui en fait l'objet ; vu les art.
465 et 466 de la loi des faillites et banqueroutes, disons que c'est sans
autorisation spéciale de notre part ; que le sieur D. . . ., l'un des deux
syndics de ladite faillite, a agi séparément dans l'acte d'administration
qui lui est reproché ; que cet acte, d'après les faits révélés ci-dessus,
est inutile, frustratoire et engagerait la responsabilité du syndic qui ne
l'a pas approuvé ; annulons ledit acte et tout ce qui en a été la suite, et
ordonnons que tous frais exposés à cet égard, et ceux de notre présente
ordonnance resteront à la charge personnelle dudit sieur D. . . .,
syndic ;

Donné au palais de Justice, à. . . ., le. . . .

      (Signatures du juge-commissaire et du greffier.)

RÉSUMÉ (Art. 463). — **Indication alphabétique.**

Alliés du failli, 1.	Femme mariée, 6.	Mineur émancipé, 6.
Autorisation maritale, 7.	Hostilité, 8.	Parents du failli, 1.
Etranger, 4, 5.	Marchande publique, 7.	Privation des droits civils, 1.
Failli syndic, 2, 5.	Mari, 6.	

N° 1. Il faut ajouter aux parents ou alliés du failli jusqu'au
quatrième degré inclusivement, toutes personnes privées des
droits civils, et qui ne peuvent ester en justice, ni en demandant,
ni en défendant. Renouard, t. 1er, p. 437.

2. Le failli non réhabilité ne peut être nommé syndic, à
moins qu'il n'ait été remis à la tête de ses affaires par un concordat ; dessaisi de l'administration de ses propres biens, il ne

peut être saisi de l'administration des biens d'autrui, Pardessus, n° 1151; Boulay-Paty, t. 1er, n° 184; Renouard, ci-dessus, cité; Goujet et Merger, v° *Syndic*, n° 18.

3. Seulement M. Dalloz fait remarquer avec raison, après M. Renouard, que, dans ce cas, les tribunaux chargés des nominations des syndics, doivent n'accorder qu'avec la plus extrême réserve, une marque de confiance, qui est relativement à un failli une marque de faveur extraordinaire, et qui, venant d'eux, produira plusieurs effets moraux de la réhabilitation.

4. L'étranger, créancier du failli, peut être syndic; c'est encore l'opinion des auteurs ci-dessus cités et de M. Renouard, t. 1er, n° 221.

5. Cependant on ne pourrait nommer syndic un étranger, même créancier du failli, qu'autant qu'il aurait été admis à jouir en France des droits civils; dans le cas contraire, il n'a pas plénitude de capacité judiciaire, puisqu'on l'oblige à fournir caution, s'il veut former une demande en justice. Pardessus, n° 1151; Renouard, t. 1er, p. 437: Dalloz, n° 416, v° *Faillite*.

6. Une femme mariée et un mineur émancipé peuvent être choisis, aux termes l'art. 1990, Cod. civ., pour mandataires; il semble, dès lors, qu'ils peuvent être chargés de la gestion d'un syndicat; mais comme cet article restreint, à leur égard, les droits et actions du mandant, et que rien ne doit borner la responsabilité des syndics, il faut décider qu'en règle générale ces personnes sont inaptes au syndicat.

7. Toutefois, une autorisation spéciale du mari serait nécessaire, même à la femme marchande publique, pour une pareille gestion, et il en serait de même du mineur émancipé qui devrait être légalement autorisé à faire le commerce, pour pouvoir être syndic, puisque cette autorisation le répute majeur et le délie des liens de la tutelle. Dalloz, n° 417 *bis*.

8. On pourrait aussi choisir pour syndic un créancier qui serait en hostilité avec le failli; Dalloz, n° 417, pense cependant que des motifs de convenance devraient empêcher un pareil choix.

RÉSUMÉ (Art. 464).

N° 1. Quoique l'art. 464 renvoie à l'art. 462 pour le mode de nomination dans les cas d'adjonction ou de remplacement d'un ou de plusieurs syndics, cependant il n'est pas nécessaire de convoquer de nouveau les créanciers, pour les consulter sur l'utilité de cette adjonction et de ce remplacement. Alauzet, p. 108.

2. Goujet et Merger, v° *Syndic*, n° 22, pensent que l'article 464 ne renvoie à l'article 462, que pour le mode de nomination par le tribunal, et M. Gilbert, *Code de commerce annoté*, art. 464, n° 1, ajoute à l'opinion de ces auteurs que c'est en ce sens que cet article est interprété par le tribunal de commerce de la Seine, qui procède journellement à l'adjonction ou au remplacement des syndics par voie de nomination directe, soit sur l'avis du juge-commissaire, soit même d'office, sans convocation de créanciers.

3. C'est aussi ce qui se pratique dans plusieurs tribunaux de commerce des départements, et ce mode a l'avantage d'être plus prompt, plus économique et de ne pas déranger les créanciers (*Observations de l'auteur*).

4. Les syndics nouvellement nommés doivent agir diligemment pour faire rendre compte de leur gestion aux syndics sortants, surtout quand la négligence ou la mauvaise gestion de ceux-ci ont motivé leur remplacement. Bordeaux, 5 mai 1840 (D.p.40.2.180).

RÉSUMÉ (Art. 465). — **Indication alphabétique.**

Acte d'administration, 8.	Détournem. de valeurs, 17.	Nullité, 15.
Action de mandat, 9.	Exploit d'ajournement, 19.	Obligation personnelle, 7.
Autorisation écrite, 13.	Force majeure, 2, 3.	Procès mal fondé, 8.
Autorisation illégale, 4.	Frais d'avoué, 10.	Responsabilité, 2, 5, 6.
Autorisat. verbale, 13, 14.	Garantie des tiers, 16.	Solidarité, 1, 2.
Administrat. judiciaires,17.	Intérêts, 18.	Syndics, 1, 2, 3, 4, 5, 6, 7
Défaut d'autorisation, 15.	Juge-commissaire, 4.	8, 9, 10, 11.
Contrainte par corps,11,12.	Mandataire, 18.	Tiers, 16.
Dépositaires, 17.	Négligence, 3.	

N° 1. Il y a solidarité de plein droit entre les syndics d'une faillite, à raison de leur gestion, par la raison qu'ils sont nommés par justice, et chargés conjointement d'une administration qui est commune à tous, d'une surveillance que tous doivent également exercer, pour la plus grande sûreté des intérêts de la masse des créanciers, que chacun d'eux ne peut donc exercer partiellement ou divisément, et qui les soumet conséquemment à une responsabilité égale, comme indivisible, dont les suites doivent frapper sur tous, puisque les fautes et les négligences sont le fait de tous. D'où il suit qu'elles emportent de plein droit la solidarité, puisque, dans le cas même où l'obligation serait conventionnelle, elle emporterait solidarité, suivant les art. 1217, 1818 et 1222, Cod. Nap. Cass., 18 janv. 1814 (S.14. 1. 57). C'est l'opinion de presque tous les auteurs.

2. La solidarité existe à l'égard des tiers avec lesquels les syndics contractent, tout aussi nécessairement qu'au profit des créanciers, car cette solidarité résulte du concours forcé des syndics, pour tous les actes de leur gestion. Limoges, 2 sept. 1842 (S.-V.43.2.65; D.p. 43.2.95); et arrêt d'Orléans, du 7 décembre 1843, qui décide aussi que la responsabilité, et par suite la solidarité, supposent la gestion ou, du moins, la possibilité de gérer; et que toute responsabilité cesse, lorsque, par un événement de force majeure, l'un des syndics est mis dans l'impossibilité de remplir ses fonctions : par exemple, un état complet d'aliénation mentale, qui ne permettrait pas à l'un des syndics de gérer même ses propres affaires.

3. Dans de pareilles circonstances les créanciers doivent supporter la responsabilité de leur propre négligence, en ne remplaçant pas un syndic qu'ils savent être dans l'impuissance d'agir. Même arrêt d'Orléans.

4. Le juge-commissaire ne peut autoriser, d'une manière générale, l'un des syndics à agir seul, et cette autorisation illégale n'empêcherait pas les autres syndics de rester responsables et solidaires des suites des actes faits par le syndic ainsi autorisé.

5. Ce n'est que pour certains actes d'administration que le juge-commissaire peut donner, à un ou à plusieurs syndics, des autorisations spéciales. Dalloz, n° 500.

6. La responsabilité des syndics ne peut être encourue qu'autant qu'ils ont agi en dehors de leur mandat; car, dans le cas contraire, on rentre dans les principes du mandat, d'après lesquels le mandant seul est obligé, lorsque le mandataire n'a pas dépassé les bornes de sa procuration. Cass., 24 août 1843 (S.-V. 43.1.757; D.p.43.1.453).

7. Ainsi, le syndic qui a chargé un avoué d'occuper dans une instance, intéressant la faillite, n'est pas obligé personnellement au paiement des frais, parce qu'il ne contracte avec cet avoué qu'en qualité de syndic, lequel, en consentant à le représenter, n'a pas ignoré qu'il ne pouvait être tenu personnellement des frais.

8. Mais si un syndic a intenté un procès, évidemment mal fondé, et qu'il ait par là compromis les intérêts de son administration, il peut être condamné aux dépens, en son nom person-

nel, et cette condamnation peut même être prononcée d'office. Cass., 25 mars 1823 (S.23.1.138).

9. Les syndics n'ont pas d'actions solidaires contre chacun des créanciers, à raison des effets de leur mandat, et spécialement pour la répétition de leurs avances ; aux termes de la loi commerciale, les créanciers d'une faillite forment une masse qui constitue une personne morale ; c'est cette masse, et non les créanciers qui la composent, pris individuellement, qui nomme les syndics et leur donne leurs pouvoirs. Cass., 23 mai 1837 (S.-V.37.1.839 ; D.p.37.1.265).

10. Et le syndic qui a été obligé de rembourser à un avoué les frais faits dans un procès dont il l'a chargé dans l'intérêt de la faillite, a, pour la répétition de ces frais, contre les créanciers de la faillite, non une action solidaire, mais une action personnelle dans la proportion de leur intérêt. Bordeaux, 24 avril 1838 (S.-V.38.2.269 ; D.p.38.2.148).

11. La contrainte par corps peut être prononcée contre les syndics pour les restitutions auxquelles ils sont condamnés, par suite de l'administration qu'ils ont eue des objets de la faillite, et dont ils n'ont pas rendu un compte exact. Req., 18 janv. 1814 ; Dalloz, nᵒ 509.

12. Cette solution est conforme aux principes, puisque l'art. 126, C. proc. civ., laisse à la prudence des juges de prononcer la contrainte par corps pour reliquat de compte de toute administration confiée par justice, et pour toutes restitutions à faire par suite desdits comptes. Dalloz, nᵒ 509.

13. Il n'est pas besoin d'une autorisation écrite du juge-commissaire pour autoriser l'un des syndics à suivre seul une action dans l'intérêt de la faillite ; la preuve d'une autorisation verbale peut résulter des faits et circonstances de la cause. Lyon, 4 juin 1841 (D.p.41.2.221).

14. Cependant il faut reconnaître, avec M. Renouard, qu'une autorisation verbale est une imprudence et une cause de contestations qu'une bonne administration doit s'occuper à prévenir. Renouard, t. 1ᵉʳ, p. 444.

15. La nullité résultant du défaut d'autorisation peut être opposée en tout état de cause, car il s'agit ici d'un moyen du fond et des garanties que la loi a placées dans la gestion collective et dans la responsabilité commune du syndicat tout entier. MM. Boncenne, Proc. civ., t. 3, p. 266 ; Renouard, t. 1ᵉʳ, p. 444.

16. Les tiers avec lesquels les syndics veulent traiter sont en droit d'exiger leur concours ou, à défaut, une autorisation spé-

ciale du juge-commissaire en faveur de l'un d'eux : il y a pour ces tiers, en agissant ainsi, une garantie qu'ils n'auraient pas toujours s'ils se contentaient de traiter avec un seul syndic. Dalloz, n° 516.

17. Par la remise qui leur est faite de l'actif du failli, les syndics sont de véritables dépositaires et administrateurs judiciaires. En conséquence, ils sont passibles des peines portées par les articles 406 et 408 du Code pénal, s'ils détournent à leur profit quelque effet ou marchandise provenant de ces biens, lors même qu'ils seraient créanciers du failli, et ne seraient saisis de ces effets qu'en garantie de leur créance. Crim. rej., 29 avr. 1825 (D.p.25.1.309).

18. Le syndic d'une faillite doit, comme mandataire, les intérêts des sommes qu'il a employées à son usage, à dater de cet emploi. Req., 1er déc. 1841 (S.-V.42.1.224 ; D.p.42.1.25).

19. L'exploit d'ajournement adressé aux syndics d'une faillite est valablement signifié à la personne ou au domicile d'un seul d'entre eux ; dès lors, si l'exploit ayant été signifié à tous les syndics, se trouve régulier à l'égard de l'un d'eux, l'irrégularité des autres significations n'opère pas la nullité. Cod. proc., 69, n° 7 ; Cod. comm., 443, 465 ; Cour impér. d'Angers, 12 mai 1858 (S.-V.58.2.634).

466. S'il s'élève des réclamations contre quelques-unes des opérations des syndics, le juge-commissaire statuera dans le délai de trois jours, sauf recours devant le tribunal de commerce.

(Voir les formules 47, 48 et 49 ci-dessus.)

467. Le juge-commissaire pourra, soit sur les réclamations à lui adressées par le failli ou par des créanciers, soit même d'office, proposer la révocation d'un ou de plusieurs syndics.

Si, dans les huit jours, le juge-commissaire n'a pas fait droit aux réclamations qui lui ont été adressées, ces réclamations pourront être portées devant le tribunal.

Le tribunal, en chambre du conseil, entendra le rapport du juge-commissaire et les explications des syndics, et prononcera à l'audience sur la révocation.

Formule nᵒ 72. — Jugement du Tribunal de commerce qui prononce une révocation de syndic.

Le Tribunal de commerce de. . . . a rendu le jugement dont la teneur suit :

M. J. B. . . ., juge au Tribunal, commissaire de la faillite du sieur E. A. . . ., demeurant à M. . . .,

A rapporté que les sieurs. . . ., créanciers de ladite faillite, lui ont présenté le. . . ., une requête dans laquelle ils exposent que M. . . ., syndic définitif de la faillite, néglige la rentrée des créances actives qui en dépendent, ne se met nullement en mesure de faire procéder à la vente du mobilier, non plus que des marchandises inventoriées et déposées depuis déjà longtemps dans les magasins du failli, où elles dépérissent faute de soins, et qui déjà ont subi une dépréciation notable, puisque l'époque favorable pour leur écoulement est presque passée ; que, dès lors, l'administration de ce syndic est préjudiciable à la masse ; en conséquence, lesdits créanciers réclament sa révocation ; que pour apprécier le mérite de ces réclamations, il a entendu ce dernier dans ses explications, desquelles il résulte qu'en effet il y a négligence de sa part dans l'accomplissement de ses fonctions, négligence qui provient du peu de temps que ce syndic peut accorder aux affaires de la faillite ; qu'il y a lieu, dès lors, de faire droit aux réclamations des créanciers susnommés et de prononcer la révocation ou le changement du sieur. . . . de ses fonctions de syndic, pour que, dans le plus bref délai possible, et dans les formes voulues par la loi, il soit procédé à son remplacement.

Sur quoi,

Le Tribunal, après en avoir délibéré, jugeant en dernier ressort et en chambre du conseil,

Vu le rapport de M. le juge-commissaire de la faillite du sieur. . . ., et duquel il résulte que les réclamations des créanciers susdésignés, contre l'administration du syndic définitif de ladite faillite sont fondées, ayant égard à la proposition de M. le juge-commissaire,

Révoque M. . . . de ses fonctions de syndic définitif de la faillite du sieur. . . . ; ordonne, toutefois, que les frais du présent jugement seront alloués comme frais de faillite ;

Ainsi jugé, etc.

RÉSUMÉ (Art. 466).

Nᵒ 1. Quand il y a dissidence entre les syndics, la majorité lie la minorité, en ce sens que l'opération, au sujet de laquelle le dissentiment s'est produit, doit être accomplie.

2. Mais le syndic opposant peut se pourvoir conformément à l'art. 466 ; et le syndic dissident, qui aura attaqué l'acte régulièrement, se trouve exempt de la responsabilité qu'il entraînerait contre lui sans son opposition. Dalloz, nᵒ 512, vᵒ *Faillite*.

3. L'administration des syndics est soumise à l'inspection des créanciers ; ceux-ci peuvent, non-seulement se faire rendre

compte de l'administration, mais même s'opposer aux actes qui leur paraissent dommageables. Rej. 28 janv. 1824 (S.25.1.70).

4. Mais sur la question de savoir si l'opération est profitable ou dommageable, l'opinion de la majorité des créanciers ne fait pas loi pour la minorité. Même arrêt.

RÉSUMÉ (Art. 467).

N° 1. Le jugement qui prononce la révocation de syndics doit être motivé; cependant, c'est un point laissé à la prudence des juges. Renouard, t. 1er, p. 451, et M. Gilbert. Code annoté, art. 467.

2. C'est dans une requête énonciative des griefs, que le failli ou les créanciers adressent leurs réclamations au juge-commissaire pour le mettre à même de provoquer la révocation d'un ou plusieurs syndics.

3. On ne peut faire supporter aux tiers de bonne foi les conséquences de la révocation, soit quant aux actes déjà accomplis avant la révocation, soit même relativement à ceux qui seraient passés avec le syndic révoqué, dans un temps prochain de la révocation, alors que ce tiers était dans l'ignorance de cette révocation. On doit appliquer ici, sans hésiter, les règles du mandat (Pardessus, n° 1166, et Lainné, p. 107, qui enseignent, en outre, que si, par un motif quelconque on annulait, comme irrégulière, la nomination des syndics, on devrait respecter les actes faits par eux avec des tiers de bonne foi, et tant que cette irrégularité n'a pas été poursuivie).

CHAPITRE V.

DES FONCTIONS DES SYNDICS.

SECTION 1re. — *Dispositions générales.*

468. Si l'apposition des scellés n'avait pas eu lieu avant la nomination des syndics, ils requerront le juge de paix d'y procéder.

FORMULE N° 73. — Réquisition par un syndic définitif au juge de paix pour une apposition de scellés.

A Monsieur le juge de paix du canton de. . . .,

Le sieur F. L. . . ., avocat, syndic définitif de la faillite du sieur R. V. . . ., limonadier, demeurant à. . . .,

A l'honneur de vous exposer :

Que ledit sieur R. V. . . a été déclaré en état de faillite par jugement du Tribunal de commerce de. . ., en date du. . ., qui a nommé M. T. . . syndic provisoire de ladite faillite ; un second jugement du même Tribunal, en date du. . . ., a nommé l'exposant syndic définitif de cette même faillite ; l'apposition des scellés au domicile du failli n'a pas eu lieu avant cette dernière nomination ; cette apposition est nécessaire et réclamée par plusieurs créanciers, afin d'empêcher tout détournement d'effets mobiliers, valeurs et marchandises, qu'un plus long retard dans l'accomplissement de cette mesure peut faire craindre.

En conséquence, l'exposant, en sa dite qualité, vous prie, Monsieur le juge de paix, de vouloir bien fixer le jour et l'heure auxquels il pourra vous convenir de procéder à ladite apposition des scellés.

A. . . ., le. . . .   (*Le syndic, signé.*)

FORMULE N° 74. - Ordonnance du juge de paix à la suite de la requête ci-dessus.

Nous. . . ., juge de paix du canton de. . . .,

Vu la réquisition à nous présentée cejourd'hui par M. . . ., syndic de la faillite du sieur. . . ., et les dispositions de l'art. 468 de la loi sur les faillites et banqueroutes, fixons le. . . . du courant, huit heures du matin, pour notre transport au domicile dudit failli, pour y procéder à l'apposition des scellés requise, conformément à la loi précitée.

A. . . ., le. . . .   (*Le juge de paix, signé.*)

Enregistré à. . . ., le. . . .

RÉSUMÉ.

N° 1. Si le juge de paix refusait son ministère (ce qui n'arrivera que fort rarement), il conviendrait d'obtenir du juge-commissaire l'autorisation de procéder à l'inventaire sans apposition de scellés.

2. Et si l'actif est considérable, le syndic, porteur de la grosse du jugement qui lui confère sa qualité, doit requérir un huissier de dresser procès-verbal des causes qui ont nécessité cette mesure, et procéder à l'inventaire en sa présence (Dalloz, n° 430).

3. Si le failli s'opposait à l'inventaire, il faudrait aller en référé devant le président du tribunal civil, et établir gardien pour empêcher tout détournement (Dalloz, n° 430).

469. Le juge-commissaire pourra également, sur la demande des syndics, les dispenser de faire placer sous les scellés, ou les autoriser à en faire extraire :

1° Les vêtements, hardes, meubles et effets nécessaires au failli et à sa famille, et dont la délivrance sera autorisée par le juge-commissaire, sur l'état que lui en soumettront les syndics ;

2° Des objets sujets à dépérissement prochain ou à dépréciation imminente ;

3° Les objets servant à l'exploitation du fond de commerce, lorsque cette exploitation ne pourrait être interrompue sans préjudice pour les créanciers.

Les objets compris dans les deux paragraphes précédents seront de suite inventoriés avec prisée par les syndics, en présence du juge de paix, qui signera le procès-verbal.

FORMULE N° 75. — **Requête au juge-commissaire pour être dispensé de placer certains objets sous les scellés.**

A Monsieur le juge-commissaire de la faillite du sieur. . . .

Le sieur F. L. . . ., syndic définitif de ladite faillite,

A l'honneur de vous exposer :

Que, sur la réquisition qu'il a présentée cejourd'hui, à Monsieur le juge de paix de. . . ., pour l'apposition des scellés au domicile du failli, aux termes de l'art. 468 du Code de commerce, ce magistrat a fixé le. . . . du courant, huit heures du matin, pour cette apposition.

Il convient toutefois de ne pas placer sous les scellés : 1° les vêtements, hardes, meubles et effets nécessaires au failli et à sa famille ; 2° les objets sujets à dépérissement prochain ou à dépréciation imminente ; 3° les objets servant à l'exploitation du fonds de commerce du failli, cette exploitation ne pouvant être interrompue sans préjudice à la fois pour les créanciers et pour ce dernier ;

C'est pourquoi l'exposant vous prie, Monsieur le juge-commissaire, de le dispenser de faire placer sous les scellés tous les objets susénoncés, conformément aux dispositions de l'art. 469 du Code de commerce, et ferez justice.

A. . . ., le. . . .   (*Le syndic, signé.*)

FORMULE N° 76. — **Ordonnance du juge-commissaire à la suite de la requête ci-dessus.**

Nous. . . ., juge au Tribunal de commerce de. . . ., commissaire de la faillite du sieur. . . . ; vu la requête ci-dessus et les dispositions de l'art. 469 du Code de commerce, dispensons le sieur. . . ., syndic définitif de ladite faillite, de faire placer sous les scellés les objets énumérés en ladite requête, qui seront de suite inventoriés par le syndic, en présence du juge de paix, ou dont la délivrance au failli et à sa famille sera, au besoin, autorisée par nous sur l'état que ledit syndic nous en soumettra.

Donné à. . . ., le. . . .   (*Le juge-commissaire, signé.*)
Enregistré à. . . ., le. . . .

FORMULE N° 77. — Inventaire par un syndic d'objets qu'il a été autorisé à ne pas placer sous les scellés.

Nous, F. L. . . ., syndic définitif de la faillite du sieur R. V. . . ., limonadier, demeurant à. . . .

Nous sommes rendu cejourd'hui, 16 mai, à huit heures du matin, au domicile du failli, où doit être faite l'apposition des scellés par M. le juge de paix, selon son ordonnance en date du. . . ., dûment enregistrée.

Peu d'instants après notre arrivée est survenu M. le juge de paix, accompagné de son greffier, pour procéder à ladite apposition des scellés.

Nous avons exhibé à ce magistrat l'ordonnance, au pied de la requête, rendue le. . . . par M. le juge-commissaire de ladite faillite, qui nous dispense de faire placer sous les scellés : 1° les vêtements, hardes, meubles et effets nécessaires au failli et à sa famille ; 2° les objets sujets à dépérissement prochain ou à dépréciation imminente ; 3° les objets servant à l'exploitation du fonds de commerce du failli ;

Et en vertu de ladite ordonnance, pour nous conformer aux prescriptions de l'art. 469 du Code de commerce, §§ 2 et 3,

Nous avons inventorié, avec prisée, tous lesdits objets, comme suit :

(Énumérer et désigner avec soin tous les divers objets qui ne doivent pas être placés sous les scellés, les estimer et terminer ainsi le procès-verbal d'inventaire :)

N'ayant plus rien à comprendre à notre présent inventaire, fait en présence de M. le juge de paix, qui l'a signé avec nous et son greffier, nous l'avons clos et dressé en double minute, les jour, mois et an susdits.

(*Suivent les signatures.*)

Enregistré à. . . ., le. . . .

FORMULE N° 78. — Requête d'un syndic définitif au juge-commissaire, pour être autorisé à faire extraire des scellés certains objets.

A Monsieur. . . ., juge-commissaire de la faillite du sieur. . . .

Le sieur F. L. . . ., syndic définitif de ladite faillite,

A l'honneur de vous exposer :

Qu'à suite du jugement du Tribunal de commerce de. . . ., en date du. . . ., qui a déclaré ledit sieur. . . . en état de faillite, l'exposant, nommé syndic provisoire, fit apposer le jour même les scellés au domicile du failli, sur la réclamation de plusieurs créanciers qui craignaient des détournements à leur préjudice ;

Un second jugement du même Tribunal, en date du. . . ., a maintenu l'exposant comme syndic définitif ; dans le premier moment, il parut convenable, comme il a été dit, de placer sous les scellés tout l'actif mobilier du failli ; les renseignements bientôt parvenus à l'exposant lui ont démontré qu'il est utile et urgent de faire extraire des scellés : 1° une partie des vêtements, hardes, meubles et effets mobiliers nécessaires au failli et à sa famille ; 2° les marchandises fabriquées ou en cours de fabrication, sujettes, par leur nature et leur état actuel, à un dépérissement prochain ; 2° les objets servant à l'exploitation du fonds de commerce du failli, puisque cette exploitation ne peut être interrompue, même pendant un temps assez court, sans préjudice pour les créanciers.

En conséquence, l'exposant vous prie, Monsieur le juge-commissaire, de l'autoriser, aux termes de l'art. 469 du Code de commerce, à faire extraire des scellés la partie des vêtements, hardes, meubles et effets mobiliers qui seront reconnus nécessaires au failli et à sa famille, ainsi que les objets également reconnus sujets à dépérissement prochain ou à dépréciation imminente, et les objets servant à l'exploitation du fonds de commerce du failli, cette exploitation ne pouvant, sans préjudice pour les créanciers, être interrompue, même pendant peu de jours, et ferez justice.

A. . . ., le. . . .   (*Le syndic, signé.*)

FORMULE N° 79. — Ordonnance du juge-commissaire à la suite de la requête ci-dessus.

Nous. . . ., juge au Tribunal de commerce de. . . ., commissaire de la faillite du sieur. . . .,

Vu la requête ci-dessus, les faits y exposés, et les dispositions de l'article 469 du Code de commerce, autorisons le syndic définitif de ladite faillite à faire extraire des scellés la partie des vêtements, hardes, meubles et effets nécessaires au failli et à sa famille, ainsi que tous objets reconnus sujets à dépérissement prochain ou à dépréciation imminente, et les objets servant à l'exploitation du fonds de commerce du failli, en se conformant, ledit syndic, à toutes les prescriptions de la loi requises en pareil cas.

Donné à. . . ., le. . . .   (*Le juge-commissaire, signé.*)
Enregistré à. . . ., le. . ▪

FORMULE N° 80. — Requête au juge-commissaire pour autoriser une délivrance d'effets mobiliers au failli et à sa famille.

A Monsieur. . . ., juge-commissaire de la faillite du sieur E. A. . . ., filateur, demeurant à. . . .

Le sieur F. L. . . ., avocat, syndic définitif de ladite faillite,

A l'honneur de vous exposer :

Que ledit sieur E. A. . . . se trouve actuellement détenu, comme débiteur failli, et sur les réquisition et poursuites du ministère public, dans la maison d'arrêt pour dettes de la ville de. . . .

Sa femme se propose de quitter l'usine de filature qu'elle habitait avec son mari et ses enfants, pour se retirer dans un appartement dépendant de la maison de son père, à. . . .; elle demande qu'il lui soit fait remise des vêtements, hardes, meubles et effets à l'usage de la famille, aux termes de l'art. 469, § 1ᵉʳ, Code de comm. ; cette délivrance doit être autorisée par vous sur l'état qui en sera fourni par le syndic.

C'est pourquoi l'exposant, en sadite qualité, vous prie, Monsieur le juge-commissaire, d'autoriser, conformément au vœu de l'art. 469, § 1ᵉʳ, précité, la délivrance au failli et à sa famille des vêtements, hardes, meubles et effets compris à l'inventaire en double minute dressé le. . . . par l'exposant, dûment enregistré, et suivant l'état et le détail ci-après :

1° (Désigner successivement les vêtements et hardes) ;

2° (Désigner successivement aussi les meubles et effets à remettre).

A. . . ., le. . . .   (*Signature du syndic.*)

Cette requête est suivie de l'ordonnance suivante :

Nous. . . ., juge-commissaire de la faillite dudit sieur E. A. . . .,

Vu la requête ci-dessus, les faits y exposés et les dispositions de l'art. 469, § 1ᵉʳ, du Code de commerce, autorisons le syndic de la faillite à faire au failli et à sa famille la délivrance des objets compris en l'état qui précède.

Donné à. . . ., le. . . .   (*Le juge-commissaire, signé.*)

Enregistré à. . . ., le. . . .

RÉSUMÉ.

Nº 1. L'épouse du failli peut obtenir une partie du mobilier de son mari pour elle et ses enfants, sans être tenue d'en faire compte à la masse. Colmar, 24 fév. 1813 (S.16.1.106).

2. La fixation de ce que l'on doit considérer comme *nécessaire* au failli et à sa famille est sujette à varier suivant la position sociale de celui-ci ; mais on ne doit jamais oublier que la loi n'entend accorder que le nécessaire ; pousser la générosité jusqu'au superflu serait outre-passer ses intentions. Bédarride, nº 257.

3. Le failli ne peut, outre la remise des objets dont parle l'art. 469, réclamer la délivrance de ceux que l'art. 592, C. proc. civ., réserve au débiteur, au cas de saisie-exécution. Rouen, 4 fév. 1828 (S.38.2.103). Les motifs en sont que la matière des faillites est régie par une législation spéciale, et qu'on ne doit recourir au droit commun que lorsque la loi spéciale n'a pas statué sur l'objet de la contestation, et qu'ici l'art. 469 a pris soin d'énumérer tous les objets dont le failli peut demander la délivrance.

4. Mais dans tous les cas, les syndics ne peuvent, au préjudice du privilége du propriétaire, rendre au failli d'autres meubles que ceux spécifiés au nº 2 de l'art. 592, C. proc. civ. : ces objets étant déclarés insaisissables, le propriétaire lui-même serait tenu de les remettre au débiteur. Paris, 27 déc. 1813 (S.16.2.106).

5. Il convient, quoique la loi semble en dispenser, d'inventorier les effets remis au failli et à sa famille, afin de recourir à cet inventaire quand il s'agira de fixer les secours à accorder au failli et à sa famille. Dalloz, n° 432.

6. L'exploitation du fonds de commerce du failli, que l'art. 469, § 3, autorise implicitement, ne doit être poursuivie que dans le sens d'une liquidation progressive, et non dans celui d'une continuation réelle du commerce. Bédarride, t. 1er, n° 272.

7. Ainsi, les syndics peuvent faire les achats indispensables pour faciliter la vente des marchandises existant en magasin, ou confectionner les produits d'une usine pour en favoriser l'écoulement. Dalloz, n° 438.

470. La vente des objets sujets à dépérissement ou à dépréciation imminente, ou dispendieux à conserver, et l'exploitation du fonds de commerce, auront lieu à la diligence des syndics, sur l'autorisation du juge-commissaire.

FORMULE N° 81. — **Requête au juge-commissaire pour une autorisation de vendre des objets sujets à dépérissement ou dispendieux à conserver.**

A Monsieur. . . ., juge-commissaire de la faillite du sieur. . . .

Le sieur F. L. . . ., syndic définitif de ladite faillite,

A l'honneur de vous exposer :

Que parmi les marchandises et objets mobiliers compris à l'inventaire dressé le. . . . par l'exposant, se trouvent des articles de modes et nouveautés, ainsi qu'un cheval de trait et un cheval de selle ; ces objets sont sujets à dépérissement et à dépréciation imminente, ou dispendieux à conserver ; la vente des articles de mode et de nouveauté est actuellement favorable, ces articles étant de saison, mais l'époque passée, ils ne peuvent que perdre une grande partie de leur valeur ; les deux chevaux ne sont plus aujourd'hui que des objets de dépense complétement inutile ; il est donc de l'intérêt des créanciers qu'il soit procédé, dans le plus court délai possible, à la vente de ces objets.

C'est pourquoi l'exposant vous prie, Monsieur le juge-commissaire, de vouloir bien l'autoriser, aux termes des art. 470 et 486 du Code de commerce, à faire procéder à la vente des marchandises susdésignées et des deux chevaux dont il s'agit, soit à l'amiable, soit aux enchères publiques, par l'entremise de courtiers ou de tous autres officiers publics préposés à cet effet, après que vous aurez entendu le failli, ou qu'il aura été dûment appelé.

A. . . ., le. . . .   (*Le syndic, signé.*)

10.

ORDONNANCE.

Nous. . . ., juge-commissaire de la faillite du sieur. . . .,

Vu la requête ci-dessus et les dispositions des art. 470 et 486 précités du Code de commerce, après avoir entendu le failli dans ses observations, conformes à la demande du syndic (ou bien en l'absence du failli, qui ne s'est pas présenté, ni personne pour lui, quoique sommé à cet effet par exploit enregistré de. . . ., en date du. . . .) ;

Autorisons ledit syndic à procéder ou à faire procéder à la vente des objets susdésignés, soit à l'amiable, soit aux enchères publiques, par le ministère de courtiers ou autres officiers publics préposés à cet effet.

Donné à. . . ., le. . . .   (*Le juge-commissaire, signé.*)

Enregistré à. . . ., le. . . .

FORMULE N° 82. —Requête au juge-commissaire pour être autorisé à continuer l'exploitation du fonds de commerce du failli.

A Monsieur. . . ., juge-commissaire de la faillite du sieur E. A. . ., filateur, demeurant à. . . .,

Le sieur F. L. . . ., syndic définitif de ladite faillite,

A l'honneur de vous exposer :

Que l'actif mobilier dépendant de la faillite consiste principalement en un matériel industriel, composé de cardes, machines et métiers à filer la laine, outils et accessoires, le tout situé dans l'établissement de filature appelé. . . ., sis à. . . .; il importe, dans l'intérêt des créanciers et du failli lui-même, et pour la conservation même de ce matériel, de ne pas interrompre l'exploitation de ladite usine; mais, au contraire, de l'entretenir, tout au moins jusqu'à l'époque où un concordat pourra intervenir entre le failli et ses créanciers.

Un autre motif aussi puissant doit porter à continuer l'exploitation de ce fonds de commerce, c'est la conservation de la clientèle actuellement attachée à l'établissement.

En conséquence, l'exposant vous prie, Monsieur le juge-commissaire, de l'autoriser, aux termes de l'art. 470 du Code de commerce, à continuer provisoirement l'exploitation de la susdite usine de filature, jusqu'à l'époque du concordat qui pourra intervenir, et, à défaut, jusqu'à la vente dudit matériel industriel qui pourra être faite en cas d'union des créanciers, et ferez justice.

ORDONNANCE.

Nous. . . ., juge-commissaire de la faillite du sieur E. A. . . ., filateur, demeurant à. . . ., vu la requête ci-dessus et l'art. 470 du Code de commerce, autorisons le syndic de la faillite à continuer l'exploitation de l'usine de filature, ou fonds de commerce dépendant de la faillite, jusqu'à l'époque du concordat qui pourra ultérieurement être consenti entre le failli et ses créanciers, ou, à défaut de concordat, jusqu'à la vente qui devra avoir lieu dudit matériel industriel, au cas d'union.

Donné à. . . ., le. . . .   (*Le juge-commissaire, signé.*)

Enregistré à. . . ., le. . . .

FORMULE N° 83. — **Sommation au failli d'être présent lors de la demande du syndic en autorisation de vendre des marchandises ou autres objets dépendant de la faillite.**

L'un mil huit cent cinquante-huit, et le. . . .,

Je. . . ., huissier au Tribunal civil de. . . ., y résidant, soussigné,

A la requête du sieur. . . ., agissant comme syndic définitif de la faillite du sieur. . . ., domicilié à. . . .;

J'ai invité, et au besoin sommé ledit sieur. . . ., failli, de se trouver en personne ou par fondé de pouvoirs, le. . . . courant, dans la salle des délibérations du Tribunal de commerce de. . ., par-devant M. . ., juge-commissaire de ladite faillite, à. . . heures du. . ., pour y être entendu dans ses observations par mondit sieur. . ., juge-commissaire, à raison de la demande que le requérant, comme procède, est dans l'intention d'adresser à ce magistrat, à l'effet d'être par lui autorisé à procéder ou faire procéder à la vente à l'amiable ou aux enchères publiques, en bloc ou par lots séparés, par le ministère de courtiers ou autres officiers publics préposés à cet effet, des marchandises et autres objets dépendant de la faillite et sujets à dépérissement prochain, à dépréciation imminente, ou dispendieux à conserver; lui déclarant que le requérant formera sa demande en autorisation de ladite vente, tant en son absence qu'en sa présence, dont acte; et j'ai, du présent exploit, baillé copie audit sieur. . . ., failli, dans son domicile susdit, en parlant à. . . .

(Signature de l'huissier.)

RÉSUMÉ.

N° 1. Ces mots de l'article *objets dispendieux à conserver* peuvent s'appliquer à des animaux domestiques, à des chevaux de luxe, ou à des chevaux servant à l'exploitation d'une usine qui se trouve arrêtée par la faillite, et dont la conservation et l'entretien deviennent onéreux. Duvergier, *Collect. des lois*, t. 1838, p. 386.

2. Ce n'est qu'une faculté que la loi ouvre aux créanciers de faire vendre immédiatement les objets dont parle l'art. 470 ; ils ne sont pas tenus de s'en défaire de suite, si, d'un côté, il n'y a aucun péril à attendre, et que, d'un autre côté, on ait chance d'obtenir un meilleur prix, en remettant la vente à une époque plus éloignée ; le juge-commissaire, qui doit donner son autorisation, doit prendre en considération l'intérêt de la masse, combiné avec celui du failli ; le failli et les créanciers peuvent présenter, à cet égard, leurs réclamations au juge-commissaire ; le failli, d'après cela, doit être appelé et consulté lors de la demande des syndics en autorisation ; c'est ce qui se pratique. Dalloz, n° 435.

3. Il faut aussi décider, contrairement à l'opinion de quelques auteurs, que l'autorisation du juge-commissaire doit être donnée

par ordonnance sur pied de requête. Gilbert, *Code annoté*, art. 470, n° 3.

471. Les livres seront extraits des scellés et remis par le juge de paix aux syndics, après avoir été arrêtés par lui ; il constatera sommairement, par son procès-verbal, l'état dans lequel ils se trouveront.

Les effets de portefeuille à courte échéance, ou susceptibles d'acceptation, ou pour lesquels il faudra faire des actes conservatoires, seront aussi extraits des scellés par le juge de paix, décrits et remis aux syndics pour en faire le recouvrement. Le bordereau en sera remis au juge-commissaire.

Les autres créances seront recouvrées par les syndics sur leurs quittances. Les lettres adressées au failli seront remises aux syndics, qui les ouvriront ; il pourra, s'il est présent, assister à l'ouverture.

DES LIVRES DE COMMERCE.

La loi des faillites s'occupe, dans plusieurs de ses articles, des livres de commerce du négociant failli ; il est donc utile de parler ici de ces livres, et de montrer par des modèles comment ils sont tenus.

Les livres dont la tenue est obligatoire pour le commerçant, aux termes de l'art. 8 du Code de commerce, sont : 1° le livre-journal ; 2° le livre des inventaires ; 3° le livre copie de lettres.

Les commerçants tiennent assez habituellement d'autres livres que l'on appelle auxiliaires, afin de se rendre compte plus facilement et plus clairement de leurs diverses opérations commerciales ; ces livres auxiliaires sont : 1° le livre de caisse ; 2° le carnet des échéances ; 3° le livre des effets à recevoir ; 4° celui d'entrée et de sortie des marchandises ; 5° enfin, le brouillard ou main-courante.

Les livres de commerce se tiennent en parties simples ou en parties doubles ; les livres tenus en parties simples énoncent isolément les sommes ou les choses dont les commerçants sont débiteurs ou créditeurs, c'est-à-dire qu'à chaque article il ne figure qu'une partie, soit un débiteur, soit un créditeur.

Les livres tenus en parties doubles offrent un tableau complet de chaque opération, c'est-à-dire qu'à chaque article il figure toujours au moins un débiteur et un créditeur.

La tenue des livres en parties doubles est aujourd'hui la plus généralement adoptée ; le commerçant, d'après cette méthode, a sur ses livres cinq comptes généraux, savoir : les comptes de caisse, de marchandises générales, d'effets à recevoir, d'effets à payer, et le compte de profits et pertes.

Il faut que, dans chaque article, le débit et le crédit portent la même somme, soit qu'il y ait un seul débiteur et un seul créditeur, soit qu'il y ait plusieurs débiteurs et un seul créditeur, ou plusieurs créditeurs et un seul débiteur, ou enfin plusieurs débiteurs et plusieurs créditeurs ; par ce moyen, on peut facilement faire une balance d'écritures qui fait découvrir de suite les erreurs qui auraient été commises ; la tenue des livres en partie double est de beaucoup préférable à la tenue en partie simple.

FORMULE Nº 84. — **Formule ou modèle de livre-journal en partie double.**

Fos.	Du 1ᵉʳ janvier 1853.				
1.	*Marchandises générales*				
2.	à JULIEN, de Lyon, sa facture de ce jour, 10 pièces soieries à 150 fr. l'une.	»	»»	1,500	»»
	2 id.				
1.	*Divers à Marchandises générales.*				
3.	DAVID, de Caen, 6 mètres velours à 50 fr.	300	»»		
4.	DURAND, de Toulouse, 12 pièces rubans de soie à 60 fr.	720	»»	1,020	»»
	3 id.				
5.	*Caisse*				
	à DURAND, de Toulouse, Solde de ma facture du 2 courant, espèces. .	»	»»	720	»»
				3,240	»»

Le modèle de livre-journal ci-dessus fait voir, ainsi qu'il a été dit, qu'à chaque article il y a un ou plusieurs débiteurs et un ou plusieurs créditeurs.

En matière de tenue de livres, il ne faut pas perdre de vue ce principe que *ce qui entre doit à ce qui sort.*

Si l'opération est simple, c'est-à-dire qu'on vende ou qu'on achète, par exemple, des marchandises, sans rien recevoir ou sans rien donner, on devient créancier ou débiteur de la personne à qui on a vendu ou à qui on a acheté.

Dans le premier article du modèle ci-dessus, le négociant a acheté à Julien, de Lyon, 10 pièces soieries montant ensemble à 1,500 fr. L'article devrait être passé ainsi : *Marchandises générales doivent à Julien, etc.*; pour abréger, on supprime le mot *doivent*.

La première colonne de gauche porte les folios que les comptes occupent au grand-livre. Quand on reporte un article du livre-journal au grand-livre, il faut faire une marque quelconque sur le livre-journal devant le folio de l'article ainsi reporté, pour indiquer ce report. On se sert ordinairement d'un point. Cela sert à faire voir de suite les articles qu'on aurait pu omettre.

Il est avantageux de ne mettre qu'un compte sur chaque ligne du livre-journal, comme on le voit aux folios 1 et 2 du modèle. Si l'on passait les écritures de cette manière : *Marchandises générales à Julien, de Lyon*, on serait obligé de mettre en regard de cette ligne le folio 1 de marchandises générales et le folio 2 du compte, de Julien de Lyon, comme il suit :

$\frac{1}{2}$ *Marchandises générales à Julien, de Lyon, etc.*

Cette méthode est vicieuse, en ce qu'elle peut occasionner une confusion dans les écritures des deux comptes et faire commettre des erreurs en les relevant.

Les sommes totales de chaque article du journal sorties dans la dernière colonne de droite sont additionnées au bas de chaque page pour être reportées à la page suivante ; le total de la fin est ainsi facilement confronté avec celui du débit et du crédit du grand-livre, ce qui sert à vérifier l'exactitude des écritures. Si les totaux sont conformes, les écritures ont été bien passées ; s'ils ne sont pas conformes, il y a des erreurs qu'il faut rechercher article par article, travail souvent long et fatigant qu'il est important de s'épargner.

Le livre-journal est ainsi nommé, parce qu'il se tient jour par jour, et à mesure des opérations du commerce qui doivent y être inscrites, par ordre de dates, sans lacunes, interlignes ou transports en marge, ainsi que pour tous les autres livres.

Il ne paraît pas que la loi exige un compte détaillé pour les dépenses de la maison ; on peut donc les porter en bloc sous ce titre : *Frais de ménage.*

Le commerçant au détail ne paraît pas tenu, non plus, d'inscrire au livre-journal, article par article, tout ce qu'il vend ou achète au comptant ; il est de certains commerces où cela serait presque matériellement impossible : l'usage est donc de porter au livre-journal, en bloc, par jour, par semaine ou par mois, le montant de ces articles.

Le livre-journal est pour le commerçant le plus important de ses livres : régulièrement tenu, il lui offre de grands avantages, en ce qu'il fait foi en justice, en cas de difficultés ; et, d'un autre côté, son absence ou son irrégularité exposerait le commerçant, en cas de faillite, à être déclaré banqueroutier simple ou frauduleux.

FORMULE N° 55. — MODÈLE DU BILAN .....

Fo 1. — Doit CAPITAL.

					Avoir.			
1860 janv.	1	à plusieurs comptes, montant du passif..	1	10000 »	1860 janv.	1	par plusieurs comptes, montant de l'actif...	1	55000 »
mars	31	à Balance de sortie, solde créditeur.....		50000 »	mars	31	par Pertes et profits, bénéfice net.....		5000 »
				60000 »					60000 »
					avril	1	par Balance d'entrée, capital net.....		50000 »

Fo 2. — Doit CAISSE.

Doit :
| 1860 janv. | 1 | à Capital, espèces en caisse..... | 1 | 2 » |
| | 10 | à Marchandises générales, vente au comptant. Draps...... | 2 | 3 » |

Avoir :
| 1860 janv. | 1 | par Marchandises générales, acheté comptant billet laine... | 2 | 3 » |
| | 10 | par Effets à payer, payé mon billet ordre Julien.... | 3 | 3 » |

Fo 3. — Doivent MARCHANDISES GÉNÉRALES.

Doit :
| 1860 janv. | 1 | à Capital, 200 mètres drap d'Elbeuf..... | | » |
| | 5 | à Caisse, 3,000 kilos laine d'Espagne.... | 2 | » |

Avoir :
| 1860 janv. | 4 | par DAVID aîné, 2,000 mètres drap Sedan.. | 3 | 9 » |
| | 15 | par Divers (Olivier), 20 pièces moleton.... | | |

Fo 4. — Doivent PERTES ET PROFITS.

Doit :
| 1860 janv. | 1 | à Caisse, perte d'un billet de Banque.... | 5 | 500 » |
| mars | 31 | à Dépenses de maison, solde...... | | 3000 » |

Avoir :
| 1860 janv. | 30 | par Caisse, retrouvé billet de Banque..... | 5 | 500 » |
| | 30 | par Marchandises générales, bénéfice.... | 3 | » |

Fo 5. — Doivent TRAITES ET REMISES.

Doit :
| 1860 janv. | 1 | à Capital. - | 4 | 6000 » | Lyon, 34 janv.. | 50 » |
| | 15 | à Caisse.- | 45 | 3000 » | Paris, 40 févr.- | 75 » |

Avoir :
| 1860 févr. | 15 | par Caisse. - | 4 | 2 | 3000 » | Paris, 10 févr.. |
| mars | 10 | par DURAND. | | | 5000 » | Rouen, 34 mars. |

Chacun des comptes généraux et particuliers a un numéro au journal et au grand-livre, ainsi qu'on le voit ci-dessus, aux petites colonnes; le capital a n° 4, le compte de caisse n° 2, celui des marchandises générales n° 3, et ainsi de suite.

Le grand-livre représente, par ordre de comptes, les écritures qui sont passées au journal par ordre de dates.

On doit donc ouvrir un compte au grand-livre à chaque individu qui figure sur le journal ; on en ouvre aussi un à chacun des cinq comptes généraux par lesquels le commerçant se trouve représenté, ainsi qu'à chaque objet qui est le sujet d'un compte spécial.

Chaque compte occupe sur le grand-livre deux pages en regard, ou bien une seule page divisée en deux parties, comme on le voit au modèle ci-dessus. On inscrit sur le côté gauche tous les articles du débit, portés au journal, et sur le côté droit tous ceux du crédit.

Un simple examen de notre modèle suffit pour le faire bien comprendre.

Un seul grand-livre pouvant être trop volumineux, suivant l'importance des maisons de commerce, on peut avoir des grands-livres auxiliaires, qu'on nomme livres de comptes courants, et dont chacun a sa spécialité ; par exemple, sur l'un on ouvre des comptes pour les maisons de commerce de Paris, seulement avec lesquelles on fait des affaires ; sur un autre, on porte les comptes des maisons des départements et de l'étranger.

On fait de même pour le livre-journal ; s'il est nécessaire, on a le livre-journal sur lequel on n'inscrit que les ventes, et le livre-journal sur lequel on n'inscrit que les crédits.

A l'aide de ces notions, la pratique rend bientôt habile dans la tenue et l'intelligence des livres et écritures de commerce.

FORMULE D'INVENTAIRE (*Voir* ci-contre).

Le livre des inventaires doit contenir les inventaires ou état des effets mobiliers et immobiliers, des dettes actives et passives que le négociant est obligé de faire tous les ans, sous signature privée.

Au moyen de cet inventaire, le commerçant se rend compte chaque année de sa véritable situation commerciale.

En cas de faillite, le livre des inventaires est extrêmement précieux ; il sert d'abord à démontrer si le commerce a été avantageux, ou s'il n'a donné que des pertes ; le commerçant est donc averti de s'arrêter à temps dans ce dernier cas ; s'il ne le fait pas, on a le droit de lui imputer d'avoir continué un commerce qui a entraîné sa chute et la ruine des créanciers qui lui avaient accordé leur confiance.

Il fait ensuite connaître aux syndics et aux créanciers la véritable situation des affaires du failli, et puis celui-ci évite par là un cas qui peut le faire déclarer banqueroutier simple, et entraîner contre lui une condamnation correctionnelle.

DU LIVRE COPIE DE LETTRES.

Le livre copie de lettres fait aussi foi en justice, lorsqu'il est régulièrement tenu. Aujourd'hui, dans les maisons quelque peu importantes, on se sert de presses à copier les lettres qu'on envoie ; cet usage donne le moyen d'obtenir ces copies avec exactitude et grande économie de temps.

On met en liasses les lettres d'affaires qu'on reçoit.

ART. 9. Il est tenu (tout commerçant) de faire tous les ans, sous seing privé, un inventaire de ses effets mobiliers et immobiliers, et de ses dettes ac- [-tives et passives), et de le copier, année par année, sur un registre spécial à ce destiné.

(*Code de Commerce.*)

FORMULE N° 86. — **Inventaire** *des effets mobiliers, marchandises, immeubles, dettes actives et passives du soussigné (ou des soussignés si c'est une société de commerce), commerçant en draperies, toiles et nouveautés, à l'époque du . . . . janvier 1858, savoir :*

CHAPITRE Ier. — EFFETS MOBILIERS (marchandises en magasin).

Vingt pièces draps, savoir :

Désignation	Détail	fr.	c.	fr.	c.
6 pièces draps de Louviers bleu. .	122 mètres à 15 francs le mètre. . .	1,830	»»		
5 d° de Sedan noir. . . .	90 d° à 14 francs d°	1,260	»»		
5 d° d'Elbeuf, bronze. .	100 d° à 13 francs d°	1,300	»»		
1 d° d° gris de fer.	18 d° à 8 francs d°	144	»»		
2 d° d° capucin. .	30 d° à 7 francs d°	210	»»		
1 d° d° vert russe. .	20 d° à 10 francs d°	200	»»	4,944	»»
	380 mètres.				

Quatre pièces mérinos, savoir :

Désignation	Détail	fr.	c.	fr.	c.
Mérinos diverses couleurs. .	340 mètres à 3 francs le mètre. .	1,020	»»		
D° noir double chaîne. . . .	235 d° à 7 fr. 50 c. d°	1,703	75		
6 pièces velours soie diverses couleurs. .	130 d° à 10 francs d°	1,300	»»		
4 d° noir. . . .	80 d° à 9 francs d°	720	»»		
	120 d° à 3 francs d°	360	»»		
Flanelles de santé. .	à 10 francs pièce. . .	250	»»		
25 couvertures de laine blanche. .	à 50 centimes le mètre. .	825	»»		
19 coupes cretonne. .	1,650 d° à 40 centimes d°		»»		
10 pièces madapolam. .	6,030 d° à 50 centimes d°	2,412	»»		
12 pièces percales brillantes. .	480 d°	240	»»	8,830	75
Report. . . .	9,065 mètres.				
	A reporter d'autre part.			13,774	75

			Francs	c.	Report
Reports.	9,065 mètres.				13,774 75
2 pièces lustrine.	62 d°	à 50 centimes le mètre. . .	27	90	
4 d° finette.	250 d°	à 75 centimes d° . . .	187	50	
Coutils blanc et bleu.	160 d°	à 75 centimes d° . . .	122	»»	
12 pièces indiennes vapeur. . .	220 d°	à 30 centimes d° . . .	66	»»	
4 d° indiennes Roubaix. . . .	90 d°	à 50 centimes d° . . .	45	»»	
8 d° coutils divers. . . .	230 d°	à 80 centimes d° . . .	184	»»	
6 douzaines mouchoirs lapi 4/4. . .		à 16 francs la douzaine. .	160	»»	
8 d° garantine 7/8. . .		à 6 francs . . .	48	»»	
17 d° façon foulards 4/4. .		à 5 fr. 75 . . .	97	75	
28 d° mouchoirs cravates Rouen 7/8.		à 3 fr. 50 . . .	98	»»	
6 d° fond rouge 5/8. .		à 3 francs . . .	18	»»	
33 d° Rouen façon cholet. .		à 4 francs . . .	132	»»	
3 d° Madras cachou. . . .		à 10 francs . . .	30	»»	
4 d° noirs.		à 6 fr. 50 . . .	26	»»	
25 châles casimir imprimés. . .		à 7 francs pièce. . . .	175	»»	
15 châles tartan.		à 4 francs d° . . .	60	»»	
20 châles cachemire d'Ecosse imprimés. .		à 8 fr. 75 d° . . .	175	»»	
Stoffs brochés couleurs. . . .	127 mètres	à 1 fr. 20 le mètre. . . .	152	40	
Napolitaines imprimées. . . .	200 d°	à 60 centimes le mètre. .	120	»»	
Napolitaines unies.	300 d°	à 1 fr. 75 c. . .	525	»»	
	10,704 mètres.				2,449 55

MARCHANDISES ENTRE LES MAINS DE MES COMMISSIONNAIRES, savoir :

Chez M. Morin, de Bordeaux :

20 coupes molletons rouges.	800 mètres à 4 francs le mètre. . . .		3,200	»»	

Chez M. Laurent, de Toulouse :

15 coupes drap cuir laine couleurs. . . .	400 d° à 7 francs d°		2,800	»»	6,000 »»
	1,200 mètres.				

MEUBLES.

12 couverts argent à filet, 12 cuillers à café, une grande cuiller à potage, une *idem* à ragoût, . . . 1,400

DENRÉES.		
220 litres de vin de Bordeaux estimés ci..	400 »»	
30 hectolitres blé froment à 20 francs l'hectolitre, ci.	600 »»	1,000 »»
ÉQUIPAGE DE NÉGOCE.		
Une voiture à quatre roues, ci.	1,200 »»	
Deux chevaux.	800 »»	2,000 »»
CHAPITRE II.—IMMEUBLES.		
Une maison à C. . . . sur la place Impériale, n° 1, estimée.	35,000 »»	35,000 »»
Une maison ou cellier et quatre arpents de vigne au vignoble de. . . ., et la vaisselle vinaire, estimées ci.	10,000 »»	10,000 »»
Une ferme ou domaine appelé *le Rivage*, situé dans la commune de. . . ., avec toutes ses dépendances, consistant en terres labourables, prés, bois, jardin et verger, avec maison de maître et maison du colon, ensemble tous les immeubles par destination, le tout évalué d'après le revenu annuel, année commune, à....	40,000 »»	40,000 »»
CHAPITRE III.—DETTES ACTIVES (*lettres et billets*).		
N° 1. Traite de DAVID, de Bordeaux, du 1er décembre dernier, à trois mois de date, sur Desmarets, de Toulouse.	2,000 »»	
N° 2. Billet à ordre d'ANDRÉ, de Tours, du 1er janvier dernier au 15 avril suivant.	1,500 »»	
N° 3. Autre billet de RICHERET, au 1er mai prochain, au porteur.	600 »»	4,100 »»
COMPTES COURANTS.		
Il m'est dû par les soussignés, par compte courant ou solde de compte, ce qui suit.		
En bonnes dettes :		
1° Par SUREAU, de Béziers, par compte courant, ci.	6,000 »»	
2° Par THOMAS JOUY, de la présente ville dc. . . ., solde de compte, ci.	1,100 »»	7,100 »»
En dettes douteuses :		
1° Par TAVERNIER, de Lunel, ci.	1,500 »»	
2° Par RAYMOND, de Toulouse, ci.	400 »»	
3° Par PALAPRAT, de Saint-Pons, ci.	1,000 »»	
Portées pour mémoire, ci.	2,900 »»	
A reporter.		129,824 30

Report.			129,824	30
En dettes mauvaises :				
1° Par RENAUDAT, de Bordeaux, ci.	500	»»		
2° Par BANCAREL, de Pézenas, ci.	1,200	»»		
Portées pour mémoire seulement, ci.	1,700	» »		
ARGENT EN CAISSE, ci.			1,250	»»
			131,074	30

CHAPITRE IV.—DETTES PASSIVES.

Je dois pour appointements de commis, gages de domestiques, billets et soldes de comptes, ce qui suit :

A MM. Gobert et Pailhé, mes commis, pour solde de leurs appointements jusqu'à ce jour, ci.	325	»»		
A Pierre, mon domestique, ci.	45	»»		
A Marie, ma servante, ci.	30	»»		
			400	»»
Par Billets.				
1° A M. François DURIEU, négociant, billet du 1er juillet à quatre mois, ci.	1,500	»»		
2° A M. DULAURIER, négociant, billet du 1er mai, à six mois.	1,400	»»		
3° A M. DOMINIQUE, négociant, billet à un mois.	1,600	»»		
			4,500	» »
Pour solde de comptes.				
1° A M. LAVAL, de Sedan, ci.	750	»»		
2° A M. Edouard BARDY, de Louviers, ci.	460	»»		
3° A M. Denis PAUL, d'Elbeuf, ci.	1,500	»»		
Total de mes dettes.			2,710	»»
			7,610	»»

BALANCE.

ACTIF.			PASSIF.		
Effets mobiliers, marchandises.	46,074	30	Dettes.	7,610	» »
Immeubles.	85,000	»»	Capital net.	123,464	30
Dette actives ou créances.	7,610	»»			
Total.	131,074	30	Balance.	131,074	30

Je certifie véritable et conforme à mes livres le présent inventaire, s'élevant, en actif, à la somme de cent trente-un mille soixante-quatorze francs trente centimes, et en passif à celle de sept mille six cent dix francs, d'où il résulte un avoir en ma faveur de cent vingt-trois mille quatre cent soixante quatre francs trente centimes, valeur à ce jour.

DU LIVRE DE CAISSE.

Lorsqu'on veut faire sa caisse, c'est-à-dire arrêter et balancer le livre de caisse, on additionne les sommes portées de chaque côté, la différence qui existe entre le débit et le crédit indique la somme qu'on doit avoir en caisse ; on porte cet encaisse au crédit qui égalise les deux totaux, et on ferme par des traits les écritures de la caisse.

On porte à nouveau au débit cette balance ou cet encaisse, et on continue comme précédemment.

Formule n° 87. — Modèle de livre de caisse.

Doit.   *Avoir.*

1853					1853				
sept.	1.	Reçu de DURAND. . . .	3000	»	sept.	1.	Payé mon billet échu ce jour, ordre Laurent. .	1500	»
	2.	Reçu de PIERRE pour ma facture de ce jour.	450	»		2.	Payé pour impositions.	200	»
	»	Reçu de JEAN pour son billet 1er courant. . .	300	»		»	Payé à DAVID la facture 30 courant.	1160	»
			——	—		3.	Reste en caisse.. . . .	890	»
			3750	»				——	—
			——	—				3750	»
Id.	3.	A nouveau. . . .	890	»				——	—

Ainsi, comme on le voit, le livre de caisse se tient par doit et avoir ; du côté du doit on met toutes les sommes qu'on reçoit, du côté de l'avoir toutes celles qu'on paie.

DU CARNET D'ÉCHÉANCE.

Le carnet d'échéance n'est qu'une espèce d'agenda sur lequel on inscrit pour chaque mois tous les effets qu'on a à payer dans le courant du mois, en indiquant le jour de l'échéance ; au moyen d'un signe particulier on marque les effets acquittés. Ce livre n'offre aucune espèce de difficulté pour sa tenue.

FORMULE No 88. — **Modèle de livre d'effets à recevoir.**

NUMÉROS d'ordre.	DATES des ENTRÉES.	CÉDANTS.	VILLES.	NATURE des effets.	DATE des EFFETS.	ORDRES.	SOUSCRIPTEURS ou payeurs des effets.	VILLES.	ÉCHÉANCES.	MONTANT des effets.	SORTIE DATES.	SORTIE REMIS A.
	1853				**1852.**				**1853**		**1853**	
1	Janvier. 1	Paul.	Bordeaux.	Billet.	Décemb. 15	Gontrand.	Guillaume.	Narbonne.	Février 15	4,500	Janvier. 10	Durand.
2	Id. 3	Louis.	Toulouse.	Traite.	**1853.** Janvier. 4	Louis.	Colin.	Paris.	A vue. »	4,200	Id. »	Encaissé.
3	Id. 3	Moi-même.	Paris.	Mandat.	Id. 5	Moi-même.	David.	Angoulème.	Mars. 15	500	Id. 15	Encaissé.

Le livre des effets à recevoir est un registre sur lequel on inscrit par numéros d'ordre tous les effets que l'on reçoit et tous les mandats ou traites que l'on fournit. Dans le modèle ci-dessus on voit en tête de chaque colonne ce qui doit être inscrit dans chacune.

Ce livre, régulièrement tenu, sert à faire la vérification du portefeuille qui doit contenir tous les effets non sortis.

Dans le 1er exemple, on indique que Paul, de Bordeaux, a remis un billet de Guillaume, de Narbonne, daté du 15 décembre 1852, à l'ordre de Gontrand, payable le 15 février 1853, de la somme de 4,500 fr., et que le 10 janvier ce billet a été remis ou négocié à Durand. Les effets sont encore en portefeuille si rien n'indique leur sortie.

Cette explication suffit pour faire comprendre les deux autres exemples.

FORMULE N° 89. — Modèle de livre d'entrée et de sortie des marchandises.

ENTRÉE.

NUMÉROS d'ordre.	DATES.	FACTURES de Messieurs :	NATURE de marchandises.	QUANTITÉS.		PRIX.	
	1853.						
1	Janvier. 1.	Brunet.	Draps.	20 m	»	14 fr.	50
2	» »	Id.	Id.	48 »	50	14 »	»
3	» 15.	David.	Flanelle.	30 »	»	3 »	25
4	» »	Id.	Id.	25 »	»	3 »	05

SORTIE.

DATES.	VENDU à	QUANTITÉS.	OBSERVATIONS.
1853.			
Janvier. 4.	Paul.	20 m	»
» 6.	Louis.	40 »	»
» 20.	Jean.	20 »	Louis. 10 m
» »	»	»	»

Dans les maisons de commerce bien tenues, on a un livre d'entrée et de sortie des marchandises, appelé aussi livre des numéros.

On inscrit sur ce livre chaque pièce de marchandise qui entre dans la maison; on lui donne un numéro d'ordre qu'on a le soin de mentionner sur la facture quand on vend tout ou partie de cette pièce.

Au moyen de ce livre, régulièrement tenu, on se rend compte facilement des marchandises qui doivent exister en magasin.

Lorsqu'une pièce est entièrement vendue, il faut indiquer par une marque quelconque, sur le livre, que ce numéro n'est plus en magasin.

FORMULE N° 90.—Modèle de brouillard ou main-courante.

	fr.	c.
Du 1er janvier 1853. J'ai acheté à DUPRÉ, de Bordeaux, 100 mètres de drap à 12 50	1200	»
2 id. Vendu à MARTIN, de Rouen, 15 m. de drap à 16 f. 240 à BERTRAND, de Paris, 20 m. de drap à 15 f. 300	540	»
3 id. J'ai reçu de MARTIN, de Rouen, pour solde de ma facture d'hier, en espèces.	240	»

Le livre brouillard sert à inscrire les opérations au fur et à mesure qu'elles se font. Ce n'est à vrai dire qu'un simple journal.

FORMULE N° 91. — Procès-verbal du juge de paix constatant l'état des livres d'un failli.

L'an mil. . . . et le. . . .

Nous. . . ., juge de paix de. . ., sur la réquisition à nous adressée, le. . . ., par M. . . ., syndic définitif de la faillite du sieur. . . ., marchand de draperies, toiles et nouveautés, demeurant à. . . ., nous étant transporté, cejourd'hui, à huit heures du matin, accompagné de notre greffier, au domicile du failli, pour y apposer les scellés, en exécution du jugement du Tribunal de commerce en date du. . . ., qui a déclaré ledit sieur. . . en état de faillite, nous avons trouvé, audit domicile, ledit sieur. . . ., syndic, qui nous a prié d'extraire des scellés les livres du failli, dont la remise en ses mains est urgente et indispensable, pour qu'il puisse vaquer convenablement et diligemment aux opérations de la faillite.

Déférant à la demande du syndic, nous avons, aux termes de l'art. 471 du Code de commerce, extrait des scellés les livres, carnets et registres du failli, lesquels consistent dans les suivants :

1° Une main-courante commençant le. . . ., et finissant le. . . ., composée de . . feuillets ;

2° Un livre-journal commençant le. . . . et finissant le. . . .

3° Un livre de caisse, etc. (ainsi de suite pour tous les livres).

Nous avons arrêté et paraphé tous les susdits livres que nous avons remis audit syndic, qui s'en est chargé.

De tout quoi nous avons dressé le présent procès-verbal que nous avons signé, séance tenante, avec notre greffier et ledit syndic.

A. . . ., le. . . .   (Suivent les signatures.)
Enregistré à. . . ., le. . . .

FORMULE N° 92. — Procès-verbal du juge de paix portant description d'effets de portefeuille à courte échéance, extrait des scellés.

L'an. . . ., etc.

Nous. . . ., juge de paix de. . . ., sur la réquisition verbale à nous adressée ce jour d'hier, par M. . . ., syndic définitif de la faillite du sieur. . . ., marchand de nouveautés, demeurant à. . . ., à l'effet d'extraire des scellés, par nous apposés au domicile dudit failli, selon procès-verbal en date du. . . ., dûment enregistré, les effets à courte échéance, ou susceptibles d'acceptation, ou pour lesquels il faut faire des actes conservatoires,

Nous sommes transporté, cejourd'hui, à huit heures du matin, au domicile susindiqué, accompagné de notre greffier.

Nous y avons trouvé ledit syndic, ainsi que M. . . ., négociant, demeurant à. . . ., établi par nous gardien des scellés; s'est aussi, au même instant, présenté ledit failli;

En présence des susnommés il a été procédé à la reconnaissance et à la levée du scellé apposé sur le bureau dans lequel nous avons enfermé le portefeuille du failli; ledit bureau fermé à clef, décrit au procès-verbal d'apposition des scellés, placé dans une pièce au premier étage, attenant le magasin, et qui prend jour sur la cour de la maison par une seule croisée.

Nous avons trouvé ledit scellé intact; nous l'avons levé et nous avons extrait dudit portefeuille les effets de commerce suivants :

1° Une lettre de change de la somme de. . . ., souscrite à. . . ., le. . . ., par. . . ., à l'ordre du sieur. . . ., payable après-demain, sur le sieur. . . ., négociant, demeurant en cette ville ;

2° Un billet à ordre de la somme de. . . ., souscrit à. . . ., le. . . ., par le sieur. . . ., à l'ordre du sieur. . . ., qui l'a endossé le. . . ., à l'ordre de. . . ., qui l'a lui-même négocié par un endossement régulier, en faveur de. . . ., qui l'a fait protester à son échéance, par un exploit de. . . ., huissier, en date du. . . ., et pour lequel billet à ordre il y a un recours à exercer, dans l'intérêt de la masse, contre les endosseurs, le failli ayant remboursé ledit effet ;

3° Une lettre de change de la somme de. . . ., souscrite à. . . ., le. . . ., par. . . ., à l'ordre du failli, payable à deux mois de date, sur la maison de commerce Durand et compagnie, de Lyon, ladite lettre de change susceptible d'acceptation ;

4° (Ainsi de suite pour tous autres semblables titres).

N'ayant pas trouvé, dans ledit portefeuille, d'autres effets de la nature de ceux qui précèdent, nous avons réapposé les scellés sur ledit bureau, au moyen d'une bande de papier, par nous signée et paraphée, sur chacun des bouts de laquelle est empreint notre cachet, sur cire rouge ; la clef de ce bureau a été de nouveau remise à notre greffier, qui s'en est chargé.

Nous avons remis tous les effets ci-dessus décrits au syndic, qui s'en est chargé, et en avons déchargé par suite le gardien des scellés ;

De tout quoi nous avons dressé le présent procès-verbal, les jour, mois et an que dessus, et nous avons signé avec notre greffier et les susnommés, à l'exception du failli qui, de ce requis, a déclaré n'être nécessaire.

(Suivent les signatures.)

Enregistré à. . . ., le. . . .

Formule n° 93. — Bordereau d'effets de commerce à courte échéance extraits des scellés, remis au juge-commissaire.

A Monsieur. . . ., juge-commissaire de la faillite du sieur. . . ., marchand de nouveautés, demeurant à. . . .

Le soussigné, syndic définitif de ladite faillite,

A l'honneur de vous remettre, comme suit, le bordereau des effets à courte échéance, susceptibles d'acceptation, et pour lesquels il faut faire des actes conservatoires, lesquels, sur la réquisition de l'exposant, ont été extraits, selon procès-verbal de M. le juge de paix, en date d'hier, des scellés apposés au domicile du failli :

1° Une lettre de change de la somme de. . . ., etc. ;

2° Un billet à ordre de la somme de. . . ., etc. ;

3° (Ainsi de suite comme ci-dessus formule 92).

Le présent bordereau dressé, en exécution de l'art. 471 du Code de commerce, à. . . ., le. . . .

                            (*Signature du syndic*).

Formule n° 94.—Extraits des jugements déclaratifs de faillite et de nomination de syndic définitif, pour être remis au directeur des postes, au sujet des lettres adressées au failli et qui doivent être remises aux syndics.

Par un jugement en date du. . . ., le Tribunal de commerce de l'arrondissement de. . . . . a déclaré, d'office (ou bien sur la requête du sieur. . . . ou des sieurs. . . ., créanciers du sieur L. A. . . ., négociant, demeurant à. . . .), ledit sieur. . . . en état de faillite, et en a fixé provisoirement l'époque au. . . . dernier ;

M. B. . . ., négociant, demeurant à. . . ., juge audit Tribunal de commerce, a été nommé commissaire, et le sieur F. L. . . ., avocat, demeurant à. . . ., syndic provisoire de ladite faillite ; par le même jugement l'apposition des scellés et le dépôt de la personne du failli dans la maison d'arrêt pour dettes ont été aussi ordonnés.

Pour extrait conforme délivré au syndic de la faillite pour être remis au directeur des postes.

A. . . ., le. . . .   (*Le greffier, signé.*)

Formule n° 95.

Par un jugement en date du. . . ., le Tribunal de commerce de l'arrondissement de. . . ., sur le rapport de M. B. . . ., juge-commissaire de la faillite du sieur L. A. . . ., négociant, demeurant à. . . ., a maintenu le sieur F. L. . . ., avocat, demeurant à. . . ., syndic définitif de ladite faillite.

Pour extrait conforme (comme pour l'extrait qui précède).

FORMULE N° 96. — **Lettre d'envoi des extraits des jugements ci-dessus, au directeur des postes.**

C. . . ., le. . . . 1858.

A Monsieur le directeur des postes de. . . .

J'ai l'honneur de vous adresser ci-inclus, en exécution des art. 471 du Code de commerce, 524 et 526 de l'Instruction générale sur le service des postes, approuvée le 29 mars 1839, par M. le ministre des finances : 1° Un extrait d'un jugement rendu le. . ., par le Tribunal de commerce de l'arrondissement de. . ., qui a déclaré le sieur L. B. . ., négociant, demeurant à C . . ., en état de faillite, et m'a nommé syndic provisoire de cette faillite ; 2° Un autre extrait d'un jugement rendu le. . . ., par le même Tribunal, qui me maintient syndic définitif de ladite faillite.

Ces deux extraits, certifiés conformes, m'ont été délivrés, sur ma demande, par M. le greffier dudit Tribunal de commerce, aux fins de l'art. 471 du Code de commerce précité.

Veuillez, Monsieur, conformément aux dispositions de l'Instruction générale, sur le service des postes, sus-énoncée, me faire parvenir, en madite qualité, les lettres qui arriveront à votre bureau, à l'adresse dudit sieur. . . ., failli.

Agréez, Monsieur, mes respectueuses salutations.

(Signature du syndic.)

FORMULE N° 97. — **Notification au directeur des postes, pour la remise au syndic des lettres adressées au failli.**

L'an mil. . . ., et le. . . .

Je. . . ., huissier. . . . soussigné,

A la requête du sieur F. L. . . ., syndic définitif de la faillite du sieur A. Ch. . . ., commissionnaire en marchandises, demeurant à M. . . .

Ai notifié à M. le directeur des postes de ladite ville de. . . . 1° Le jugement rendu par le Tribunal de commerce de. . . ., le. . . ., qui a déclaré ledit sieur A. C. . . . en état de faillite ; 2° Autre jugement rendu par le même Tribunal. . . ., qui a continué le requérant déjà syndic provisoire, dans les fonctions de syndic définitif de ladite faillite ; en conséquence, j'ai prié, et en tant que de besoin sommé, mondit sieur directeur des postes de M. . . . d'avoir, conformément à l'art. 471 du Code de commerce, et aux art. 524 et 526 de l'instruction générale sur le service des postes, approuvée le 29 mars 1829, à remettre au requérant, en sa dite qualité de syndic, toutes les lettres qui arriveront à son bureau, adressées audit sieur A. C. . . ., failli, à peine de tous dommages qui pourraient être la suite de cette non-remise. Dont acte. Baillé copie, etc.

RÉSUMÉ.

N° 1. En disant que les livres doivent être arrêtés par le juge de paix, la loi ne donne pas ici, au mot *arrêtés*, le même sens qu'il a dans l'art. 475 ci-après ; le juge de paix n'est chargé

I. 11

que de constater l'état matériel des livres ; l'expression *arrêtés* signifie ici paraphés, tandis que dans l'art. 475, c'est du dépouillement de ces livres qu'il s'agit et des opérations relatives à l'état des créances. Dalloz, n° 441.

2. Cette opération doit être faite dans le plus bref délai et sans désemparer. Esnault, t. Ier, p. 310.

3. Les syndics doivent conserver les lettres d'affaires adressées au failli ; mais ils sont autorisés à lui remettre celles qui lui sont personnelles, ou celles adressées à sa femme, à ses enfants, ou aux personnes de sa maison. Renouard, t. Ier, p. 460.

472. Le juge-commissaire, d'après l'état apparent des affaires du failli, pourra proposer sa mise en liberté avec sauf-conduit provisoire de sa personne. Si le tribunal accorde le sauf-conduit, il pourra obliger le failli à fournir caution de se représenter, sous peine de paiement d'une somme que le tribunal arbitrera et qui sera dévolue à la masse.

473. A défaut par le juge-commissaire, de proposer un sauf-conduit pour le failli, ce dernier pourra présenter sa demande au tribunal de commerce, qui statuera, en audience publique, après avoir entendu le juge-commissaire.

Formule n° 98.—**Jugement qui accorde un sauf-conduit à un failli.**

Le Tribunal de commerce de l'arrondissement de. . . ., a rendu le jugement dont la teneur suit :

M. . . ., juge suppléant au Tribunal, commissaire de la faillite du sieur H. M. . . ., sellier-carrossier, demeurant à M. . . ., a rapporté qu'il a reçu de M. F. L. . . ., syndic de ladite faillite, un mémoire dans lequel celui-ci expose que ledit H. M. . . ., ayant été arrêté, et les scellés apposés sur ses marchandises et effets mobiliers, à la requête du ministère public, avant le jugement déclaratif de la faillite, sur la plainte d'un créancier, et sur le motif que ce dernier était en fuite, après avoir détourné tout son actif, il n'a pu, en sadite qualité de syndic, procéder immédiatement à l'inventaire, en vertu de l'autorisation que mondit sieur. . . ., juge-commissaire lui en avait accordée ; qu'il pense que l'assistance du failli pourra être d'une grande utilité dans les opérations de l'inventaire, qu'il croit convenable, dès lors, de demander la mise en liberté du failli, avec sauf-conduit provisoire de sa personne ; en conséquence, ledit sieur. . ., commissaire, a proposé au Tribunal d'ordonner la mise en liberté dudit sieur H. M. . . ., avec sauf-conduit provisoire de sa personne ; le mémoire du syndic ne lui ayant, au surplus, fait connaître aucun acte de fraude ou de mauvaise foi de la part du failli.

Sur quoi,

Le Tribunal, vu l'art. 472 du Code de commerce ; vu ce qui résulte d'un autre côté, du rapport de M. . . ., juge-commissaire de la faillite du sieur H. M. . . ., et ayant égard à sa proposition, ordonne la mise en liberté dudit sieur H. M. . . ., avec sauf-conduit provisoire de sa personne.

(Si le Tribunal croit devoir obliger le failli à fournir caution, le dispositif de son jugement l'énonce en ces termes) :

Ordonne, toutefois que ledit failli, aux termes dudit art. 472 du Code de commerce, donnera caution de se représenter, partout où besoin sera, sous peine de paiement de la somme de mille francs, qui sera dévolue à la masse.

Ainsi jugé, etc.

OBSERVATION. — L'engagement de la caution peut être fourni par acte public devant notaire, ou bien par déclaration au greffe du Tribunal de commerce (voir ci-dessus formule 22).

FORMULE N° 99. — Requête du failli au Tribunal de commerce à l'effet d'obtenir un sauf-conduit.

A Messieurs les président et juges. . . ., etc.

Le sieur R. V. . . ., fabricant, demeurant à. . . .

A l'honneur de vous exposer,

Qu'en vertu du jugement du Tribunal, en date du. . . ., qui l'a déclaré en état de faillite, et a ordonné le dépôt de sa personne dans la maison d'arrêt pour dettes, il se trouve actuellement détenu, sur les poursuites et à la réquisition du ministère public, dans ladite maison d'arrêt pour dettes : cependant l'exposant est convaincu qu'aucun fait de fraude ou de mauvaise foi n'a pu et ne pourra être relevé à sa charge, dans l'examen que le syndic et M. le juge-commissaire de sa faillite ont dû faire, ou pourront faire encore de sa conduite ; qu'il résulte, au contraire, de cet examen cette vérité, que l'exposant est simplement malheureux ; que sa faillite ne provient que de spéculations manquées, des circonstances malheureuses où il s'est trouvé, comme aussi des pertes considérables que des faillites lui ont fait éprouver à lui-même.

Dans cette situation, l'exposant conclut :

A ce qu'il plaise au Tribunal lui accorder un sauf-conduit provisoire de sa personne.

A. . . ., le. . . .   (Le failli, signé.)

FORMULE N° 100. — Requête en intervention d'un créancier pour s'opposer à la délivrance d'un sauf-conduit.

A Messieurs les présidents et juges, etc.

Le sieur B. N. . . ., marchand de laine, demeurant à. . . .

A l'honneur de vous exposer :

Qu'il est créancier du sieur R. V. . . ., fabricant, demeurant à. . ., de la somme de. . . ., pour prix de laines vendues à ce dernier ; qu'en cette qualité il a poursuivi et obtenu de votre Tribunal un juge-

11.

ment en date du. . . ., qui a déclaré ledit sieur R. V. . . . en état de faillite, et ordonné le dépôt de la personne du failli, dans la maison d'arrêt pour dettes; que cette dernière disposition du jugement a reçu son exécution, à la diligence et poursuite de M. le procureur impérial près le Tribunal de première instance de. . . .

C'est dans cette situation que le failli vient d'adresser au Tribunal une demande tendant à ce qu'il plaise au Tribunal lui accorder un sauf-conduit provisoire de sa personne, demande motivée sur l'absence de toute fraude ou mauvaise foi de sa part.

Mais attendu qu'il sera facile d'établir que le plus grand désordre existe dans les affaires dudit sieur R. V. . . ., que ses écritures sont tout à fait irrégulièrement tenues; que les livres dont la tenue est exigée par la loi manquent; que d'un autre côté, il ne rend pas compte des marchandises fabriquées par lui, pendant l'année écoulée, dont l'importance et le nombre sont fournis par le compte même de l'apprê-teur des étoffes fabriquées; qu'on voit cependant figurer parmi les créanciers ceux qui lui ont vendu les matières premières de cette fabri-cation; qu'il ressort évidemment de cet état des choses de graves indi-ces et présomptions de mauvaise foi et de dissimulation.

C'est pourquoi l'exposant conclut :

A ce qu'il plaise au Tribunal le recevoir partie intervenante dans l'instance portée devant lui par le failli, en délivrance d'un sauf-conduit; ce faisant et au fond, rejeter la demande dudit sieur R. V. . . ., dire et déclarer, au contraire, que la disposition du jugement déclaratif de fail-lite, qui a ordonné le dépôt de la personne du failli, dans la maison d'arrêt pour dettes, sera maintenue,

Condamner enfin ledit sieur R. V. . . . aux dépens, qui seront tou-tefois passés en frais de faillite.

A. . . ., le. . . .   (Le créancier, signé.)

Formule n° 101. — Jugement sur la demande du failli d'un sauf-conduit.

Le Tribunal de commerce de. . . .

A rendu le jugement dont la teneur suit :

Entre le sieur R. V. . . ., fabricant, demeurant à. . . ., d'une part;

Le sieur B. N. . ., marchand de laine, demeurant à. . . ., deman-deur en intervention d'autre part;

Et le sieur F. L. . . ., avocat, demeurant à. . . ., syndic de la fail-lite dudit sieur R. V. . . ., encore d'autre part;

          Dans le fait :

Le sieur R. V. . . . a présenté cejourd'hui au Tribunal, une requête dans laquelle il expose, qu'en vertu du jugement du Tribunal en date du. . . . (Copier cette requête).

De son côté ledit sieur B. N. . . . a présenté également, cejourd'hui, une requête en intervention, dans laquelle il expose qu'il est créancier dudit sieur R. V. . . . (Copier cette requête).

Sur ces deux requêtes, la cause ayant été appelée à la présente au-dience;

Ouï pour le sieur R. V. . . ., M^e. . . ., avocat, son procureur fondé, suivant procuration sous seing privé, en date du. . ., enregistrée à. . ., . . ., qui a conclu à ce qu'il plaise au Tribunal lui adjuger les fins de sa requête;

Ouï, pour le sieur B. N. . . ., et de lui assisté, Mᵉ. . . ., agréé, qui a conclu à ce qu'il plaise au Tribunal le recevoir partie intervenante dans la cause et au fond, lui adjuger les fins de sa requête en intervention ;

Ouï le sieur F. L. . . ., avocat, syndic de la faillite dudit R. V. . ., qui a déclaré s'en remettre à la sagesse du Tribunal ;

Ouï enfin, M. S. . . ., juge-commissaire de ladite faillite, dans son rapport ;

Sur quoi,

Considérant que le syndic de la faillite n'a relevé dans son mémoire remis à M. le juge commissaire, aucun fait de fraude, ou de mauvaise foi, contre le failli, et qu'il s'en rapporte, aujourd'hui à justice, sur la demande de ce dernier, en délivrance d'un sauf-conduit ;

Considérant que le sieur B. N. . . ., créancier intervenant, pour contester cette demande, n'a précisé, dans sa requête, ni sur l'audience, aucun fait formel de cette nature contre le failli ; qu'il n'existe, jusqu'à présent, à cet égard, que des insinuations et des présomptions non appuyées de preuves positives ; que les torts qui lui sont reprochés sur le désordre de son administration, de ses écritures et de ses livres, en les supposant fondés, n'ont pas un caractère de gravité équivalent au dol, pouvant lui faire perdre la faveur d'un sauf-conduit.

Considérant que le rapport de M. le juge-commissaire est favorable à la demande du failli ; que ce magistrat estime, d'ailleurs, que le concours de ce dernier sera des plus utiles au syndic pour la confection de l'inventaire, et pour toutes les autres opérations de la faillite ; qu'il paraît même que le sauf-conduit est dans le vœu de la masse des créanciers, et tout à fait à leur avantage.

Par ces motifs,

Le Tribunal, après en avoir délibéré, jugeant en dernier ressort, et en audience publique, reçoit dans la forme l'intervention dans l'instance dudit sieur B. N. . . ., et statuant, au fond, le démet de sa demande;

Disant droit, au contraire, aux conclusions du sieur R. V. . . ., le Tribunal ordonne sa mise en liberté, avec sauf-conduit provisoire de sa personne;

Condamne l'intervenant aux frais de son intervention. Ainsi jugé et prononcé, le. . . .

(Suivent les signatures du président et du greffier).

Enregistré à. . . ., le. . . .

RÉSUMÉ (art. 472-473).

Nᵒ 1. L'effet de la contrainte par corps, pour dettes commerciales, antérieurement à la faillite, cesse de plein droit, par l'événement postérieur de la faillite. Colmar, 17 janv. 1824 (S. 29.2.343).

2. C'est une conséquence du dessaisissement de l'administration de ses biens qui ne permet plus au débiteur failli de payer un créancier préférablement aux autres; et les condamnations par corps obtenue et même exécutées, avant la faillite,

se confondent et se perdent dans l'arrestation provisoire qui met la personne du failli à la disposition de la masse entière de ses créanciers; il ne peut plus être à la disposition d'un créancier isolément.

3. La disposition de l'art. 456, Cod. comm., d'après laquelle le failli, incarcéré pour dettes, au moment de la déclaration de faillite, ne peut être affranchi du dépôt ou de la garde de sa personne, ne fait pas obstacle à ce que postérieurement le tribunal, d'après l'état apparent des affaires du failli, et sur le rapport du juge-commissaire, lui accorde un sauf-conduit. Paris, 31 août 1839.

4. La concession du sauf-conduit, dans ce cas, est faite dans l'intérêt de la masse plus encore que dans celui du failli. Dalloz, n° 380; Bédarride, n° 295.

5. La loi nouvelle n'a pas reproduit la disposition de l'ancien art. 490 d'après laquelle, s'il y avait présomption de banqueroute simple ou frauduleuse, mandat d'amener, de dépôt ou d'arrêt, le juge-commissaire ne pouvait proposer, ni le tribunal accorder de sauf-conduit au failli; elle a voulu laisser aux tribunaux de commerce l'appréciation des causes qui ont pu amener la faillite; il y a peu d'inconvénients à cette suppression, car, d'une part, ce n'est que sur la proposition du juge-commissaire, ou sur la demande du failli, que le tribunal statue : en second lieu, il peut prendre des précautions contre le débiteur qu'il élargit, et puis le tribunal peut retirer le sauf-conduit quand il le juge convenable. Renouard, t. Ier, p. 462; Dalloz, n° 393.

6. Les créanciers et les syndics peuvent intervenir sur la demande d'un sauf-conduit par le failli pour le contester. Dalloz, n° 390.

7. C'est, au reste, au tribunal de commerce et non au tribunal civil qu'il appartient de statuer sur les demandes de sauf-conduit formées, soit par les syndics, soit par le failli; cela résulte clairement des dispositions des art. 472 et 473. En conséquence, le tribunal de commerce seul est compétent, à cet égard, même dans le cas d'incarcération du débiteur, à la requête d'un de ses créanciers avant la faillite. Paris, 31 août 1839, et Dalloz, n° 391.

8. Le sauf-conduit accordé au failli pour assister aux opérations de la faillite subsiste, tant que dure l'état de faillite, ou tant que le sauf-conduit n'est pas révoqué, quelque long intervalle qui se soit écoulé depuis son obtention; et le failli, dans ce cas,

incarcéré nonobstant le sauf-conduit à lui accordé depuis un
certain nombre d'années, ne peut être déclaré mal fondé à réclamer son élargissement, sous prétexte qu'il ne prouve pas
que les opérations de sa faillite ne sont pas encore terminées.
Paris, 12 fév. 1828 ; Dalloz, n° 392.

9. Le sauf-conduit accordé au débiteur failli ne produit son
effet que pendant la durée de la faillite, et l'exercice de la contrainte par corps n'est que suspendu par la faillite; cela résulte
formellement de l'art. 539 de la nouvelle loi portant : si le failli
n'est pas déclaré excusable, les créanciers rentreront dans
l'exercice de leurs actions individuelles tant contre sa personne
que sur ses biens.

474. Le failli pourra obtenir pour lui et sa famille, sur
l'actif de sa faillite, des secours alimentaires qui seront
fixés, sur la proposition des syndics, par le juge-commissaire, sauf appel au tribunal de commerce en cas de contestation.

Formule n° 102. — **Requête au juge-commissaire pour la fixation
des secours alimentaires pour le faili et sa famille.**

A Monsieur. . . ., juge-commissaire de la faillite du sieur C. P. . . .,
négociant, demeurant à. . . .

Le sieur S. L. . . ., syndic définitif de ladite faillite;

A l'honneur de vous exposer :

Qu'il a reçu, de la part du failli, des demandes de secours alimentaires; il résulte de la situation des affaires de la faillite que les créanciers peuvent espérer de recevoir environ 80 p. 0,0 sur le montant de
leurs créances; d'un autre côté, la connaissance que l'exposant a acquise de la position actuelle du failli et de sa famille justifie cette demande de secours alimentaires : la famille du sieur C. P. . . . se
compose du père, de la mère et de deux enfants encore en bas âge ; la
mère est depuis longtemps malade, et le failli n'a, pour le moment,
aucun moyen de pourvoir aux besoins de sa famille.

Dans ces circonstances, l'exposant croit pouvoir vous proposer,
Monsieur le juge-commissaire, d'accorder, sur l'actif de la faillite, un secours alimentaire de cent cinquante francs par mois, au failli et à sa
famille, et ce, à partir du jour du jugement déclaratif de la faillite ; ce
secours alimentaire ne saurait être de longue durée, car tout fait espérer que le failli trouvera bientôt, dans un concordat avec ses créanciers, le moyen de reprendre ses affaires.

En conséquence, l'exposant vous propose, Monsieur le juge-commissaire, conformément aux dispositions de l'art. 474, du Code de commerce, d'accorder au failli et à sa famille, sur l'actif de la faillite, une
somme de cent cinquante francs par mois, à titre de secours alimen-

taire, ou toute autre somme que vous jugerez plus convenable d'allouer, et ce, à partir de la date du jugement déclaratif de la faillite.

A. . . ., le. . . .   (*Le greffier signé*).

ORDONNANCE.

Nous J. B. . . ., juge au Tribunal de commerce de. . . ., commissaire de la faillite du sieur C P. . . ., vu la requête ci-dessus, les faits y exposés, et la disposition de l'art. 474 du Code de commerce au titre des *Faillites et Banqueroutes*, fixons à la somme de cent cinquante francs, par mois, à partir de la date du jugement déclaratif de faillite, les secours alimentaires à accorder, sur l'actif de la faillite, au failli et à sa famille.

Donné, à. . . ., le. . . .   (*Le juge-commissaire, signé.*)

Enregistré à. . . ., le. . . .

Formule n° 103. — Requête au juge-commissaire, présentée par le failli lui-même, pour la fixation de secours alimentaires.

A Monsieur le juge-commissaire de la faillite du soussigné,

Le soussigné C. P. . . ., négociant, demeurant à. . . .

A l'honneur de vous exposer :

Qu'un jugement du Tribunal de commerce de. . ., en date du. . ., l'a déclaré en état de faillite ; en exécution de ce jugement, les scellés ont été apposés à son domicile, sur ses livres, papiers et marchandises ; il ne lui a été laissé que quelques meubles et effets les plus indispensables à ses besoins journaliers et à ceux de sa famille ;

Au moment de la déclaration de sa faillite, l'exposant se trouvait dépourvu de provisions alimentaires ; il a fait connaître sa triste position au syndic, en le priant de vouloir bien vous proposer, en exécution de l'art. 474 du Code de commerce, de fixer le montant des secours alimentaires, qui pourront être accordés à l'exposant, sur l'actif de la faillite, pour lui et pour sa famille, qui se compose de l'exposant de sa femme et de deux enfants.

Mais le syndic, sans repousser absolument cette demande, répond qu'il ne connaît pas encore suffisamment la situation des affaires de la faillite, ses ressources et l'étendue de la perte que les créanciers auront à supporter ; que, d'ailleurs, il n'a en main, dans le moment, aucune somme qui puisse être employée à fournir ces secours alimentaires.

Dénué de toutes ressources, déjà en proie aux plus cruelles souffrances de la faim, lui et sa famille, l'exposant est forcé de recourir à votre justice, car tout crédit lui est fermé ; l'humanité ne saurait permettre qu'un tel état de choses se continue ; et la loi doit fournir les moyens d'y remédier,

C'est pourquoi, l'exposant vous supplie, Monsieur le juge-commissaire, de vouloir bien fixer à. . . . francs, par mois, la somme qui doit lui être accordée, sur l'actif de sa faillite à titre de secours alimentaires, tant pour lui que pour sa famille, jusqu'à l'époque où un concordat pourra intervenir entre lui et ses créanciers, où jusqu'au contrat d'union, à défaut de concordat, et ferez justice.

A. . . ., le. . . .   (*Signature du failli.*)

FORMULE N° 104. — Ordonnance.

Nous. . . ., juge au Tribunal de commerce de. . . ., commissaire de la faillite du sieur C. P. . . ., négociant, demeurant à. . . .

Vu la requête ci-dessus, les faits y exposés, et les dispositions de l'art. 474 du Code de commerce, sans nous arrêter, quant à présent, aux objections signalées de la part du syndic, et sauf recours de ce dernier au tribunal, fixons à. . . . francs, par mois, le montant des secours alimentaires à accorder, sur l'actif de la faillite, au failli et à sa famille, à partir de ce jour.

A. . . ., le. . . .   (*Le juge-commissaire, signé.*)
Enregistré à. . . ., le. . . .

FORMULE N° 105. — Appel par le syndic de la décision du juge-commissaire qui fixe le montant des secours alimentaires, pour un failli.

A Messieurs les président et juges composant le Tribunal de commerce de l'arrondissement de. . . .

Le sieur F. L. . . ., syndic définitif de la faillite du sieur C. P. . . ., négociant, demeurant à. . . .

A l'honneur de vous exposer :

Qu'en vertu de votre jugement, en date du. . . ., qui a déclaré le sieur C. P. . . ., négociant, demeurant à. . . ., en état de faillite, les scellés ont été, sur la réquisition du syndic provisoire, apposés au domicile du failli, selon procès-verbal du juge de paix, en date du. . . ., les scellés ont été levés et l'inventaire a été dressé, par l'exposant, le. . . ., l'actif trouvé chez le failli est de peu d'importance ; sa valeur estimative s'élève seulement, d'après l'inventaire, à la somme de. . . .

Les renseignements que l'exposant a cherché à se procurer, sur la conduite du failli ; sur ses dépenses, la tenue de la maison, et la direction de toutes ses affaires, sont loin d'être favorables ; ses créanciers croient, non sans quelque apparence de raison, que leur débiteur est moins dénué de ressources qu'il le prétend ; son magasin, assez bien fourni de marchandises, s'est trouvé presque tout à coup, à peu près vide ; la perte que les créanciers auront à subir sera considérable ; les sommes dues, aux créanciers connus, jusqu'à présent, s'élèvent à. . . ., l'actif qui pourra être réalisé n'offrira, selon toute prévision, qu'un dividende de. . . ., ou. . . . p. 0/0.

D'un autre côté, l'exposant n'a pu encore opérer la rentrée d'aucune somme ; il lui a été impossible, dans de telles circonstances, de proposer à Monsieur le juge-commissaire de fixer une somme quelconque, pour être allouée, à titre de secours au failli et à sa famille.

Cependant le failli a obtenu le. . . ., une ordonnance de M. le juge-commissaire de la faillite qui a fixé à. . . . francs par mois, les secours alimentaires qui devront être accordés, sur l'actif de la faillite, au failli et à sa famille ;

Cette ordonnance a été évidemment surprise à la religion de M. le juge-commissaire, par l'exposé d'une position qui n'est pas la véritable.

D'après tout ce dessus l'exposant, en sa qualité de syndic définitif de ladite faillite, conclut à ce qu'il plaise au Tribunal annuler l'ordonnance précitée de M. le juge-commissaire de la faillite, portant fixation d'une somme de. . . . francs par mois, à allouer sur l'actif de la faillite, et à titre de secours alimentaires, pour le failli et sa famille.

Subsidiairement, réformer ladite ordonnance ou décision, et réduire à une somme de. . . . francs par mois, et provisoirement, le montant desdits secours alimentaires, ou à telle autre somme que le Tribunal croira devoir arbitrer dans sa sagesse ; ordonner aussi que les dépens de la présente instance seront passés au syndic, comme frais de faillite.

A. . . ., le. . . .   (*Signature du syndic*).

Formule nº 106. — **Jugement sur l'appel d'un syndic envers une ordonnance du juge-commissaire en fixation des secours alimentaires à accorder au failli.**

Le Tribunal de commerce de l'arrondissement de. . . ., département du. . . ., a rendu le jugement dont la teneur suit :

Entre le sieur F. L. . . ., demeurant à. . . ., en sa qualité de syndic définitif de la faillite dudit sieur C. P. . . ., comparant en personne, demandeur, d'une part,

Et le sieur C. P. . . ., négociant, demeurant à. . . ., débiteur failli, défendeur, comparant par Me. . . ., agréé, d'autre part ;

Dans le fait :

Ledit sieur F. L. . . ., comme procède, a présenté, cejourd'hui au Tribunal une requête dans laquelle il expose qu'en vertu du jugement du Tribunal, en date du. . . ., qui a déclaré (copier l'exposé de la requête qui précède).

La cause appelée à tour de rôle, à la présente audience ;

Ouï ledit sieur. . . ., syndic, en personne, qui a conclu à ce qu'il plaise au Tribunal lui adjuger les fins de sa requête ;

Ouï, pour ledit sieur C. P. . . ., failli, Me. . . ., agréé, qui a conclu à ce qu'il plaise au Tribunal rejeter l'appel relevé par ledit sieur. . . ., syndic, envers l'ordonnance de M. le juge-commissaire de la faillite, qui a fixé à la somme de. . . francs par mois, les secours alimentaires qui doivent être accordés au failli et à sa famille, sur l'actif de la faillite, à partir du jour de ladite ordonnance ; en conséquence, dire et déclarer que ladite ordonnance sera exécutée, dans toutes ses dispositions, et condamner ledit syndic personnellement aux dépens ;

Ouï, aussi M. . . ., juge-commissaire de ladite faillite, dans son rapport, tendant au maintien pur et simple de ladite ordonnance.

En droit : Faut-il dire droit à l'appel relevé par ledit syndic, envers l'ordonnance de M. le juge-commissaire de la faillite ?

Faut-il, au contraire, maintenir ladite ordonnance ? ou bien y a-t-il lieu de la modifier ?

Sur quoi,

Considérant qu'il résulte du rapport fait dans la cause, par M. le juge-commissaire de la faillite, et des explications fournies aux débats, par toutes parties, que si des reproches graves peuvent être adressés au failli sur le désordre de ses écritures, sur les folles et inutiles dépenses en embellissements et réparations, et en général sur son administration irréfléchie, cependant il n'est justifié d'aucun détournement de partie

de son actif et de ses marchandises ; il n'est point appris non plus qu'il
y ait eu mauvaise foi de sa part ; que le contraire est même prouvé par
diverses circonstances, et notamment par le soin qu'il a pris, quand
il a bien connu sa mauvaise position, de s'abstenir d'achats considérables de marchandises, auxquels il lui eût été facile de se livrer, en écou-
tant les offres fréquentes qui lui étaient faites à cet égard, pour les re-
vendre au-dessous de leur valeur, et se créer ainsi des ressources mo-
mentanées et factices, conduite que n'eût pas tenue un débiteur dont les
intentions eussent été mauvaises ;

Considérant, d'un autre côté, que si la perte pour les créanciers paraît devoir être considérable, cependant l'humanité conserve ses droits
et ne permet pas que le failli, dessaisi de l'administration de ses biens,
et pour le moment, sans crédit, soit exposé lui et sa famille aux cruelles
souffrances de la faim, et tenté de se faire sa part, et de se créer des ressources illégitimes ; qu'il y a lieu dès lors de lui accorder quelques faibles secours, en réduisant toutefois la somme de. . . . francs par mois,
fixée par M. le juge-commissaire de la faillite, à celle de. . . . francs
par mois, et provisoirement ; qu'ainsi le failli pourra trouver quelque
crédit jusqu'à ce que l'actif de la faillite, sur lequel doit être prise ladite
somme, puisse être réalisé.

D'après ces motifs :

Le Tribunal, après en avoir délibéré, jugeant publiquement et en
dernier ressort, disant droit, quant à ce, aux conclusions prises dans
l'intérêt dudit sieur C. P. . . ., failli, et modifiant l'ordonnance de
M. le juge-commissaire fixe provisoirement à la somme de. . . . francs
par mois, les secours alimentaires pour le failli et sa famille ; ordonne
que cette somme lui sera payée à partir du. . . ., et sera prélevée par
le syndic sur l'actif réalisé de la faillite, dispose que les dépens de la
présente instance seront passés comme frais de faillite.

Ainsi jugé et prononcé le. . . ., le président et le greffier, signé à
la minute où est écrit : enregistré à. . . .

RÉSUMÉ.

N° 1. Les secours sont accordés sur la proposition des syndics ;
il n'est pas nécessaire que les créanciers soient consultés ; la
raison en est que, dans les premiers jours de la faillite, ces
créanciers sont souvent inconnus, et que c'est à ce moment que
les secours sont le plus nécessaires ; après l'union, au contraire,
le secours accordé au failli ne l'est que sur l'avis favorable des
créanciers, d'après la disposition formelle de l'art. 530.

2. De ces mots : *Sur la proposition des syndics* de l'art. 474,
il ne faut pas conclure que l'initiative de ces derniers est indispensable, pour qu'un secours soit accordé. Le failli peut s'a-
dresser directement au juge-commissaire ; cette opinion est à
la fois conforme au principe d'humanité qui a dicté la disposition, et à la rédaction de l'article qui permet le recours au tribunal de commerce, au cas de contestation. Dalloz, n° 399.

3. Le juge-commissaire doit arbitrer le secours suivant les

besoins du failli et de sa famille, et en tenant compte des ressources de la faillite; Bédarride, n° 311.

4. Et le juge-commissaire doit prendre en grande considération les caractères de la faillite; si les apparences sont de nature à faire supposer la fraude; si l'on peut présumer qu'il y a eu détournement de l'actif la demande de secours doit être rejetée. Même auteur.

5. C'est par voie d'appel seulement que la décision du juge-commissaire doit être attaquée; l'opposition ne saurait être admise par la raison que le juge-commissaire ne statue pas par défaut, mais toujours après avoir entendu les syndics, et ici, le failli est recevable à attaquer la décision par appel; tandis que l'art. 530 limite l'appel, contre la décision du juge-commissaire, aux syndics seuls; cette différence se justifie par la considération que, dans le cas prévu par l'art. 530, les créanciers, qui accordent un secours, n'exercent qu'une pure libéralité, dont le caractère est exclusif de toute possibilité chez le failli de contester, soit le principe, soit le chiffre admis par le juge-commissaire. Quant aux syndics, au contraire, ils peuvent critiquer le chiffre alloué par le juge-commissaire, et demander la réformation d'une décision qui dépasse le chiffre que la masse a voulu accorder au failli. Mais, dans l'hypothèse prévue par l'art. 474, la volonté des créanciers est inconnue. Il y a, en conséquence, ou il peut y avoir lieu, devant les juges d'appel, à un litige commun, dans lequel le failli doit pouvoir être entendu. L'action qu'il exerce, dans ce cas, est une de celles qu'on dit *attachées à la personne*, et, qu'en conséquence, il peut faire valoir par lui-même, nonobstant le dessaisissement dont il est frappé. Dalloz, n° 401.

6. Le tribunal de commerce peut, lorsque, pour la première fois, il est appelé à arbitrer les secours à accorder au failli, refuser toute allocation, quoique aucun soupçon de banqueroute ne s'élève contre le failli. Cass. 17 nov. 1818 (S.-V.19.1.260 ; Cod. Nap., 5.1.547; D.A.8.206).

475. Les syndics appelleront le failli auprès d'eux pour clore et arrêter les livres en sa présence.

S'il ne se rend pas à l'invitation, il sera sommé de comparaître dans les quarante-huit heures au plus tard.

Soit qu'il ait obtenu ou non un sauf-conduit, il pourra

comparaître par fondé de pouvoirs, s'il justifie de causes d'empêchement reconnues valables par le juge-commissaire.

FORMULE N° 107. — Sommation au failli de comparaître auprès des syndics, pour clore et arrêter les livres, en sa présence.

L'an. . . . et le. . . .

Je. . . ., huissier. . . ., soussigné.

A la requête du sieur F. L. . . ., demeurant à. . . ., syndic définitif de la faillite du sieur C. P. . . ., négociant, demeurant à. . . .

Ai fait sommation audit sieur C. P. . . ., faute par lui d'avoir déféré à l'invitation officieuse qui lui a été faite, par lettre affranchie du. . . ., d'avoir, dans le délai de quarante-huit heures, au plus tard, à comparaître devant le requérant, en sa maison d'habitation, sise en cette ville, rue. . . ., n°. . . ., à l'effet de voir clore et arrêter, en sa présence, ses livres de commerce, c'est-à-dire balancer ses comptes divers, arrêter les soldes dus, fixer sa position à l'égard de tous ceux avec lesquels il a traité, extraire et constater les résultats de son administration, lui déclarant qu'il est tenu de comparaître en personne, et qu'il ne peut se faire représenter par un fondé de pouvoirs, s'il ne justifie de causes d'empêchement reconnues valables par le juge-commissaire, sous les peines portées par l'art. 586, § 5, du Code de commerce. Baillé copie du présent, etc. *(Signature de l'huissier.)*

FORMULE N° 108. — Procuration d'un failli à l'effet de se faire représenter pour clore et arrêter ses livres.

Je soussigné C. P. . . ., négociant, demeurant à. . . .

Voulant, autant qu'il dépend de moi, obéir à l'acte de sommation qui m'a été notifié le. . . ., par exploit enregistré de. . . ., huissier, d'avoir à comparaître, dans le délai de quarante-huit heures, au plus tard, devant M. F. L. . . ., syndic définitif de ma faillite, pour clore et arrêter en ma présence, mes livres de commerce ; mais retenu dans mon lit depuis. . . . jours, par une maladie, dont je ne prévois pas le terme prochain (faire connaître toutes autres causes d'empêchement légitimes), donne pouvoir par le présent, à M. . . . (mon ancien commis ou mon frère, ou toute autre personne capable de le représenter), de, pour moi et en mon nom, comparaître dans la journée de demain, jours suivants et utiles, par-devant mondit sieur F. L. . . ., syndic, dans sa maison d'habitation, sise en cette ville, rue. . . ., n°. . . ., à l'effet de procéder, conjointement avec ledit sieur syndic, à la clôture de mes livres et à toutes les opérations qui en sont la conséquence, et relatées dans la susdite sommation, dont acte.

Fait à. . . ., le. . . . *(Signature du failli)*.

Enregistré à. . . ., le. . . .

RÉSUMÉ.

N° 1. L'opération imposée aux syndics par cet article n'est

pas la même que l'opération matérielle déjà confiée au juge de paix par l'art. 471.

2. *La clôture des livres* s'entend, par rapport aux syndics, de l'obligation de balancer les comptes divers, d'arrêter les soldes dus ; de fixer la position du failli, à l'égard de ceux avec lesquels il a traité ; d'extraire et de constater le résultat de son administration ; cela explique le but de la loi, lorsqu'elle fait un devoir aux syndics d'appeler le failli pour clore et arrêter les livres, en sa présence ; Bédarride, nᵒ 315 ; Renouard, t. 1ᵉʳ, p. 465 ; Dalloz, nᵒ 444.

3. Si l'invitation officieuse faite au failli par les syndics de se rendre auprès d'eux reste sans effet, ils doivent le sommer de comparaître dans les quarante-huit heures, au plus tard, et cette sommation doit être faite au domicile du failli, quoiqu'il soit en fuite ; car le failli, alors même qu'il se cache, conserve d'ordinaire des relations avec les personnes qu'il a laissées à son domicile ou sur les lieux ; il peut donc être utilement averti de la sommation ; et comme la loi ne déclare pas cette sommation inutile dans ce cas, cette formalité doit être remplie. Dalloz, nᵒ 445.

4. Le failli a tout intérêt à se représenter aux syndics, car, d'après l'art. 586, § 5ᵉ, s'il ne comparaît pas, après avoir été sommé et si, dans le cas d'empêchement reconnu valable, il ne se fait pas représenter, il peut être condamné comme banqueroutier simple.

5. Il est encore dans l'intérêt du failli de ne pas attendre, après une invitation officieuse, la notification de la sommation ; s'il n'obéit ni à l'invitation officieuse, ni à la sommation, il s'expose à faire naître contre lui des présomptions fâcheuses qui amèneraient très-probablement le refus d'un sauf conduit, alors qu'il en ferait plus tard la demande. Dalloz, nᵒ 446.

476. Dans le cas où le bilan n'aurait pas été déposé par le failli, les syndics le dresseront immédiatement, à l'aide des livres et papiers du failli, et des renseignements qu'ils se procureront, et ils le déposeront au greffe du tribunal de commerce.

FORMULE N° 109. — **Bilan**, *ou état des affaires du sieur E. A. . . . ,*
filateur, domicilié à M. . . . , dressé par nous F. L. . . . , avocat,
domicilié à C. . . . , syndic définitif de la faillite dudit sieur E. A. . . ,
en exécution des articles 439 et 476 du Code de commerce.

ACTIF.

CHAPITRE 1er.

§ 1er. *Immeubles.*—(Mettre *néant* s'il n'y en a pas).

1° Une maison située à M. . ., sur le cours, estimée. . . 15,000 »»
2e Un jardin au faubourg de. . . ., estimé. . . . . . . 1,000 »»
3° Une vigne au vignoble de. . . ., de contenance de. . .
ares. . . . . 1,200 »»

§ 2. *Mobilier industriel, composé de machines, métiers à filer, outils et accessoires de filature.*

D'après l'inventaire, dressé à M. . . . ., par le syndic, le. . . .
La valeur estimative dudit mobilier est portée à. . . . 19,500 »»

§ 3. *Titres actifs, billets, créances, argent comptant.*

1° Argent comptant. (*Néant.*)
2° Un billet à ordre de la somme de 300 fr., souscrit par
le sieur. . . ., payable le.. . . . . 300 »»
3° Les comptes de filature à recouvrer, au nombre de
quinze s'élevant ensemble à la somme de.. . . . . 700 50

§ 4. *Mobilier et meubles meublants :*

D'après le susdit inventaire, la valeur des mobilier et
meubles meublants, est de. . . . . ¡1,200 50
Il est observé qu'en vertu de l'ordonnance de M. le juge-
commissaire de la faillite, en date du. . . . dernier, enregistrée, le syndic a été autorisé à remettre au failli et à sa
famille, conformément à l'art. 469, § 1er du Code de commerce, et sur l'état qui a été soumis à ce magistrat, des
meubles et effets pour une valeur, d'après ledit inventaire de
450 francs.

TOTAL de l'actif. . . . . 38,901 »»

PASSIF.

CHAPITRE II.

§ 1er. *Créances hypothécaires privilégiées.*

Il reste dû au vendeur de la maison ci-dessus,
une somme capitale de. . . . . ci. 6,000 »»
Plus les intérêts d'une année, et ceux à liquider lors du paiement définitif.

§ 2. *Créances hypothécaires ordinaires.*

La dot de la femme du failli s'élevant à. ci. 5,000 »»

A *reporter*. . . . . 11,000 »»

Report. . . . . 11,000 »»

Un acte d'obligation de la somme de 2,000 fr.
consenti par le failli au profit du sieur. . . .,
avec affectation hypothécaire sur la généralité de
ses biens immeubles.. . . . . 2,000 »»

§ 3. Créances privilégiés sur les meubles.

1e Il est dû au propriétaire de l'usine de filature, pour loyers échus au. . . ., la somme de
cinq mille francs. . . . . ci. 5,000 »»
Et pour loyers à échoir, jusqu'à la fin du bail,
suivant police en date du. . ., enregistré à. . .,
le. . . . . 8,000 »»
2° Au contre-maître de l'usine. . . . . . . 700 »»
3° Aux divers ouvriers pour salaires d'un
mois, au moment de la déclaration de faillite et
qui sont au nombre de trente, en tout une
somme de. . . . . 1,200 »»

§ 4. Créances chirographaires ordinaires :

1° A M. . . ., mécanicien, demeurant à. . . .   »   »»
2° A M. . . ., négociant à Louviers.. . . . . »   »»
3° A M. . . ., négociant à Rouen, etc. . . .   »   »»
(On copie l'état des créanciers, avec le montant de leurs créances, et l'on porte le total dans
la colonne. . . . . 45,765 »»
Aux ouvriers employés dans l'usine, et qui
sont au nombre de trente, en tout une somme
de. . . . . 450 »»
A la compagnie d'éclairage au gaz, pour six
mois d'éclairage.. . . . . 320 »» 63,435 »»

Total.. . . . . ci.   74,435 »»

La femme du failli se prétend propriétaire de la moitié des machines
et métiers à filer, qui garnissent l'usine, en vertu d'un acte du. . . .,
devant Me. . . ., notaire à. . . ., portant donation en sa faveur, par
la dame M. P. . . ., sa mère, et le sieur P. V. . . ., son second mari,
filateurs, demeurant à. . . ., cette moitié évaluée, dans ledit acte de
donation, à la somme de. . . . francs.

Elle se prétend encore propriétaire de certains autres objets mobiliers, en vertu d'un second acte de donation, en date du. . . ., devant
Me. . . ., notaire à. . . . ; lesdits objets mobiliers évalués à la somme
de. . . . francs, et détaillés dans ledit acte.

Ces deux créances sont contestées, la première, comme s'appliquant
à des objets qui sont tombés en communauté, et la deuxième, à raison
de l'époque de cette prétendue donation, faite postérieurement à l'é-
poque fixée par le Tribunal, comme étant celle de la cessation de paiements dudit sieur E. A. . . ., et des énonciations mêmes de l'acte qui
porte que ladite dame donataire était en possession desdits objets mobiliers donnés, depuis l'époque qu'elle avait quitté sa mère, sans aucune indication de l'acte qui avait ainsi fait passer la propriété de ces
objets sur la tête de la fille, ni d'aucun inventaire régulier de ces mêmes objets.

Les deux dites sommes de. . . . francs et de. . . . francs, ne sont donc portées au présent bilan que pour mémoire.

Les livres et écritures du failli étant très-irrégulièrement tenus, notamment le livre-journal, le syndic, en l'absence d'un livre de caisse et de tout inventaire dressé par le failli, s'est trouvé dans l'impuissance de dresser le tableau exact des profits et pertes ; les renseignements réclamés à cet égard, et à plusieurs reprises au failli, ont aussi fait défaut, soit par la mauvaise volonté de ce dernier, soit par l'impuissance où il est lui-même de fournir aujourd'hui des documents suffisants pour ce travail.

Il en est de même pour le tableau de ses dépenses, ainsi que cela a été, au surplus, consigné dans le mémoire ou compte sommaire de l'état apparent de la faillite, présenté à M. le juge-commissaire, le. . .

RÉCAPITULATION.

Passif. 74,435 »»
Actif. . . . . 38,901 »»

Déficit ou perte. . . . . 35,534 »»

A. . . ., le. . . .   (*Le syndic, signé.*)

FORMULE N° 110. — Acte de dépôt au greffe, du bilan dressé par les syndics.

L'an. . . .,
Devant nous. . . ., greffier soussigné,

A comparu M. F. L. . . . ., domicilié à. . . ., syndic définitif de la faillite du sieur E. A. . . . ., filateur, demeurant à. . . .,

Lequel a déposé devers le présent greffe, en exécution de l'art. 476 du Code de commerce, le bilan, ou état des affaires dudit sieur E. A. . . .,
dressé par le comparant, en sadite qualité, le. . . ., enregistré à. . .,
le. . . .

Duquel dépôt ledit comparant a requis acte qui lui a été concédé par nous dit greffier, et a, ledit comparant, signé avec nous.

   (*Le syndic, signé*).   (*Le greffier, signé.*)
Enregistré à. . . ., le. . . .

RÉSUMÉ.

N° 1. Quoique le failli ait dressé son bilan, conformément à ce que lui prescrit l'art. 439, il peut y avoir lieu, pour les syndics, à y faire des additions ou corrections, pour en bannir les erreurs qui ont pu s'y glisser; et des omissions commises par le failli ne donnent pas toujours lieu à des soupçons de fraude. Pardessus, n° 1755.

2. Quoique l'art. 476 ne détermine pas, comme le faisait l'ancien art. 473, les personnes auxquelles les syndics, pour la rédaction du bilan, sont autorisés à recourir, les syndics cependant sont en droit de demander des renseignements, à la femme,

I.   12

aux enfants, aux commis et autres employés du failli ; mais
ceux-ci ne sont pas légalement tenus de les fournir ; leur obligation est ici toute morale ; toutefois, leur refus peut faire naître
des présomptions fâcheuses sur le caractère de la faillite. Bédarride, t. 1er, n° 325.

3. Quoique ce même article n'impose pas aux syndics l'o-
bligation d'appeler le failli pour assister à la rédaction du bilan,
le législateur n'a pas pu entendre qu'il ne pût y assister ; son
concours est, au contraire, le plus souvent de la plus grande
utilité. Seulement les syndics sont laissés libres appréciateurs
de la question de savoir si la coopération du failli leur est ou non
indispensable. Dalloz, n° 450.

4. Des syndics qui, par complaisance pour le failli, le laissent
administrer et disposer de son actif, sans même déposer de bilan,
sont responsables ; et cette responsabilité n'est pas couverte par
un concordat survenu et fait au mépris de toutes les formalités
préalables. Paris, 11 fév. 1815 (S.16.2.104).

477. Le juge-commissaire est autorisé à entendre le failli,
ses commis et employés, et toute autre personne, tant sur
ce qui concerne la formation du bilan que sur les causes et
circonstances de la faillite.

478. Lorsqu'un commerçant aura été déclaré en faillite
après son décès, ou lorsque le failli viendra à décéder après
la déclaration de sa faillite, sa veuve, ses enfants, ses héritiers pourront se présenter ou se faire représenter pour le
suppléer dans la formation du bilan, ainsi que dans toutes
les autres opérations de la faillite.

SECTION II.—*De la levée des scellés et de l'inventaire.*

479. Dans les trois jours, les syndics requerront la levée
des scellés et procèderont à l'inventaire des biens du failli,
lequel sera présent ou dûment appelé.

FORMULE N° 111. — **Réquisition au juge de paix pour la levée des
scellés.** (*Cette réquisition peut être verbale.*)

A Monsieur le juge de paix du canton de. . . .
Le sieur F. L. . . ., demeurant à. . . ., syndic définitif de la faillite

du sieur C. P. . . ., marchand de draperies et nouveautés, demeurant à. . . .;

A l'honneur de vous prier de vouloir bien fixer les jour et heure auxquels il vous plaira de procéder à la levée des scellés par vous apposés le. . . . du courant, au domicile dudit C. P. . . ., failli, afin que l'exposant, en exécution de l'art. 479 du Code de commerce, puisse appeler, et au besoin sommer le failli d'être présent à cette opération.

A. . . ., le. . . .   (*Le syndic, signé.*)

ORDONNANCE.

Nous. . ., juge de paix soussigné, vu la réquisition ci-dessus, fixons le troisième jour après la date de notre présente ordonnance, à huit heures du matin, pour notre transport au domicile dudit sieur. . . ., failli, à l'effet de procéder à la reconnaissance et à la levée des scellés requises.

A. . . ., le. . . .   (*Le juge de paix, signé.*)

Enregistré à. . . ., le. . . .

FORMULE N° 112. — Ordonnance du juge de paix quand la réquisition du syndic est verbale.

L'an. . . et le. . . ., à heure de. : : :

Devant nous. . . ., juge de paix du canton de. . . ., dans notre maison d'habitation, assisté de notre greffier,

A comparu le sieur F. L. . . ., syndic définitif de la faillite du sieur C. P. . . ., négociant, demeurant à. . . ., qui nous a prié de fixer les jour et heure auxquels nous procèderons à la reconnaissance et à la levée des scellés par nous apposés le. . . . sur les magasins, comptoirs, caisses, portefeuilles, livres, papiers, meubles et effets du failli, et a signé.

(*Signature du syndic.*)

Nous dit, juge de paix, vu la réquisition ci-dessus, ordonnons que nous procèderons à la reconnaissance et à la levée de nos scellés, le. . . ., à huit heures du matin.

Fait et ordonné à. . . ., les jour, mois et an susdits.

(*Signature.*)

Enregistré à. . . ., le. . . .

FORMULE N° 113. — Procès-verbal de levée des scellés.

L'an. . . et le. . . ., à heures du. . . .,

Nous. . . ., juge de paix du canton de. . . .,

En exécution de notre ordonnance ci-dessus transcrite, nous sommes transporté, accompagné de notre greffier, dans la maison du sieur P. C. . . ., négociant failli, demeurant. . . .

Nous y avons trouvé M. F. L. . . ., syndic définitif de ladite faillite, qui nous a prié de procéder, à la reconnaissance et à la levée des scellés.

Nous y avons trouvé aussi le sieur. . . ., gardien des scellés, qui a offert de tout représenter.

S'est aussi présenté ledit sieur C. P. . . ., failli ;

Et, en présence des susnommés, il a été procédé à la reconnaissance et à la levée des scellés, comme suit :

12.

Dans les divers appartements servant à l'habitation du failli et de sa famille, nous avons trouvé tous les objets que nous y avions laissés en évidence ; l'estimation en a été faite par le syndic, comme porte son inventaire.

Nous avons reconnu que le scellé apposé sur la porte d'entrée de la chambre, au premier, dans laquelle se trouvent des marchandises, était intact ; nous l'avons levé et sommes entrés dans cette chambre, nous avons aussi reconnu que le scellé apposé sur un petit bureau, sans clef, placé dans ladite chambre, et renfermant les livres du failli, était intact ; nous l'avons levé, et les six livres ou carnets qui s'y sont trouvés ont été par nous paraphés et signés, après quoi ils ont été remis, ainsi que les factures, lettres et billets acquittés au syndic.

Partie des marchandises renfermées dans cette chambre ont été inventoriées, comme porte le procès-verbal du syndic.

Six heures du soir ayant sonné, nous avons renvoyé la continuation de nos opérations à demain... du courant à huit heures du matin, après quoi nous avons réapposé le scellé sur la porte d'entrée de ladite chambre, au moyen d'une bande de papier par nous paraphée et signée, sur chacun des bouts de laquelle est empreint notre cachet sur cire rouge, et ont toutes parties signé avec nous et le greffier.

(Suivent les signatures.)

L'an. . . . et le. . . ., à. . . . heures du matin.

Nous. . . ., juge de paix du canton de. . . .

En exécution du renvoi contenu dans notre procès-verbal du jour d'hier, nous sommes rendu, accompagné du greffier, dans la maison dudit sieur C. P. . . ., failli, où nous avons trouvé les personnes désignées en tête du présent.

Nous avons reconnu que le scellé réapposé hier au soir sur la porte de la chambre, au premier étage, où se trouvent des marchandises, était intact ; nous l'avons levé, et le syndic a procédé, toujours en notre présence, à la désignation et à l'estimation des marchandises qui n'avaient pas été vérifiées et inventoriées, comme porte son inventaire.

Onze heures ayant sonné, nous avons clôturé la vacation et renvoyé pour la continuation à une heure de relevée, et nous avons signé, avec le syndic et le greffier.

(Ainsi de suite pour toutes les autres vacations.)

Et l'on termine ainsi :

L'an. . . . et le. . . ., à. . . . heures du matin,

Nous. . . ., juge de paix,

En exécution du renvoi fait dans notre procès-verbal de. . . ., nous sommes rendu, accompagné du greffier, dans la maison dudit sieur C. P. . . ., où nous avons trouvé ce dernier, le syndic de la faillite et le gardien des scellés, dénommés en tête du présent ; lequel syndic a continué l'inventaire des marchandises contenues dans le magasin ci-dessus désigné.

N'y ayant plus d'objets ni de marchandises à inventorier, nous avons déchargé ledit sieur. . . ., gardien des scellés, de la garde qui lui en avait été confiée ; tous les meubles, objets mobiliers, effets et marchandises inventoriés sont restés au pouvoir du syndic qui s'en est chargé.

De tout ce dessus, nous avons dressé le présent procès-verbal, que nous avons clôturé à. . . . heures du. . . ., et l'avons signé avec le syndic, le failli et le greffier.   *(Suivent les signatures.)*

Enregistré à. . . ., le. . . .

FORMULE N° 114.—**Sommation au failli d'être présent à l'inventaire.**

L'an mil. . . . et le. . . .,

Je. . . ., huissier près le Tribunal, etc.,

A la requête du sieur F. L. . . ., demeurant à. . . ., agissant comme syndic définitif de la faillite du sieur C. P. . . ., négociant, demeurant à. . . .,

Ai invité et, en tant que de besoin, sommé ledit sieur C. P. . . ., d'avoir à se trouver présent à son domicile, audit. . . ., le. . . ., à huit heures du matin, pour y assister à la reconnaissance et à la levée des scellés qui auront lieu par M. le juge de paix de. . . ., et à l'inventaire de tous ses biens, qui sera immédiatement, et à mesure de la levée des scellés, dressé par le requérant en sadite qualité de syndic définitif, lui déclarant que ces opérations auront lieu tant en sa présence qu'en son absence, et qu'il peut, s'il le croit utile, se faire représenter par un fondé de pouvoirs, dont acte.

Laissé copie du présent, etc.   (*Signature de l'huissier.*)

Enregistré à. . . ., le. . . .

RÉSUMÉ (Art. 477).

N° **1**. Ces mots de l'article : *et toutes autres personnes*, comprennent la femme et les enfants du failli. Renouard, t. 1er, p. 467 ; toutefois, il serait contraire à la morale publique et à l'esprit de la législation criminelle que le juge-commissaire, dans ses investigations et demandes sur la situation des affaires commerciales du failli, cherchât les preuves d'un délit ou d'un crime dans les déclarations et réponses de la femme et des enfants du failli.

2. La loi, en donnant au juge-commissaire le droit de procéder à une enquête, n'a pu faire de ce magistrat un juge d'instruction, ni créer des moyens de contrainte contre les témoins qui refuseraient de comparaître. Si des indices de fraude paraissent résulter de ce refus, le juge-commissaire les fera connaître au ministère public, et ce sera dans une instruction criminelle ou correctionnelle, que des mandats pourront être décernés et des peines prononcées contre les témoins refusants.

3. Il peut arriver que les réponses de la femme et des enfants, loin de nuire au failli, servent à sa justification et à l'éclaircissement de ses affaires ; d'après ces raisons, la loi nouvelle n'a plus interdit, comme le Code de 1807, au juge-commissaire, d'interroger les personnes qu'elle désigne. *Voir* les rapports de MM. Renouard à la Chambre des députés et Tripier à la Chambre des pairs. Dalloz, n° 451.

RÉSUMÉ (Art. 478).

N° 1. Quand le failli est décédé, l'intérêt qu'il avait à la régularité des opérations de la faillite passe à ses héritiers; d'où la conséquence qu'on ne peut les priver du droit de se faire représenter dans la faillite ou de s'y présenter eux-mêmes; mais les héritiers n'ayant pas plus de droits que le failli, ils ne peuvent administrer les biens de la faillite, ni exercer aucune action relativement à ces biens; ils ne sont appelés dans les instances qu'autant que le failli vivant devrait l'être, et leur concours ne change rien aux conditions de la liquidation; les syndics ne peuvent contester cette intervention, qui aura souvent pour effet d'accélérer la marche de la faillite. Dalloz, n° 456.

RÉSUMÉ (Art. 479).

N° 1. Le délai de trois jours dans lequel les syndics doivent requérir la levée des scellés et procéder à l'inventaire court du jour de leur nomination, si les scellés ont été placés auparavant. Renouard, t. 1er, p. 470.

2. Ou du jour de l'apposition des scellés, si elle a eu lieu depuis, conformément à l'art. 468; Renouard, *id.*; Goujet et Merger, v° *Faillite*, n° 350.

3. Ou du moment que les syndics ont accepté les fonctions qui leur sont confiées par le tribunal. Bédarride, t. 1er, n° 336.

4. Au surplus, les mots: *dans les trois jours,* ne font pas obstacle à ce que la levée des scellés soit requise avant l'expiration de ce délai; car, dès le lendemain, on peut procéder à ces opérations; paroles du garde des sceaux, lors de la discussion de l'article.

5. Les syndics doivent appeler à l'opération de la levée des scellés et de l'inventaire ceux qui auraient formé opposition à la levée des scellés, lorsque l'apposition a pour base, non la simple qualité de créancier, mais une prétention à la propriété d'un ou de plusieurs objets placés sous les scellés, ou bien la réclamation d'un dépôt confié au failli. Bédarride, n° 337; Dalloz, n° 439.

6. Il est, d'ailleurs, incontestable que les créanciers ont le droit d'intervenir à leurs frais, pour assister à la levée des scellés, alors qu'ils croient y avoir intérêt. Dalloz, même n° 439.

480. L'inventaire sera dressé en double minute par les syndics, à mesure que les scellés seront levés, et en présence du juge de paix, qui le signera à chaque vacation. L'une de ces minutes sera déposée au greffe du tribunal de commerce dans les vingt-quatre heures, l'autre restera entre les mains du syndic.

Les syndics seront libres de se faire aider, pour la rédaction comme pour l'estimation des objets, par qui ils jugeront convenable.

Il sera fait récolement des objets qui, conformément à l'art. 469, n'auraient pas été mis sous les scellés et auraient déjà été inventoriés et prisés.

Formule n° 115. — **Inventaire en double minute, après apposition des scellés, et à mesure de leur levée.**

Nous, F. L. . . ., demeurant à. . . ., syndic définitif de la faillite du sieur C. P. . . ., marchand de draperies et nouveautés, demeurant à. . . .,

Après avoir sommé, par exploit dûment enregistré, de. . . ., huissier, en date du. . ., le failli d'avoir à se trouver présent cejourd'hui, à. . . heures du. . . ., à l'inventaire que nous allons dresser, de ses meubles, effets mobiliers, marchandises, titres et papiers,

Nous sommes transporté cejourd'hui, ... mai 1858, à huit heures du matin, avec M. le juge de paix de. . . . et son greffier, au domicile du failli, situé à. . . .

Nous y avons trouvé ledit sieur C. P. . . ., failli, et le sieur. . . ., établi gardien des scellés ; nous avons requis M. le juge de paix de procéder à la levée des scellés ; déférant à notre réquisition, M. le juge de paix a procédé à la reconnaissance et levée desdits scellés ; à mesure de la levée des scellés, en sa présence et celle des susnommés, nous avons dressé le présent inventaire comme suit :

Nous avons d'abord fait récolement des objets qui, conformément à l'art. 469 du Code de commerce, n'ont pas été mis sous les scellés, et ont été laissés pour l'usage du failli et de sa famille ; mais dont l'état fut sommairement constaté, ainsi que cela résulte du procès-verbal d'apposition des scellés en date du. . . . courant.

Ces objets laissés en évidence dans l'appartement occupé par le failli et sa famille consistent aux suivants :

1° Un lit composé de son bois en acajou, un matelas rempli de laine et crin, un sommier élastique, estimé le tout. .   150 »»

2° Deux couvertures, l'une en laine et l'autre en coton, estimées. . . . .   30 »»

3° Les rideaux du lit en calicot rouge avec couronne. . . .   80 »»

4° (Ainsi de suite pour tous les objets.)

A reporter.. . . . .   260 00

Report.	260 00

Les scellés apposés sur la porte d'entrée de la chambre, au premier, dans laquelle se trouvent des marchandises, ayant été levés, nous sommes entrés dans cette chambre, dans laquelle est placé un petit bureau sans clef, renfermant les livres et papiers du failli; le scellé placé sur ce bureau a été levé, et les livres ou carnets, au nombre de. . . . qu'il renfermait, nous ont été remis par M. le juge de paix, après les avoir paraphés et signés, et constaté sommairement leur état, par son procès-verbal.

Ces livres consistent aux suivants :

1° Un livre-journal commençant au. . . et finissant au. . ., composé de. . . . feuillets ;

2° Un livre copie de lettres commençant à. . . . et finissant au. . . ., composé de. . . . feuillets;

3° Un livre de caisse, etc. ;

4° Un carnet où sont portées les ventes à crédit commençant à. . . . (ainsi de suite pour les autres livres, carnets ou papiers).

Nous avons ensuite inventorié les marchandises trouvées dans ladite chambre, au premier, comme suit :

1° 101m60 Drap couleur capucin à 5 fr. le mètre. . . .	508 »»
2° 122m30 Draps Lisieux à 5 fr. 50 c.	672 65
3° 63m Drap cuir laine à 7 fr. d°.	441 »»
4° 27m20 Ratines noires à 4 fr. d°.	108 80

5° (Et désigner de même les marchandises inventoriées dans la vacation. *Continuer la série des numéros.*)

Onze heures du matin étant sonnées, nous avons terminé la présente vacation, et avons renvoyé la continuation de notre inventaire à ce soir, une heure de relevée; après quoi les scellés ont été de nouveau apposés sur la porte d'entrée de ladite chambre, au premier, et nous avons signé avec M. le juge de paix et son greffier, le gardien des scellés et le failli ont déclaré n'être nécessaire, de ce interpellés.

(*Signatures du syndic, du juge de paix et du greffier.*)

Cejourd'hui. . . ., une heure après midi étant advenue, les scellés apposés sur la porte d'entrée de la susdite chambre ou magasin, au premier étage, ont été de nouveau levés, et toujours en présence de M. le juge de paix et des susnommés, nous avons continué les opérations de notre inventaire comme suit :

39° 17m Ratine bleue à 5 fr. le mètre.	85 »»
40° 239m25 Filoselle à 1 fr. 60 c. le mètre..	398 80
41° 314m35 Roanne à 85 c. le mètre..	267 20
42° 1137m Etoffes coton Rouen à 73 c. le mètre.	83 »»
43° 178m30 Coutils pantalons d'été à 90 c. (*ainsi de suite*).	160 45

Advenues cinq heures du soir, nous avons terminé la présente vacation et avons renvoyé à demain. . . du courant, à huit heures du matin, la continuation de nos opérations et l'inventaire des autres marchandises qui se trouvent dans le magasin au rez-de-chaussée, et nous avons signé, etc. Comme ci-dessus.)

A reporter..	2,984 90

Report.. . . . .   2,984 90

Advenu cejourd'hui. . . . du courant, nous nous sommes de nouveau transporté au domicile du failli, ou étant arrivé à huit heures du matin , M. le juge de paix est survenu, accompagné de son greffier; les scellés apposés sur la porte d'entrée du magasin du rez-de-chaussée, donnant sur la place Impériale, ont été levés, et toujours en présence de M. le juge de paix et de son greffier, et avec l'assistance du failli, nous avons continué l'inventaire comme suit :

110° 444ᵐ30 Indiennes Rouen alsacées à 55 c. le mètre.	242 70
111° 307ᵐ90 Indiennes Rouen à dᵒ dᵒ. . .	169 35
112° 105ᵐ80 Tartanelles à 1 fr. 60 c. le mètre.	169 30
113° 103ᵐ10 Mérinos écossais Rouen à 1 fr. le mètre. . .	103 10

(Et continuer ainsi la désignation des marchandises en suivant une seule série de numéros.)

Advenues onze heures du matin, nous avons terminé la présente vacation, etc.).

Quand tout a été inventorié et prisé, on indique le total général en marge. 3,669 35

Et l'on termine ainsi :

N'ayant plus rien trouvé à inventorier, au domicile du failli, nous avons clos le présent inventaire ledit jour. . . ., à. . . . heures du soir ;

Nous nous sommes chargé des objets inventoriés et nous avons signé avec M. le juge de paix et son greffier, déclarant que nous avons été aidé, pour le présent inventaire et l'estimation des objets par M. F. J. . . ., marchand de nouveautés, demeurant à . . . ., conjointement avec le failli.

Fait et dressé à . . . ., les jour, mois et an susdits.

(*Signatures du juge de paix, du greffier, du syndic.*)

FORMULE N° 116. — **Dépôt au greffe de l'une des minutes de l'inventaire.**

L'an. . . . et le. . . .

Devant nous, greffier soussigné,

A comparu M. F. L. . . ., arbitre du commerce, demeurant à. . . ., syndic définitif de la faillite du sieur R. V. . . ., limonadier, demeurant à. . . .

Lequel a déposé devers le présent greffe, en exécution de l'art. 480 du Code de commerce, l'inventaire des effets mobiliers et marchandises dépendant de ladite faillite, dressé par le comparant en sadite qualité le. . . ., enregistré à. . . ., le. . . . fᵒ. . . . par B. . . .

Duquel dépôt ledit sieur. . . . comparant a requis acte qui lui a été concédé, par nous dit greffier, et a ledit comparant signé avec nous.

(*Signatures du syndic et du greffier.*)

RÉSUMÉ.

N° 1. Le récolement ne doit pas comprendre les objets délivrés au failli et à sa famille ; quant au récolement des objets vendus, conformément à l'art. 469, il doit être fait sur l'acte constatant la vente. Renouard, dans son rapport à la Chambre des députés.

2. La présence du juge de paix à l'inventaire n'est pas nécessaire alors qu'il y a eu dispense d'apposition de scellés, par le motif que la présence du juge de paix à l'inventaire n'est ni requise, ni nécessaire dans l'hypothèse dont il s'agit, et qu'elle ne ferait qu'augmenter considérablement les frais. C'est ce que nous avons fait remarquer ci-dessus, art. 455.

481. En cas de déclaration de faillite après décès, lorsqu'il n'aura point été fait d'inventaire antérieurement à cette déclaration, ou en cas de décès du failli avant l'ouverture de l'inventaire, il y sera procédé immédiatement, dans les formes du précédent article, et en présence des héritiers, ou eux dûment appelés.

FORMULE Nº 117. — Sommation aux héritiers d'un failli d'être présents à l'inventaire.

L'an. . . . et le . . . .

Je. . . ., huissier soussigné. . . .

A la requête du sieur F. L. . . ., demeurant à. . . ., syndic définitif de la faillite du sieur C. P. . . ., négociant, quand vivait, demeurant à. . . .

Ai exposé aux sieurs (Désigner les noms, profession et domicile des héritiers) que ledit sieur C. P. . . ., par jugement du Tribunal de commerce de. . . ., en date du. . . . a été déclaré en état de faillite, après son décès ; que l'époque de cette faillite a été provisoirement fixée au. . . . dernier ; et comme il n'a pas été fait d'inventaire antérieurement à la déclaration de faillite, le requérant, en sadite qualité, est tenu, aux termes de l'art. 481 du Code de commerce, d'y procéder immédiatement.

C'est pourquoi, et en exécution aussi dudit art. 481, j'ai invité, et en tant que de besoin sommé les susnommés. . ., en leur qualité d'héritiers dudit sieur C. P. . . . failli, d'avoir à se présenter le. . . . du courant à. . . . heures du matin, au domicile dudit failli, sis à. . . pour y assister, si bon leur semble, aux opérations de l'inventaire qui sera dressé, ledit jour et jours suivants s'il est nécessaire, par le requérant, selon les formes tracées par l'art. 480 dudit Code de commerce, dont acte. Baillé copie du présent aux susnommés et à chacun d'eux en particulier, dans leur domicile susdit en parlant à. . . .

(*Signature de l'huissier.*)

Enregistré. . . . . à. . . . le. . . .

OBSERVATION. — Une sommation pareille devrait être faite, à l'égard des opposants, alléguant un droit de propriété, et ayant formé des demandes en distraction, en revendication, en restitution de dépôt ou de prêt à usage ; et tout créancier pourrait intervenir, mais à ses frais, dans cet inventaire, et y faire tels dires qu'il jugerait utile (ALAUZET, p. 129).

FORMULE N° 118. — Procès-verbal de carence remplaçant l'inventaire.

L'an mil. . . . et le. . . . à. . . . heures. . . . du. . . .

Nous F. L. . . ., avocat, syndic de la faillite du sieur J. A. . . ., roulier et marchand de charbon, demeurant à. . . .

En vertu de l'ordonnance rendue sur pied de requête, le. . . . par M. le juge-commissaire de ladite faillite, qui nous a dispensé de l'apposition des scellés, au domicile du failli ;

Nous sommes rendu le. . . ., à. . . . pour y dresser l'inventaire prescrit par la loi ; arrivé audit lieu de. . . ., nous avons appris que le failli avait quitté, depuis plusieurs mois, son domicile ; qu'avant son départ, il avait vendu sa maison d'habitation, au sieur E. C. . . ., son beau-frère, demeurant à. . . . qu'il avait aussi vendu ses autres immeubles à divers, et remis ou vendu aussi à divers son matériel industriel ;

Nous avons demandé à voir et à visiter sa maison d'habitation, qui était, pour le moment, fermée et inhabitée ; l'acquéreur étant absent, son frère, qui demeure avec lui, est venu nous ouvrir les portes de ladite maison d'habitation ; nous l'avons parcourue avec lui, et en avons visité tous les appartements ; cette maison présente les traces d'un déménagement récent, nous n'y avons trouvé aucune espèce de meubles.

Les renseignements que nous avons pris sur les lieux, auprès de diverses personnes, et notamment auprès du sieur B. . . ., créancier du failli, nous ont appris que tout le mobilier du failli avait été déplacé et transporté nuitamment, par sa femme, après son départ, dans la maison de sa mère, auprès de laquelle elle était venue habiter ; nous étant rendu dans cette dernière maison, nous y avons trouvé madame C. . . ., veuve A. . . ., mère de la femme du failli, qui nous a dit que sa fille était absente, pour le moment ; l'ayant interpellée sur l'existence des meubles du failli, apportés chez elle par sadite fille, elle nous a répondu qu'il n'en existait aucun dans sa maison, ayant appartenu au failli ; elle s'est même opposée à toutes visites et recherches de notre part ;

Sur cette réponse, et vu le refus de ladite veuve A. . . . de nous laisser visiter sa maison, ne pouvant, d'ailleurs, questionner et interpeller la femme du failli, absente dans ce moment, pour en obtenir quelques renseignements, force nous a été de nous retirer, sans pouvoir rien découvrir ni inventorier ;

En foi de quoi, nous avons dressé le présent procès-verbal, pour constater de nos diligences, et remplacer l'inventaire prescrit par la loi.

Fait en double minute. . . ., à. . . ., le. . . .

(Le syndic, signé).

Enregistré. . . . à. . . . le. . . .

RÉSUMÉ.

N° 1. Le but de cette disposition, qui est nouvelle, a été, suivant le rapport de la loi, de préférer, dans le cas où il n'a point été fait d'inventaire à la requête des héritiers, suivant les prescriptions du Code de procédure civile, les formes brèves et peu dispendieuses de l'inventaire établies par la loi sur les faillites ; mais lorsqu'il y a eu déjà un inventaire, après décès, il doit, s'il a été fait légalement, être pris pour base de l'inventaire de la faillite, sauf récolement ; par là on évite des frais et l'on rend les opérations plus rapides. Dalloz, n° 462.

2. S'il y a des mineurs, il n'est pas nécessaire que l'inventaire soit fait d'après les dispositions de la loi civile, c'est-à-dire, par acte notarié, parce que l'intérêt des créanciers de la faillite doit passer avant tous les autres intérêts, et parce qu'il n'y a d'héritiers, mineurs ou majeurs, que lorsque les dettes sont payées, et qu'il faut satisfaire, de la manière la plus avantageuse et la plus rapide, à l'intérêt des créanciers qui prévaut sur tous les autres. Dalloz, n° 465.

3. L'inventaire fait commercialement, conformément à l'art. 481, dispense les héritiers, même pour régler leurs droits, soit entre eux, soit avec les tiers, et encore qu'il s'agisse d'une succession bénéficiaire, de recourir aux formalités prescrites pour les inventaires après décès, par les art. 942 et suiv. du Code de procédure civile. Renouard, t. Ier, p. 475.

482. En toute faillite, les syndics, dans la quinzaine de leur entrée en fonction, seront tenus de remettre au juge-commissaire un mémoire ou compte sommaire de l'état apparent de la faillite, de ses principales causes et circonstances, et des caractères qu'elle paraît avoir.

Le juge-commissaire transmettra immédiatement les mémoires avec ses observations, au procureur impérial. S'ils ne lui ont pas été remis dans les délais prescrits, il devra en prévenir le procureur impérial et lui indiquer les causes du retard.

FORMULE N° 119.—**Mémoire ou compte sommaire de l'état apparent de la faillite, de ses principales causes et circonstances et des caractères qu'elle parait avoir.**

A Monsieur S. . . ., juge-commissaire de la faillite du sieur R. V. . ., limonadier, demeurant à. . . .

Nous F. L. . . ., demeurant à. . . ., en notre qualité de syndic de la faillite dudit sieur R. V. . . .

Avons l'honneur de vous présenter le mémoire ou compte sommaire de l'état apparent de ladite faillite, de ses principales causes et circonstances, et des caractères qu'elle parait avoir, ainsi que le prescrit l'art. 482 du Code de commerce, comme suit:

Sur la requête à lui présentée, le. . . ., par le sieur. . . . (ou par les sieurs. . . .), créancier dudit sieur R. V. . . ., le Tribunal de commerce, par son jugement du même jour, déclara ledit R. V. . . . en état de faillite, en fixa provisoirement l'époque au. . . .; ce même jugement vous a nommé juge-commissaire et nous a désigné comme syndic provisoire de ladite faillite; en même temps, il a ordonné l'apposition des scellés au domicile du failli, et le dépôt de sa personne dans la maison d'arrêt pour dettes de la ville de. . . .

Le soir même dudit jour, et sur notre réquisition, les scellés furent apposés, par M. le juge de paix de. . . . au domicile du failli, situé rue. . . ., n°. . . .

La disposition qui ordonne le dépôt de la personne du failli dans la maison d'arrêt pour dettes a été exécutée, sur la réquisition et à la diligence du ministère public; le failli est aujourd'hui détenu dans ladite maison d'arrêt pour dettes.

Conformément à l'art. 462 du Code de commerce, les créanciers connus du failli, au nombre de. . . ont été invités, par une circulaire de M. le juge-commissaire, en date du. . . ., à se présenter le. . . . à deux heures du soir, dans la salle du greffe du Tribunal, pour y être consultés, tant sur la composition de l'état des créanciers présumés, que sur la nomination de nouveaux syndics.

Procès-verbal des dires et observations des créanciers, dans cette assemblée, a été dressé par vous, ainsi que l'état des créanciers présumés, dont le nombre s'est porté à. . . ., et dont le montant des créances réunies s'est élevé à la somme de. . . .

Sur le vu de ce procès-verbal et de l'état des créanciers présumés, et sur votre rapport, le Tribunal de commerce, par son jugement, en date du. . . ., nous a maintenu dans nos fonctions de syndic définitif.

Sur notre réquisition, M. le juge de paix a procédé le. . . .,à la reconnaissance et à la levée des scellés, qui ont été trouvés intacts, et en a dressé procès-verbal.

Selon le vœu de l'art. 479 du Code de commerce, le failli avait été sommé, par exploit enregistré de. . . ., huissier, en date du. . . ., de se trouver présent à la levée des scellés et à l'inventaire; mais détenu, comme il a été dit, dans la maison d'arrêt pour dettes, il ne s'est pas présenté, et n'a donné pouvoir à personne de le représenter.

A mesure de la levée des scellés, par M. le juge de paix, et en sa présence, nous avons dressé le. . . . l'inventaire, en double minute, de tout l'actif dépendant de la faillite, trouvé au domicile du failli; cet inventaire a été enregistré à. . . ., le. . . ., et l'une des minutes a été déposée au greffe le. . . ., et procès-verbal de ce dépôt a été dressé par le greffier.

Il résulte de cet inventaire que les livres, carnets, titres et papiers du failli, dont l'état y est exactement constaté, sont mal tenus, incomplets et tout à fait insuffisants, pour faire connaître la véritable situation des affaires de la faillite. Ainsi, il n'existe pas de livre-journal, mais seulement quelques feuillets détachés, servant de main-courante, mais sans dates et sans suite; pas de livres des inventaires ni de copie de lettres.

Les valeurs inventoriées s'élèvent à une somme totale de. . . ., plusieurs des objets mobiliers inventoriés sont réclamés par la femme du failli, comme étant sa propriété, soit en vertu de son contrat de mariage, soit comme lui étant advenus postérieurement, par donation ou succession; mais elle n'a pu produire d'autre titre que sondit contrat de mariage, duquel il résulte, en effet, que son père lui donna et constitua en dot, en la mariant, des objets mobiliers dont l'état est fourni, évalués à. . . . francs, avec déclaration que l'estimation n'en opérerait pas vente.

Le failli exerçait sa profession de limonadier, dans la maison de sa femme, sur laquelle il a fait de grandes constructions et réparations, notamment une salle de bal.

Cette maison est advenue à la femme du failli, par le décès de son père, et à la suite du partage de la succession de ce dernier, fait entre ses enfants, par acte au rapport de Mᵉ. . . ., notaire à. . .; cette maison et le jardin joignant, sur partie duquel a été élevée ladite salle de bal, pouvaient valoir alors de. . . francs, à. . . francs, leur valeur présumée aujourd'hui dépasse de peu ce prix, les constructions et réparations faites par le mari, et qui lui ont coûté des sommes considérables, qu'il n'évalue pas à moins de. . . . francs ou. . . . francs, sont loin d'avoir donné à l'immeuble de la femme cette plus-value.

La perte que les créanciers auront à subir s'élèvera à environ soixante pour cent.

Tel est aujourd'hui l'état apparent de la faillite:

Les recherches que nous avons faites sur ses principales causes et circonstances nous ont appris qu'elles proviennent des dépenses considérables de constructions faites par le failli, ainsi que cela a été expliqué, dépenses qui sont restées à peu près infructueuses pour lui, puisque la salle de bal élevée à grands frais, décorée et éclairée au gaz, n'a pas été fréquentée, ainsi qu'il l'espérait, à cause de la crise alimentaire qui s'est prolongée quelques années, la clientèle sur laquelle il avait compté, lui a fait défaut; le failli a eu ensuite la douleur de perdre sa fille âgée de vingt ans, qui le secondait beaucoup dans son industrie de limonadier, après une longue maladie qui lui a causé des dérangements et des dépenses considérables.

Quant aux caractères de la faillite, aucun fait n'est venu, jusqu'à présent, nous apprendre qu'il y eût de sa part fraude ou mauvaise foi; quand il a pu apercevoir sa fâcheuse situation, il paraît qu'il s'est abstenu de se livrer à des achats trop considérables, et de grossir ainsi son passif, malgré les facilités qu'il en avait, et les offres qui lui en étaient fréquemment faites, comme cela arrive dans ce genre de commerce.

Les dépenses de sa maison étaient, au surplus, en rapport avec sa situation, sa moralité et sa conduite sont restées à l'abri de reproche.

Tel est, Monsieur le juge-commissaire, le rapport que nous avons été jusqu'ici en mesure de vous présenter.

Fait à. . . ., le. . . .   (*Le syndic, signé*).

FORMULE N° 120. — **Lettre d'envoi, par M. le juge-commissaire du mémoire ci-dessus au procureur impérial.**

C. . . ., le. . . .

A Monsieur le procureur impérial près le Tribunal de première instance de. . . .

Monsieur,

J'ai l'honneur de vous transmettre ci-joint le mémoire, ou compte sommaire de l'état apparent de la faillite du sieur R. V. . . ., limonadier, demeurant à. . . ., qui vient de m'être remis par M. F. L. . . ., syndic de ladite faillite.

Je n'ai pas d'observations particulières à ajouter aux énonciations dudit mémoire (ou bien, je crois devoir, Monsieur le procureur impérial, consigner ici mes propres observations et qui ont pour objet, etc. (Ici M. le juge-commissaire consigne ses dires et observations).

Veuillez agréer, etc.

RÉSUMÉ.

N° 1. La rédaction de l'art. 482 fait suffisamment comprendre qu'on a voulu exiger un rapport, d'abord des syndics provisoires, et un second rapport des syndics définitifs; on conçoit, du reste, que ce double rapport peut être d'une grande utilité, puisqu'il y a intérêt à ce que ceux qui sont chargés de gérer la faillite portent à la connaissance du ministère public le résultat de leurs investigations, et que d'un autre côté il y a souvent lieu de combler les lacunes que peut contenir un premier mémoire rédigé avant que la position du failli soit parfaitement explorée. Esnault, n° 331; Dalloz, n° 467.

2. Du reste, si la mission des premiers syndics a pris fin avant la quinzaine, un seul rapport peut suffire. Dalloz, même n° 467.

3. Mais rien n'empêche, selon les circonstances, qu'il soit fait d'autres rapports par les syndics, et c'est ce qui se pratique (Observation de l'auteur).

4. Si le retard, ou le défaut absolu d'envoi d'un mémoire était le résultat d'une négligence grave, le juge-commissaire devrait provoquer le remplacement des syndics; mais si les syndics invoquent des motifs légitimes pour justifier le retard (mais non le défaut absolu du mémoire) qu'ils ont apporté à la rédaction de leur rapport, le juge-commissaire doit leur accorder un nouveau délai dont il fixe la durée. Dalloz, n° 469.

5. Si le failli désire prendre communication de ce mémoire, on ne peut s'y opposer; il est en droit d'y faire des réponses justificatives, sans préjudice de la plainte qu'il peut porter au juge-commissaire, et par suite au tribunal, pour les allégations

mensongères qui seraient portées au rapport ; et les syndics qui, par suite d'erreurs graves commises dans leur rapport, sur l'état de la faillite, et d'opinions inconsidérées sur le caractère de cette faillite, ont occasionné des poursuites criminelles en banqueroute frauduleuse contre le failli, lequel a été ensuite acquitté, peuvent être condamnés à des dommages-intérêts envers ce failli. Req., 14 déc. 1825 ; Pardessus, n° 1164, et Esnault, t. ii, n° 332.

6. Et cette doctrine n'est, du reste, que l'application du principe général contenu en l'art. 1382, C. civ.; mais il faudrait que l'intention de nuire ou l'imprudence eussent un caractère bien marqué pour que la responsabilité des syndics pût être atteinte. Dalloz, n° 470.

483. Les officiers du ministère public pourront se transporter au domicile du failli et assister à l'inventaire.

Ils auront, à toute époque, le droit de requérir communication de tous actes, livres ou papiers relatifs à la faillite.

Formule n° 121. — **Réquisition par le juge d'instruction, pour la communication des livres et papiers d'un failli.**

C. . . ., le. . . .

A Monsieur F. L. . . ., syndic définitif de la faillite du sieur E. A. . . ., filateur à. . . .

Le mémoire que vous avez remis à M. le juge-commissaire de la faillite dudit sieur L. A. . . . sur l'état apparent de cette faillite, sur ses causes et circonstances et sur les caractères qu'elle paraît avoir, ayant été transmis à M. le procureur impérial, une instruction en banqueroute frauduleuse a dû être poursuivie contre ce failli, à raison des faits de détournement et de dissimulation de partie de son actif, ainsi que des engagements sous seing privé par lesquels il se serait frauduleusement reconnu débiteur de sommes qu'il ne devait pas; tous lesquels faits sont signalés dans le susdit mémoire.

Le failli affirme, de son côté, que de l'examen de ses actes, livres et papiers, ressortira la preuve que de pareils faits ne sauraient lui être reprochés ; il est donc nécessaire de faire procéder à cet examen.

Je vous prie, Monsieur le syndic, de me donner communication, aux termes de l'art. 483 du Code de commerce, de tous les actes, livres et papiers relatifs à la faillite, en les faisant remettre dans mon cabinet, au Palais de Justice, dans le plus bref délai possible.

Veuillez agréer, Monsieur, mes salutations distinguées,

(Le juge d'instruction, signé.)

RÉSUMÉ.

N° 1. La mesure écrite dans l'art. 483 de la nouvelle loi a pour but d'atteindre les fraudes encore trop fréquentes dans les faillites.

SECTION III. — *De la vente des marchandises et meubles, et des recouvrements.*

484. L'inventaire terminé, les marchandises, l'argent, les titres actifs, les livres et papiers, meubles et effets du débiteur, seront remis aux syndics qui s'en chargeront au bas dudit inventaire.

485. Les syndics continueront de procéder, sous la surveillance du juge-commissaire, au recouvrement des dettes actives.

486. Le juge-commissaire pourra, le failli entendu ou dûment appelé, autoriser les syndics à procéder à la vente des effets mobiliers ou marchandises.

Il décidera si la vente se fera, soit à l'amiable, soit aux enchères publiques, par l'entremise de courtiers ou de tous autres officiers publics préposés à cet effet.

Les syndics choisiront dans la classe d'officiers publics déterminés par le juge-commissaire, celui dont ils voudront employer le ministère.

FORMULE N° 122. — **Requête au juge-commissaire, par un syndic, pour autoriser la vente des effets et marchandises.**

A Monsieur. . . ., juge-commissaire de la faillite du sieur C. P. . . ., marchand de nouveautés, demeurant à. . . .

Le sieur F. L. . . ., syndic définitif de ladite faillite,

A l'honneur de vous exposer :

Qu'il dépend de ladite faillite des effets mobiliers et des marchandises, portés et estimés dans l'inventaire, en double minute, dressé par l'exposant le. . . .. enregistré à. . . ., le. . . .

Il est de l'intérêt des créanciers qu'il soit procédé, le plus promptement possible, à la vente desdits objets, soit pour rendre libres les locaux qu'ils occupent, soit parce que la saison est favorable pour la vente et l'écoulement desdites marchandises qui, à raison de leurs nature et qualité, ne peuvent que se déprécier de jour en jour.

En conséquence, l'exposant, en sadite qualité, vous prie, Monsieur le juge-commissaire, de vouloir bien, aux termes des art. 470 et 486 du Code de commerce, au titre des faillites, l'autoriser à procéder ou à faire procéder à la vente des susdits effets mobiliers et marchandises, soit à l'amiable, soit aux enchères publiques, par l'entremise de courtiers, ou de tous autres officiers publics préposés à cet effet, après que vous aurez entendu le failli, ou qu'il aura été dûment appelé devant vous.

A. . . ., le. . . .   (*Le syndic, signé.*)

ORDONNANCE :

Nous. . . ., juge au Tribunal de commerce de. . . ., commissaire de la faillite du sieur C. P. . . ., marchand de nouveautés, demeurant à. . . .; vu l'exposé fait dans la requête ci-dessus, et les art. 470 et 486 du Code de commerce, après avoir entendu le failli, qui a déclaré ne point s'opposer à la demande du syndic de la faillite, autorisons ledit syndic à procéder à la vente des effets mobiliers et marchandises dépendant de la faillite, soit à l'amiable, soit aux enchères publiques, par le ministère d'un commissaire-priseur (ou d'un huissier), et vu l'urgence permettons l'exécution de notre ordonnance sur la minute.

A. . . ., le. . . .   (*Le commissaire, signé.*)

Enregistré à. . . .

Formule n° 123. — Sommation au failli d'être présent lors de la demande en autorisation de la vente.

L'an mil. . . ., et le. . . .

Je. . . ., huissier.. . . . soussigné.

A la requête du sieur F. L. . . ., demeurant à. . . ., agissant comme syndic définitif de la faillite du sieur C. P. . . ., marchand de nouveautés, demeurant à. . . .

Ai fait sommation audit sieur C. P. . . ., d'avoir à se trouver le. . ., à. . . . heures du. . . ., dans la salle du greffe du Tribunal de commerce de. . . ., pour y être entendu dans ses observations, par M. le juge-commissaire de la faillite, à raison de la demande en autorisation de vendre, soit à l'amiable, soit aux enchères publiques, les effets mobiliers et marchandises de la faillite, que le requérant comme procède, se propose d'adresser audit juge-commissaire, conformément aux dispositions des art. 470 et 486 du Code de commerce; lui déclarant qu'il sera procédé, tant en sa présence qu'en son absence, dont acte. Baillé copie, etc.

Formule n° 124. — Ordonnance du juge-commissaire qui, sur les observations du failli, sursoit à accorder l'autorisation de vendre les marchandises.

Nous. . . ., juge-commissaire de la faillite du sieur C. P. . . .; vu la requête ci-dessus; vu l'art. 486 du Code de commerce, qui n'accorde au juge-commissaire que la faculté d'autoriser la vente des marchandises et des effets mobiliers du failli, mais ne lui prescrit pas une obligation à cet égard ;

Après avoir entendu le failli dans ses observations, lequel nous a dit qu'il a tout lieu d'espérer qu'il interviendra, entre lui et ses créanciers, un concordat qui lui permettra de se remettre utilement à la tête de ses affaires, et d'arriver ainsi à les désintéresser complétement un jour ; tandis que la vente actuelle de ses marchandises et de son fonds de commerce lui enlèverait cette possibilité, alors, qu'ayant perdu ses ressources et son crédit, il serait obligé de se procurer de nouvelles marchandises ; que dans ces circonstances, un sursis à notre autorisation ne saurait être qu'avantageux pour tous ;

Prenant ces observations du failli en considération, nous avons sursis à accorder au syndic l'autorisation par lui demandée, jusqu'à l'époque où un concordat pourra intervenir entre le failli et ses créanciers.

Donnée à. . . ., le. . . .   *(Le juge-commissaire, signé.)*

Enregistré à. . . ., le. . . .

FORMULE N° 125. — Affiche annonçant une vente d'effets mobiliers et marchandises dépendant d'une faillite.

AVIS AU PUBLIC :

On fait savoir que le. . . ., à. . . . heures du. . . .

Il sera procédé à la vente aux enchères publiques, des effets mobiliers et marchandises dépendant de la faillite du sieur C. P. . . ., marchand, demeurant à. . . .

Les objets à vendre consistent en lits, armoires, tables, chaises, fauteuils, glaces, linge, ustensiles de ménage, draperies, toiles, calicots, mérinos, etc., etc. ; le tout sera vendu et adjugé au plus offrant et dernier enchérisseur, dans la maison d'habitation et dans les magasins dudit sieur C. P. . . ., situés à. . . ., rue. . . ., et à la réquisition de M. F. L. . . ., avocat, demeurant à. . . ., syndic définitif de ladite faillite.

Le prix sera payé au comptant.

FORMULE N° 126. — Procès-verbal d'affiches.

L'an. . . ., et le. . . ., je. . . ., huissier, etc.

A la requête du sieur F. L. . . ., avocat, demeurant à. . . ., agissant comme syndic définitif de la faillite du sieur C. P. . . ., marchand, demeurant à. . . .

Certifie avoir affiché, cejourd'hui aux lieux désignés par la loi, des exemplaires de placard, conformes à celui ci-dessus transcrit en tête du présent, dans les communes de. . . ., et de. . . ., annonçant la vente aux enchères publiques, qui doit avoir lieu le. . . . du courant, à. . . . heures du. . . ., des effets mobiliers et marchandises dépendant de la faillite dudit sieur C. P. . . ., et qui se trouvent dans la maison d'habitation et dans les magasins du failli situés à. . . .

FORMULE N° 127. — Déclaration de vente.

Administration de l'enregistrement et des domaines.

N° 211, du 9 avril 1858.

Cejourd'hui, au bureau de l'enregistrement et des domaines, sis à. . . .

Est comparu le sieur. . . ., huissier près le Tribunal de première

13.

instance de. . . ., lequel a déclaré que le. . . . prochain et jours suivants, s'il y a lieu, à. . . . heures du. . . ., dans la maison d'habitation du sieur C. P. . . ., marchand, demeurant à. . . ., failli, il procédera à la vente aux enchères publiques, au plus offrant et dernier
enchérisseur, de divers effets mobiliers et marchandises dépendant de
la faillite dudit sieur C. P. . . ., et à la requête de M. F. L. , . . ., avocat, demeurant à. . . ., syndic définitif de ladite faillite, de tout quoi il
a requis acte qu'il a signé.   (*L'huissier, signé.*)

Pour copie conforme.   (*Le receveur des domaines, signé.*)

FORMULE Nº 128. — Procès-verbal de vente.

L'an. . . . et le. . . ., je. . . ., huissier, etc.

A la requête de M. F. L. . . ., avocat, demeurant à. . . ., agissant
comme syndic définitif de la faillite du sieur C. P. . . ., marchand,
demeurant à. . . ., après avoir affiché, aux lieux désignés par la loi,
les placards annonçant la vente à laquelle il va être procédé, et avoir
fait au bureau des actes judiciaires de. . . ., la déclaration de ladite
vente, me suis aujourd'hui transporté dans la maison d'habitation dudit
sieur C. . . ., sise à. . . ., où étant arrivé à l'heure de. . . ., du. . .,
accompagné de mes deux témoins bas nommés, ai procédé à ladite
vente, après lui avoir fait donner la publicité nécessaire, par le crieur public ; plusieurs prétendants s'étant présentés, et en présence dudit M. F.
L. . . ., syndic, j'ai mis en vente :

Art. 1er. Une chaise longue adjugée au sieur. . . ., au
prix de. . . . .   25 »»

Art. 2. Un lit en bois de. . . ., adjugé au sieur. . . ., au
prix de. . . . .   80 »»

Art. 3. Une grande armoire en bois de noyer, à deux ou-
vrants, adjugée au sieur. . . ., au prix de. . . . .   60 »»

Art. 4. Un lot de dix draps de lit en toile, adjugé à. . . .   36 »»

Art. 5. Un rouleau de toile de. . . mètres, adjugé à. . .   50 »»

Art. 6. Une pièce drap bleu de. . . mètres, adjugée à. .   100 »»

(Et désigner de même tous les articles vendus, le nom des
acquéreurs et les prix de vente).

TOTAL général. . . . . 1,500 »»

Laquelle somme de. . . ., formant le produit total de la susdite
vente, a été par moi remise aux mains dudit M. F. L. . . ., syndic, lequel m'en a donné de suite décharge.

De tout quoi j'ai dressé le présent procès-verbal de vente, à laquelle
j'ai employé. . . . vacations, y compris la déclaration de vente et la
rédaction du présent, dont le coût est de. . . .

Fait en présence et avec l'assistance des sieurs. . . ., praticiens, demeurant à. . . ., soussignés avec moi dit huissier, au présent procès-
verbal, ainsi que mondit sieur F. L. . . ., syndic.

Bon pour décharge de la somme ci-dessus de. . . .

(*Le syndic, signé.*)   (*Suivent les autres signatures.*)

Enregistré à. . . ., le. . . .

FORMULE N° 128 bis. — **Pétition pour obtenir le dégrèvement de la contribution mobilière d'un failli.**

A Monsieur le préfet du département de. . . . (ou à Monsieur le sous-préfet de l'arrondissement de. . . .

    Monsieur,

Le soussigné (indiquer les nom, prénoms et domicile), en sa qualité de syndic définitif de la faillite du sieur. . . . (nom, prénoms, profession et domicile),

A l'honneur de vous exposer :

Qu'un jugement du Tribunal de commerce de. . . . en date du. . . . dûment enregistré, publié et affiché conformément à la loi, et passé aujourd'hui en force de chose jugée, a déclaré ledit sieur. . . . en état de faillite, et en a fixé l'époque au. . . .

Après apposition de scellés et inventaire, l'exposant, par ordonnance de M. le juge-commissaire de la faillite, en date du. . . . ., dûment enregistrée, a été autorisé à vendre les meubles, effets mobiliers, marchandises et matériel industriel dépendant de ladite faillite ; cette vente a été faite par le ministère de. . . . (désigner l'officier public qui a procédé à la vente, tel que huissier, commissaire-priseur, greffier de justice de paix), selon procès-verbal de vente en date du. . . . dûment enregistré.

Dans cette situation l'exposant, comme procède, doit, dans l'intérêt des créanciers de la faillite, demander la décharge pour l'avenir, de la contribution mobilière à laquelle le failli est imposé pour la présente année, à la somme de. . . . sur une valeur locative de. . . .

L'exposant joint à sa demande le bulletin de ladite imposition pour la présente année et les quittances en due forme des termes échus de sa cotisation, aux termes de l'art. 28 de la loi de finances du 21 avril 1832 (1).

Il vous prie, Monsieur le préfet, de vouloir bien faire droit à sa réclamation.

L'exposant a l'honneur de vous présenter l'expression de son profond respect.

A. . . ., le. . . .   *(Signature du syndic.)*

---

(1) **ART. 28.** Tout contribuable qui se croira surtaxé adressera au préfet ou au sous-préfet, dans les trois mois de l'émission des rôles, sa demande en décharge ou réduction. Il y joindra la quittance des termes échus de sa cotisation, sans pouvoir, sous aucun prétexte de réclamation, différer le paiement des termes qui viendront à échoir pendant les trois mois qui suivront la réclamation, dans lesquels elle devra être jugée définitivement.

Ne sont point assujetties au droit de timbre les réclamations ayant pour objet une cote moindre de trente francs.

ART. 29. La pétition sera renvoyée au contrôleur des contributions directes, qui vérifiera les faits, et donnera son avis après avoir pris celui des répartiteurs.

Si le directeur des contributions directes est d'avis qu'il y a lieu d'admettre la demande, il fera son rapport, et le conseil de préfecture statuera. Dans le cas contraire, le directeur exprimera les motifs de son opinion, transmettra le dossier à la sous-préfecture, et invitera le réclamant à en prendre communication, et à faire connaître dans les dix jours s'il veut fournir de nouvelles observations, ou recourir à la vérification par voie d'experts. Si l'expertise est demandée, les deux experts seront

RÉSUMÉ (art. 484).

N° 1. C'est par une déclaration, par eux mise au bas de l'inventaire, que les syndics constatent la réception de tous les objets qui y sont décrits. Le juge-commissaire doit veiller à ce que cette reconnaissance des syndics soit consignée sur chacun des doubles de l'inventaire, et notamment sur celui qui est déposé au greffe. Lainné, p. 149 ; Bédarride, n° 368.

RÉSUMÉ (art. 485).

N° 1. Le recouvrement des dettes actives est l'acte le plus important de cette liquidation.

2. Les syndics ne peuvent faire remise aux débiteurs du failli d'une partie de leurs dettes ; toutefois, s'il y a intérêt pour la masse à faire remise à un débiteur d'une partie de sa dette, afin d'assurer la rentrée du surplus , les syndics pourront se faire autoriser par le juge-commissaire ou par le tribunal, suivant les circonstances, à faire cette remise ; c'est alors par une transaction que cette remise a lieu, conformément à l'art. 487, c'est-à-dire, en vertu de l'autorisation du juge-commissaire, si l'objet de la transaction est au-dessous de 300 francs, et qu'il ne s'agisse pas de droits immobiliers ; et par transaction homologuée par le tribunal, s'il s'agit de valeurs mobilières indéterminées, ou au-dessus de 300 francs ; et par le tribunal civil s'il s'agit de droit immobiliers.

3. Le syndic peut poursuivre un débiteur du failli sans se faire autoriser par le juge-commissaire ; du moins cette autorisation ne serait requise que dans l'intérêt de la masse ; le débiteur ne peut se plaindre qu'elle n'ait pas été demandée. Besançon, 11 août 1811 ; Chauveau sur Carré, *Lois de la procédure*, quest. 2198.

4. Au surplus, le failli peut intervenir dans la contestation engagée entre son débiteur et le syndic de ses créanciers , lors surtout qu'il s'agit de règlement de compte courant. Bruxelles, 21 juin 1820.

---

nommés, l'un par le sous-préfet , l'autre par le réclamant, et il sera procédé à la vérification dans les formes prescrites par l'arrêté du Gouvernement du 24 floréal an 8.

ART. 30. Le recours contre les arrêtés du conseil de préfecture ne sera soumis qu'au droit du timbre. Il pourra être transmis au Gouvernement par l'intermédiaire du préfet, sans frais.

(*Loi du 24 avril 1832.*)

RÉSUMÉ (Art. 486). — **Indication alphabétique.**

Agent de change, 8.	Enchères publiques, 5.	Officiers ministériels, 2.
Autorisation de vendre, 1.	Faculté de vendre, 10.	Opposition à la vente, 5.
Caisse des dépôts et consi-	Greffiers de just. de paix, 3.	Présentation de success., 8.
gnations, 11.	Huissiers, 2, 3, 8.	Titre et clientèle, 9.
Cession de charge, 9.	Juge des référés, 1.	Vente de l'actif mobil., 12.
Commissaires-priseurs, 2.	Mesures provisoires, 1.	Vente des immeub. 13, 14.
Courtiers de comm., 4, 8.	Notaires, 3, 8.	Vente des marchandises, 2,
Crédits d'usage, 7.	Objets de commerce, 9.	5, 6.

N° 1. Le juge-commissaire est seul investi du droit d'autoriser les syndics à procéder à la vente du mobilier et des marchandises du failli, et de régler le mode de vente ; le juge des référés ne peut s'immiscer dans ces opérations, et cela alors même que par des ordonnances antérieures à la faillite, il aurait prescrit des mesures provisoires qui n'ont pas été exécutées. Paris, 4 janv. 1849 (S.-V.49.2.155).

2. Le juge-commissaire à qui est confié le soin de déterminer la classe des officiers publics, dans laquelle sera choisi, par les syndics, celui qui procédera à la vente, est tenu, dans cette décision, de se conformer aux dispositions qui fixent les attributions des différents officiers publics ; ni l'art. 486, ni l'art. 4 de la loi du 25 mai 1841, n'ont dérogé à ces dispositions : ainsi, dans les lieux où il existe des commissaires-priseurs, les huissiers ne peuvent être désignés par le juge-commissaire pour procéder à la vente des marchandises du failli. Cass. 5 janv. 1846 (S.-V.46.1.144 ; D.P.46.1.65).

3. Depuis la loi du 25 mai 1841, et aux termes de l'art. 4, le mobilier du failli ne peut être vendu aux enchères publiques que par le ministère des commissaires-priseurs, notaires, huissiers et greffiers de la justice de paix, conformément aux lois et règlements qui déterminent les attributions de ces différents officiers ; le ministère des courtiers ne peut être requis, concurremment avec les autres officiers publics préposés à cet effet, que pour la vente des marchandises seulement. Esnault, t. II, n° 338 ; Goujet et Merger, v° *Courtiers*, n°ˢ 138 et 139 ; Dalloz, n° 481.

4. Du reste, les courtiers de commerce choisis pour faire la vente des marchandises du failli peuvent faire cette vente en détail, ou à la pièce, de même que les commissaires-priseurs ; à cet égard les courtiers ne sont nullement tenus de vendre par lots, comme dans les cas ordinaires. Bourges, 10 juin 1844 (S.-V. 45.2.532.

5. Le failli peut s'opposer à la vente de ses meubles jusqu'à

ce que la remise des effets que la loi lui réserve ait été effectuée. Paris, 29 avril 1812 ; Dalloz, n° 428, à la note.

6. Les ventes dont il s'agit dans l'art. 486 ont pour objet, non pas d'arriver à une liquidation finale de la faillite, mais de faire rentrer des fonds, soit pour pourvoir aux frais de la faillite, soit pour réaliser l'actif ; il est convenable qu'elles soient faites au comptant. Pardessus, n° 1170.

7. Les crédits que les syndics accorderaient en dehors de ceux d'usage, sans autorisation du juge-commissaire, seraient à leurs risques et périls.

8. Si le failli est un agent de change, un courtier, un notaire, un huissier, ou tout autre officier ministériel, pour lesquels la loi admet le droit de présenter un successeur, les syndics pourront user de cette faculté, à sa place.

9. Dans le fait, le Gouvernement admet cette présentation de la part des créanciers, quoique à la rigueur il peut s'y refuser ; mais dans ce cas, comme le titre et la clientèle ne sont pas des objets commerciaux, les syndics, après avoir consulté le juge-commissaire, doivent s'adresser au président du tribunal civil, statuant en référé, lequel fixe le prix de la cession de la charge, d'accord avec la chambre de la corporation de cet officier ministériel. Dalloz, n° 485.

10. Mais cette faculté de vendre les marchandises et effets mobiliers n'est qu'une exception, et non une règle générale pour toutes les faillites. La pensée du législateur a été de maintenir autant que possible les choses en un tel état que le failli puisse, en cas de concordat, reprendre la direction de son commerce.

11. Quand le produit des ventes fournit des sommes supérieures à celles que le juge-commissaire arbitre être nécessaires pour l'administration de la faillite, l'excédant est versé à la caisse des dépôts et consignations, comme celui des recouvrements. Dalloz, n° 489.

12. L'art. 486 n'accorde que la faculté de vendre l'actif mobilier ;

13. Le juge-commissaire ne peut donc autoriser les syndics à vendre les immeubles qu'après la formation de l'union.

14. Mais si, pour vendre les immeubles avant cette époque, le concours des créanciers se joint à celui du failli et du juge-commissaire, il est conforme aux principes de reconnaître la validité d'une aliénation faite dans ces conditions ; mais les créanciers seuls, qui ont autorisé la vente, sont non recevables à l'attaquer, les dissidents ne sont pas liés par la majorité. Dalloz, n° 487.

487. Les syndics pourront, avec l'autorisation du juge-commissaire, et le failli dûment appelé, transiger sur toutes contestations qui intéressent la masse, même sur celles qui sont relatives à des droits et actions immobiliers.

Si l'objet de la transaction est d'une valeur indéterminée ou qui excède trois cents francs, la transaction ne sera obligatoire qu'après avoir été homologuée, savoir : par le tribunal de commerce pour les transactions relatives à des droits mobiliers, et par le tribunal civil pour les transactions relatives à des droits immobiliers.

Le failli sera appelé à l'homologation; il aura, dans tous les cas, la faculté de s'y opposer. Son opposition suffira pour empêcher la transaction, si elle a pour objet des biens immobiliers.

FORMULE Nº 129. — **Requête au juge-commissaire pour être autorisé à transiger.**

A Monsieur le juge-commissaire de la faillite du sieur P. C. . . . ., entrepreneur de travaux publics,

Le sieur F. L. . . ., syndic définitif de ladite faillite,

A l'honneur de vous exposer :

Que par jugement en date du. . . ., le sieur P. C. . . . a été déclaré en état de faillite ; que pour parvenir à la liquidation de cette faillite, l'exposant a dû poursuivre diverses instances ; que de ce nombre se trouve une instance en saisie-arrêt qui a été pratiquée par ledit sieur P. C. . . ., entre les mains du payeur du département du. . . ., jusqu'à concurrence de la somme de sept mille francs, et au préjudice du sieur V. . . ., adjudicataire des travaux de construction de la route départementale nº. . . ., travaux qui avaient été exécutés, en grande partie, par ledit sieur P. C. . . ., aux lieu et place de V. . . . adjudicataire ; que cette saisie-arrêt a été validée, par jugement du Tribunal civil de. . . ., en date du. . . .; mais que depuis cette époque il n'a pas été possible à l'exposant d'obtenir du payeur du. . . ., le paiement de la somme de quatre mille six cents francs, solde des travaux exécutés sur ladite route, parce que l'administration départementale ne veut reconnaître que ledit sieur V. . . ., comme ayant seul qualité pour le recevoir, et que cette somme a été déjà l'objet de mandats délivrés au nom dudit sieur V. . . .; que ce dernier, jusqu'à ce jour, n'a pas voulu faire les diligences nécessaires, pour obtenir le versement de cette dernière somme aux mains du syndic ; qu'aujourd'hui cependant V. . . offre de faire délivrer cette somme à la condition que la somme de sept mille francs portée par le jugement de validité précité sera réduite à celle de cinq mille six cents francs ; à la condition encore que cinq mille francs seulement seront actuellement payés et les six cents francs restant, dans un an de ce jour, sans intérêts ; que l'exposant a cru devoir accepter ces propositions, favorables aux intérêts des créanciers, puisque d'une part la somme offerte est supérieure à celle qui se trouve entre les mains du payeur du. . . . tiers saisi, et que d'autre part, vu sa position, on ne peut contraindre V. . . . à se libérer ; que des frais seraient exposés en pure perte contre lui.

En conséquence, l'exposant demande qu'il vous plaise, Monsieur le juge-commissaire, vu les dispositions de l'art. 487 du Code de commerce, l'autoriser à traiter et transiger avec ledit sieur V. . . relativement à la somme de sept mille francs, par lui due ; à réduire, par suite, cette somme à celle de cinq mille six cents francs sur laquelle cinq mille francs seront payés actuellement par V. . . ., au moyen de celle qui se trouve entre les mains du payeur du, . . ., et au moyen du complément provenant de ses autres ressources ; et à accorder un délai d'un an, pour le paiement des six cents francs restant, sans intérêts jusqu'à cette époque ; pour sur cette autorisation être ensuite fait ce que de droit.

A. . . ., le. . . .   (*Le syndic, signé.*)

Nous. . . ., juge-commissaire, vu l'exposé fait dans la requête ci-dessus, et l'art. 487 du Code de commerce, après avoir entendu le failli dans ses observations conformes, autorisons le syndic définitif de ladite faillite, à traiter et transiger avec ledit sieur V. . . ., aux conditions énoncées dans la susdite requête.

Donné à. . . ., dans la salle du greffe, le. . . .

(*Le juge-commissaire, signé*).

FORMULE N° 130. — Transaction.

Entre le sieur F. L. . . ., demeurant à. . . ., syndic définitif de la faillite du sieur P. C. . . ., entrepreneur de bâtiments, d'une part ;

Ledit sieur P. C. . . ., d'autre part ;

Et le sieur A. V. . . ., entrepreneur de travaux publics, demeurant à. . . .

Il a été arrêté et convenu ce qui suit :

Il est d'abord exposé qu'une saisie-arrêt, etc. (Copier ici l'exposé de la requête présentée au juge-commissaire de la faillite.) *On continue :* que le syndic a obtenu de M. le juge-commissaire de la faillite une ordonnance, en date du. . . ., enregistrée à. . ., le. . . . qui l'autorise à traiter et transiger, avec ledit sieur V. . . ., sur les bases qui viennent d'être énoncées.

En conséquence, ledit syndic a traité, à forfait, avec ledit sieur V. . . ., de la manière suivante :

ARTICLE Ier.

Ledit sieur F. L. . . ., en sadite qualité, et en tant que de besoin ledit sieur P. C. . . ., qui l'assiste, font un abandon audit sieur V. . . . de la somme de. . . . francs, sur celle de sept mille francs, en capital, intérêts et frais, à laquelle il avait été condamné, par ledit jugement du Tribunal civil de. . . ., en date du. . . ., envers le syndic de ladite faillite C. . . . ; ils consentent, par suite, à ce que cette dernière somme soit réduite à celle de cinq mille six cents francs.

ARTICLE II.

Ledit sieur V. . . . accepte l'abandon ci-dessus, et s'engage à payer, entre les mains du syndic, ladite somme de cinq mille six cents francs, savoir : cinq mille francs après l'homologation du présent traité, soit au moyen de la somme qui se trouve entre les mains du payeur du. . . ., soit au moyen de ses propres fonds ; et les six cents francs restant, dans un an, à partir du présent traité, et sans intérêt jusqu'alors.

ARTICLE III.

Le syndic, en tant que de besoin, ledit C. . . ., failli, et ledit sieur V. . . s'engagent à exécuter fidèlement les accords ci-dessus, et moyennant le paiement de ladite somme de cinq mille six cents francs, aux époques ci-dessus fixées, ledit sieur V. . . . se trouvera définitivement libéré envers ledit syndic, et envers ledit sieur C. . . . lui-même, sans qu'on puisse, à raison des travaux exécutés par ce dernier, plus rien demander audit sieur V. . . .

ARTICLE IV.

Le présent traité sera soumis à l'homologation du Tribunal de commerce de. . . ., et il recevra son plein et entier effet, à dater du jour de son homologation.

Fait triple à. . . ., le. . . .   (*Suivent les signatures*).
Enregistré à. . . ., le. . . .

FORMULE Nº 131. — Requête au Tribunal de commerce pour l'homologation d'une transaction.

A Messieurs les président et juges composant le Tribunal de commerce de. . . .

Le sieur F. L. . . ., avocat, demeurant à. . . ., syndic définitif de la faillite du sieur P. C. . . ., entrepreneur de bâtiments, demeurant à M. . . .

A l'honneur de vous exposer :

Qu'une saisie-arrêt fut pratiquée le. . . . par ledit sieur P. C. . ., déclaré, depuis, en faillite, entre les mains de M. le payeur du. . . . (Reproduire ici les faits consignés dans la requête en autorisation de transiger, présentée au juge-commissaire de la faillite et terminer ainsi :)

Que dans ces circonstances l'exposant a présenté le. . . . une requête à M. le juge-commissaire de la faillite, conformément aux dispositions de l'art. 487 du Code de commerce, afin d'être autorisé à traiter et transiger, avec ledit sieur V. . . . aux conditions ci-dessus énoncées ; que cette requête a été répondue d'une ordonnance conforme, en date du même jour ; qu'un traité est intervenu le. . . ., entre les parties, sur les bases et dans les conditions ci-dessus établies, et qu'il ne manque à ce traité que la sanction de la justice.

En conséquence, l'exposant conclut à ce qu'il plaise au Tribunal, homologuer le traité intervenu le. . . ., entre l'exposant, en sadite qualité, assisté dudit sieur P. C. . . . et ledit V. . . ., pour ledit traité être ensuite exécuté dans toutes ses dispositions.

A. . . ., le. . . .   (*Le syndic, signé.*)

FORMULE Nº 132. — Jugement d'homologation d'une transaction.

Le Tribunal de commerce de. . . . a rendu le jugement dont la teneur suit :

Entre le sieur F. L. . . ., avocat, demeurant à. . . . syndic définitif de la faillite du sieur P. C. . . ., entrepreneur de bâtiments, demeurant à M. . . ., d'une part;

Et le sieur P. C. . . ., failli d'autre part;

Dans le fait :

Le syndic de ladite faillite a présenté, cejourd'hui, au Tribunal une
requête dans laquelle il expose. (On transcrit la teneur de la requête.)

Sur cette requête la cause ayant été appelée, à la présente audience,

Ouï ledit syndic qui a conclu à ce qu'il plaise au Tribunal lui adjuger
les fins de sa requête;

Ouï aussi ledit sieur P. C. . . ., failli, qui a également demandé
lui-même l'homologation du traité intervenu entre le syndic de la
faillite et le sieur V. . . ., entrepreneur de travaux de routes, demeurant à. . . .

Ouï enfin Monsieur. . . ., juge-commissaire de la faillite, dans son
rapport, tout à fait favorable à l'homologation du susdit traité;

En droit : faut-il homologuer la transaction intervenue entre le syndic
de la faillite du sieur P. C. . . . et ledit sieur V. . . .?

Sur quoi,

Attendu que le traité soumis à l'homologation du Tribunal est évidemment favorable aux intérêts des créanciers du sieur P. C. . . ., puisqu'il
leur procure la rentrée immédiate d'une somme de cinq mille francs, et
leur promet le paiement, dans le délai d'un an de celle de six cent fr.,
et met fin à une contestation qui eût encore entraîné des longueurs et
des frais considérables; que, par suite, il y a lieu d'homologuer ce
traité ou transaction, alors que le syndic, le juge-commissaire de la
faillite, et ledit sieur P. C. . . ., failli, lui-même, le demandent également.

Par ces motifs,

Le Tribunal, après en avoir délibéré, jugeant en premier ressort,
disant droit sur la requête du sieur F. L. . . ., syndic de la faillite du
sieur P. C. . . ., demeurant le consentement de ce dernier, et ce qui
résulte du rapport de M. le juge-commissaire de ladite faillite, a homologué et homologue le traité ou transaction passé le. . . ., entre ledit
syndic et ledit sieur V. . . ., pour être exécuté dans toutes ses dispositions.

Ainsi jugé et prononcé, le. . . ., etc.

FORMULE N° 133. — Requête au juge-commissaire pour obtenir l'autorisation de transiger sur des droits immobiliers.

A Monsieur. . . ., juge-commissaire de la faillite du sieur R. V. . . .,
limonadier, demeurant à. . . .

Le sieur F. L. . . ., syndic définitif de ladite faillite,

A l'honneur de vous exposer :

Que ledit sieur R. V. . . . ayant élevé des constructions considérables sur une partie de la maison et d'un jardin joignant, situés à. . . .,
C. . . ., rue. . ., n°. . ., appartenant à sa femme, et qui sont des biens paraphernaux appartenant à cette dernière, il y a lieu aujourd'hui de faire
fixer la plus-value donnée à ces immeubles, par les constructions faites
par le mari et avec ses deniers, pour qu'il en soit fait compte au syndic
de sa faillite, et dans l'intérêt des créanciers; que la fixation de cette
plus-value, assez difficile à faire, vu l'absence de documents propres à

faire connaître l'importance des dépenses faites par le mari, et l'état exact des immeubles de la femme, à l'époque de ces dépenses, peut devenir l'objet d'un procès long et dispendieux; que la femme du failli est dans l'impuissance de rembourser le montant de ladite plus-value, sans vendre sesdits immeubles; qu'elle trouve aujourd'hui à effectuer cette vente au prix de vingt mille francs, somme sur laquelle elle consent à payer au syndic de la faillite de son mari, celle de six mille francs, en paiement et remboursement de l'augmentation de valeur, provenant des constructions, réparations et améliorations de toute nature, effectuées par sondit mari, sur les maison et jardin dont il s'agit. L'exposant estime qu'il est de l'intérêt bien entendu des créanciers dudit sieur R. V. . . . d'accepter cette offre, à titre de transaction, pour prévenir un procès imminent et inévitable.

C'est pourquoi l'exposant vous demande, Monsieur le juge-commissaire, vu les dispositions de l'art. 487 du Code de commerce, de l'autoriser à transiger, avec la femme du failli, la dame R. A. . . ., sans profession, demeurant avec ce dernier à. . . ., dûment autorisée à cet égard, et d'accepter ladite somme de six mille francs, représentative de la plus-value donnée aux immeubles paraphernaux de ladite dame R. A. . . ., par les constructions, augmentations et réparations faites par son mari, sur les susdits immeubles, ainsi que cela a été expliqué.

A. . . ., C. . . ., le. . . .   (*Syndic, signé.*)

ORDONNANCE AU BAS DE LADITE REQUÊTE.

Nous. . . ., juge au Tribunal de commerce de. . . ., commissaire de la faillite du sieur R. V. . . ., limonadier, demeurant à. . . . vu l'exposé fait en la requête ci-dessus, et l'art. 487 du Code de commerce, après avoir entendu le failli dans ses observations (*ou bien*), vu la non-comparution du failli, malgré la sommation à lui signifiée le. . . ., courant par exploit de. . . ., huissier à. . . ., autorisons le syndic définitif de ladite faillite à transiger, avec ladite dame R. A. . . ., épouse dudit failli, sur l'objet énoncé dans ladite requête et aux conditions y apposées.

Donné à. . . ., C. . . ., dans la salle du greffe, le. . . .

           (*Le juge-commissaire, signé.*)

FORMULE N° 134. — Sommation au failli d'être présent à la demande du syndic d'être autorisé à transiger sur des droits immobiliers.

L'an. . . ., et le. . . .

Je. . . ., huissier. . . ., soussigné,

A la requête du sieur F. L. . . ., avocat, demeurant à. . . ., syndic définitif de la faillite du sieur R. V. . . ., limonadier, demeurant à. . . .

Ai invité, et en tant que de besoin sommé ledit sieur R. V. . . ., de se trouver le. . . ., courant à. . . . heures du. . . . dans la salle du greffe du Tribunal de commerce de. . . ., pour assister, si bon lui semble, à la demande que le requérant, en sadite qualité, se propose d'adresser à M. le juge-commissaire de sa faillite, à l'effet d'être autorisé, conformément à l'art. 487 du Code de commerce, à transiger avec la dame R. A. . . ., sans profession, épouse dudit sieur R. V. . . ., sur l'offre de cette dernière de payer et rembourser aux créanciers de sondit mari, une somme principale de six mille francs pour le montant fixé à forfait de. . . ., la plus-value donnée aux immeubles paraphernaux de ladite dame R. A. . . . par les constructions, augmentations et réparations faites par son mari sur lesdits immeubles; lui déclarant qu'il sera procédé à ladite demande et à ladite autorisation, tant en sa présence qu'en son absence, dont acte. Baillé copie, etc.

Formule n° 135. — Transaction sur des droits immobiliers.

Entre le sieur F. L. . . ., avocat, demeurant à. . . ., syndic définitif de la faillite du sieur R. V. . . ., limonadier, demeurant à. . . ., d'une part;

Et la dame R. A. . . ., propriétaire, épouse assistée et autorisée par ledit sieur R. V. . . ., son mari, avec lequel elle demeure à. . . ., d'autre part;

Et en tant que de besoin, ledit sieur R. V. . . ., encore d'autre part;

Il a été convenu et arrêté ce qui suit :

Il est d'abord exposé que ledit sieur R. V. . . . a été déclaré en état de faillite par jugement du Tribunal de commerce de. . . ., en date du. . . .; que la liquidation de cette faillite nécessite le règlement de l'indemnité qui est due audit sieur R. V. . . ., à raison de la plus-value résultant des constructions, augmentations et améliorations par lui faites sur partie de la maison et du jardin joignant, appartenant à sa femme et situés à. . . .; que ledit sieur R. V. . . . a contracté mariage avec ladite dame R. A. . . ., le. . . ., devant M^e. . . ., notaire à. . . ., qu'il fut seulement constitué en dot à cette dernière par son père, des objets mobiliers dont l'état figure au contrat de mariage, estimés à la somme de six cents francs, avec énonciation que cette évaluation n'en opère pas vente; tous les autres biens de la femme sont restés paraphernaux, notamment les immeubles ci-dessus qu'elle a recueillis dans la succession de P. A. . . ., son père ;

Que pour fixer aujourd'hui le montant de cette plus-value, il devenait nécessaire de recourir à une expertise présentant de grandes difficultés, vu l'absence entre les mains du syndic des documents propres à faire connaître, soit l'importance des dépenses faites par le mari, soit la valeur exacte des immeubles de la femme à l'époque des constructions, aucun état régulier n'ayant été dressé à cet égard; d'un autre côté, la femme du failli était dans l'impuissance de rembourser la somme qui serait fixée par l'expertise, autrement qu'en vendant ses immeubles; qu'il y avait donc nécessité pour elle de recourir à cette vente, et c'est le parti qu'elle a pris; que par acte en date du. . . ., devant M^e. . . ., notaire à. . . ., elle les a aliénés moyennant une somme de vingt mille francs ; que sur cette somme elle a offert au syndic de la faillite de son mari celle de six mille francs pour le montant de la susdite plus-value; que le syndic n'a pas cru devoir hésiter à accepter cette offre, toute favorable aux créanciers, puisqu'elle leur facilite le moyen de recevoir actuellement ladite somme de six mille francs, et coupe court aux difficultés d'un procès imminent, long et dispendieux, pour arriver à la fixation de la susdite plus-value ; que le syndic a donc obtenu, le. . . ., de M. le juge-commissaire de la faillite, une ordonnance qui l'autorise à transiger sur les bases qui viennent d'être énoncées.

C'est pourquoi les parties ont traité à forfait de la manière suivante :

ARTICLE 1er.

Le montant des dépenses de constructions, augmentations et améliorations de toute nature, faites par le sieur R. V. . . . et de ses deniers, sur partie des maison et jardin joignant, situés à. . . ., appartenant à la dame R. A. . . ., sa femme, est et demeure fixé à la somme de six mille francs ;

ARTICLE II.

Ladite dame R. V. . . . s'engage à payer ladite somme de six mille francs au syndic de la faillite de son mari sur celle de vingt mille francs formant l'entier prix de la vente qu'elle a consentie en faveur du sieur. . ., ainsi que cela est plus haut expliqué, après l'homologation du présent traité, mais avec les intérêts de droit, en cas de paiement retardé.

ARTICLE III.

Au moyen dudit paiement, ledit syndic et, en tant que de besoin, ledit sieur R. V. . . . renoncent à plus rien prétendre et réclamer de ladite R. A. . . . ou de son acquéreur, à raison des constructions, augmentations et améliorations précitées.

ARTICLE IV.

La présente transaction sera soumise à l'homologation du Tribunal de première instance de. . . ., à la diligence du syndic de la faillite, et recevra son plein et entier effet, à dater du jour de son homologation ; les frais du présent traité et ceux du jugement d'homologation restent à la charge de ladite dame R. A. . . .

Fait en triple original à. . . .   (*Suivent les signatures.*)

Enregistré à. . . .

FORMULE N° 136. — Requête au président du Tribunal civil en homologation d'une transaction relative à des droits immobiliers.

A Monsieur le président du Tribunal de première instance de. . . .,

M^e. . . ., avoué près du Tribunal, et du sieur F. L. . . ., avocat, domicilié à. . . ., agissant en qualité de syndic définitif de la faillite du sieur R. V. . . ., limonadier, demeurant à. . . .,

A l'honneur de vous exposer les faits suivants :

Ledit sieur R. V. . . . a été déclaré en état de faillite par jugement du Tribunal de commerce de. . . ., en date du. . . . ; la liquidation de cette faillite a nécessité le règlement de l'indemnité due au failli, à raison de la plus-value résultant des constructions, augmentations et améliorations par lui faites sur partie de la maison et du jardin joignant, appartenant à sa femme et situés à. . . ., et qui sont des biens paraphernaux de cette dernière. Pour faire fixer le montant de cette plus-value, il devenait nécessaire de recourir à une expertise qui allait entraîner des frais et des longueurs considérables, à cause des difficultés qu'elle pouvait présenter, vu l'absence des documents propres à faire connaître, soit l'importance des dépenses faites par le mari, soit la valeur exacte des immeubles de la femme, à l'époque des constructions, aucun état régulier n'ayant été dressé à cet égard ; d'un autre côté, la femme du failli était dans l'impuissance de rembourser la somme qui serait fixée par l'expertise, autrement qu'en vendant lesdits immeubles; il y avait donc nécessité pour elle de recourir à cette vente; c'est le parti qu'elle a pris. Par un acte public en date du. . . ., elle les a aliénés en faveur du sieur. . . . moyennant le prix de vingt mille francs; sur cette somme, elle a offert au syndic de la faillite de son mari celle de six mille francs pour le montant de la susdite plus-value; le syndic a accepté cette offre, qui est tout à fait à l'avantage des créanciers de la faillite, puisqu'elle leur facilite le moyen de recevoir actuellement cette somme de six mille francs, et coupe court aux difficultés d'un procès long et dispendieux pour arriver à la fixation de la susdite plus-value.

Après avoir obtenu de M. le juge-commissaire de la faillite une ordonnance en date du. . . ., qui a autorisé ledit syndic à transiger de la manière susénoncée, ledit syndic, la femme du failli dûment autorisée par son mari, et ce dernier, en tant que de besoin, ont passé l'acte de transaction suivant :

(On copie l'acte de transaction et l'on continue :)

Aux termes de l'art. 487 du Code de commerce, cette transaction doit être homologuée par le Tribunal civil, s'agissant de droits immobiliers ; aux termes du même article, le failli devant être appelé à l'homologation, il a été, par un exploit en date du. . . ., assigné à comparaître devant le Tribunal pour y entendre homologuer le susdit traité, et voir ordonner qu'il sera exécuté dans toutes ses dispositions.

En conséquence, l'exposant vous prie, Monsieur le président, d'ordonner la communication de la présente requête à MM. les gens de l'empereur, et la remise à l'un de MM. les juges pour faire son rapport à l'audience qu'il vous plaira d'indiquer, et à laquelle il conclura à ce qu'il plaise au Tribunal homologuer ladite transaction, pour être ensuite exécutée dans toutes ses dispositions.

A. . . ., le. . . .   (*L'avoué du syndic, signé*).

FORMULE N° 137. — Jugement du tribunal civil qui homologue la transaction.

Le Tribunal de première instance de. . . . a rendu le jugement dont la teneur suit :

Entre le sieur F. L. . . ., agissant comme syndic définitif de la faillite du sieur R. V. . . ., limonadier, demeurant à. . . ., comparant par M^e. . . ., son avoué, d'une part;

Ledit sieur R. V. . . ., failli défaillant (ou bien comparant par M^e. . ., son avoué, d'autre part,

Et M. le procureur impérial près le Tribunal, encore d'autre part.

En fait,

Le syndic de la faillite a présenté, par le ministère de M^e. . . ., avoué, à M. le président du Tribunal, une requête ainsi conçue (transcrire ici la requête).

A suite de cette requête, et par son ordonnance de ce jour, M. le président a prescrit la communication de la requête au ministère public et la remise à M. . . ., juge, pour en faire rapport à la présente audience.

Après le rapport publiquement fait par M. . . ., juge commis.

Ouï pour sa partie M^e. . . ., avoué, qui a persisté dans les conclusions de sa requête;

Nul pour ledit sieur R. V. . . . ., failli (ou bien : Ouï pour ledit sieur R. V. . . ., failli, Mᵉ. . . ., avoué, qui a déclaré ne pas s'opposer à l'homologation demandée).

Ouï M. le procureur impérial en ses conclusions ;

Le Tribunal a posé la question suivante : Faut-il homologuer la transaction dont il s'agit ?

Considérant que l'homologation de la transaction précitée n'est pas contestée ; qu'elle est d'ailleurs nécessaire pour arriver à la liquidation définitive des affaires de la faillite dudit sieur R. V. . . .

Par ces motifs,

Le Tribunal, après délibération, jugeant publiquement et en premier ressort, sur les conclusions conformes de M. le procureur impérial, a homologué et homologue la susdite transaction, pour être exécutée dans toutes ses dispositions.

Ainsi jugé, etc.

(Le président et le greffier, signés.)

FORMULE Nº 138. — Assignation à un failli devant le tribunal de commerce pour y voir homologuer une transaction.

L'an. . . . et le. . . ., je. . . ., huissier, etc.;

A la requête du sieur F. L. . . ., agissant comme syndic définitif de la faillite du sieur P. C. . . ., entrepreneur de bâtiments, demeurant à. . . .

Ai exposé audit sieur P. C. . . . qu'à suite, et en vertu de l'autorisation de transiger avec le sieur V. . . ., entrepreneur de travaux de routes demeurant à. . . ., sur les difficultés relatives au paiement de la somme de. . . ., qui a fait l'objet d'une saisie-arrêt pratiquée le. . . . par ledit P. C. . . ., au préjudice dudit sieur V. . . ., entre les mains du payeur du département du. . . ., accordée au requérant par M. le juge-commissaire de ladite faillite, selon son ordonnance en date du. . . .

Il est intervenu entre le requérant et ledit sieur V. . . ., à la date du. . . ., une transaction sous seing privé par laquelle il est mis fin à ladite instance en saisie-arrêt.

Par cette transaction il est fait abandon audit sieur V. . . . de la somme de. . . . sur celle de. . . . par lui due audit sieur C. . . ., et par conséquent au requérant en sadite qualité, à raison de travaux faits par C. . . . pour le compte de V. . . ., ainsi que le tout est expliqué dans ladite transaction, et comme l'art. 487 du Code de commerce prescrit d'appeler le failli à l'homologation, j'ai assigné ledit sieur C. . . . à comparaître le. . . à l'audience dudit Tribunal de commerce de. . ., séant au palais de justice, à. . . . heures du. . . ., pour y entendre homologuer la susdite transaction, à l'effet d'être ensuite exécutée dans toutes ses dispositions.

Baillé copie, etc.

FORMULE Nº 139. — Assignation au failli pour l'homologation devant le tribunal civil.

L'an. . . . et le. . . ., je. . . ., huissier, etc.

A la requête du sieur F. L. . . ., syndic définitif de la faillite du sieur R. V. . . ., limonadier, demeurant à. . ., qui constitue Mᵉ. . . .

I.   14

pour son avoué près le tribunal, etc., ai donné assignation audit sieur R. V. . . ., à comparaître le. . . ., à l'audience du Tribunal de première instance de. . . ., séant au palais de justice, pour y entendre homologuer la transaction intervenue le. . . . par acte sous seing privé, dûment enregistré, entre le requérant, en sadite qualité, la dame R. A. . . ., propriétaire, épouse dudit sieur R. V. . . ., de lui dûment autorisée ; ladite transaction relative à l'indemnité due audit sieur R. V. . . ., failli, par sadite femme, à raison des constructions, augmentations et améliorations par lui faites sur partie de la maison et jardin joignant, situés à. . . ., appartenant à ladite dame R. A. . . ., laquelle indemnité a été fixée à la somme de six mille francs ; pour ledit acte de transaction être, après le jugement d'homologation, exécuté dans toutes ses dispositions, dont acte.

Baillé copie, etc.   (*Signature de l'huissier.*)

FORMULE N° 140. — Opposition par le failli à l'homologation d'une transaction relative à des droits mobiliers.

Le Tribunal de commerce de. . . . a rendu le jugement dont la teneur suit :

Entre le sieur F. L. . . . ., syndic définitif de la faillite du sieur P. C. . . ., entrepreneur de bâtiments, demeurant à. . . ., d'une part ;

Et ledit sieur P. C. . . ., d'autre part ;

En fait,

Le syndic définitif de ladite faillite a présenté cejourd'hui au Tribunal une requête dans laquelle il expose (copier la requête). (*Voir* ci-dessus formule 131).

Et par un exploit de. . ., huissier, en date du. . ., ledit sieur. . ., failli, aux termes de l'art. 487 du Code de commerce, a été assigné devant le Tribunal pour être présent à l'homologation de ladite transaction ;

Sur cette requête, la cause portée à l'audience de ce jour :

Ouï ledit sieur F. L. . . ., syndic, qui a conclu à ce qu'il plaise au Tribunal lui adjuger les fins de sa requête en homologation précitée ;

Ouï pour ledit sieur P. C. . . ., failli, et de lui assisté, Mᵉ. . . ., avocat, qui a déclaré s'opposer à l'homologation de la transaction dont il s'agit, les motifs pris de ce que les difficultés qu'on prétend exister pour arriver au paiement intégral de la somme de sept mille francs due par le sieur V. . ., entrepreneur de travaux de routes, audit sieur P. C. . ., pour les causes énoncées en ladite transaction, ne sont qu'apparentes et peuvent être facilement aplanies ; que la réduction consentie d'une forte partie de cette créance est trop considérable et constitue une perte presque gratuite pour le requérant, et par suite pour ses créanciers, qu'il a intérêt à désintéresser le plus possible ; que le débiteur V. . . . est dans une position qui lui permet de se libérer actuellement, ou du moins bien avant le terme d'un an qui lui est accordé pour partie de la dette sans intérêt ; en conséquence, ledit sieur. . . ., pour sa partie, conclut à ce qu'il plaise au Tribunal rejeter la demande en homologation de la transaction dont il s'agit, et condamner le syndic personnellement aux dépens.

Ouï M. . . ., juge-commissaire de la faillite, dans son rapport :

Le Tribunal a posé les questions suivantes :

Faut-il homologuer la transaction dont il s'agit ? faut-il, au contraire, dire droit à l'opposition du failli envers ladite demande en homologation ? que faut-il statuer, quant aux dépens ?

Sur quoi,

Considérant que la transaction est dans l'intérêt des créanciers; que le sacrifice d'une partie de la créance sur le sieur V. . . est compensée par l'avantage de recevoir actuellement une somme de cinq mille francs, qui est supérieure à celle qui a été saisie-arrêtée entre les mains du payeur du. . ., et l'espoir de recevoir celle de six cents francs dans le délai de. . . .; qu'il n'est pas signalé d'autres ressources ou d'autres biens appartenant au débiteur, sur lesquels des poursuites puissent être utilement tentées; que les frais et les longueurs de ces poursuites peuvent être considérables et en pure perte, le sieur V. . . . n'ayant plus rien ostensiblement que la créance saisie arrêtée; que déjà la faillite dure depuis plusieurs années, et que la transaction ci-dessus est nécessaire pour arriver à sa liquidation définitive ;

Par ces motifs,

Le Tribunal, après en avoir délibéré, jugeant publiquement et en premier ressort, vu l'art. 487 du Code de commerce, et ce qui résulte du rapport de M. le juge-commissaire de la faillite, démet ledit sieur P. C. . . . de son opposition; disant droit, au contraire, à la requête du syndic de ladite faillite, homologue la transaction dont il s'agit, pour être exécutée dans toutes ses dispositions, dispose que les frais de la présente instance seront alloués au syndic comme frais de syndicat.

Ainsi jugé et prononcé, etc.

FORMULE N° 141. — Opposition du failli à l'homologation d'une transaction relative à des droits immobiliers.

L'an mil . . . . et le, . . .

Je. . . ., huissier. . . ., soussigné,

A la requête du sieur R. V. . . ., limonadier, demeurant à. . . .,

Ai déclaré au sieur F. L. . . ., syndic définitif de la faillite du requérant, que ce dernier est bien et dûment opposant à l'homologation de la transaction passée le. . . . entre ledit syndic et le sieur P. A. . . ., ancien limonadier, demeurant à. . . ., beau-père du requérant, et relative à l'indemnité due audit requérant, et résultant des constructions, augmentations et améliorations par lui faites sur partie de la maison et jardin joignant, situés à. . . ., appartenant audit sieur P. A. . . ., les motifs de l'opposition pris de ce que la somme de six mille francs à laquelle a été fixée l'indemnité à raison de ladite plus-value, est manifestement insuffisante, qu'elle est inférieure, non-seulement aux déboursés et dépenses faites par le requérant, ainsi qu'il sera facile de l'établir par les comptes et mémoires des fournisseurs et entrepreneurs qui ont exécuté les susdites construc ions, mais encore à la plus-value donnée aux immeubles sur lesquels ces constructions ont été élevées, puisqu'il est notoire que les maison et jardin prémentionnés ne valaient que huit ou neuf mille francs, et qu'après lesdites constructions, augmentations et améliorations, le requérant et sondit beau-père en ont refusé une somme de vingt-deux mille francs ; en conséquence, le requé-

14.

rant proteste de nullité contre ladite transaction, l'homologation qui en est poursuivie, et contre tout ce qui serait fait au mépris de la présente opposition, qui, aux termes de l'art. 487 du Code de commerce, § 3, suffit pour empêcher la transaction sans qu'il soit nécessaire de comparaître devant le Tribunal civil de première instance de. . . ., où le requérant a été appelé, par exploit enregistré de. . . ., huissier, en date du. . . ., pour y réitérer la présente opposition, dont acte.

Formule n° 142. — Requête au juge-commissaire pour être autorisé à déférer un serment décisoire.

A Monsieur. . . ., juge-commissaire de la faillite du sieur R. . . ., boulanger.

Le sieur F. L. . . ., syndic définitif de ladite faillite,

A l'honneur de vous exposer :

Que pour arriver à la liquidation définitive de ladite faillite, il devient nécessaire d'évacuer un procès existant entre le syndic de la faillite et le sieur B. . . ., marchand de grains, demeurant à. . . ., dans les circonstances suivantes :

Le failli avait acheté audit sieur B. . . ., quelque temps avant sa faillite, trente hectolitres de blé au prix de trente-cinq francs l'hectolitre, en tout mille cinquante francs, sur quoi il remit un à-compte de trois cents francs, les sept cent cinquante francs devant être payés lors de la livraison de cette marchandise ; par suite de pertes subites éprouvées et du dérangement de ses affaires, ledit sieur R. . . . n'a pu prendre livraison des trente hectolitres de blé. C'est dans ces circonstances qu'il a été déclaré en faillite par jugement du Tribunal en date du. . . . Le syndic, instruit de ces faits, a demandé la livraison de la marchandise ou bien le remboursement de la somme de trois cents francs payée à compte du prix. A cette réclamation, le sieur B. . . . a répondu qu'il est prêt à livrer les trente hectolitres de blé contre le prix de mille cinquante francs convenu, sans vouloir tenir en compte les trois cents francs reçus, et refusant, d'un autre côté, de rembourser cette dernière somme, déniant l'avoir jamais reçue ; l'instance, en cet état, est pendante devant le Tribunal. Le marché ci-dessus et la remise de ces trois cents francs ayant eu lieu sans témoins, l'exposant n'a, contre ledit sieur B. . . ., que la ressource du serment décisoire, sur le fait de la remise de cet à-compte de trois cents francs ; mais comme la faculté de déférer un serment décisoire n'appartient qu'à celui qui a le droit d'aliéner, et que le syndic d'une faillite, en sa qualité d'administrateur, ne peut aliéner que sous les conditions imposées par la loi ; qu'aux termes de l'art. 487 du Code de commerce, il ne peut transiger sur les droits et les opérations qui intéressent la masse, sans l'autorisation du juge-commissaire de la faillite ; que c'est en ce sens que la jurisprudence a interprété ledit article, dans le cas d'un serment décisoire, à déférer par un syndic, l'exposant croit devoir, dans l'espèce, remplir cette formalité pour mettre sa responsabilité à couvert.

En conséquence, l'exposant vous prie, Monsieur le juge-commissaire, de vouloir bien l'autoriser à déférer au sieur J. B. . . ., adversaire, le serment décisoire sur le fait du paiement à compte, en ses mains, de ladite somme de trois cents francs, serment duquel dépend le sort du procès existant entre parties.

A. . . ., le. . . .   *(Signature du syndic.)*

ORDONNANCE.

Nous. . . ., juge au Tribunal de commerce de. . . ., commissaire de la faillite dudit sieur R. . . .; vu les faits exposés dans la requête ci-dessus; vu ledit art. 487 du Code de commerce, autorisons ledit syndic à déférer audit sieur B. . . . le serment décisoire, sur le fait de la remise par R. . ., failli, de trois cents francs, sur le prix de la vente des trente hectolitres de blé dont il s'agit, et duquel doit dépendre le sort du procès actuellement existant, devant le Tribunal de commerce, entre le syndic et ledit sieur B. . . .

Donné à. . . ., le. . . .   (*Le juge-commissaire, signé.*)

RÉSUMÉ. — Indication alphabétique.

Admission de créances liti-
gieuses, 22.
Arrêté de maire, 20.
Autorisation de compromet-
tre, 11, 12.
Compétence, 3.
Compromis, 11, 12, 13.
Demande d'homologation,
7, 8.
Désistement d'une action, 9.
Désistement d'un acte de
procédure, 10.
Dol et fraude, 1.

Droits actifs du failli, 18.
Endossement irrégulier, 16.
Homologation, 2.
Importance de l'objet d'une
transaction, 2.
Instance non jugée, 22.
Intérêts distincts, 17.
Masse (droits de la), 18.
Mont-de-piété, 19.
Nature de l'objet litigieux, 3.
Opposition à l'homologa-
tion, 5, 6.
Ratificat. d'un transport, 15.

Reconnaissances du mont-
de-piété, 19.
Requête pour l'homolog., 4.
Responsab. des syndics, 1.
Revendication d'objets, 19.
Serment décisoire, 14.
Société commerciale, 12.
Syndics représentant tous
les créanciers, 21.
Transactions obligatoires, 1.
Tribunal civil, 6.
Unité d'intérêt, 17.

1. Les transactions faites conformément aux règles prescrites par l'art. 487 sont obligatoires pour la masse, et quels que soient les événements ultérieurs et leurs conséquences, elles ne peuvent donner lieu à la responsabilité personnelle des syndics, à moins qu'il ne soit prouvé qu'il y a eu dol ou fraude de leur part. Dalloz, n° 531.

2. C'est par l'importance de l'objet litigieux, et non par la valeur de la chose accordée par transaction, que se résout la question de savoir si la transaction doit ou non être homologuée; par exemple, l'homologation est nécessaire dans les cas où un tiers, se prétendant créancier de 600 fr., n'a été reconnu, par transaction, créancier que de moitié de cette somme. Bédarride, n° 391; Dalloz, n° 525.

3. C'est la nature de l'objet litigieux qui détermine la compétence du tribunal de commerce ou du tribunal civil.

4. Que le tribunal de commerce ou le tribunal civil soient appelés à prononcer, c'est toujours par une requête que la demande en homologation est formée, le failli dûment appelé. Dalloz, n° 528.

5. Quant à l'effet de l'opposition formée par le failli à l'homologation, il y a lieu de distinguer : s'il s'agit d'une transaction sur un droit mobilier, le tribunal de commerce, appelé à pro-

noncer, peut passer outre sur l'opposition, sauf l'appel réservé au failli, car celui-ci n'a pas le pouvoir d'empêcher la transaction dans cette hypothèse ; si, au contraire, la transaction est relative à ses droits immobiliers, comme le failli peut empêcher absolument cette transaction d'avoir effet, son opposition lie le tribunal civil, qui doit prononcer dans ce cas.

6. Mais il est nécessaire que le failli ait réalisé son opposition pour empêcher la transaction de s'accomplir, car l'art. 487 l'exige impérieusement ; si, au lieu de faire opposition, le failli se borne à ne pas comparaître, le tribunal civil pourra autoriser la transaction. Bédarride, n° 393 ; Dalloz, n° 529.

7. Si le jugement qui a repoussé la demande d'homologation est intervenu sur l'opposition du failli, dans un cas où son opposition suffisait pour empêcher la transaction, il ne peut être attaqué par voie d'appel, puisque le tribunal supérieur ne peut en prononcer la réformation.

8. Mais si le jugement a été rendu sur une demande d'homologation relative à une transaction que l'opposition du failli ne suffisait pas à empêcher, et que le tribunal ait refusé d'autoriser la transaction, l'appel peut être formé, si l'objet de la transaction est supérieur à 1,500 fr. Bédarride, n° 393 ; Dalloz, n° 530.

9. Les syndics n'ont pas le pouvoir de se désister d'une action intentée par eux, en leur qualité. Nancy, 13 août 1839 (S.V. 40.2.79; D.p. 39.2.830).

10. Mais ils peuvent se désister d'un acte de procédure. Rej., 27 juin 1843 (D.p. 43.1.414).

11. Les syndics ne peuvent compromettre sans une autorisation à cet effet (tous les auteurs sont d'accord sur ce point).

12. Ainsi est nul le compromis qui, en matière de société commerciale, nomme des arbitres amiables compositeurs, si les syndics d'un des associés faillis ont concouru à ce compromis, sans être spécialement autorisés à nommer des arbitres volontaires. Rej., 6 avril 1818 (S. 18.1.326).

13. Toutefois les syndics ont qualité pour compromettre, lorsque, dans les actes dont l'exécution est réclamée, il a été expressément convenu entre le tiers et le failli que toutes difficultés seraient soumises à des arbitres. Rej., 6 fév. 1827 (S. 27. 1.105).

14. Les syndics ne peuvent déférer un serment décisoire. 20 fév. 1834, Paris (S.-V.44.2.638); Rolland de Villargues, v° *Serment*).

15. Les syndics ont qualité pour consentir une ratification ; ainsi la ratification d'un transport irrégulier n'excède pas les pou-

voirs des syndics. Rej., 18 juin 1844 ; mais cela ne paraît pas, à M. Dalloz, n° 533, légal dans sa généralité.

16. En combinant la règle d'après laquelle les syndics représentent le failli aussi bien quant à l'exercice de ses actions immobilières qu'à l'égard de ses droits mobiliers, avec la règle de l'art. 138, C. de commerce, qui considère l'endossement irrégulier comme ne transférant pas la propriété d'un effet de commerce, mais ne valant que comme procuration, il faut admettre que les syndics sont fondés à réclamer l'effet qui aurait été revêtu par le débiteur avant la faillite, d'un endossement irrégulier ; car, aux termes de l'art. 2003, C. civ., toute procuration est révoquée par le fait seul de la faillite. Il suit de là que les syndics peuvent et doivent former opposition dans les mains du débiteur de l'effet, afin qu'il n'en verse pas le montant à celui qui n'en serait porteur que comme mandataire du failli. Le possesseur de l'effet en vertu d'un endossement irrégulier ne peut repousser l'opposition des syndics, en prouvant qu'il en a payé la valeur au failli, avant sa faillite, et en disant que l'endossement, quoique irrégulier, doit être considéré comme translatif de propriété en sa faveur ; et cela par la raison que, si la masse est aux droits du failli qu'elle représente, d'un autre côté, la loi a voulu que, vis-à-vis des tiers, l'endossement irrégulier ne valût que comme procuration, et que cette règle ne peut être modifiée qu'autant que l'auteur de l'endossement irrégulier est libre de disposer de ses biens, ce qui n'arrive pas quand il est devenu incapable de donner un consentement qui change les effets de l'endossement, le seul titre que les créanciers puissent reconnaître. Douai, 20 avril 1836 ; Dalloz, n° 547.

17. Les syndics d'une faillite ne représentent la masse des créanciers que lorsque les affaires ont pour tous une unité d'intérêts ; en conséquence, et par exemple, des créanciers hypothécaires qui ont des intérêts distincts et séparés de ceux des chirographaires, peuvent former tierce opposition à un jugement qui leur préjudicie, quoiqu'il ait été rendu avec les syndics de la masse. Cass., 25 juill. 1814.

18. Les effets de la substitution de la masse au failli, en ce qui concerne les droits actifs de ce dernier, donnent à cette masse, ou aux syndics agissant pour elle, le droit de provoquer la nullité ou la rescision des contrats contre lesquels le failli aurait pu invoquer cette demande. Paris, 26 fév. 1835.

19. De même, lorsque des marchandises ont été engagées au mont-de-piété par un failli, postérieurement à l'époque où l'ou-

verture de la faillite a été reportée, les syndics sont admis à revendiquer les reconnaissances entre les mains de celui qui en a obtenu la cession, de la part du failli, avec connaissance de la cessation de ses paiements. Aix, 4 juin 1845. A cet égard les syndics tirent leur droit de leur propre qualité.

20. L'arrêté d'un maire prescrivant la démolition d'une maison qui menace ruine sur la voie publique est légalement obligatoire pour les syndics du failli, propriétaire de la maison ; et en cas de contravention, ils sont passibles des peines que la loi y attache. Crim. cass., 21 déc. 1821; C.-N. (S.-V.6.1.543; D.A.2.136).

21. Mais toutes les fois que la contestation intéresse directement et exclusivement la masse hypothécaire et chirographaire, les syndics représentent tous les créanciers, aussi bien les hypothécaires que les chirographaires. Colmar, 4 juill. 1831 (S.-V. 33.2.76; D.P.32.203).

22. L'admission par le syndic, au passif de la faillite, d'une créance dont l'existence ou la quotité formaient l'objet d'une instance pendante au moment de la faillite entre le créancier et le failli, et non encore jugée, constitue une transaction qui ne peut être opposée au failli qu'autant qu'elle a été accompagnée des formalités voulues par l'art. 487, Cod. de comm. Cour imp. de Bordeaux, 30 mai 1853 (S.-V.53.2.551).

488. Si le failli a été affranchi du dépôt, ou s'il a obtenu un sauf-conduit, les syndics pourront l'employer pour faciliter et éclairer leur gestion ; le juge-commissaire fixera les conditions de son travail.

FORMULE N° 143. — Requête au juge-commissaire pour faire fixer les conditions du travail du failli employé à la gestion de la faillite.

A Monsieur. . . ., juge-commissaire de la faillite du sieur D. . . ., fabricant demeurant à. . . .

Le sieur F. L. . . ., syndic définitif de ladite faillite,

A l'honneur de vous exposer :

Que le failli, par jugement du Tribunal en date du. . . ., et sur le rapport favorable par vous présenté, a été affranchi du dépôt de sa personne dans la maison d'arrêt pour dettes ; il reste pour le moment sans occupation, et des secours alimentaires devront lui être accordés, pour lui et sa famille, sur l'actif de sa faillite ; l'exposant estime que, d'après la situation des affaires de cette faillite, qui embrasse des opérations de fabrication importantes, dont la conduite et la liquidation exigent des connaissances spéciales, le concours du failli ne peut être que très-avantageux et favorable aux intérêts des créanciers ; l'exposant croit donc utile d'employer le failli pour éclairer et faciliter sa gestion ; il est juste que le travail du failli soit rétribué, et c'est le vœu de l'art. 488 du Code de commerce.

C'est pourquoi l'exposant vient vous prier, Monsieur le juge-commissaire, de vouloir bien fixer les conditions du travail du failli, pour tout le temps qu'il pourra être employé à éclairer et à faciliter la gestion des affaires de la faillite.

A. . . ., le. . . .,   (*Signature.*)

ORDONNANCE.

Nous. . . ., juge au Tribunal de commerce, commissaire de ladite faillite ; vu les dispositions de l'art. 488 du Code de commerce précité, ayant égard à la proposition du syndic de la faillite, fixons à la somme de. . . ., par jour, les conditions du travail du failli, pour tout le temps qu'il sera employé par le syndic, pour faciliter et éclairer la gestion de ce dernier.

Donné à. . . ., le. . . .   (*Le juge-commissaire, signé.*)

RÉSUMÉ.

1. Les syndics ne pourraient laisser le failli gérer à leur place; ils seraient responsables des conséquences de leur confiance à cet égard ; mais ils peuvent l'employer, et doivent avoir égard, en cette circonstance, à sa position.

2. Le failli est libre de refuser son travail.

3. Le failli qui ne se livre qu'à la liquidation de la faillite ne peut être tenu à payer patente (C. de comm., Javerzac et Belloc, art. 488).

489. Les deniers provenant des ventes et des recouvrements seront, sous la déduction des sommes arbitrées par le juge-commissaire, pour le montant des dépenses et frais, versées immédiatement à la Caisse des dépôts et consignations. Dans les trois jours des recettes, il sera justifié au juge-commissaire desdits versements ; en cas de retard, les syndics devront les intérêts des sommes qu'ils n'auront pas versées.

Les deniers versés par les syndics et tous autres consignés par des tiers, pour compte de la faillite, ne pourront être retirés qu'en vertu d'une ordonnance du juge-commissaire. S'il existe des oppositions, les syndics devront préalablement en obtenir la mainlevée.

Le juge-commissaire pourra ordonner que le versement sera fait par la Caisse directement entre les mains des créan-

ciers de la faillite, sur un état de répartition dressé par les
syndics et ordonnancé par lui.

**Formule n° 144. — Requête au juge-commissaire pour la déduction
à faire sur les recouvrements des sommes arbitrées pour les dépenses et frais de la faillite.**

A Monsieur. . . ., juge-commissaire de la faillite du sieur A. Ch. . .,
commissionnaire en marchandises, demeurant à M. . . .

Le sieur F. L. . . ., avocat, demeurant à. . . ., syndic définitif de
ladite faillite,

A l'honneur de vous exposer :

Que la vente des effets mobiliers et marchandises dépendant de la
faillite a produit, selon le procès-verbal de vente de l'officier ministériel préposé à cet effet, la somme principale de. . . ., quitte des frais
de vente ; que, d'un autre côté, les recouvrements effectués jusqu'à ce
jour, par l'exposant, s'élèvent à la somme de. . . .; ces deniers, aux
termes de l'art. 489 du Code de commerce, doivent être versés, sans
retard, à la caisse des dépôts et consignations, sous la déduction toutefois des sommes par vous arbitrées pour le montant des dépenses et
frais ; l'exposant estime que ces dépenses et frais peuvent d'ores et
déjà être évalués à la somme de. . . .; il est encore observé que,
parmi les recouvrements effectués, figure une somme de. . . ., pour le
montant d'un effet de commerce, souscrit par la maison D. . . . et
Cᵉ. . . ., en faveur du sieur S. V. . . ., négociant à. . . ., qui l'a endossé au sieur J. L. . . ., qui l'a lui-même passé à l'ordre du failli, et
que l'exposant a négocié en faveur du sieur. . . ., banquier à . . ., et
comme cet effet peut venir à retour, il sera nécessaire d'avoir des
fonds pour en opérer le remboursement après protêt à l'échéance.

C'est pourquoi l'exposant vous prie, Monsieur le juge-commissaire, de
vouloir bien d'abord fixer à ladite somme de. . ., ou à toute autre que
vous jugerez convenable d'arbitrer, le montant des dépenses et frais, et
l'autoriser ensuite à en faire déduction sur la somme à verser à la
caisse des dépôts et consignations, comme aussi l'autoriser à garder en
mains une seconde somme de. . . ., pour le remboursement, en capital et accessoires, le cas échéant, de l'effet de commerce négocié ainsi
qu'il a été expliqué plus haut, et ferez justice.   *(Le syndic, signé.)*

A. . . ., le. . . .

ORDONNANCE.

Nous. . . ., juge au Tribunal de commerce de. . . ., commissaire
de la faillite dudit sieur. . . .; vu les faits exposés en la requête qui
précède, et les dispositions de l'article 489 du Code de commerce, ar-
bitrons à la somme de. . . . le montant des dépenses et frais faits ou
à faire, pour arriver à la liquidation des affaires de la faillite ; autorisons, en conséquence, le syndic de la faillite à en faire la déduction, sur
le montant des recouvrements et le produit des ventes qui doivent être
versés à la caisse des dépôts et consignations ; l'autoriser, en outre, à
garder en caisse une somme de. . . ., à prendre sur les mêmes deniers, pour faire face, le cas échéant, au remboursement de l'effet de
commerce négocié comme il a été dit ; laquelle somme sera aussi versée

à la caisse des dépôts et consignations, si le cas prévu de ce remboursement ne se réalise pas.

Donné à. . . ., le. . . ., etc.

FORMULE N° 145. — Requête au juge-commissaire pour être autorisé à retirer une somme de la caisse des dépôts et consignations.

A Monsieur. . . ., juge-commissaire de la faillite du sieur A. Ch. . . ., commissionnaire en marchandises, demeurant à M. . . .

Le sieur F. L. . . ., syndic définitif de ladite faillite,

A l'honneur de vous exposer :

Qu'il a été déposé le. . . ., à la caisse des dépôts et consignations de la ville de. . . ., une somme capitale de. . . ., produit d'une vente sur saisie-exécution d'effets mobiliers et de marchandises, au préjudice dudit sieur A. Ch. . . ., à la requête du sieur P. R. . . ., l'un de ses créanciers, selon procès-verbal de vente du ministère de B. . . ., huissier à. . . ., ledit dépôt fait à la charge des oppositions aux deniers de la vente, entre les mains dudit huissier B. . . ., par quatre créanciers dudit sieur A Ch. . . .; peu de jours après ce dépôt, ce dernier fut déclaré en état de faillite, par jugement du Tribunal de commerce en date de. . . .

L'exposant a obtenu la mainlevée desdites quatre oppositions, ainsi que cela résulte d'un acte public devant M. . . ., notaire en cette ville, portant la date du. . . .

Il n'a pu être effectué jusqu'à présent aucun autre recouvrement ; cependant il y a nécessité de faire face aux frais et dépenses de la faillite, qui s'élèvent déjà à la somme de. . . ., y compris le montant des secours alimentaires accordés au failli.

Dans ces circonstances, l'exposant se voit obligé de vous demander, Monsieur le juge-commissaire, et conformément aux dispositions de l'art. 489, § 2, du Code de commerce, de l'autoriser à retirer de ladite caisse des dépôts et consignations, et sur les deniers y déposés pour le compte de la faillite, une somme de. . . ., pour les causes susénoncées, et ferez bien.

A. . . ., le. . . .   (*Signature du syndic.*)

ORDONNANCE.

Nous. . . ., juge au Tribunal de commerce de. . . ., commissaire de la faillite dudit sieur A. Ch. . . .; vu les faits exposés dans la requête qui précède, et les dispositions de l'art. 489, § 2, du Code de commerce, autorisons mondit sieur F. L. . . ., syndic de ladite faillite, à retirer, sur sa quittance, de la caisse des dépôts et consignations de cette ville, et à prendre sur la somme de. . . . en principal et intérêts, qui y a été déposée, selon procès-verbal dudit B. . . ., huissier, en date du. . ., la somme de. . . ., pour être appliquée aux frais et dépenses de la faillite.

Donné à. . . ., le. . .   (*Signature du juge-commisssaire.*)

FORMULE N° 146. — Quittance du syndic de la somme par lui retirée de la caisse des dépôts et consignations.

Je soussigné F. L. . . ., domicilié à. . . ., agissant comme syndic définitif de la faillite du sieur A. Ch. . . ., commissaire en marchandises, domicilié à M. . . ., nommé en cette qualité par jugement du Tribunal de commerce de C. . . ., en date du. . . ., et en vertu de l'ordonnance, sur pied de requête, rendue le. . . ., par M. le juge-commissaire de ladite faillite, dûment enregistrée et représentée,

Reconnais avoir reçu de M. M. . ., receveur particulier des finances de l'arrondissement de C. . . ., et préposé en cette qualité de la caisse des dépôts et consignations, la somme de. . ., sur les intérêts liquidés jusqu'à ce jour, et ensuite sur le capital de la somme de. . ., déposée le. . ., à ladite caisse, par B. . . ., huissier à. . ., et provenant de la vente sur saisie-exécution, par lui effectuée, selon son procès-verbal en date du. . . ., des meubles, effets mobiliers et marchandises, au préjudice du sieur A. Ch. . . ., à la requête du sieur P. B, . . ., propriétaire, demeurant à. . . ., l'un des créanciers du failli.

Dont quittance, à. . . ., le. . . .   (*Signature du syndic.*)

Formule nᵒ 147. — État de répartition, *au marc le franc, entre les créanciers chirographaires de la faillite du sieur A. . . ., jeune, marchand, demeurant à. . . ., dont les titres de créance ont été vérifiés et affirmés, de la somme de deux mille cinq cent quatre francs quatre-vingt-quinze centimes, en capital et intérêts, déposée à la caisse des dépôts et consignations, pour compte de ladite faillite.*

Ledit état dressé par nous F. L. . . ., demeurant à. . . ., en qualité de syndic définitif de la faillite, conformément à l'art. 489, § 3, du Code de commerce, comme suit :

Nᵒˢ d'ordre.	NOMS DES CRÉANCIERS.	MONTANT de leurs créances.	MONTANT du dividende.	QUITTANCE du créancier.
1	MM. D. . . ., père et fils. . .	4900 00	1425 35	
2	L. C. . . ., père	1311 59	381 50	
3	L. P. . . ., voyageur. .	1000 00	290 88	
4	P. B. . . ., fabricant. .	900 00	261 79	
5	J. C. . . ., serrurier. .	300 00	87 35	
6	P. F. . . ., aubergiste..	200 00	58 18	
		8611 59	2504 95	

A. . . ., le. . . .   (*Le syndic, signé.*)

ORDONNANCE.

Nous. . . ., juge au Tribunal de commerce de. . . ., commissaire de la faillite du sieur A. . . . jeune, marchand, demeurant à. . . ., ordonnons, conformément à l'art. 489, § 3 du Code de commerce, que le versement de la somme de deux mille cinq cent quatre francs quatre-vingt quinze centimes, portée en l'état ci-dessus, dressé par le syndic de la faillite, sera fait directement par ladite caisse entre les mains des créanciers y dénommés, d'après le dividende revenant à chacun d'eux.

Donné à. . . ., le. . . .   (*Le juge-commissaire, signé.*)

Art. 489, n° 1. L'ordonnance du 3 juill. 1816 porte, art. 1er:
La caisse des dépôts et consignations, créée par l'art. 10 de la
loi du 28 avril dernier, recevra seule toutes les consignations
judiciaires; seront en conséquence versés dans ladite caisse
1°. . . . 11° Les deniers provenant des ventes des meubles, marchandises des faillis, et de leurs dettes actives, dans les cas
prévus par l'art. 497 (aujourd'hui art. 489 de la nouvelle loi des
faillites).

2. Il faut cependant remarquer, quant aux recouvrements opérés par les syndics, que, comme des effets négociés peuvent venir
à retour, les syndics sont admis à se faire autoriser par le juge-
commissaire à garder en caisse des fonds nécessaires pour en
opérer le remboursement. Dalloz, n° 442.

3. Les intérêts de retard dus par les syndics sont les intérêts
légaux et non pas seulement ceux que paie la caisse des dépôts
et consignations; ils sont dus du jour du retard. Renouard, t. 1,
p. 494.

4. Les sommes versées à la caisse des dépôts, en exécution de
l'art. 489, portent intérêt à 3 pour cent, à partir du 60e jour de
la date de la consignation jusques et y compris celui du remboursement; si elles sont retirées avant ce temps, la caisse ne
doit aucun intérêt (ordonnance du 3 juill. 1816, art. 14).

SECTION IV. — *Des actes conservatoires.*

490. A compter de leur entrée en fonctions, les syndics
seront tenus de faire tous actes pour la conservation des
droits du failli contre ses débiteurs.

Ils seront aussi tenus de requérir l'inscription aux hypothèques sur les immeubles des débiteurs du failli, si elle n'a
pas été requise par lui; l'inscription sera prise au nom de
la masse par les syndics, qui joindront à leurs bordereaux
un certificat constatant leur nomination.

Ils seront aussi tenus de prendre inscription, au nom de
la masse des créanciers, sur les immeubles du failli dont ils
connaîtront l'existence; l'inscription sera reçue sur un simple
bordereau énonçant qu'il y a faillite, et relatant la date du
jugement par lequel ils auront été nommés.

Formule n° 148. — Protêt faute d'acceptation.

C. . . ., le. . . .   B. P. F. 1000.

Fin mai prochain (ou à trois mois de date), vous voudrez bien payer, sur cette seule lettre de change, à M. . . ., (nom, prénoms, profession et domicile) ou à son ordre, la somme principale de mille francs, valeur reçue comptant (ou en compte, ou en marchandises, ou de toute autre manière) que vous porterez sur mon compte, suivant mon avis de. . . . (tel jour), ou sans avis,

Bon pour mille francs.

A M. . . ., négociant à Paris, rue. . . ., n°. . . .

(Signature du tireur.)

Au dos est écrit : Payez à l'ordre de. . . ., valeur reçue comptant, à. . . ., le. . . . (Signature). (Mentionner de même tous autres endossements.)

L'an. . . ., et le. . . ., je huissier. . . ., soussigné,

A la requête du sieur F. L. . . ., ancien agréé, demeurant à. . . ., agissant comme syndic définitif de la faillite du sieur A. Ch. . . ., commissionnaire en marchandises domicilié à. . . .

Me suis exprès transporté au domicile de M. . . ., négociant à Paris, rue. . . ., n°. . . ., où étant et parlant à lui-même (ou bien à telle autre personne de la maison), lui ai présenté la lettre de change ci-dessus transcrite, passée par ledit M. . . ., premier porteur, à l'ordre dudit sieur A. Ch. . . ., et j'ai sommé ledit sieur d'accepter immédiatement ladite lettre de change, pour la payer à son échéance, lequel a répondu : (mentionner la réponse) et requis de signer sa réponse, a déclaré n'être point nécessaire (ou bien a signé); et vu ladite réponse, j'ai protesté contre le refus d'acceptation, et réservé tous les droits et actions du requérant, pour les faire valoir contre qui il appartiendra, en principal, intérêts et accessoires, et j'ai laissé copie du présent audit sieur. . . ., dans sondit domicile, en parlant comme ci-dessus.

(L'huissier, signé.)

(Si la lettre de change indique pour le paiement un second domicile, ou un besoin, l'huissier ajoute :)

Et comme ladite lettre de change indique pour le paiement et l'acceptation un second domicile (ou un besoin), chez M. . . ., banquier, demeurant à, . . ., rue. . . ., n°. . . ., je me suis transporté audit domicile indiqué, où étant et parlant à. . . ., je lui ai présenté la lettre de change dont copie précède, en le sommant d'avoir à l'accepter pour en opérer le paiement à l'échéance; ledit sieur. . . . a répondu que, vu le refus du sieur. . . . tiré, il acceptait ladite lettre de change pour en payer seulement, au besoin, le montant à l'échéance, et après avoir écrit et signé cette acceptation au bas de ladite lettre de change et sur le présent exploit, il l'a remise en mes mains.

J'ai en conséquence remis audit sieur. . . ., en son domicile et parlant comme ci-dessus, copie du présent, dont le coût est de. . . .

(Signature de l'huissier.)

(Si la lettre de change est acceptée par intervention, l'huissier ajoute :)

A l'instant, est intervenu le sieur., . . ., lequel, après avoir pris connaissance du refus dudit sieur. . . . a déclaré accepter la lettre de change dont il s'agit, pour et au nom de M. . . ., l'un des endosseurs, s'obliger, en conséquence, solidairement avec ce dernier, le tireur et les endosseurs qui le précèdent, envers le porteur, au paiement de cette lettre de change, à son échéance ; ayant apposé et signé son acceptation sur ladite lettre de change, il l'a remise entre mes mains et a signé la présente acceptation, et j'ai laissé copie, etc.

Il faut notifier cette acceptation par intervention, à celui pour qui elle a été faite, par exploit à personne ou à domicile (art. 127 du Code de commerce).

Formule n° 149. — Protêt faute de paiement.

(On transcrit la lettre de change, l'acceptation, les endossements, comme ci-dessus.)

L'an. . . ., et le. . . ., je. . . ., huissier. . . ., soussigné,

A la requête du sieur F. L. . . ., etc., je me suis exprès transporté au domicile de M. . . ., tiré, où étant et parlant à. . . ., je lui ai fait sommation d'avoir à payer immédiatement entre mes mains, comme porteur des pièces, la somme de. . . ., montant de la lettre de change ci-dessus transcrite, et que j'ai offert de lui remettre valablement acquittée ; lequel a répondu qu'il n'avait ordre, fonds, ni provision du tireur pour ce faire. Vu cette réponse, que j'ai prise pour refus de payer, j'ai protesté contre ce refus de paiement, et réservé formellement tous les droits du requérant contre qui il appartiendra pour répéter le remboursement en principal, intérêts et frais de la susdite lettre de change.

Dont acte, et j'ai laissé copie, etc.   (*Signature.*)

(S'il y a un besoin indiqué sur la lettre de change, l'huissier continue:)

Je me suis immédiatement rendu au domicile du sieur. . . ., lieu indiqué pour le paiement au besoin de la susdite lettre de change, où étant et parlant à. . . ., je lui ai donné connaissance de ce qui précède, en le sommant, vu le refus du tiré, de payer en mes mains le montant de ladite lettre de change, que j'ai offert de lui remettre acquittée ; ledit sieur a répondu (mentionner la réponse). Vu cette réponse, j'ai, au nom du requérant, protesté de nouveau contre ce refus de paiement, et réservé tous ses droits contre qui il appartient.

Et j'ai, audit domicile, parlant comme dessus, laissé copie, etc. (S'il y a une acceptation, il faut protester ainsi :)

En quittant le domicile dudit sieur. . . ., je me suis transporté au domicile du sieur. . . ., comme accepteur de ladite lettre par intervention, où étant et parlant à. . . ., je lui ai donné connaissance de ce qui précède, en le sommant, vu le refus des sieurs. . . . de payer le montant de la lettre de change transcrite en tête du présent, que j'ai offert de lui remettre acquittée, ledit sieur a répondu. . . . C'est pourquoi j'ai, toujours au nom du requérant, protesté de plus fort contre ce refus de paiement, pour agir contre qui de droit, selon la loi, et j'ai, etc.

(*Signature.*)

(S'il y a intervenant pour payer, cette intervention est ainsi mentionnée:)

A l'acte de protêt ci-dessus est intervenu le sieur. . . ., demeurant à. . . ., lequel a déclaré que, pour faire honneur à la signature du sieur. . . ., l'un des endosseurs de la lettre de change, dont copie précède, il offrait de payer le montant de la lettre de change et des frais du protêt, ce que j'ai accepté. Ledit sieur. . . . a immédiatement versé en mes mains, 1° la somme de. . . ., pour le capital de ladite lettre de change ; 2° celle de. . . ., pour les frais du protêt, dont quittance, à l'appui de laquelle je remettrai audit sieur. . . ., avec la lettre de change, le protêt et le présent acte, aussitôt qu'ils seront enregistrés ; en attendant, je lui ai laissé copie du présent, dont le coût est de. . .

(Signature.)

Formule n° 150. — Acte de perquisition et protêt; transcription de la lettre de change et des endossements.

L'an. . . . et le. . . . je. . . ., huissier, soussigné,

A la requête du sieur F. L. . . ., syndic définitif de la faillite du sieur A. Ch. . . ., commissionnaire en marchandises, demeurant à. . . . je me suis transporté au domicile indiqué pour le paiement dans la lettre de change ci-dessus transcrite, pour y faire sommation au sieur. . . . de payer la somme de. . . ., montant de ladite lettre de change. Etant arrivé dans ladite maison, où parlant à. . . ., locataire du rez-de-chaussée (ou concierge de ladite maison), je l'ai invité à me faire connaître l'appartement dudit sieur. . . .; il m'a répondu ne connaître personne de ce nom, dans la maison, et ignorer entièrement qu'il en existât dans le quartier. Requis de signer, il a déclaré n'être point nécessaire. J'ai alors demandé des renseignements aux divers locataires de la même maison, aux voisins, à M. le maire de la commune de. . . ., au commissaire de police, à la direction des postes, à la succursale de la Banque de France établie dans ladite ville, et à plusieurs négociants notables, lesquels m'ont tous déclaré ne point connaître le sieur. . . ., et ont refusé de signer leur déclaration ; attendu qu'il résulte de ces perquisitions que ladite lettre de change contient une fausse indication de domicile, j'ai protesté, faute de paiement du montant dudit effet, et réservé formellement tous les droits du requérant contre qui il appartiendra, pour en obtenir le remboursement en principal, intérêts et frais. J'ai ensuite, 1° affiché une copie entière du présent acte de perquisition et protêt, et de ladite lettre de change, à la principale porte du tribunal de commerce de. . . .; 2° remis une pareille copie à M. le procureur impérial près le tribunal civil de. . . ., au parquet, en parlant à. . . ., qui a visé le présent, dont le coût est de. . . .   *(Signature de l'huissier.)*

Visé par nous, procureur impérial, le présent original, dont copie nous a été remise, ainsi que celle de la lettre de change qui y est énoncée.

Au parquet, à. . . ., le. . . .

(Signature du procureur impérial.)

Formule n° 151. — Dénonciation de protêt faute d'acceptation, et assignation pour donner caution afin d'assurer le paiement à l'échéance.

L'an. . . . et le. . . ., je. . . ., huissier, etc.

A la requête du sieur F. L. . . ., syndic définitif de la faillite du

sieur. . . ., ai notifié au sieur S. . . ., corroyeur, demeurant à. . . .,
le protêt faute d'acceptation, fait par exploit enregistré de. . . ., huissier à. . . ., en date du. . . ., d'une lettre de change de la somme capitale de deux mille francs tirée le. . . ., de. . . ., par le sieur. . . .,
à l'ordre du sieur. . . ., qui l'a passée à l'ordre dudit A. Ch. . . .,
failli, payable le. . . prochain, chez M. . ., banquier à. . . ., ladite lettre
de change enregistrée à. . ., le. . ., fol. . . ., par. . . ., qui a reçu. . . .,
et j'ai assigné ledit sieur. . . ., tireur de ladite lettre de change, à comparaître au délai de la loi, ce délai augmenté de celui à raison des distances, à l'audience du Tribunal de commerce de. . . ., séant en ladite
ville, au palais de justice, le. . . . de chaque semaine, à. . . . heures
du. . . ., et aux autres audiences suivantes, s'il est utile, pour s'y entendre condamner à donner caution, au requérant, en ladite qualité de
syndic, pour lui assurer le paiement, à son échéance, de la susdite lettre
de change protestée faute d'acceptation, dans le délai qu'il plaira au Tribunal de fixer, et faute de ce faire dans ledit délai, s'entendre, d'ores
et déjà, condamner à payer au requérant ladite somme principale de
deux mille francs, montant de la lettre de change dont il s'agit, avec les
intérêts de droit, avec contrainte par corps, avec cent francs à titre de
dommages et avec dépens ; et voir ordonner l'exécution provisoire, nonobstant opposition ou appel, sans caution, du jugement à intervenir, et
j'ai, audit domicile, laissé copie du présent, etc.

(Signature de l'huissier.)

FORMULE N° 152. — Dénonciation de protêt faute de paiement et assignation.

L'an. . . ., et le. . . ., je. . . ., huissier. . . . ., etc.

A la requête du sieur F. L. . . . ., syndic définitif de la faillite du sieur
A. Ch. . . ., commissionnaire en marchandises, demeurant à M. . . .,

Ai notifié au sieur P. B..., négociant, demeurant à. . . ., le protêt
faute de paiement, fait par exploit enregistré de. . . ., huissier à. . . .,
d'une lettre de change de la somme principale de. . . ., tirée de. . . .,
le. . . ., par le sieur V. G. . . ., à l'ordre dudit sieur P. B. . . ., qui
l'a négociée, par endossement régulier, audit sieur A. Ch. . . ., actuellement en état de faillite ; ladite lettre de change payable le. . . . dernier, chez M. . . ., banquier à. . . ., enregistrée à. . ., le. . . ., etc.,
et j'ai assigné ledit sieur P. B. . . ., comme endosseur de ladite lettre
de change, à comparaître le. . . du courant, à l'audience du Tribunal
de commerce de. . . ., séant en ladite ville, au palais de justice, à. . .
heures du. . . ., et à toutes audiences suivantes, s'il est utile, pour s'y
entendre condamner à payer au requérant, comme procède, conjointement et solidairement avec ledit sieur V. G. . . ., tireur de ladite lettre
de change, qui a été, ou sera assigné, par exploit séparé, ladite somme

I.   15

principale de. . . ., montant dudit effet de commerce, avec les intérêts de droit, avec cent francs à titre de dommages, avec dépens et contrainte par corps; comme aussi pour y entendre ordonner l'exécution
provisoire du jugement à intervenir, nonobstant opposition ou appel et
sans caution, et j'ai laissé copie, etc.

(Signature de l'huissier.)

(Toutes les formalités ci-dessus relatives aux lettres de change s'appliquent aux billets à ordre, sauf le protêt faute d'acceptation et l'assignation pour donner caution, afin d'assurer le paiement à l'échéance
de l'effet.)

FORMULE Nᵒ 153. — Requête pour obtenir l'autorisation de former une saisie-arrêt lorsqu'il n'y a pas de titre.

À Monsieur le président du Tribunal de commerce de. . . .

Le sieur F. L. . . ., ancien agréé, demeurant à. . . ., syndic définitif de la faillite du sieur A. Ch. . . ., commissionnaire en marchandises, demeurant à M. . . .,

À l'honneur de vous exposer :

Qu'il résulte de l'examen et vérification des livres et comptes du failli
que celui-ci est créancier du sieur P. H. . . ., négociant, demeurant
aussi à M. . . ., d'une somme de. . . ., à raison de fournitures de
marchandises à lui faites dans le courant de l'année.

L'exposant vient d'apprendre qu'il est dû au sieur P. H. . . . diverses
sommes, par le sieur H. M. . . ., domicilié à C. . . .

L'exposant a le plus grand intérêt à empêcher, par une saisie-arrêt,
que ces sommes ne soient payées audit sieur P. H. . . ., son débiteur,
au nom du failli, qu'il représente aujourd'hui en sadite qualité de syndic;
mais que le défaut d'un titre régulier oblige l'exposant à solliciter, conformément à l'art. 558 du Code de procédure civile, l'autorisation de
saisir-arrêter les sommes dues par ledit sieur H. M. . . .

C'est pourquoi l'exposant conclut à ce qu'il vous plaise, Monsieur le
président, l'autoriser à former opposition entre les mains du sieur
H. M. . . . sur les sommes qu'il doit au sieur P. H. . . ., pour obtenir le paiement de la somme de. . . ., à laquelle vous voudrez bien
évaluer, dans votre ordonnance, la créance de l'exposant en principal,
intérêts et frais, sans préjudice de tous autres droits et actions.

Présenté au palais de justice à. . . ., le. . . .

(Signature du syndic.)

ORDONNANCE.

Nous. . . ., président du tribunal de commerce de. . . .; vu la requête qui précède et les pièces à l'appui; vu l'art. 558 du Code de pro-

cédure civile, permettons à l'exposant de saisir-arrêter entre les mains du sieur H. M. . . . les sommes, deniers ou valeurs qu'il peut devoir au sieur P. H. . . ., à quelque titre que ce soit, pour obtenir le paiement de la somme de. . . ., à laquelle nous évaluons provisoirement la créance de l'exposant.

Fait et délivré au palais de justice à. . . ., le. . . .

(Signature du président.)

FORMULE N° 154. — Exploit de saisie-arrêt ou opposition.

L'an. . . . et le. . . ., je. . . ., huissier, etc.,

A la requête du sieur F. L. . . ., ancien agréé, domicilié à. . . ., agissant comme syndic définitif de la faillite du sieur A. Ch. . . ., commissionnaire en marchandises, demeurant à M. . . ., qui fait élection de domicile chez M. le maire de la commune de C. . . . (lieu où demeure le tiers saisi), et en vertu de l'ordonnance rendue sur requête le. . . ., par M. le président du Tribunal de commerce de. . . ., enregistrée, portant permission de pratiquer la présente saisie-arrêt, desquelles requête et ordonnance il est donné copie en tête du présent, ai saisi arrêté, entre les mains dudit sieur H. M. . . ., toutes les sommes, deniers ou valeurs, ou objets quelconques, qu'il a ou aura, doit ou devra, en capital et intérêts, audit sieur P. H. . . . à quelque titre et pour quelque cause que ce soit, et ce, pour avoir paiement des causes énoncées en ladite requête, lui déclarant que le requérant s'oppose formellement, par le présent, à ce que ledit sieur H. M. . . ., se dessaisisse ou se libère desdites sommes, deniers ou valeurs, au préjudice des droits du requérant, sans que, par justice, il en soit autrement ordonné, à peine de payer deux fois et d'être personnellement responsable des causes de la présente saisie-arrêt; sous la réserve de tous autres droits, actions, intérêts et frais de mise à exécution.

Et je lui ai laissé copie de la requête et ordonnance précitées, et du présent exploit dans sondit domicile, en parlant à. . . .

(Signature de l'huissier.)

OBSERVATION. — Si la saisie-arrêt est faite en vertu d'un titre sous seing privé, on l'énonce avec la date et l'enregistrement; si c'est en vertu d'un acte passé devant notaire, ou en vertu d'un jugement contradictoire, ou par défaut, on les indique aussi.

FORMULE N° 155. — Dénonciation de la saisie-arrêt avec assignation en validité.

L'an mil. . . ., et le. . . ., je. . . ., huissier, etc.,

A la requête du sieur L. . . ., ancien agréé, demeurant à. . . .,

15.

agissant comme syndic définitif de la faillite du sieur A. Ch. . . ., commissionnaire en marchandises, demeurant à M. . . ., pour lequel domicile est élu en l'étude de Mᵉ. . . ., avoué près le tribunal de première instance de C. . . ., y demeurant, qu'il constitue et qui occupera
pour lui sur la présente assignation, ai signifié au sieur P. H. . . ., négociant, demeurant audit lieu de M. . . ., 1° copie de l'ordonnance de
M. le président du Tribunal de commerce de. . . ., en date du. . . .,
enregistrée, mise au bas de la requête à lui présentée, ensemble de ladite requête ; 2° copie d'un exploit du ministère de. . . ., huissier, en
date du. . . ., enregistré, contenant saisie-arrêt formée à la requête
dudit sieur. . . ., entre les mains du sieur H. M. . . ., aussi négociant, demeurant à. . . ., au préjudice dudit sieur P. H. . . ., et j'ai
assigné ledit sieur P. H. . . . à comparaître, d'aujourd'hui à huitaine
franche, outre un jour par trois myriamètres de distance, à l'audience du
Tribunal civil de première instance de. . . ., séant au palais de justice,
à. . . . heures de. . . ., pour, attendu que le requérant, comme procède, est créancier dudit sieur P. H. . . ., en vertu du jugement contradictoire rendu entre parties, par le Tribunal de commerce, le. . . .,
postérieurement audit exploit de saisie-arrêt, de ladite somme de. . . .,
des intérêts et des frais ; attendu que ladite saisie-arrêt est régulière
dans la forme et juste au fond, la voir déclarer bonne et valable ; en
conséquence, voir ordonner que les sommes dont le tiers saisi se recon-
naîtra, ou sera jugé débiteur, seront par lui versées entre les mains du
requérant, en sadite qualité, jusqu'à concurrence de sa créance en capital, intérêts et frais, et s'entendre, en outre, ledit sieur P. H. . . .,
condamner aux dépens.

Et je lui ai laissé copie, tant des requête, ordonnance et exploit de
saisie-arrêt susénoncés, que du présent et du jugement du Tribunal de
commerce précité, etc.

(Signature de l'huissier.)

FORMULE N° 156. — Assignation en déclaration affirmative.

L'an mil. . . . et le. . . ., je . . . ., huissier,

A la requête du sieur F. L. . . ., etc., syndic définitif de la faillite du
sieur A. Ch. . . ., etc., pour lequel domicile est élu dans l'étude de
Mᵉ. . . ., avoué près le tribunal civil de. . . ., qui est constitué et qui
occupera pour lui sur la présente assignation,

Ai donné assignation au sieur H. M. . . ., négociant, demeurant
à. . . ., à comparaître, d'aujourd'hui à huitaine franche, outre un jour
par trois myriamètres de distance, à l'audience du Tribunal civil de première instance, séant au palais de justice, à. . . . heures du. . . .,
pour, attendu qu'à suite de la saisie-arrêt formée par le requérant entre
les mains dudit sieur H. M. . . ., au préjudice du sieur P. H. . . ., en
vertu d'ordonnance de M. le président du Tribunal de commerce
de. . . ., en date du. . . ., enregistrée, le requérant a poursuivi et

obtenu contre ledit P. H. . . . un jugement du Tribunal de commerce de. . . ., en date du. . . ., qui l'a condamné contradictoirement à payer au requérant la somme capitale de. . . ., les intérêts et les frais ;

Attendu, dès lors, que le requérant se trouve en droit, aux termes de l'art. 568 du Code de procédure civile, d'exiger dudit sieur H. M. . . ., tiers saisi, la déclaration affirmative des sommes par lui dues audit sieur P. H. . . ., saisi, voir dire que, dans le délai qui sera fixé par le jugement à intervenir, il sera tenu de faire, soit au greffe dudit Tribunal civil de. . . ., soit devant le juge de paix de son domicile, la déclaration affirmative des sommes ou valeurs de toute nature qu'il peut devoir audit sieur P. H. . . ., à quelque titre et pour quelque cause que ce soit, et de déposer audit greffe les pièces justificatives de sa déclaration.

Sinon, et faute par lui de ce faire dans ledit délai, le requérant se pourvoira pour le faire déclarer débiteur pur et simple des causes de la susdite saisie-arrêt, et je lui ai laissé copie du jugement du Tribunal de commerce précité, de l'exploit de demande en validité, notifié le. . . ., au débiteur saisi, ainsi que du présent dans son domicile, en parlant à. . . .

(*Signature de l'huissier.*)

FORMULE N° 157. — Requête au président du Tribunal de commerce pour être autorisé à saisir conservatoirement les effets mobiliers d'un endosseur d'une lettre de change protestée faute de paiement.

A Monsieur le président du Tribunal de commerce de. . . .

Le sieur F. L. . . ., ancien agréé, domicilié à. . . ., syndic provisoire de la faillite du sieur G. . . ., marchand tapissier, demeurant à. . . .,

A l'honneur de vous exposer :

Que parmi les titres actifs appartenant à ladite faillite se trouvait une lettre de change de la somme de. . . ., tirée de. . . ., le. . . ., par le sieur C. . . ., ancien marchand, demeurant à. . . ., à l'ordre du sieur R. . . ., marchand de papiers peints, demeurant à. . . ., qui l'avait passée à l'ordre dudit sieur G. . . ., failli; cette lettre de change est venue à échéance le. . . ., après le jugement qui a déclaré G. . . . en état de faillite; elle a été protestée, faute de paiement, par exploit de. . . ., huissier, à la date d'hier, enregistrée aujourd'hui.

L'exposant a tout lieu de craindre que l'endosseur, qui offre seul quelque garantie de remboursement, mais qui ne possède que des meubles et quelques marchandises, ne les mette à couvert et ne les fasse disparaître pour les soustraire aux poursuites du requérant, avant que celui-ci ait pu obtenir un jugement de condamnation et le mettre à exécution.

Dans cette position, l'exposant a le plus grand intérêt à prévenir un pareil détournement, par des actes conservatoires.

En conséquence, il vous prie, Monsieur le président, de lui permettre, aux termes de l'art. 172 du Code de commerce, de saisir conservatoirement les effets mobiliers et marchandises appartenant à son débiteur, comme endosseur de ladite lettre de change, pour en assurer le remboursement, et, vu l'urgence, autoriser l'exécution sur minute de votre ordonnance, et ferez justice.

A. . . ., le. . . .   (*Le syndic, signé.*)

ORDONNANCE.

N. . . ., président du Tribunal de commerce de. . . .,

Vu les faits exposés dans la requête qui précède et les dispositions de l'art. 172 du Code de commerce, permettons la saisie conservatoire requise, mais aux périls et risques du saisissant, et vu, l'urgence, autorisons l'exécution, sur minute, de notre présente ordonnance.

Donné en notre hôtel, à. . . ., le. . . .

                                        (*Signature du président.*)

Enregistré à. . . ., le. . . .

FORMULE N° 158. — Bordereau d'inscription hypothécaire sur les immeubles des débiteurs du failli.

Inscription hypothécaire est requise par M. F. L. . . . ., avocat, domicilié à. . . ., comme syndic définitif de la faillite du sieur C. S. . . ., marchand de cuirs, domicilié à C. . . ., nommé en cette qualité par jugement du Tribunal de commerce de. . . ., en date du. . . ., enregistré, lequel fait élection de domicile à A. . . ., en l'étude de Me G. . ., avoué, y demeurant, au nom et dans l'intérêt de la masse des créanciers, en exécution de l'art. 490 du Code de commerce,

Contre le sieur F. C. . . ., bottier, demeurant à R. . . ., arrondissement d'A. . . .

L'hypothèque résulte d'un jugement de condamnation par défaut, en date du. . . ., rendu au profit du sieur C. S. . . . contre ledit sieur F. C. . . ., par le Tribunal de commerce de. . . ., ledit jugement dûment enregistré et notifié au débiteur, duquel jugement expédition en due forme a été représentée au conservateur des hypothèques d'A. . ., ainsi que le certificat délivré par le greffier du Tribunal de commerce de C. . . . constatant la nomination dudit syndic définitif.

Capital dont la condamnation est prononcée par le jugement précité actuellement exigible, ci. . . . .   »   »»

Intérêts dudit capital courus depuis le. . ., jour de la demande, jusqu'à ce jour, ci. . . . .   »   »»

Deux années d'intérêts à échoir, s'élevant, indépendamment de ceux de l'année courante, ci. . . . .   »   »»

Montant des frais liquidés par ledit jugement. . . . . . .   »   »»

Frais de mise à exécution provisoirement évalués, ci. . . .   »   »»

                                        TOTAL à inscrire. . . . . .   »   »»

L'inscription est requise sur tous les biens immeubles appartenant actuellement audit sieur F. C. . . ., ou qui lui appartiendront à l'avenir, et qui sont ou seront situés dans l'étendue de l'arrondissement d'A. . .

(Pour réquisition : *signature.*)

FORMULE N° 159. — Certificat du greffier du Tribunal de commerce constatant la nomination des syndics.

Nous. . . ., greffier du Tribunal de commerce de l'arrondissement de. . . ., soussigné,

Certifions à qui il appartiendra que, par jugement dudit Tribunal, en date du. . . ., le sieur F. L. . . ., avocat, domicilié à. . . ., a été nommé syndic définitif de la faillite du sieur C. S. . . ., marchand de cuirs, demeurant à. . . .

En foi de quoi nous avons délivré le présent.

A. . . ., le. . . .   (*Le greffier, signé.*)

FORMULE N° 160. — Bordereau d'inscription hypothécaire au nom de la masse sur les immeubles du failli.

Inscription est requise, au nom et dans l'intérêt de la masse, en exécution de l'art. 490 du Code de commerce, par M. F. L. . . ., avocat, domicilié à. . ., comme syndic définitif de la faillite du sieur C. S. . . ., marchand de. . ., domicilié à. . ., nommé en cette qualité par jugement du Tribunal de commerce de. . . ., en date du. . . ., dont expédition en due forme a été représentée à M. le conservateur des hypothèques, lequel syndic fait élection de domicile en sa demeure, à. . . .

Pour sûreté et conservation des créances qui comptent à la masse des créanciers dudit sieur C. S. . . .

Et sur tous les biens immeubles présents et à venir dudit sieur C. S. . . ., qui sont ou seront situés dans l'étendue de l'arrondissement de. . . .

Pour réquisition :   (*Signature du syndic.*)

FORMULE N° 160 *bis.* — Bail à loyer, sous signatures privées, d'une maison, appartement, atelier ou boutique, dépendants des biens d'une faillite.

Entre le soussigné F. L. . . . (ou les soussignés, s'il y a plusieurs syndics), domicilié à. . . ., agissant comme syndic définitif de la faillite du sieur. . ., négociant, demeurant à. . . ., d'une part ;

Et le sieur. . . (ou les sieurs, s'il y a plusieurs preneurs), aussi négociant, demeurant à. . . ., d'autre part ;

Il a été convenu ce qui suit :

Ledit sieur F. L. . . ., en sadite qualité, a, par le présent acte, donné à loyer, pour neuf (ou bien pour trois, six, neuf) années entières et consécutives, à commencer du. . . .

Audit sieur. . . . (ou auxdits sieurs. . . ., conjointement et solidairement),

Présent et acceptant, une maison (ou bien un appartement, un atelier, ou une boutique), sise à. . . ., rue. . . ., n°. . . ., consistant (désigner la maison, appartement ou magasin, en indiquant l'étage, portes et fenêtres, etc.), ainsi que cette maison et ses circonstances et dépendances s'étendent et se composent, sans en rien excepter ni réserver (ou bien sous telle ou telle réserve), le preneur déclarant la bien connaître, l'ayant visitée en détail, en être content, et sans qu'il soit nécessaire d'en faire ici une plus ample description et désignation,

Pour en jouir par lui à titre de locataire pendant lesdites neuf années.

Ce bail est fait aux charges, clauses et conditions suivantes, que le preneur s'oblige d'exécuter, sans pouvoir prétendre aucune diminution du prix du loyer ci-après fixé, à peine de tous dépens, dommages et intérêts, savoir :

1° De garnir les lieux loués, et de les tenir garnis pendant la durée du bail, de meubles et effets exploitables en suffisante quantité et valeur, pour répondre des loyers ;

2° De les entretenir pendant la durée du présent bail, et de les rendre, à son expiration, en bon état de réparations locatives ;

3° De payer la taxe des portes et fenêtres, et de satisfaire à toutes les charges de ville et de police dont les locataires sont ordinairement tenus ;

4° De ne pouvoir céder son droit au présent bail, en tout ou en partie, ni sous-louer à qui que ce soit, sans le consentement exprès et par écrit des bailleurs, ou du propriétaire futur des immeubles loués ;

5° De souffrir les grosses réparations qu'il pourra convenir de faire, sans pouvoir, à raison de ce, prétendre aucune diminution du prix des loyers, ni dommages et intérêts ou indemnités, pourvu toutefois que lesdites réparations soient nécessaires et ne durent que tel temps ;

6° De ne pouvoir établir aucun poêle dans les lieux loués, si ce n'est en élevant les tuyaux jusqu'à la partie supérieure des cheminées déjà existantes dans la maison ;

7° De ne pouvoir faire, dans les lieux loués, aucun changement, démolition, construction, distribution ni percement, sans le consentement exprès et par écrit du bailleur, ou de celui ou ceux qui deviendront adjudicataires des lieux loués, par suite de la liquidation définitive des affaires de ladite faillite ; et dans le cas où il en serait fait aucun, le preneur sera tenu de remettre et rétablir les lieux, à la fin du bail, en tel et semblable état qu'ils sont à présent, et néanmoins il sera laissé au choix du bailleur, ou propriétaire, de retenir les changements et augmentations, si bon lui semble, sans aucune indemnité ;

8° De faire faire à ses frais, au moins une fois par an, le ramonage des cheminées, comme aussi la vidange des fosses d'aisance, si cette vidange devient nécessaire pendant la durée du bail ;

9° Avant que le preneur entre en jouissance, il sera fait entre les parties un état des lieux en double, conformément auquel ils seront rendus à la fin du bail ;

10° Les frais de cet état, ainsi que ceux du présent acte et de son enregistrement, si cette dernière formalité est nécessaire, seront supportés par moitié entre le bailleur et le preneur (ou seront à la charge du preneur seul).

Le présent bail est fait en outre moyennant la somme de. . . ., que le preneur s'oblige (ou les preneurs s'obligent conjointement et solidairement), de payer au bailleur, en sa demeure à. . . ., par chaque année du présent bail, en quatre paiements égaux, aux quatre termes de l'année ordinaire et accoutumée, le premier desquels écherra le. . . ., le second le. . . ., et ainsi de suite de trois en trois mois jusqu'à l'expiration du bail, le tout en espèces d'or et d'argent et non autrement.

Il est encore convenu que le preneur, lors de son entrée en jouissance des lieux loués, paiera au bailleur la somme de. . . ., pour six mois d'avance desdits loyers, laquelle somme sera imputée sur les six derniers mois de jouissance du présent bail ; en sorte que l'ordre ci-dessus fixé pour les autres termes de paiement des loyers ne soit aucunement changé ni interverti.

(Si le bailleur exige un bail de caution, l'intervention de la caution se rédige ainsi qu'il suit :)

Au présent acte est intervenu M. . . . (nom, prénoms, profession et domicile de la caution), lequel, après avoir pris une parfaite connaissance dudit bail, de toutes ses clauses et conditions, s'est rendu et constitué volontairement caution et répondant solidaire du preneur envers le bailleur, pour raison, tant du paiement des loyers que de l'exécution des autres charges, clauses et conditions dudit bail, faisant du tout sa propre affaire et dette, comme principal preneur et seul obligé.

Fait en double original (ou en triple original dans le cas d'un cautionnement).

A. . . ., le. . . .

(Signatures des parties contractantes.)

Les baux à ferme et à loyer sont des actes d'administration ; les syndics d'une faillite ont donc incontestablement le droit de les consentir ; mais la loi n'a rien statué d'une manière générale et absolue sur la durée ordinaire des baux ; elle s'en rapporte aux conventions ou aux usages particuliers, ou à certaines règles applicables à certains cas particuliers ; habituellement cependant les baux de maisons se contractent pour trois, six et neuf ans. Les agronomes désirent, avec raison, une durée plus prolongée des baux des biens ruraux, et dix-huit années leur paraissent un terme qui devrait être pris pour règle dans la pratique ; toutefois il est certaines personnes qui, placées dans une position à part par des lois spéciales, ne peuvent, sans excès, contracter des baux de plus de neuf ans (Troplong, *Traité de l'échange et du louage*, t. 1er, n° 4).

C'est surtout en matière de faillite que la loi est muette quant à la durée des baux des biens du failli ; c'est donc par analogie qu'il faut décider la question de savoir quelle peut être la durée d'un bail à ferme ou à loyer consenti par les syndics d'une faillite, lorsqu'il y a avantage pour la masse dans de pareils baux.

Or, lorsqu'il s'agit de la vente des immeubles dépendants de la faillite, il faut suivre les règles relatives à la vente des biens des mineurs.

D'un autre côté, l'article 1429 du Code civil dispose que les baux que le mari seul a faits des biens de sa femme, pour un temps qui excède neuf années, ne sont, en cas de dissolution de la communauté, obligatoires, vis-à-vis de la femme ou de ses héritiers, que pour le temps qui reste à courir, soit de la première période de neuf ans, si les parties s'y trouvent encore, soit de la seconde, et ainsi de suite, de manière que le fermier n'ait que le droit d'achever la jouissance de la période de neuf ans où il se trouve.

Ensuite l'art. 1718 du Code civil porte que les articles du titre du contrat de mariage et des droits respectifs des époux relatifs aux baux des biens de la femme mariée, sont applicables aux baux des biens des mineurs.

D'après cela, et puisque les règles relatives à la vente des biens des mineurs sont applicables à la vente des biens des faillis, il est logique, dans le silence de la loi, d'appliquer aux baux des biens des faillis les règles applicables aux baux des biens des mineurs.

Un bail d'une durée excédant neuf années est considéré comme une sorte d'aliénation de partie de la propriété, surtout si l'on peut reprocher à un bail semblable d'être fait à bas prix.

Une autre règle d'analogie se puise dans l'art. 595 du Code civil, qui veut que l'usufruitier se conforme, pour les époques, le renouvellement et la durée des baux, aux règles établies pour le mari à l'égard des biens de sa femme.

Les envoyés en possession provisoire des biens des absents, qui, aux termes de l'art. 125 du même Code, n'en ont que l'administration et le dépôt, doivent observer dans les baux qu'ils passent les dispositions des art. 1429 et 1430 dudit Code (Troplong, t. 1er, n° 150).

Par une suite naturelle de leurs pouvoirs, ces personnes peuvent congédier les preneurs quand les baux sont expirés ; de plus elles ont une égale capacité, toujours sans sortir du cercle de leur administration pour poursuivre, contre les preneurs qui mésusent, la résiliation des baux. Chasser un mauvais locataire ou fermier pour s'en procurer un plus diligent et plus solvable, c'est administrer en bon père de famille.

Il n'existe aucune raison plausible de refuser de tels pouvoirs aux administrateurs légaux des biens d'un failli.

Quant à l'art. 1430, qui trace des règles pour le renouvellement des baux avant leur expiration, il ne saurait être applicable aux syndics. Des renouvellements de baux dans les circonstances de l'art. 1430 du Code civil ne seraient pas des actes d'une bonne et prudente administration.

Au surplus, rarement des syndics de faillite auraient à pourvoir au renouvellement des baux des biens qui en dépendent plus de deux et trois ans avant l'expiration des baux courants. (*Observation de l'auteur.*)

FORMULE N° 160 *ter.* — Pétition pour obtenir le dégrèvement de la contribution de la patente d'un failli.

A. Monsieur le préfet du département de. . . . . (ou à Monsieur le sous-préfet de l'arrondissement de. . . .)

Monsieur,

Les soussignés. . . . (indiquer les noms, prénoms et domiciles),

En leur qualité de syndics provisoires (ou définitifs) de la faillite du sieur. . . . (nom, prénoms, profession et domicile du failli),

Ont l'honneur de vous exposer :

Que par jugement du Tribunal de commerce de. . ., en date du. . ., dûment enregistré, publié et affiché conformément à la loi, ledit sieur. . . . a été déclaré en état de faillite dont l'époque a été fixée au. . . .

Après avoir pris connaissance de la situation des affaires de la faillite, les exposants ont été unanimement d'avis qu'il n'y avait pas lieu de continuer l'exploitation de la maison ou fonds de commerce du débiteur, exploitation qui, vu l'état des choses, serait beaucoup plus nuisible qu'avantageuse aux intérêts des créanciers.

Le failli est porté, pour la présente année, au rôle des patentes relatives à sa profession ; il est également de l'intérêt des créanciers d'obtenir, pour l'avenir, la décharge de cette imposition.

En conséquence, les exposants, en leurdite qualité, vous prient de leur accorder la décharge pour l'avenir des droits de patente dudit sieur. . . ., failli.

Ils joignent à leur demande la quittance en règle desdits droits pour le passé et pour le mois courant, conformément à l'art. 23 de la loi du 25 avril 1844 (1).

Les exposants ont l'honneur de se dire, Monsieur le préfet, vos très-humbles et très-obéissants serviteurs.

A. . . ., le. . . .   (*Signatures des syndics.*)

_____

(1) La contribution des patentes est due pour l'année entière par tous les individus exerçant au mois de janvier une profession imposable.

En cas de fermeture des magasins, boutiques et ateliers, par suite de décès ou de

RÉSUMÉ.

Art. 490, n° 1. L'inscription prise par les syndics, en vertu de l'art. 490, Code de commerce, au profit de la masse, n'est qu'une mesure conservatoire qui ne crée pas un droit hypothécaire en faveur des créanciers individuellement ; ce droit ne résulte que de l'inscription prescrite par l'art. 517, en vertu du jugement d'homologation du concordat, et les droits individuels des créanciers trouvent dans l'homologation du concordat la garantie hypothécaire du dividende promis, mais non le droit exorbitant de retenir d'abord ce qu'ils ont touché en vertu du concordat, et en outre d'exercer, contrairement aux conditions qu'ils ont acceptées par ce traité, les droits hypothécaires pour le surplus de leurs créances originaires, au préjudice des créanciers d'une seconde faillite ; un pareil privilége ne ressort d'aucune disposition de la loi, et l'admission d'un pareil système aurait pour résultat de rendre impossible, entre les mains du failli, après un concordat obtenu, la disposition de ses valeurs immobilières, puisque ceux qui contracteraient avec lui, à cet égard, postérieurement au concordat, seraient menacés de l'exercice éventuel des prétentions des créanciers concordataires, au delà des droits par eux acceptés. Paris, 22 juin 1850 (S.-V.51.2.542).

2. Si l'inscription prescrite par l'art. 490 n'a pas été requise, cette négligence des syndics rend les créanciers de la faillite irrecevables à contester l'hypothèque consentie par le failli sur ses biens acquis postérieurement à la faillite, et régulièrement inscrite par le tiers au profit duquel le droit d'hypothèque a été concédé ; car le principe qui domine notre régime hypothécaire est celui de la publicité, et la loi n'accorde de préférence qu'aux créanciers qui ont eu soin de se conformer à cette règle de publicité. Paris, 22 janv.1840(S.-V.40.2,116 ; D.P.40.2.115); Locré, t.III, p. 75, sur l'art. 442 ; Pardessus, t. V, p. 1117; Dalloz, n° 497.

3. L'inscription requise par les syndics ne vaut pas renouvellement dans l'intérêt de chacun des créanciers (Renouard, t. I, n° 497).

4. Le certificat dont parle l'art. 490 doit être fourni par le greffier ; et dans la pratique, c'est ce fonctionnaire qui le délivre (Renouard, t. I, p. 495 ; Dalloz, n° 490).

---

faillite déclarée, les droits ne seront dus que pour le passé et le mois courant. Sur la réclamation des parties intéressées, il sera accordé décharge du surplus de la taxe (art. 23 de la loi du 25 avril 1844, § 1 et 3).

5. Et la survenance de la faillite ne dispense pas les créanciers hypothécaires du renouvellement de leurs inscriptions (Rej. 15 déc. 1829 (S.30.1.62); 19 août 1841, Paris); (S.-V.41.2.588); Troplong, n° 660 *bis* et 727 *ter*.

6. L'inscription hypothécaire prise par le syndic d'une faillite dans l'intérêt de la masse, sur les immeubles du failli, en conformité de l'art. 490, C. comm., n'a pas seulement pour résultat de rendre publique la faillite, mais encore de créer *hic et nunc* un droit hypothécaire au profit de cette masse C. comm., 490, 517; ch. req., 29 déc. 1858 (S.-V.59.1.208) Solution conforme à la doctrine enseignée par MM. Renouard, *Des faillites*, t. i, p. 497, 2e édit.; Esnault, t. ii, n° 350; Goujet et Merger, v° *Faillite*, n° 323; Lainné, p. 163; Geoffroy, *Comm. des faillites*, p. 81; Alauzet, *Commentaire du Code de commerce*, t. iv, n° 1752.

SECTION v. — *De la vérification des créances.*

491. A partir du jugement déclaratif de la faillite, les créanciers pourront remettre au greffier leurs titres, avec un bordereau indicatif des sommes par eux réclamées; le greffier devra en tenir état et en donner récépissé.

Il ne sera responsable des titres que pendant cinq années, à partir du jour de l'ouverture du procès-verbal de vérification.

FORMULE N° 161. — **Bordereau indicatif des sommes réclamées par un créancier.**

Doit E. A. . . . ., filateur, à E. S. . . . ., pour loyer de l'usine de. . . ., pour le 3e semestre, échu le 30 novembre 1857.

1857					
mai	15	Son billet du 16 mars 1857, payable le 15 mai 1858. . . . . (*impayé*).	1000	»»
juin	10	Son billet du 15 décembre 1857, payable le 10 juin 1858.. . . . . (*impayé*).	500	»»
		4e semestre, échu le 30 mai 1857, ci.	1500	»»
		Payé au charpentier, pour sa 1/2 de l'estimation de l'hydraulique, omis en son temps, ci..	12	50
		Report.	3012	50

Report. . . .	3012	50
Payé à la compagnie d'assurances *la Natio-nale* mandat du 25 janvier 1856, ci. . . .	111	70
Payé pour l'enregistrement du bail à ferme, ci.	137	75
Le 5e semestre, échéant fin novembre cou-rant, ci..	1500	»»
TOTAL.	4761	95

Je certifie le présent compte sincère et véritable.

A M. . . ., le. . . .

(*Le créancier, signé.*)

FORMULE N° 162. — Autre bordereau.

Doit le sieur E. A. . . . à D. . . ., banquier à. . . ., son compte comme suit.

1858					
févr.	15	Son mandat à échéance, fin avril dernier. . .	700	»»
		Intérêts au 15 août..	21	»»
d°	28	Espèces remises contre son reçu.	400	»»
		Intérêts et droits de commission..	14	»»
mars	15	Son mandat au 15 août. . . . . (*impayé*).	1200	»»
		Frais de protêt et lettres.	5	»»
			2340	»»
		A déduire, prix d'un cheval vendu le 10 août 1858.	450	»»
		Valeur au 15 août 1858, solde en ma faveur.	2790	»»

Pour extrait certifié véritable et conforme à mes livres,

A. . . ., le. . . .

(*Le créancier, signé.*)

FORMULE N° 163. — Récépissé du greffier des titres d'un créancier avec son bordereau indicatif des sommes par lui réclamées.

L'an mil. . . . et le. . . ., à. . . . heures du. . . .

Devant nous greffier du Tribunal de commerce de l'arrondissement de. . . .

A comparu M. E. S. . . ., propriétaire, demeurant à M. . . ., créancier de la faillite du sieur E. A. . . ., filateur, demeurant au même lieu, lequel nous a remis un bordereau sur papier timbré, indicatif des sommes par lui réclamées; ensemble ses titres de créance à l'appui, consistant aux suivants :

1° Le double du bail à ferme, sous seing privé, en date du. . . ., de l'usine de filature située à. . . ., par lui consenti au failli pour l'espace de six années, au prix de trois mille fr. par année, enregistré à. . . ., le. . . . f°. . . .;

2° Un effet de commerce de la somme de mille francs souscrit à son ordre par le failli, le 16 mars 1857, payable le 15 mai suivant, impayé et non protesté ;

3° Autre effet de commerce de la somme de cinq cents francs, souscrit aussi à son ordre, par le failli, le 15 avril 1857, payable le 10 juin suivant, aussi impayé et non protesté ;

4° Un reçu sur papier non timbré du sieur. . . ., charpentier hydraulique, en date du. . . ., de la somme de douze francs cinquante centimes ;

5° Un mandat acquitté de la compagnie d'assurances contre l'incendie La Nationale, de la somme de cent onze francs soixante-dix centimes, en date du 25 janvier 1856 ;

De laquelle remise ledit M. S. E. . . . nous a prié de lui donner récépissé, ce qui lui a été accordé par nousdit greffier, de tout quoi nous avons dressé le présent état, en exécution de l'art. 491 du Code de commerce ;

Et a ledit comparant signé avec nous.

(*Signatures du créancier et du greffier.*)

RÉSUMÉ. — Indication alphabétique.

Bordereau des titres de créance, 9.	Durée de la responsabilité des titres, 12.	Responsabilité des titres, 12.
Créance du propriétaire, 4.	Enregistrement des titres, 8.	Timbre, 9, 10.
Créanciers hypothéc. (vérification), 2.	Greffier (acte de dépôt du), 5.	Trésor public (vérificat.), 3.
—privilégiés (vérific.), 1, 2.	Greffier (récépissé du), 6, 10.	Vérification et affirmation, 7, 8.
	Remise des titres, 11.	

N° 1. Les créanciers d'une faillite ne sont pas dispensés de la vérification et affirmation de leurs créances, par cela seul qu'ils sont privilégiés. Rennes, 11 juin 1811 (S.13.2.199).

2. De même encore, les créanciers privilégiés ou hypothécaires d'une faillite sont, comme tous les autres créanciers, soumis aux vérification et affirmation de leurs créances ; et tant que cette vérification n'a pas eu lieu, ils sont non recevables à poursuivre l'ordre pour la distribution du prix des immeubles affectés à leurs créances. Amiens, 27 fév. 1839 (S.-V.39.2.321); Alauzet, p. 145.

3. Il y a des exceptions à cette règle à l'égard du Trésor public ; elles ont été indiquées ci-dessus, art. 443, aux notes.

4. Et quant à la créance privilégiée du propriétaire, *voir* les notices sous l'art. 450 ci-dessus. Alauzet, p. 146; Caen, 24 mars 1846 (S.-V.1846.2.438).

5. Le greffier n'est pas tenu de dresser un acte de dépôt des titres produits. 11 oct. 1808; décis. du minist. des fin. et du grand juge (S.9.2.12).

6. La loi des faillites n'exigeant qu'un simple récépissé du greffier, on ne peut l'astreindre à faire un acte de dépôt dont la rédaction entraîne des frais que l'intention du législateur a été d'éviter.

7. Les vérifications et affirmations de créances ne tendent qu'à mettre en évidence la situation des faillis, et il n'en résulte aucune action privée pour les créanciers, parce qu'à leur égard tout est réservé jusqu'au moment où intervient l'acte de rejet ou de collocation.

8. Les juges-commissaires peuvent donc faire les vérifications et recevoir les affirmations de créances sur un failli, sans que les titres produits et sur lesquels les créances sont établies aient été préalablement enregistrés, sauf la perception ultérieure des droits exigibles pour le concordat ou pour celui de l'obligation préexistante, si, à défaut de traité, il est rendu jugement de condamnation. Décis. du minist. des finances, du 28 juin 1808 (S. 8.2.228).

9. Le bordereau qui accompagne ces titres de **créance** doit être sur papier timbré. Lainné, p. 167; Décis. du minist. des fin., 11 oct. 1808; Alauzet, *des Faillites et Banqueroutes*, p. 145.

10. Les récépissés de titres de créance délivrés, soit par les syndics, soit par le greffier, ne sont soumis ni au timbre ni à l'enregistrement. Lainné, p. 169; Bédarride, t. Ier, n° 428; Goujet et Merger, v° *Vérification de créance*.

11. Comme les titres sont indispensables pour opérer la vérification et que les syndics sont chargés de cette vérification, le greffier doit les remettre aux syndics définitifs, aussitôt après leur nomination; en vain il prétendrait qu'il ne peut se dessaisir de ces titres, tant que les créanciers retiennent dans leurs mains le récépissé qu'il leur a donné. Tout ce qu'il peut faire, c'est d'exiger une décharge régulière de ces récépissés, soit en se les faisant restituer, soit en les faisant déclarer non avenus par les créanciers. Une voie plus simple lui est encore ouverte; elle consiste à confier les titres aux syndics, sur un reçu, et à en exiger la remise après la vérification opérée. Dalloz, n° 577.

13. La durée de la responsabilité des titres de créance pour

les syndics, n'est pas de cinq ans, comme celle du greffier, et par analogie, car on ne peut étendre les dispositions qui ont pour objet de déroger au droit commun. L'obligation des syndics, à cet égard, est celle des dépositaires ordinaires : on doit la soumettre à la prescription trentenaire. Dalloz, n° 578.

492. Les créanciers qui, à l'époque du maintien ou du remplacement des syndics, en exécution du troisième paragraphe de l'article 462, n'auront pas remis leurs titres, seront immédiatement avertis, par des insertions dans les journaux et par lettres du greffier, qu'ils doivent se présenter en personne ou par fondés de pouvoirs, dans le délai de vingt jours, aux syndics de la faillite, et leur remettre leurs titres accompagnés d'un bordereau indicatif des sommes par eux réclamées, si mieux ils n'aiment en faire le dépôt au greffe du tribunal de commerce; il leur en sera donné récépissé.

A l'égard des créanciers domiciliés en France, hors du lieu où siége le tribunal saisi de l'instruction de la faillite, ce délai sera augmenté d'un jour par cinq myriamètres de distance entre le lieu où siége le tribunal et le domicile du créancier.

A l'égard des créanciers domiciliés hors du territoire continental de la France, ce délai sera augmenté conformément aux règles de l'art. 73 du Code de procédure civile.

FORMULE N° 164. — **Insertions dans les journaux pour inviter les créanciers à remettre leurs titres aux syndics.**

TRIBUNAL DE COMMERCE DE   ,

AVIS.

Les créanciers du sieur P. F. . . ., marchand de bestiaux, demeurant à. . . ., qui n'ont pas encore remis leurs titres de créance, sont invités à se présenter, en personne, ou par fondés de pouvoirs, dans le délai de vingt jours, à partir du présent avis, aux syndics de ladite faillite, et à leur remettre leurs titres accompagnés d'un bordereau indicatif des sommes par eux réclamées, si mieux ils n'aiment en faire le dépôt au greffe du Tribunal de commerce ; il leur en sera donné récépissé.

1.   16

A l'égard des créanciers domiciliés en France hors du lieu où siége ledit Tribunal de commerce, le délai de vingt jours ci-dessus sera augmenté d'un jour par cinq myriamètres de distance, entre le lieu où siége ledit Tribunal et le domicile du créancier ; et à l'égard des créanciers domiciliés hors du territoire continental de la France, ce même délai de vingt jours sera augmenté, conformément aux règles de l'art. 73 du Code de procédure civile ; le tout conformément aux dispositions de l'art. 492 du Code de commerce

(Le greffier, signé.)

FORMULE Nº 165. — Lettre circulaire du greffier pour avertir les créanciers de produire leurs titres aux syndics.

TRIBUNAL
de commerce
de

L. . . ., le. . ., 1858.

Monsieur,

Conformément à l'art. 492 du Code de commerce, j'ai l'honneur de vous inviter à vous présenter en personne, ou par fondé de pouvoirs, dans le délai de vingt jours, à partir d'aujourd'hui, au syndic de la faillite du sieur P. F. . . ., marchand de bestiaux, demeurant à. . . ., et de remettre vos titres de créance, accompagnés d'un bordereau indicatif des sommes par vous réclamées, entre les mains du sieur F. L. . . ., arbitre du commerce, demeurant à. . . ., rue. . . ., nº. . . ., syndic de ladite faillite.

La vérification des créances aura lieu le. . . . courant à. . . ., heures du. . . ., en la salle des délibérations du Tribunal de commerce, au palais de justice, contradictoirement entre le créancier, ou son fondé de pouvoirs, et le syndic, en présence du juge-commissaire, qui en dressera procès-verbal.

Chaque créancier, dans la huitaine au plus tard, après que sa créance aura été vérifiée, sera tenu d'affirmer, entre les mains du juge-commissaire, que la créance est sincère et véritable.

(Le greffier, signé.)

P. S. Dans le cas où la vérification ne pourrait pas s'achever le jour indiqué, elle sera continuée les jours suivants, aux mêmes lieu et heure, jusqu'à ce que tous les titres produits aient été vérifiés.

A l'égard des créanciers non domiciliés à. . . ., ce délai sera augmenté d'un jour par cinq myriamètres de distance entre ladite ville et le domicile du créancier.

RÉSUMÉ. — **Indication alphabétique.**

Nº 1. Quoique l'on augmente à l'égard des créanciers domiciliés hors du territoire continental de la France les délais pour produire leurs titres, conformément à l'art. 73 du Cod. proc. civ., les opérations de la faillite ne doivent pas être entravées à cause d'eux. Dalloz, nº 579.

2. L'art. 492 autorise les créanciers à se présenter en personne ou par un fondé de pouvoirs; mais les syndics, appelés à constater les titres qui sont produits ne sauraient accepter un mandat à cet effet; la production ne serait pas nulle, alors surtout que le syndic a renoncé à son mandat, dès que la créance a été contestée. Colmar, 10 déc. 1830; Dalloz, nº 584.

3. Il pourrait même y avoir lieu, selon les circonstances, à la révocation du syndic qui aurait accepté un mandat incompatible avec ses fonctions; c'est au juge-commissaire qu'il appartient d'apprécier la conduite des syndics qu'il est chargé de surveiller.

4. Le juge-commissaire ne peut, pas plus que le syndic, se charger régulièrement du mandat d'un créancier, pour présenter la créance de ce dernier à la vérification, puisqu'il exerce une haute surveillance sur toutes les opérations de la faillite, et que ce serait abdiquer son rôle que d'accepter le mandat d'un créancier.

5. Il faut en dire autant du greffier, pour des motifs de même ordre. Renouard, t. 1er, p. 514; Dalloz, nº 585.

6. Mais les huissiers peuvent se charger d'une semblable procuration. Dalloz, nº 586.

7. Mais si, par suite de contestation, l'affaire est portée à l'audience, l'huissier cesse d'être apte à conserver le mandat, et dans l'hypothèse où il y a lieu à fournir des contredits, l'huissier ne peut les élever; car le but de la loi de 1840 est d'empêcher que l'intervention d'un huissier ne crée un procès: or, la conséquence nécessaire de la contestation d'une créance est de faire porter devant le tribunal la vérification de cette créance ainsi contredite. Dalloz, nº 586.

16.

8. Les créanciers sont avertis par lettres individuelles du greffier ; mais ce mode de convocation n'est possible qu'à l'égard des créanciers connus ou portés au bilan ; l'obligation d'écrire aux créanciers n'est relative qu'à ceux que les titres font connaître. Pardessus, n° 1185 ; Bédarride, n° 424 ; Dalloz, n° 588.

9. Cette convocation ne doit pas être faite avec observation des délais des distances. Lainné, n° 175.

493. La vérification des créances commencera dans les trois jours de l'expiration des délais déterminés par les premier et deuxième paragraphes de l'art. 492 ; elle sera continuée sans interruption ; elle se fera aux lieu, jour et heure indiqués par le juge-commissaire. L'avertissement aux créanciers ordonné par l'article précédent contiendra mention de cette indication. Néanmoins les créanciers seront de nouveau convoqués à cet effet, tant par lettres du greffier que par insertions dans les journaux.

Les créances des syndics seront vérifiées par le juge-commissaire. Les autres le seront contradictoirement entre le créancier ou son fondé de pouvoirs et les syndics, en présence du juge-commissaire, qui en dressera procès-verbal.

FORMULE N° 166. — **Lettre du greffier pour avertir de nouveau les créanciers de produire leurs titres.**

Lyon, le. . . ., 1858.

Monsieur,

J'ai l'honneur de vous prévenir de nouveau, conformément à l'art. 493 du Code de commerce, que la vérification des créances de la faillite du sieur P. F. . . ., marchand de bestiaux, demeurant à. . . ., aura lieu le. . . . courant, à. . . . heures du. . . ., en la salle des délibérations du Tribunal de commerce de. . . ., au palais de justice, contradictoirement entre le créancier, ou son fondé de pouvoirs, et le syndic, en présence du juge-commissaire, qui en dressera procès-verbal ; et, dans le cas où cette vérification ne pourrait pas s'achever ledit jour, elle sera continuée les jours suivants, aux mêmes lieu et heure, jusqu'à ce que tous les titres produits aient été vérifiés.

En conséquence, je vous invite à vous présenter en personne, ou par fondé de pouvoirs, si déjà vous ne l'avez fait, au syndic de la faillite, le sieur F. L. . . ., arbitre du commerce, demeurant à. . . ., rue. . . ., n°. . . ., et à lui remettre vos titres accompagnés d'un bordereau indicatif des sommes par vous réclamées.

(*Le greffier, signé.*)

Formule n° 167. — Deuxième insertion dans les journaux.

TRIBUNAL DE COMMERCE DE .

AVIS.

Les créanciers du sieur P. F. . . ., marchand de bestiaux, domicilié à. . . ., qui n'ont pas encore remis leurs titres de créance, sont invités de nouveau, conformément aux dispositions de l'art. 493 du Code de commerce, à se présenter, en personne ou par fondé de pouvoirs, aux syndics de la faillite, et à leur remettre leurs titres de créance, accompagnés d'un bordereau indicatif des sommes par eux réclamées, si mieux ils n'aiment en faire le dépôt au greffe du Tribunal de commerce; il leur en sera donné récépissé.

La vérification des créances aura lieu le. . . . courant à. . . heures du. . . ., en la salle des délibérations dudit Tribunal de commerce, au palais de justice, contradictoirement entre le créancier, ou son fondé de pouvoirs, et le syndic, en présence du juge-commissaire, qui en dressera procès-verbal; dans le cas où elle ne pourrait être terminée le jour indiqué, elle sera continuée sans interruption.

Formule n° 168. — Procès-verbal de vérification des titres.

L'an mil. . . . et le. . . ., à. . . . heures du. . . .

Par-devant nous, juge-commissaire, nommé à la faillite du sieur P. F. . . ., marchand de bestiaux, domicilié à. . . ., par jugement du Tribunal de commerce de. . . ., en date du. . . .,

Il a été procédé à la vérification des titres de créances sur ledit sieur P. F. . . ., appartenant aux créanciers ci-après désignés, en notre présence et contradictoirement entre eux et le sieur F. L. . . ., arbitre du commerce, demeurant à. . . ., syndic définitif de ladite faillite, dans la salle des délibérations dudit Tribunal, ainsi qu'il suit :

A comparu le sieur. . . (nom du créancier ou du fondé de pouvoirs du créancier), lequel nous a présenté : 1° une lettre de change de la somme de. . . ., tirée de. . . ., le. . . ., par ledit sieur P. F. . ., à l'ordre du comparant, payable à. . . ., le. . . .; 2° un compte de marchandises (ou de fournitures) s'élevant à la somme de. . . .; 3° l'expédition d'un jugement, rendu par le Tribunal de commerce de. . . ., e. . . ., portant condamnation au paiement de la somme de. . . .; 4° un acte de protêt d'un billet à ordre de la somme de. . . ., souscrit par ledit sieur P. F. . . ., à l'ordre du comparant, suivi d'un exploit d'assignation devant le Tribunal de commerce en date du. . . .

Ces divers titres de créance ayant été vérifiés par le syndic, il a été reconnu que ledit sieur. . . . est légitime créancier dudit sieur P. F. . . ., de la somme de. . . ., en capital, intérêts et frais, liquidés jusqu'au. . . ., et nous avons signé avec ledit syndic et le greffier.

(Suivent les signatures.)

A aussi comparu le sieur G. C. . . ., négociant, demeurant à. . . ., qui nous a présenté un compte par lui certifié véritable, duquel il résulterait que ledit sieur P. F. . . . serait son débiteur de la somme de. . ., pour solde des avances par lui faites sur le prix des fournitures reçues dudit sieur P. F. . . .

Ce titre de créance ayant été vérifié par le syndic et par le failli lui-même, dont il était assisté, ledit syndic a déclaré ne pouvoir l'admettre d'ores et déjà, au passif de la faillite, puisque, d'après les prétentions dudit sieur P. F. . . ., les fournitures par lui faites s'élèvent à une somme de. . . ., tandis que ledit sieur G. C. . . . ne les fait figurer dans son compte que pour celle de. . . .; que, d'un autre côté, il fallait déduire de la somme de. . . ., pour paiement fait audit sieur P. F. . ., celle de. . . ., que ledit sieur G. C. . . . porte deux fois dans son compte, et qui, par suite, forme double emploi, en sorte que P. F. . . ., au lieu d'être débiteur, se trouverait créancier de la somme de. . , .

Sur quoi :

Nous dit juge-commissaire, vu la contestation élevée par le syndic, contre le titre de créance produit par le sieur G. C. . . .; vu aussi les dispositions de l'art. 498 du Code de commerce, renvoyons les parties, sans qu'il soit besoin d'assignation, à la première audience du Tribunal, qui statuera sur notre rapport, et avons signé avec le syndic et le greffier.

(Suivent les signatures.)

(Tous les titres produits sont vérifiés de la même manière ; ils sont reconnus légitimes, ou bien contestés.)

Formule n° 169. — Vérification des créances des syndics.

Ensuite a comparu le sieur F. L. . . ., négociant, demeurant à. . ., syndic définitif de la faillite, qui nous a présenté un compte par lui certifié véritable, duquel il résulte que ledit sieur P. F. . . ., failli, est son débiteur d'une somme de. . . ., valeur fixée au. . . .

Ce titre de créance ayant été vérifié par nous, juge-commissaire, conformément à l'art. 493 du Code de commerce, il a été reconnu que ledit sieur F. L. . . ., est légitime créancier dudit P. F. . . . de ladite somme de. . . .

Et nous avons signé avec le greffier.

RÉSUMÉ. — **Indication alphabétique.**

Assemblée générale des créanciers, **10.**
Assistance du greffier, **8.**
Avertissement aux créanciers, **1.**
Changement de délai, **2.**
Créancier le plus éloigné, **1.**
Droit fiscal, **9.**

Examen des titres, **10.**
Formalités de la vérific., **8.**
Lieu où siége le tribunal, **8.**
Nullité de contredit, **4.**
Non-interruption de la vérification, **6.**
Procès-verbal de la vérification, **8.**

Rédact. du procès-verbal, **8.**
Vérification de certaines créances, **5.**
Vérification continuée à autre jour, **7.**
Vérification par tous les syndics, **3.**

N° 1. On ne doit pas changer, dans le second avertissement aux créanciers, le lieu, le jour et l'heure indiqués dans le premier; le second avertissement doit être la reproduction exacte du premier; mais si, depuis le premier avertissement, des créanciers plus éloignés que le plus éloigné à ce premier moment s'étaient présentés, on doit modifier le jour de la vérification, l'art. 493 exigeant impérieusement que la vérification commence après l'expiration du délai accordé au créancier le plus éloigné, augmenté de trois jours.

2. Au surplus, il peut arriver dans la pratique que des circonstances imprévues exigent un changement d'indication; mais dans aucun cas le délai donné par le premier avertissement ne peut être abrégé, parce que les créanciers qui, sur la foi de ce premier avertissement, ont fait leurs dispositions pour assister à la vérification des créances, ne peuvent être privés d'une partie du délai sur lequel ils ont eu juste sujet de compter.

3. La vérification est faite par tous les syndics, car ils ne peuvent agir que collectivement.

4. Lorsqu'il y a deux syndics, un seul est sans qualité pour procéder à la vérification des créances, et, en pareil cas, la nullité de son contredit constitue une exception péremptoire, proposable en tout état de cause. Rennes, 11 mai 1818; Dalloz, n° 592.

5. Le juge-commissaire peut, au reste, autoriser un seul des syndics à vérifier seul certaines créances; mais son autorisation doit être spéciale.

6. La loi veut que la vérification *soit continuée sans interruption;* mais par ces mots on n'a certainement pas entendu qu'elle fût terminée en une seule séance, car, dans la presque totalité des faillites, ce serait impossible : on a voulu qu'il fût procédé à cette opération, une des plus importantes, le plus diligemment possible. Dalloz, n° 593.

7. Quand la vérification ne se termine pas en une première

séance, ce qui arrive le plus fréquemment, le juge-commissaire indique la continuation au jour le plus prochain.

8. Toutes les formalités de la vérification doivent être constatées par un procès-verbal que la loi semble obliger le juge-commissaire à rédiger lui-même; mais il faut décider, et c'est ce qui a lieu dans la pratique, que c'est le greffier qui doit rédiger ce procès-verbal, sous la dictée du juge-commissaire; l'art. 1040 du Cod. de proc. civ. veut que le juge soit toujours assisté du greffier, pour les actes et procès-verbaux du ministère du juge; que ces actes soient faits au lieu où siége le tribunal, et que le greffier en garde les minutes et en délivre les expéditions : ainsi l'ordonne la loi, porte une décision du ministre des finances, du 11 oct. 1808, d'après l'avis du ministre de la justice, du 27 sept. précédent; et cela est conforme à la dignité du magistrat, puisque la considération qui doit toujours l'environner pourrait être affaiblie s'il était obligé de tenir la plume lui-même.

9. M. Dalloz, *Répert.*, vᵒ *Faillite*, nᵒ 599, approuve cette marche et ajoute que le greffier devant tenir la plume, la conséquence est que ce procès-verbal, étant un acte du greffe, est sujet au droit fiscal. Dalloz, vᵒ *Enregistrement,* nᵒ 728.

10. Il semble résulter du soin que prend la première disposition de l'art. 493 de faire avertir itérativement les créanciers du jour et de l'heure de la vérification, qu'il a été dans l'intention du législateur que cette opération eût lieu en assemblée générale des créanciers. Tous les créanciers sont, en effet, intéressés à une exacte vérification des créances, et l'examen des titres et des documents, à l'appui, offre plus de garantie fait dans une assemblée nombreuse.

494. Tout créancier vérifié ou porté au bilan pourra assister à la vérification des créances et fournir des contredits aux vérifications faites ou à faire. Le failli aura le même droit.

495. Le procès-verbal de vérification indiquera le domicile des créanciers et de leurs fondés de pouvoirs.

Il contiendra la description sommaire des titres, mentionnera les surcharges, ratures et interlignes, et exprimera si la créance est admise ou contestée (Voir ci-dessus formule 168, et ci-après formule 171).

496. Dans tous les cas, le juge-commissaire pourra, même d'office, ordonner la représentation des livres du créancier ou demander, en vertu d'un compulsoire, qu'il en soit rapporté un extrait par les juges du lieu.

FORMULE N° 170. — **Contredits aux vérifications faites ou à faire par un créancier vérifié et par le failli.**

A aussi comparu le sieur L. L. . . ., banquier, demeurant à. . . ., qui nous a présenté un compte courant entre lui et ledit sieur P. F. . ., soldant en sa faveur par la somme de. . . ., valeur au. . . . avril dernier, avec un acte d'ouverture de crédit, jusqu'à concurrence de la somme de. . . ., contenant·affectation hypothécaire sur un petit domaine appelé de la C. . . ., appartenant au failli, et consenti en sa faveur par ce dernier, le. . . ., devant Me. . . ., notaire à. . . ., ensemble l'inscription hypothécaire requise sur ledit domaine, en vertu dudit acte de crédit, le. . . ., au bureau des hypothèques de. . . ., vol. . . ., n°. . . .

Ces titres ayant été vérifiés par le syndic (ou bien, au moment où le syndic allait procéder à la vérification de ces titres), le sieur A. G. . . ., banquier, domicilié à B. . . ., créancier déjà vérifié, ainsi qu'il conste du présent procès-verbal, et le failli lui-même, qui assistaient à la présente vérification, ont déclaré contredire la créance dudit sieur L. L. . . ., et demandé qu'elle ne soit pas, au moins quant à présent, admise au passif de la faillite, par les motifs que cette créance n'est pas sincère ; que ledit sieur L. L. . . ., créancier depuis longtemps dudit sieur P. F. . . . pour des sommes importantes, qui connaissait la position désespérée de son débiteur, constatée par des protêts intervenus sur des mandats du failli, à l'ordre même dudit sieur L. L. . . ., et par conséquent sa cessation réelle de paiements, n'a eu recours à l'acte d'ouverture de crédit prémentionné, à des négociations de nouveaux mandats, à des renouvellements des mandats anciens impayés et protestés, que pour soutenir encore quelque temps ce débiteur et lui procurer un crédit factice qui a trompé plusieurs créanciers, et notamment le contredisant ; que ces faits ressortent même des articles mentionnés audit compte courant, et seront, au surplus, amplement établis et justifiés au besoin.

Sur quoi,

Nous, dit juge-commissaire, vu la contestation élevée par ledit sieur A. G. . . ., et appuyée par les dires et déclarations mêmes du failli, contre les titres de créances produits par ledit sieur L. L. . . ; vu aussi les dispositions des art. 494 et 498 du Code de commerce, renvoyons les parties, sans qu'il soit besoin d'assignation, à la plus prochaine audience du Tribunal de commerce, pour, sur notre rapport, et les conclusions et défenses respectives des parties, être statué sur ladite créance contestée, et nous avons signé avec le syndic et le greffier.

(*Suivent les signatures.*)

FORMULE N° 171. — Procès-verbal de vérification mentionnant des surcharges, des ratures et des interlignes.

A aussi comparu le sieur J. A. . . . ., lequel nous a présenté : 1° une lettre de change de la somme de six cents francs, tirée de Lyon, le 8 mars 1857, par ledit sieur. . . ., failli, à l'ordre du sieur Ferdinand Leroy, payable à présentation, sur le sieur Tellier, à Nîmes, endossée par ledit Ferdinand Leroy, au profit du comparant, le 15 septembre 1857, valeur en compte, les chiffres 15 et 1857 sont surchargés ;

2° Un billet à ordre de la somme de cinq cents francs, souscrit par ledit sieur. . ., failli, à l'ordre du comparant, le 15 mars 1857, payable à un mois de date ; ces mots *à un mois de date* ont été raturés, et il est écrit au-dessus et par interligne ceux-ci : *à trois mois de date ;* la rature et l'interligne ne sont pas approuvés.

Le syndic, ayant examiné ces deux titres, a déclaré ne pouvoir admettre, d'ores et déjà, au passif, cette créance dont il a tout lieu de suspecter la sincérité ; il a demandé la représentation des livres du créancier, afin de pouvoir apprécier le caractère des ratures, surcharges et interlignes que portent ces titres.

C'est pourquoi nous, juge-commissaire, vu la contestation élevée par le syndic, et la demande par lui faite de la représentation des livres du comparant ; vu aussi les dispositions des art. 495 et 496 du Code de commerce, ordonnons la représentation des livres de commerce dudit sieur. . . ., comparant, qui devra avoir lieu le. . . . courant, à. . . . heures du. . . ., par-devant nous et au présent lieu.

OBSERVATIONS. Le juge-commissaire peut ordonner le dépôt au greffe du titre contesté. Dalloz, v° *Faillite*, n° 633.

DEMANDE D'UN COMPULSOIRE PAR LE SYNDIC.

(Si le syndic demande un extrait des livres du créancier domicilié dans une autre ville que celle où se fait la vérification des créances, l'ordonnance du juge-commissaire est ainsi conçue :)

Nous. . . ., juge-commissaire de ladite faillite, vu la contestation soulevée par le syndic, et la demande par lui faite d'un extrait des livres du comparant ; vu aussi les dispositions des art. 495 et 496 du Code de commerce,

Ordonnons que, par M. le président du Tribunal de commerce de. . . ou par tel de MM. les juges dudit Tribunal de commerce qu'il lui plaira de désigner (ou bien encore, s'il n'y a pas de Tribunal de commerce dans le lieu qu'habite le créancier), que, par M. le juge de paix du canton de. ., que nous commettons à cet effet, il sera fait, en vertu d'un compulsoire, un extrait des livres de commerce dudit sieur. . . ., comparant, pour ce qui est relatif aux deux titres de créance précités, par lui présentés, pour être ensuite statué ce qu'il appartiendra.

(Signatures du syndic, du juge-commissaire et du greffier.)

FORMULE N° 172. — Requête à fin de compulsoire présentée au juge commis.

A Monsieur le président du Tribunal de commerce de l'arrondissement de. . . .

Le sieur F. L. . . ., arbitre du commerce, demeurant à. . . ., en sa qualité de syndic définitif de la faillite du sieur L. . ., filateur, demeurant à. . ., nommé en cette qualité par jugement du Tribunal de commerce de C. . . ., arrondissement de ce nom,

A l'honneur de vous exposer :

Que, par son ordonnance en date du. . . . courant, dûment enregistrée, expédiée et représentée, M. J. B. . . ., juge audit Tribunal de commerce de. . . ., commissaire de la faillite dudit sieur L. . . ., a demandé qu'en vertu d'un compulsoire il soit rapporté un extrait fait par vous des livres dudit sieur L. . . ., pour ce qui est relatif à une lettre de change de la somme de. . . . (reproduire la description sommaire des titres de créance produits et contestés).

En conséquence l'exposant vous prie, Monsieur le président, de vouloir bien fixer par votre ordonnance les lieu, jour et heure où il vous plaira procéder au compulsoire des livres de commerce dudit sieur J. A. . . ., pour en être fait, par vous, l'extrait requis, conformément à l'art. 496 du Code de commerce, et qu'à cet effet ledit sieur L. . . . sera tenu d'apporter ses livres de commerce aux lieu, jour et heure par vous indiqués, et ferez justice.

Date.   *(Signature du syndic.)*

ORDONNANCE.

Nous. . . ., président du Tribunal de commerce de L. . . ., vu les faits énoncés dans la requête qui précède ; l'ordonnance de M. le juge-commissaire de la faillite du sieur L. . . ., et les dispositions de l'art. 496 du Code de commerce, ordonnons que le. . . . courant, à. . . . heures du matin, dans la salle des délibérations du Tribunal de commerce de cette ville, au palais de justice, les livres de commerce dudit sieur L. . . . nous seront apportés pour en être, par nous, fait l'extrait demandé.

Donné en notre hôtel à L. . . ., le. . . .

(Signature du président.)

(Si, sur une invitation gracieuse, le créancier ne présentait pas les livres de commerce, il lui serait adressé la sommation suivante.)

FORMULE N° 173. — Sommation de comparaître devant le juge commis
pour un compulsoire, et d'apporter les livres de commerce.

L'an. . . . et le. . . ., je. . . ., huissier soussigné,

A la requête du sieur F. L. . . ., arbitre du commerce, demeurant
à. . . ., agissant comme syndic définitif de la faillite du sieur L. . . .,
filateur, demeurant à. . . .

Ai notifié au sieur J. A. . . ., marchand de laines, demeurant à. . .,
l'ordonnance, sur pied de requête, rendue le. . . . du courant, par
M. le président du Tribunal de commerce de. . ., dûment enregistrée;
et vu ce qui résulte de ladite ordonnance, j'ai fait sommation audit sieur
J. A. . . . d'avoir à présenter ou faire présenter le. . . . du courant,
à. . . . heures du. . . ., dans la salle des délibérations du Tribunal de
commerce de. . . . ses livres de commerce, pour en être fait, par M. le
président dudit Tribunal, commis à cet effet, l'extrait demandé, lui déclarant que faute par lui de ce faire, il sera tiré de son refus telles conséquences qu'il appartiendra, et j'ai laissé copie desdites requête et ordonnance, ainsi que du présent exploit audit sieur. . . ., etc.

(Signature de l'huissier.)

FORMULE N° 174. — Procès-verbal de compulsoire.

L'an. . . . et le. . . ., à. . . . heures du. . . .,

Par-devant nous. . . ., président du Tribunal de commerce de. . .,
et dans la salle des délibérations dudit Tribunal,

A comparu M. J. A. . . ., marchand de laines, domicilié à. . . .,
lequel nous a présenté ses livres de commerce, consistant aux suivants :
1° un livre-journal commencé le. . . . et continué jusqu'à ce jour;
2° un livre d'enregistrement d'effets, etc. (désigner les livres).

Nous avons de suite compulsé les susdits livres pour y rechercher les
articles et énonciations relatifs aux deux titres de créance produits par
le comparant à la faillite du sieur L. . . ., et qui ont été l'objet d'une
contestation de la part du syndic de ladite faillite.

Nous avons trouvé dans le livre-journal, au folio. . . . et à la date
du. . . ., un article ainsi passé (on transcrit textuellement l'article), et
sur le même livre, au folio et à la date du. . . ., un autre article ainsi
passé (on le transcrit également).

N'ayant plus rien trouvé sur les livres dudit sieur. . . ., comparant,
qui puisse se rapporter aux deux titres de créances dont il s'agit, nous
avons fait un extrait textuel desdits livres sur une feuille de papier
timbré de. . . . centimes, daté et signé par nous pour servir ainsi que
de droit;

De tout quoi nous avons dressé le présent procès-verbal, que nous
avons clos à. . . . le. . . ., et nous avons signé.

(Signature.)

RÉSUMÉ.

N° 1. De ce que le créancier dont la créance a été vérifiée a le droit d'assister à la vérification des autres créances, et de fournir tout contredit aux vérifications faites et à faire, il ne s'ensuit pas qu'il puisse exercer ce droit, en tout état de cause, et même après la clôture du procès-verbal de vérification; il ne peut l'exercer que jusqu'à la clôture de ce procès-verbal. Paris, 25 juin 1812 (S.14.1.187).

2. Les créanciers hypothécaires et privilégiés sont très-intéressés à faire des réserves sur leur admission, pour qu'on ne leur oppose pas plus tard qu'ils ont renoncé à leurs qualités d'hypothécaires ou de privilégiés, et sont devenus de simples créanciers chirographaires, en acceptant une admission pure et simple. Rej. 19 juill. 1841.

3. Le failli a également intérêt à faire insérer ses réserves au procès-verbal, s'il le croit utile, car sa présence à la vérification lui enlèverait le droit de critiquer plus tard les créances admises.

4. Du reste, le failli qui n'aurait pas assisté à la vérification serait recevable à contester plus tard, soit après le concordat, soit après le contrat d'union, les prétentions d'un créancier non porté au bilan, dont l'admission aurait été prononcée hors de sa présence; il n'appartient pas, en effet, aux créanciers, non plus qu'aux syndics, de créer des droits contre le failli; et le silence que celui-ci aurait gardé, pendant plus ou moins longtemps, au sujet de prétentions élevées à son égard, ne saurait davantage créer un droit au prétendu créancier. Lainné, p. 179; Grenoble, 14 janv. 1843 (S.-V.45.2.87); Paris, 11 août 1849 (S.-V.49.2.574).

5. Mais si le failli a porté lui-même la créance dans son bilan, il n'est plus recevable à en demander la réduction ou le rejet, à moins que l'inscription qu'il en a faite ne soit le résultat d'une erreur de fait, car, sauf cette hypothèse, quoique les déclarations faites par le failli dans son bilan ne lient point la masse des créanciers, il est indubitable qu'elles font pleine foi contre lui. Locré, *Esprit du Code de commerce*, t. VI, p. 23 et 260.

6. En résumé, il est dans l'esprit de la loi d'autoriser la contestation d'une créance produite à la faillite, tant qu'un jugement passé en force de chose jugée n'est pas intervenu en faveur du créancier produisant, et que d'ailleurs les opérations de la faillite ne sont pas terminées.

7. Quand la faillite a pris fin, le silence gardé par les créanciers doit être considéré comme une ratification des prétentions individuelles qu'ils n'ont pas contestées.

8. L'affirmation faite par un créancier admis ne doit pas modifier cette solution. Dalloz, n° 607.

RÉSUMÉ (art. 495).

N° 1. C'est du domicile réel que la loi entend parler, ainsi que cela résulte de la discussion à laquelle l'art. 495 a donné lieu.

2. La raison veut d'ailleurs qu'il en soit ainsi, puisque par cette indication de domicile on peut connaître les créanciers, ce qui est d'une importance majeure ; la demande d'un domicile d'élection fut écartée sur les observations de M. Quesnault.

3. La description sommaire des titres, et la mention des surcharges, ratures et interlignes, sont des moyens qui assurent aux créanciers l'exercice du droit de contester les créances admises en leur absence ; car le créancier chercherait en vain, après la vérification, en prétendant qu'il a égaré son titre, à en déguiser la matérialité. Le procès-verbal étant la reproduction fidèle de cet acte, le créancier n'a plus intérêt à le dissimuler. Dalloz, n° 600.

4. L'admission d'une créance peut n'être prononcée qu'avec réserves, soit de la part d'un créancier, soit de la part du failli, ou même de celui qui est en possession. Ainsi, lorsqu'un créancier suspecte la sincérité d'un titre produit et qu'il n'est pas actuellement à même d'en démontrer la fausseté, il est admissible à faire des réserves, dont il est fait mention au procès-verbal. Dalloz, n° 601.

5. Le créancier d'un failli peut être admis au passif de la faillite, bien que son titre sous seing privé n'ait acquis date certaine que postérieurement à l'ouverture de la faillite. Rej., 4 fév. 1819 (S.19.1.384).

6. De même le créancier qui n'a pour titre que des billets à ordre non enregistrés, ni protêt avant la faillite, doit néanmoins être colloqué dans la distribution des deniers provenant de la vente des biens du failli, lorsque la sincérité de ces billets n'est pas suspecte. Paris, 26 déc. 1810 (S.11.2.181).

7. L'omission des formalités prescrites par l'art. 495 n'entraîne pas nullité du procès-verbal. Lainné, p. 180.

RÉSUMÉ (art. 496).

N° 1. La disposition de l'art. 496 n'est pas applicable au cas où les droits du créancier sont reconnus et fixés par un jugement passé en force de chose jugée. Rouen, 14 mars 1823 (S.25. 2.322).

2. Des négociants créanciers peuvent être déclarés déchus de leurs créances sur le failli, lorsqu'ils n'ont pas tenu les livres prescrits, ou si ceux qu'ils représentent sont suspects de fraude. Rej., 11 flor. an XII (S.5.1.16).

3. Encore qu'un enfant qui demeure dans la maison de son père y fasse un commerce séparé, il ne peut, en cas de faillite du père, revendiquer aucun des objets saisis dans la maison de ce dernier, s'il ne constate pas sa propriété par les livres et registres qu'il a dû tenir en qualité de négociant. Bruxelles, 23 prair. an XIII (S.5.2.623).

4. La loi nouvelle a sagement modifié la manière de procéder de l'ancien art. 505, en permettant de confier le compulsoire aux juges du lieu ; il en résulte qu'en l'absence de magistrats consulaires on peut recourir aux juges civils ; et qu'à défaut des uns et des autres, le juge de paix est compétent ; par ce moyen on obtient de ne pas soumettre les créanciers à faire voyager leurs livres, puisque bien peu d'entre eux ne seront pas sans habiter au moins un chef-lieu de justice de paix. Bédarride, n° 459 ; Dalloz, n° 620 ; Alauzet, p. 152.

497. Si la créance est admise, les syndics signeront sur chacun des titres la déclaration suivante :

Admis au passif de la faillite de. . . . pour la somme de. . . .

     Le. . . .

Le juge-commissaire visera la déclaration.

Chaque créancier, dans la huitaine au plus tard, après que sa créance aura été vérifiée, sera tenu d'affirmer, entre les mains du juge-commissaire, que ladite créance est sincère et véritable.

OBSERVATION.—La formule de l'admission au passif est écrite dans l'article ci-dessus, le juge-commissaire écrit à la suite : Vu par nous, commissaire de la faillite.   (*Signature du commissaire.*)

FORMULE N° 175. — **Procès-verbal d'affirmation de créances.**

L'an. . . . et le. . . ., à. . . . heures du. . . .

Dans la salle des délibérations du Tribunal de commerce de. . . ., par-devant nous. . . ., juge audit Tribunal, commissaire de la faillite du sieur J. A. . . ., nommé en cette qualité par jugement du. . . .

Se sont présentés les créanciers ci-après désignés pour affirmer leurs créances, conformément à l'art. 497 du Code de commerce, à laquelle affirmation il a été procédé comme suit :

1° A d'abord comparu le sieur. . . . (nom, prénoms, profession et domicile du créancier), qui a affirmé entre nos mains que sa créance sur ledit sieur J. A. . . ., failli, vérifiée le. . . ., et se portant à la somme de. . . ., est sincère et véritable, et a signé avec nous et le greffier.

(*Signatures.*)

2° A aussi comparu le sieur. . . . (même formule que ci-dessus, pour tous les créanciers comparants).

Enregistré à. . . ., le. . . .

RÉSUMÉ. — **Indication alphabétique.**

Admission de créances au passif, 1, 2.	Délai d'échéance, 3.	Réduction de la créance, 2.
Admission par provision, 8.	Fondé de procuration, 6.	Représentation du titre de créance, 2.
Admission sur bordereau, 4.	Légitimité de la créance, 2.	Syndic (qualité), 7.
Compensation, 7.	Quotité de créance, 2.	Titres non timbrés ni enregistrés, 3.
Créance contestée, 1.	Ratification de créances admises, 8.	

N° 1. L'admission d'une créance au passif d'une faillite, après vérification et affirmation, n'empêche pas que cette créance ne puisse encore être contestée, au cas d'erreur. Nîmes, 29 nov. 1849 (S.-V.50.2.177) ; Lyon, 21 nov. 1849 ; S.-V.58.2. 177).

2. Le créancier dont la créance a été admise au passif de la faillite peut, nonobstant cette admission, être tenu de représenter ultérieurement le titre de la créance, pour en justifier la légitimité ou la quotité, alors d'ailleurs que les syndics ont fait sur le procès-verbal de vérification toutes réserves de demander la réduction de la créance admise ; en un tel cas le procès-verbal de vérification ne peut être considéré comme un titre recognitif qui dispense de la représentation du titre primordial. Rej., 19 juin 1834 (S.-V.34.1.511 ; D.P.34.1.279).

3. Il semble résulter de la disposition de l'art. 497 que l'admission peut être constatée sur des titres non timbrés et non enregistrés.

4. Néanmoins, pour éviter tout débat avec le fisc, il convient que les syndics et le juge-commissaire se contentent de mettre sur les titres écrits sur papier libre ces mots : admis au passif sur bordereau, le. . . . et de ne signer l'admission que sur le bordereau, lequel doit être soumis à l'enregistrement (Lainné, p. 182 ; c'est au reste l'usage pratiqué à Paris et ailleurs. Bédarride, n° 463).

5. Le délai de huitaine fixé par l'art. 497 pour l'affirmation des créances vérifiées n'emporte pas déchéance des droits du créancier qui n'aurait pas affirmé sa créance dans ce délai (Lainné, p. 183).

6. L'affirmation peut se faire par un fondé de procuration. Dalloz, n° 629 ; Renouard, t. 1er, p. 523 ; la formule de l'affirmation n'étant pas tracée par la loi peut se borner à une affirmation pure et simple non accompagnée du serment (Alauzet, p. 154).

7. Les syndics n'ont pas qualité pour consentir, au détriment de la masse, des compensations qui créeraient, en faveur d'un créancier de la faillite, un privilége auquel il n'a pas droit de prétendre. Bruxelles, 24 mars 1821 ; Dalloz, n° 605.

8. L'admission d'un créancier, par le juge-commissaire, au passif de la faillite, par provision et sauf compensation, et la répartition des dividendes conformément à cette admission, sont insuffisantes pour emporter ratification des créances admises, et déchéance du droit d'en opposer la nullité (Cass., 4 janv. 1847 ; D.P.47.1.130) ; dans la pratique et à Paris principalement il n'est dressé qu'un seul procès-verbal qui constate tout à la fois l'admission de la créance et l'affirmation (Alauzet, p. 156).

498. Si la créance est contestée, le juge-commissaire pourra, sans qu'il soit besoin de citation, renvoyer à bref délai devant le tribunal de commerce, qui jugera sur son rapport.

Le tribunal de commerce pourra ordonner qu'il soit fait, devant le juge-commissaire, enquête sur les faits, et que les personnes qui pourront fournir des renseignements soient, à cet effet, citées par-devant lui.

FORMULE N° 176. — Jugement du Tribunal de commerce qui ordonne qu'il sera fait enquête sur les faits devant le juge-commissaire.

Le Tribunal de commerce de l'arrondissement de. . . . a rendu le jugement dont la teneur suit :

Entre le sieur F. L. . . ., arbitre du commerce, domicilié à. . . ., syndic définitif de la faillite du sieur P. P. . . ., marchand épicier, demeurant à. . . ., comparant en personne d'une part,

Et le sieur L. L. . . ., courtier en marchandises, demeurant à. . . ., comparant par Me. . . ., agréé d'autre part;

En point de fait,

Ledit sieur syndic a présenté cejourd'hui au Tribunal, une requête dans laquelle il expose, que ledit sieur L. L. . . ., porteur d'un billet à ordre de la somme de mille francs, souscrit le. . . ., en sa faveur, par le failli, censé valeur reçue comptant, et payable à quinze jours de date, a présenté ce titre de créance à la vérification, à l'effet d'être admis au passif de la faillite, pour son montant ; qu'ayant vérifié ce titre le syndic déclara que les renseignements par lui obtenus sur cette prétendue créance ne lui permettaient pas de l'admettre d'ores et déjà, au passif de la faillite ; qu'il résultait, en effet, de ces renseignements que la créance n'était pas sincère, que le failli n'en avait jamais reçu le montant ; qu'il est notoire qu'à l'époque de la souscription de ce billet à ordre, les affaires du sieur P. P. . . ., étaient complétement dérangées, et que cette position, vu les rapports d'affaires existant entre le failli et le sieur L. L. . . . n'était pas ignorée de ce dernier ; qu'on ne trouve pas trace, dans les écritures du failli, de l'entrée ni de l'emploi de cette somme de mille francs, relativement considérable pour lui ; que sur cette contestation, M. le juge-commissaire a renvoyé, sans citation, les parties, à bref délai, devant le Tribunal ; en conséquence, ledit syndic a conclu, dans sa requête, à ce qu'il plaise au Tribunal déclarer que ledit sieur L. L. . . . n'est pas créancier sincère et véritable de ladite somme de mille francs, portée au billet à ordre par lui produit ; ordonner que ce titre sera rejeté du passif de la faillite, en prononcer par suite la nullité et condamner ledit sieur L. L. . . . aux dépens. Subsidiairement, ordonner qu'il sera fait enquête sur les faits relatifs à la contestation, devant M. le juge-commissaire de la faillite, et qu'à cet effet les personnes qui pourront fournir des renseignements seront citées par-devant lui.

Sur cette requête, la cause ayant été appelée à la présente audience,

Ouï ledit syndic qui a conclu à ce qu'il plaise au Tribunal lui adjuger les fins de sa requête ;

Ouï pour ledit sieur L. L. . . ., Me. . . ., agréé, qui a conclu au contraire, à ce qu'il plaise au Tribunal, attendu que sa partie représente un titre de créance régulier ; que foi est due à ce titre, que des allégations vagues de simulation sont insuffisantes pour le faire écarter

et le faire annuler ; que rien dans les faits mis en avant n'est de nature à établir cette simulation ; que la fraude ne se présume pas ; ordonner dès lors que le titre de créance produit sera admis au passif de
la faillite ; et condamner le syndic en mille francs de dommages et aux
dépens ;

Subsidiairement, admettre sa partie à prouver tant par actes que par
témoins, que le jour de la souscription du billet à ordre de mille francs,
ledit sieur L. L. . . . . compta et remit au sieur P. P. . . . ., en présence du sieur. . . . ., une somme de sept cents francs ; qu'il lui remit
aussi un mandat à vue de la somme de cent francs sur le sieur. . . . .,
qui le lui a payé et que le surplus de la somme de mille francs fut
compensé avec le prix de certaines marchandises vendues et livrées
audit sieur. . , . ., ainsi que cela sera justifié, pour sur ladite preuve
faite et rapportée être ensuite par les parties conclu, et par le Tribunal
ordonner ce qu'il appartiendra, les dépens et les dommages dans ce cas
demeurent réservés.

Ouï M. le juge-commissaire de la faillite, dans son rapport ;

En droit, faut-il, ainsi que le demande le syndic, rejeter la demande
du sieur L. L. . . . ., en admission au passif de la faillite pour ladite
créance de mille francs ?

Faut-il, au contraire, avant dire droit aux parties, ordonner la preuve
offerte de part et d'autre ? que faut-il statuer sur les dommages et les
dépens ?

Sur quoi :

Attendu qu'il n'est pas établi, quant à présent qu'il y a eu fraude et
collusion entre ledit sieur P. P. . . . ., et ledit sieur L. L. . . . ., pour
supposer une créance qui n'existerait pas ; que l'absence sur les livres
du failli de toute mention relative à cette opération n'est pas une
preuve suffisante de la simulation du titre produit.

Attendu que toutes parties demandent à faire la preuve des faits par
elles articulés ; que cette preuve est admissible puisqu'il s'agit d'une matière commerciale.

Par ces motifs,

Le Tribunal, après en avoir délibéré, jugeant en premier ressort, vu
ce qui résulte du rapport de M. le-commissaire de la faillite, qui
ne s'oppose pas à l'enquête réclamée, sans s'arrêter aux conclusions
principales des parties, et avant dire droit, ordonne qu'il sera fait enquête sur les faits, par-devant M. le juge-commissaire de la faillite, et
qu'à cet effet toutes personnes pouvant fournir des renseignements seront citées devant lui. Réserve les dommages et les dépens.

FORMULE N° 177. — **Requête au juge-commissaire pour obtenir son ordonnance indiquant les lieu, jour et heure auxquels les témoins seront assignés.**

A Monsieur le juge–commissaire de la faillite du sieur P. P. . . .

Le sieur F. L. . . ., arbitre du commerce, demeurant à. . . ., syndic définitif de ladite faillite,

A l'honneur de vous exposer :

Que par jugement du Tribunal de commerce de. . . ., rendu le. . ., contradictoirement entre l'exposant et le sieur L. L. . . ., commissionnaire en marchandises demeurant à. . . ., enregistré, il a été ordonné, avant dire droit, que les parties feront preuve, par-devant vous, des faits par elles respectivement articulés, et qui sont énoncés audit jugement ; qu'il s'agit aujourd'hui de procéder aux enquêtes ordonnées.

C'est pourquoi, l'exposant vous prie, Monsieur le juge-commissaire, de vouloir bien fixer, par votre ordonnance, les jour, lieu et heure auxquels il sera procédé à l'audition des témoins que l'exposant se propose de faire entendre sur les faits par lui articulés.

A. . . ., le. . . .

(Le syndic, signé.)

ORDONNANCE.

Nous. . . ., juge-commissaire, vu la requête qui précède, et l'art. 498 du Code de commerce, autorisons ledit syndic à faire citer par-devant nous les témoins qu'il se propose de faire entendre ; et à cet effet, disons qu'il sera procédé, le. . . ., heure de. . . ., en la salle des délibérations dudit Tribunal de commerce, au palais de justice, aux enquête et contre-enquête ordonnées par le jugement précité.

Donné en notre hôtel, à. . . ., le. . . .

(Signature du juge-commissaire.)

FORMULE N° 178. — **Assignation à la partie pour être présente à l'enquête et notification du nom des témoins à produire contre elle.**

L'an. . . . et le. . . ., je. . . ., huissier, soussigné.

A la requête du sieur F. L. . . ., etc., syndic, etc.

Ai notifié au sieur L. L. . . ., commissionnaire en marchandises, demeurant à. . . .

L'ordonnance rendue le. . . ., par M. le juge-commissaire de ladite

faillite, et en vertu de ladite ordonnance, j'ai assigné ledit sieur. . . .
à comparaître le. . . ., heures de. . . ., en la salle des délibérations
du Tribunal de commerce de. . . ., jour, lieu et heures fixés par ladite
ordonnance, pour être présent, si bon lui semble, au serment et à la
déposition que doivent faire les sieurs, 1°, 2°, 3°, etc. (indiquer les
noms, prénoms, professions et domiciles des témoins), que le requérant
se propose de faire entendre dans ladite enquête ; avec déclaration que,
faute par lui de comparaître, il y sera procédé hors sa présence ; et j'ai
laissé, etc.

(Signature.)

Formule n° 179. — Citation aux témoins.

L'an. . . ., et le. . . ., je. . . ., huissier, soussigné.

A la requête du sieur F. L. . . ., etc.

Ai notifié aux sieurs, 1°, 2°, 3°, etc. (indiquer aussi les noms, prénoms, professions et domiciles des témoins) : 1° le dispositif du jugement, rendu le. . . ., entre le requérant, comme procède, et le sieur
L. L. . . ., commissionnaire en marchandises, demeurant à. . . ., par
le Tribunal de commerce de. . . ., qui a autorisé le requérant à faire
la preuve des faits énoncés audit jugement ; 2° l'ordonnance de M. le
juge-commissaire de ladite faillite, en date du. . . ., enregistrée.

Et en vertu de ladite ordonnance, j'ai cité chacun des susnommés, à
comparaître le. . . ., heures de. . . ., par-devant mondit sieur. . . .,
juge-commissaire, en la salle des délibérations du Tribunal de commerce de. . . ., sise au palais de justice, pour y être entendus, comme
témoins, sur les faits qui peuvent être à leur connaissance, et relatifs
à la contestation qui divise les parties.

Leur déclarant qu'il leur sera accordé, s'ils le demandent, une indemnité, d'après la taxe du juge, et que, faute par eux de comparaître
ils seront condamnés aux amendes et dommages-intérêts prononcés
par la loi, et réassignés à leurs frais.

Et je leur ai laissé copie du dispositif du jugement, de l'ordonnance
précitée et du présent, à chacun d'eux séparément, en parlant à. . . ,

(Signature.)

Formule n° 180. — Procès-verbal d'enquête devant le juge-commissaire de la faillite.

L'an. . . ., le. . . ., heure de. . . ., dans la salle des faillites du
Tribunal de commerce de. . . .

Par-devant nous. . . ., juge-commissaire de la faillite du sieur. . . .,
assisté du greffier dudit Tribunal de commerce,

A comparu le sieur. . . ., syndic définitif de ladite faillite, lequel nous a dit qu'en vertu de notre ordonnance en date du. . . ., il a fait citer, 1º le sieur. . . .; 2º le sieur. . . ., témoins à ladite enquête ordonnée par jugement dudit Tribunal de commerce, en date du. . . ., à comparaître cejourd'hui, lieu et heure, par-devant nous, suivant exploit de citation du ministère de. . . ., huissier, en date du. . . .

Que par autre exploit du ministère du même huissier, en date du. . . ., il a fait aussi citer aux mêmes fins, le sieur. . . ., négociant, demeurant à. . . ., pour être présent, si bon lui semble, à ladite enquête; desquelles citations il nous a représenté les originaux, et attendu que les témoins cités sont présents, ledit sieur. . . ., syndic nous a prié de procéder à leur audition, et a signé la présente réquisition.

A aussi comparu ledit sieur. . . ., négociant, lequel a déclaré ne pas s'opposer à l'audition desdits témoins, sous toutes réserves de les reprocher, ou certains d'entre eux, s'il y a lieu, et a également signé le présent.

Sur quoi, nous juge-commissaire, avons donné acte auxdits sieurs de leur comparution et déclaration, et déclaré qu'il allait être procédé à l'audition des témoins, dans les formes de droit, et nous avons signé avec le greffier.

(Signatures.)

Le premier témoin, après avoir prêté serment de dire la vérité, a déclaré s'appeler. . . (nom, prénoms, profession et domicile), être âgé de. . . ., n'être parent, allié, serviteur, ni domestique d'aucune des parties, et après avoir entendu la lecture du susdit jugement, et de notre susdite ordonnance, a déposé comme suit. . . . (transcrire ici la déposition des témoins).

Lecture faite au témoin de sa déposition, il a répondu qu'elle contenait la vérité et qu'il y persistait; le témoin a requis taxe, et nous lui avons alloué la somme de. . . ., et il a signé avec nous et le greffier (ou bien, interpellé de signer, a déclaré ne savoir).

Le deuxième témoin, après avoir aussi prêté serment, etc. (comme ci-dessus pour le premier témoin).

(Si un témoin est reproché, le reproche est constaté ainsi):

Le sieur. . . ., nous a représenté que le témoin ici présent ne peut être entendu, parce que (énoncer les causes de reproche),

Ledit sieur syndic a répondu (consigner la réponse),

Ledit sieur. . . . a répliqué que les faits par lui avancés sont exacts, qu'il en établira la preuve, par titre et par témoins, et a persisté dans son reproche).

Après quoi, nous juge-commissaire, avons reçu la déposition dudit témoin, sauf au Tribunal à juger le mérite du reproche ci-dessus, et ledit témoin a déclaré (transcrire ici la déposition du témoin reproché, comme celle des autres témoins, et terminer de même).

(Si un témoin fait connaître les causes d'empêchement d'après lesquelles il n'a pu se rendre à l'enquête, le juge-commissaire en fait mention et ordonne ce que les circonstances demandent),

(Si un témoin fait défaut, le juge-commissaire le constate ainsi dans son procès-verbal : après avoir attendu jusqu'à. . . . heure de. . . ., ledit syndic a conclu à ce qu'il nous plût donner défaut contre le sieur. . . ., témoin cité régulièrement et non comparant, le condamner à. . . . de dommages-intérêts et à l'amende, et ordonner qu'il sera réassigné à ses frais : sur quoi, nous juge-commissaire, attendu que ledit sieur. . . . n'a pas comparu, quoique régulièrement cité, avons donné défaut contre lui, l'avons condamné à l'amende de. . . ., et ordonné qu'il sera réassigné à ses frais à comparaître devant nous, le. . . ., heure de. . . ., en ladite salle. Et avons signé le présent avec toutes parties, et notre greffier.

(Signatures.)

RÉSUMÉ. — Indication alphabétique.

N° 1. La masse ou les syndics ne peuvent refuser d'admettre un titre dont la date n'a pas les preuves de certitude exigées par l'art. 1328, C. civ., lorsque d'ailleurs il existe d'autres preuves de sa sincérité : en matière commerciale on ne doit pas appliquer la règle du droit civil qui ne donne aux actes sous seing privé date certaine vis-à-vis des tiers, qu'autant qu'ils rentrent dans les conditions de l'art. 1328, et la mention faite sur les livres de commerce est un moyen de preuve de la véritable époque à laquelle un contrat s'est formé (Pardessus, n°s 246 et 1187 ; Renouard, t. 1, p. 521).

2. Il suit de cette théorie, qui se fonde sur la nécessité des choses, parce que les habitudes du commerce, le courant rapide des affaires et le besoin d'économie dans les frais ne permettent pas de recourir à l'enregistrement, que les syndics ne doivent pas seulement avoir égard aux actes, mais encore à l'extrait des li-

vres, à la correspondance, à de simples renseignements, lorsqu'ils exigent du créancier, sinon une preuve directe et absolue, au moins des présomptions graves, précises et concordantes, et là, dans ces preuves que présente la comptabilité imposée par la loi aux commerçants, se trouvent des garanties très-réelles, propres à déjouer la plupart des fraudes ; les interrogatoires, les comparutions personnelles et même la délation du serment permettent ensuite à des juges expérimentés de pénétrer au milieu de l'obscurité née de l'absence de comptabilité, ou que la fraude peut avoir préparée à dessein. Dalloz, n° 611.

3. Il suit de là que si un individu se prétend créancier du failli, et qu'il n'établisse pas la sincérité de sa créance par les moyens de preuves généralement admis, il pourra être repoussé par les syndics. Dalloz, n° 614.

4. En matière de faillite, les juges peuvent, sur des présomptions graves et concordantes, réduire des créances fondées en titre, c'est-à-dire, déclarer que ces créances n'existent réellement que pour une somme moindre que celle énoncée au titre, et les rejeter pour le surplus (Rej., 12 déc. 1815 ; S.16.1.148).

5. Lorsqu'une créance est contestée, la contestation est portée, suivant sa nature, soit devant le tribunal de commerce, soit devant le tribunal civil, soit même, si la contestation amène la révélation d'un crime ou d'un délit, devant les tribunaux criminels (Devilleneuve et Massé, v° *Faillite*, n° 450 ; Alauzet, p. 159).

6. Sous l'ancienne loi, les tribunaux de commerce étaient compétents pour vérifier les créances purement civiles ; mais là se bornait l'étendue de leurs pouvoirs ; ils ne pouvaient, par exemple, décider si les créances vérifiées étaient hypothécaires ou simplement chirographaires (Poitiers, 2 avril 1830 ; S.30.2. 246).

7. Rien n'établit qu'il ne doive pas en être de même sous la nouvelle législation des faillites.

8. Le renvoi à l'audience ordonné par le juge-commissaire, à l'égard d'une créance contestée, ne fait pas obstacle à ce que, avant le jugement de cette contestation, il soit passé un concordat entre le failli et ses créanciers vérifiés, lorsque d'ailleurs le litige ne met en doute ni les trois quarts en sommes, ni la majorité des créanciers. Cass., 24 mars 1840 (S.-V.40.1.312 ; D.P. 40.1.138).

9. Cette expression de l'art. *le juge-commissaire pourra*, ne s'applique qu'au renvoi, sans citation et à bref délai, devant le tribunal de commerce ; elle n'autorise nullement le juge-com-

missaire à admettre ou à rejeter la créance, sans égard à la contestation. Lainné, n° 185.

10. Aujourd'hui, quelle que soit l'opinion personnelle du juge-commissaire, il ne peut plus, comme sous le Code de commerce de 1807, renvoyer d'office, au tribunal, les créances qui lui paraîtraient suspectes ; il ne peut empêcher l'admission toutes les fois que les syndics, les créanciers et le failli, ne contestent point. Dalloz, n° 632.

11. Alors même que la preuve testimoniale est admissible en droit, et que les faits articulés paraissent pertinents, son admission est toujours facultative de la part des juges ; ils peuvent refuser de l'ordonner s'ils trouvent dans l'instruction du procès des documents suffisants pour fixer leur opinion sur les faits en litige. Rej. 24 avr. 1849 (S.-V.49.1.636 ; D.P.49.1.153).

12. Ce point qui ne fait plus difficulté sérieuse aujourd'hui est enseigné par tous les auteurs ; et le pouvoir discrétionnaire des juges, en cette matière, peut s'exercer encore même que la preuve soit offerte tant par titres que par témoins ; leur pouvoir ne se borne pas au cas où la preuve testimoniale seule est offerte. Rej. 24 août 1831 (S.-V.31.1.321 ; D.P.31.1.327.

13. Ils peuvent aussi refuser d'admettre la preuve de faits, d'ailleurs pertinents, par cela seul que ces faits sont invraisemblables. Rej. 21 juin 1827 (S.27.1.487 ; D.P.27.1.281). *Sic*, Chauveau, n° 975 *bis*.

14. La fixation du délai pour commencer et parachever l'enquête est entièrement abandonnée à la volonté et à l'arbitrage du juge ; les dispositions du Code de procédure civile sur le délai des enquêtes, en matière ordinaire, ne sont pas ici applicables. Rej. 9 mars 1819 (S.19.1.301).

15. Pour la fixation du délai dans lequel l'enquête doit être faite, il n'y a pas lieu d'avoir égard à l'éloignement du domicile des parties ; les juges-commissaires sont investis à cet égard d'un pouvoir discrétionnaire. Rouen, 4 févr. 1847, *Journal de Rouen*, p. 168 ; Gilbert, *Code de procédure annoté*, art. 407, n° 4.

16. Le délai de l'enquête court du jugement même, indépendamment de toute signification ; il n'en est pas comme en matière ordinaire. Rej. 22 déc. 1840 (S.-V.41.1.551 ; D.P.41.1.155).

17. L'art. 498 est une dérogation à la règle posée dans l'art. 407, Cod. de proc. civ., qui veut que les témoins soient entendus à l'audience.

18. Le juge-commissaire d'une faillite devant lequel il est fait enquête sur les faits peut toujours, et quand bon lui semble,

comme le peuvent les juges de commerce, proroger les délais
de l'enquête. Bruxelles, 6 mai 1813 (S.14.2.181).

19. La disposition de l'art. 432, Cod. proc. civ., sur l'obligation de dresser procès-verbal de l'enquête, dans les causes sujettes à l'appel, doit être observée par le juge-commissaire. Cette
formalité est substantielle; son inobservation emporte nullité,
par analogie avec un arrêt de Rouen, du 22 nov. 1842 (S.-V.43.
2.37; D.p.43.2.43).

20. Quoique cette enquête soit *sommaire*, comme les témoins
sont entendus, non par le tribunal, mais par le juge-commissaire, les dépositions doivent être rédigées et signées. S'il en
était autrement, il y aurait à craindre que le rapport verbal du
juge-commissaire, fait ensuite au tribunal de commerce, ne rap-
pelât pas avec assez d'exactitude toutes les circonstances révé-
lées par l'enquête. A ces considérations graves s'en joint une
autre non moins sérieuse pour le cas où l'objet du litige excède
1,500, car l'appelant serait dans l'impossibilité de convaincre
la Cour de la nécessité de réformer s'il n'avait d'autres éléments
d'appréciation à lui soumettre que ses propres allégations, non
écoutées par les premiers juges. Bédarride, n° 475; Dalloz, n° 634.

499. Lorsque la contestation sur l'admission d'une
créance aura été portée devant le tribunal de commerce,
ce tribunal, si la cause n'est pas en état de recevoir jugement définitif avant l'expiration des délais fixés, à l'égard
des personnes domiciliées en France, par les art. **492** et
497, ordonnera, selon les circonstances, qu'il sera sursis
ou passé outre à la convocation de l'assemblée pour la formation du concordat.

Si le tribunal ordonne qu'il sera passé outre, il pourra
décider par provision que le créancier contesté sera admis
dans les délibérations pour la somme que le même jugement déterminera.

Formule n° 181. — **Jugement qui ordonne qu'il sera sursis à la
convocation de l'assemblée pour la formation du concordat.**

Audience du. . . .

Entre le sieur G. C. . . ., négociant, demeurant à . . . ., comparant
par Me. . . ., avocat, d'une part;

Et le sieur F. L. . . ., arbitre de commerce, demeurant à. . . .,
syndic définitif de la faillite du sieur C. . . ., entrepreneur de bâtiments, comparant en personne, d'autre part ;

Dans le fait :

Suivant un procès-verbal dressé le. . . . ., par M.. . . ., juge-commissaire de ladite faillite, ledit sieur G. C. . . ., comparut le même
jour devant lui, et demanda au syndic de l'admettre au passif, pour une
somme de. . . . francs, pour solde des avances par lui faites, en sus
des travaux de construction de sa maison de campagne située à C . . .,
exécutés pour son compte, par ledit sieur C. . . .

Ce titre de créance ayant été vérifié par le syndic, celui-ci déclara
ne pouvoir l'admettre au passif, puisque d'après le failli, les divers travaux de construction, changements et augmentations, s'élevaient à une
somme de. . . . francs, tandis que le sieur G. C. . . ., ne les fait figurer dans son compte que pour. . . . francs ; que, d'un autre côté, il
fallait déduire de la somme de. . . . francs, pour les paiements faits
audit entrepreneur, à compte, celle de. . . . francs, qui fut remise à
C. . . ., le. . . ., et que ledit sieur G. C. . . ., porte une seconde
fois dans son compte, en sorte que ce dernier, au lieu d'être créancier,
se trouverait débiteur de la somme de. . . . francs.

Sur cette contestation, M. le juge-commissaire renvoya les parties,
sans citation devant le Tribunal, conformément à l'art. 498 du Code de
commerce.

En conséquence, la cause ayant été appelée à la présente audience,
le Tribunal a d'abord entendu dans son rapport M. le juge-commissaire
de la faillite ;

Après quoi les défenseurs des parties ont pris les conclusions suivantes :

Ouï pour ledit G. C. . . ., le sieur H. . . ., agréé, qui a conclu, sur
l'admission du concluant au passif de la faillite,

A ce qu'il plaise au Tribunal, sans avoir égard aux conclusions tant
principales que subsidiaires du syndic, ordonner que G. C. . . . sera
admis au passif de la faillite, pour la somme de. . . . francs, montant
du compte arrêté, entre parties, et condamner le syndic aux dépens, et
en. . . . francs de dommages.

Subsidiairement, et sans rien préjuger, tous les droits et exceptions
expressément réservés, nommer un expert pour vérifier les travaux faits
par C. . . . pour compte du concluant, lequel expert, s'aidant de
tous renseignements qui pourront lui être fournis, soit par le failli,
soit par le concluant, ou par l'architecte de ce dernier, le sieur. . . .,
qui a déjà fait le règlement desdits travaux, rapportera s'il est intervenu des erreurs dans les opérations de ce dernier, et si tous les
travaux exécutés par C. . . . ., entrepreneur, même les augmentations non prévues par le devis, ont été compris dans l'estimation
du sieur D. . . ., architecte, pour sur ledit rapport être ensuite statué
ce que de droit :

Sur la demande reconventionnelle du syndic,

Il plaise au Tribunal se déclarer incompétent, et condamner le syndic aux dépens, et en. . . . francs de dommages ;

Ouï aussi le syndic de la faillite, qui a conclu :

A ce qu'il plaise au Tribunal, sans avoir égard à la demande en admission de la créance du sieur G. C, . . . au passif de la faillite, déclarer, au contraire, que ledit sieur G. C. . . . est débiteur envers ladite faillite, de la somme de. . . . francs, le condamner, en conséquence, à la payer au concluant, comme procède, avec intérêts et dépens.

Subsidiairement, avant dire droit, et sans rien préjuger sur la question de savoir si G. C. . . . est débiteur ou créancier de la faillite, ordonner que par un expert nommé d'office par le Tribunal, il sera procédé à la vérification et estimation des travaux de construction exécutés par le sieur C. . . ., pour le compte de G. C. . . ., et au mesurage et à la constatation des augmentations de travaux qui ont eu lieu, en dehors des accords qui avaient été primitivement faits, et du plan qui avait été adopté, ainsi que des changements opérés ; lequel expert indiquera aussi les modifications apportées aux prix primitivement établis, pour sur son rapport être ensuite statué ce qu'il appartiendra.

En droit : que faut-il statuer dans l'état de la cause ?

Sur quoi,

Attendu que le syndic de la faillite, ayant soutenu qu'il est intervenu de graves erreurs, soit dans le mesurage, soit dans l'estimation des travaux exécutés par C. . . ., pour le compte de G. C. . . ., et dont le règlement a été vérifié par l'architecte D. . . ., il devient indispensable d'ordonner une vérification avant de pouvoir prononcer définitivement sur la contestation des parties ;

Attendu que les opérations de l'expertise seront d'une assez longue durée, vu la nature des vérifications à faire, et l'éloignement des lieux ; qu'il est certain que la cause ne sera pas en état de recevoir jugement définitif, avant l'expiration des délais fixés, à l'égard des créanciers domiciliés en France, par les art. 492 et 497 du Code de commerce, délais qui vont expirer dans très-peu de jours, que par conséquent il y a lieu de surseoir à la convocation de l'assemblée pour la formation du concordat.

Par ces motifs,

Le Tribunal, après en avoir délibéré, avant dire droit aux parties, et sans rien préjuger, tous droits et exceptions tenant, nomme d'office pour expert le sieur L. . . ., architecte, demeurant à. . . ., à l'effet de procéder, parties présentes ou dûment appelées, à la vérification de tous les travaux généralement quelconques exécutés par C. . . ., pour le compte de G. C. . . ., lequel expert, en s'aidant de tous renseignements qui pourront lui être fournis, soit par les parties, soit par D. . . ., architecte, ou toutes autres personnes, fera le mesurage

exact des augmentations et ouvrages de toute nature faits par ledit sieur
C. . . ., en dehors du devis et du plan d'abord adoptés ; fixera les prix
de chacun d'eux, et appréciera, en outre, la valeur de tous les changements opérés dans les constructions, aux accords primitifs, pour sur
son rapport être ensuite statué ce qu'il appartiendra.

Ordonne, au surplus, que ledit expert, avant de s'occuper de son mandat, prêtera serment entre les mains de M. le président du Tribunal de
commerce de T. . . ., qui est à ces fins commis ;

Ordonne, en outre, qu'il sera sursis, pendant l'instance, à la convocation de l'assemblée des créanciers pour la formation du concordat ; et
réserve les dommages et les dépens.

(Si le Tribunal ordonne de passer outre à ladite convocation, il l'exprime ainsi) :

Ordonne néanmoins qu'il sera passé outre à la convocation de l'assemblée pour la formation du concordat, et décide, par provision, que
ledit sieur G. C. . . ., créancier contesté, sera admis, dans les délibérations, pour la somme de. . . .

(OBSERVATION : Il résulte du texte de l'art. 499, § 2, que le créancier
ne doit pas être admis aux délibérations, si le jugement ne fixe à son
égard aucune somme, cette fixation étant facultative.)

RÉSUMÉ.

Nº 1. La contradiction entre l'art. 499 et l'art. 493 n'existe
évidemment que dans les termes ; elle n'est pas dans l'esprit de
la loi qu'il faut entendre comme si elle portait : » Si la contestation est de nature à être jugée définitivement pendant le cours
de la vérification» : ce qui le prouve, c'est que l'art. 499 rap-
pelle l'art. 497 qui donne aux créanciers vérifiés huit jours pour
affirmer leurs créances ; rien n'empêche donc qu'une contestation née pendant le cours de la vérification soit jugée avant
l'expiration de ce délai, surtout si l'affaire ne comporte qu'un
degré de juridiction. Dalloz, nº 635.

2. Le tribunal de commerce n'ordonne guère le sursis que
lorsque la contestation est de nature à révéler un fait de banqueroute frauduleuse, et par suite, à compromettre les droits des
créanciers, s'ils traitaient avec le failli. Dalloz, nº 635.

3. Quand le tribunal ordonne de passer outre, il autorise le
plus souvent le créancier contesté à prendre part aux délibérations de la faillite. Alauzet, p. 161.

4. Dans la pratique, l'admission provisoire n'est refusée que
lorsque les présomptions les plus graves démontrent d'avance
le fondement de la contestation. Dalloz, nº 636.

5. Le jugement qui ordonne une admission provisoire n'est susceptible ni d'opposition ni d'appel, ni de recours en cassation (art. 583). Mais il en est différemment du jugement qui admet ou rejette définitivement la créance contestée. Lainné, p. 187.

500. Lorsque la contestation sera portée devant un tribunal civil, le tribunal de commerce décidera s'il sera sursis ou passé outre; dans ce dernier cas, le tribunal civil saisi de la contestation jugera, à bref délai, sur requête des syndics, signifiée au créancier contesté, et sans autre procédure, si la créance sera admise par provision et pour quelle somme.

Dans le cas où la créance serait l'objet d'une instruction criminelle ou correctionnelle, le tribunal de commerce pourra également prononcer le sursis; s'il ordonne de passer outre, il ne pourra accorder l'admission par provision, et le créancier contesté ne pourra prendre part aux opérations de la faillite tant que les tribunaux compétents n'auront pas statué.

FORMULE N° 182. — **Jugement du Tribunal de commerce qui ordonne de passer outre aux opérations du concordat, quand la contestation est portée au Tribunal civil.**

A Messieurs les président et juges composant le Tribunal de commerce de. . . .

Le sieur F. L. . ., syndic définitif de la faillite du sieur E. A. . ., filateur, demeurant à M. . . .,

A l'honneur de vous exposer :

Que le sieur E. S. . . ., propriétaire, demeurant à. . . ., ayant demandé à être admis au passif de la faillite pour la somme de. . . ., montant des loyers échus et à échoir de l'usine de filature située à. . . ., qu'il a affermée audit sieur E. A. . . ., par acte sous seing privé en date du. . . ., enregistré le. . . ., pour l'espace de six années, au prix de. . . ., a été admis pour la somme demandée; ledit sieur E. S. . . . a aussi demandé son admission au passif pour la somme de. . . ., montant des loyers échus et à échoir d'une maison que, par une des clauses du bail à ferme de l'usine, il s'était engagé à construire, pour l'usage de son fermier, dans l'enclos attenant à ladite usine. Le montant des loyers de cette maison devait être basé sur l'intérêt à. . . . pour 100 des fonds employés à cette construction dont le compte exact devait être donné à la fin des travaux ; il devait être employé à la construction de cette maison, environ. . . . francs.

Le syndic a refusé d'admettre ce second titre de créance, par la raison que la maison n'a pas été livrée à l'époque convenue ; qu'elle n'était pas même prête lorsque le sieur E. A. . . . a été déclaré en état de faillite ; que l'état des dépenses de construction n'a jamais été présenté.

Sur cette contestation, et vu que la créance est purement civile, M. le juge-commissaire a renvoyé la cause et les parties devant les Tribunaux civils.

L'instance est aujourd'hui pendante devant le Tribunal civil de première instance de. . . .

Mais comme l'art. 500 du Code de commerce dispose que, dans ce cas, le Tribunal de commerce décidera s'il sera sursis ou passé outre à la convocation de l'assemblée pour la formation du concordat, l'exposant conclut :

À ce qu'il plaise au Tribunal décider, conformément aux dispositions dudit art. 500 du Code de commerce, s'il sera sursis ou passé outre à la susdite convocation.

Sur cette requête, la cause appelée à la présente audience,

Ouï le syndic définitif de la faillite du sieur E. A. . . ., filateur à. . ., qui a conclu aux fins de sadite requête.

En droit, que faut-il décider dans l'état de la cause ?

Attendu que la contestation portée devant le Tribunal civil est de nature à entraîner des retards considérables ; que l'intérêt des créanciers pourrait grandement souffrir de ces retards, et qu'il est dans l'intention du législateur que les opérations de la faillite soient accélérées et terminées le plus vite possible ;

    Par ces motifs,

Le Tribunal, après en avoir délibéré, jugeant publiquement et en dernier ressort, vu la requête ci-dessus et les dispositions de l'art. 500 du Code de commerce, et après avoir entendu le rapport de M. le juge-commissaire de la faillite, ordonne qu'il sera passé outre à la convocation de l'assemblée pour la formation du concordat.

FORMULE Nº 183. — Jugement du Tribunal civil qui prononce l'admission par provision d'une créance contestée.

Le Tribunal de première instance de. . . . a rendu le jugement dont la teneur suit :

Entre le sieur F. L. . . ., agissant comme syndic définitif de la faillite du sieur E. A. . . ., filateur, demeurant à. . . ., comparant par Me L. S. . . ., son avoué, d'une part,

Le sieur E. S. . . ., propriétaire, demeurant à. . . ., comparant par Me A. . . ., son avoué, d'autre part,

Et M. le procureur impérial près le Tribunal, encore d'autre part;

En fait,

Le syndic de la faillite a présenté au Tribunal, par le ministère de Me L. S. . . ., avoué, une requête ainsi conçue :

A Messieurs les président et juges composant le Tribunal civil de première instance de. . . .

Le sieur F. L. . . . ., agissant comme syndic définitif, etc.,

A l'honneur de vous exposer ce qui suit :

Le sieur E. S. . . ., propriétaire, demeurant à. . . ., a été admis, selon procès-verbal du juge-commissaire, au passif de la faillite pour la somme de. . . ., montant des loyers échus et à échoir à lui dus, de l'usine de filature qu'il a affermée au failli par acte sous seing privé en date du. . . ., enregistré, pour l'espace de six années, au prix de. . . par année; ledit sieur E. S. . . . ayant demandé à être admis aussi au passif pour la somme de. . . ., montant des loyers échus et à échoir d'une maison que, par une clause du bail à ferme précité, il s'engagea à construire pour l'usage du fermier de l'usine, dans l'enclos attenant à l'établissement et à des conditions énoncées audit bail à ferme; le syndic refusa d'admettre au passif ce second titre de créance, attendu que la maison en question n'avait pas été livrée à l'époque convenue, qu'elle n'était pas même encore prête lorsque le sieur E. A. . . . avait été déclaré en faillite, et que l'état des dépenses de construction, base des loyers à payer, n'avait pas été fourni. Sur cette contestation, M. le juge-commissaire de la faillite, vu la nature purement civile de la créance, renvoya la cause et les parties devant les Tribunaux civils.

Mais comme l'art. 500 du Code de commerce dispose que lorsque la contestation est portée devant le Tribunal civil, le Tribunal de commerce décidera s'il sera sursis ou passé outre à la convocation de l'assemblée des créanciers pour la formation du concordat, il est intervenu le. . . ., sur la requête du syndic, un jugement par lequel le Tribunal de commerce a ordonné de passer outre à ladite convocation. Le même article 500 dispose encore que, dans ce dernier cas, le Tribunal civil saisi de la contestation jugera, à bref délai, sur la requête des syndics signifiée au créancier contesté, et sans autre procédure, si la créance sera admise par provision et pour quelle somme; le Tribunal civil a été saisi de la contestation entre parties par exploit d'assignation notifié, à la requête du créancier contesté, au syndic de la faillite, le. . . .

Dans ces circonstances, le syndic de ladite faillite conclut à ce qu'il plaise au Tribunal, avant dire droit au fond, et tous droits à cet égard demeurant réservés, ordonner que la créance ci-dessus contestée ne sera pas admise par provision pour concourir à la formation du concordat, ou que, du moins, elle ne sera admise que pour une faible partie, et telle que le Tribunal jugera à propos de la fixer; réserver les dépens pour y être plus tard statué. ainsi qu'il appartiendra;

A. . . ., le. . . .   S. . . ., *avoué, signé.*

Cette requête, conformément audit art. 500 du Code de commerce, a été notifiée audit sieur E. S. . . ., par exploit enregistré de. . . ., huissier, en date du. . . .

A suite de cette requête et par son ordonnance de ce jour, M. le président du Tribunal en a prescrit la communication au ministère public et la remise à M. . . ., juge, pour en faire rapport à la présente audience.

Après le rapport publiquement fait par M. . . ., juge commis,

Ouï pour sa partie Me S. . . ., avoué, qui a persisté dans les conclusions de sa requête ;

Ouï pour le sieur E. S. . . . Me. . . ., avocat, assisté de Me. . . ., avoué, qui a conclu à ce qu'il plaise au Tribunal, attendu que la créance de sa partie est basée sur un acte librement consenti et loyalement exécuté par le concluant ; que quelques faibles retards apportés à l'achèvement des travaux de construction et à la livraison au fermier de la maison d'habitation dont il s'agit proviennent du fait de ce dernier et de ses exigences, pour la disposition des lieux ; que les locaux étaient prêts et habitables lorsque la faillite dudit sieur E. A. . . . éclata, et qu'obligé de quitter l'usine, il n'a plus eu besoin de ladite maison, ainsi que cela sera établi en temps opportun ;

Ordonner que la créance du concluant, pour le montant intégral des loyers échus et à échoir, et qui constituent même une créance privilégiée, sera admise par provision au passif de la faillite, et condamner le syndic aux dépens ;

Ouï M. le procureur impérial en ses conclusions,

Le Tribunal a posé la question suivante : Faut-il admettre par provision au passif de la faillite la créance contestée du sieur E. S. . . ., en tout ou en partie ? *Quid* des dépens ?

Considérant que le créancier contesté base sa prétention à l'admission au passif de la faillite pour la somme de. . . ., sur un acte de bail à ferme contenant des accords relatifs à l'édification d'une maison d'habitation pour le fermier de l'usine, qui paraissent avoir reçu de la part du propriétaire une exécution suffisante, puisqu'on ne dénie pas qu ladite maison ne soit aujourd'hui parachevée ; que quelques retards dans la livraison des locaux au fermier n'auraient pu donner lieu qu'à des dommages ou plutôt à une diminution sur le montant des loyers qu'il aurait été en droit de réclamer ; que le Tribunal possède des éléments suffisants pour apprécier l'étendue de ces dommages ;

Par ces motifs,

Le Tribunal jugeant publiquement et en dernier ressort, et sur les conclusions de M. le procureur impérial, ordonne que la créance de la partie de A. . . . sera admise par provision au passif de la faillite, mais seulement pour la somme de. . . .

Le Tribunal réserve les dépens.

I.   18

Formule n° 184. — Signification au créancier contesté de la requête des syndics, aux termes de l'art. 500 du Code de commerce.

L'an. . . . et le. . . ., je. . . ., huissier soussigné,

A la requête du sieur F. L. . . ., agissant comme syndic définiti de la faillite du sieur E. A. . . ., filateur, demeurant à. . . .

Ai notifié au sieur E. S. . . ., propriétaire, demeurant aussi à. . . . la requête en date du. . . . courant, présentée par le requérant, par le ministère de Me S. . . ., son avoué, au Tribunal civil de première instance de. . . ., et qui a pour objet de faire juger par ledit Tribunal, aux termes de l'art. 500 du Code de commerce, que la créance contestée dudit sieur E. S. . . ., relative à la somme de. . . ., pour le montant des loyers échus et à échoir, de la maison que ledit sieur E. S. . . . devait construire et livrer dans le courant de la première année du bail au fermier de son usine de filature située à. . . ., et qui n'a pas été prête à l'époque convenue, sera rejetée du passif de la faillite, ou du moins ne sera admise par provision que pour une faible partie; en conséquence, et en exécution dudit art. 500 du Code de commerce, j'ai assigné ledit sieur E. S. . . . à comparaître, le. . . . du courant, à l'audience dudit Tribunal civil de première instance de. . . ., séant au palais de justice, à. . . . heures du. . . ., pour y entendre dire droit aux fins de la requête précitée, avec dépens, et j'ai laissé copie, etc.

Formule n° 185. — Requête au Tribunal de commerce pour faire prononcer le sursis à la convocation de l'assemblée des créanciers pour le concordat, dans le cas où la créance est l'objet d'une instruction criminelle ou correctionnelle.

A Messieurs les président et juges composant le Tribunal de commerce de. . . .

Le sieur F. L. . ., syndic définitif de la faillite du sieur. . . ., etc.,

A l'honneur de vous exposer :

Que le sieur B. P. . . ., agent d'affaires, demeurant à. . . ., a demandé son admission au passif de la faillite pour le montant d'un billet à ordre de la somme principale de. . . ., souscrit par un sieur. . . ., trafiquant de bestiaux, demeurant à. . . ., à l'ordre du failli, le. . . ., valeur en marchandises, et payable le. . . ., et négocié par ce dernier en faveur dudit sieur P. B. . . . le. . . ., valeur reçue comptant ;

Le syndic ayant acquis la preuve, à l'aide d'une main-courante qui avait été soustraite par le failli et qu'il a été assez heureux pour retrouver, preuve qui a été au surplus corroborée par les aveux du failli, que cette négociation avait eu lieu postérieurement à la déclaration de faillite, au moyen d'un endossement antidaté, et dans le but évident de détourner une partie de l'actif, d'accord avec le prétendu créancier, dut consigner ces faits dans le mémoire ou compte sommaire de l'état apparent de la faillite, de ses principales causes et circonstances, ainsi que des caractères qu'elle paraissait avoir, remis à M. le juge-commissaire, conformément à l'art. 482 du Code de commerce ; en conséquence, il déclara, sur le procès-verbal de vérification des créances, qu'il ne pouvait admettre d'ores et déjà ce titre de créance au passif ;

Une instruction criminelle se poursuit en ce moment, tant contre le failli que contre ledit sieur P. B. . . .

Dans une semblable situation, l'exposant conclut à ce qu'il plaise au Tribunal ordonner qu'il sera sursis à la convocation de l'assemblée des créanciers pour la formation du concordat jusqu'après la décision sur la poursuite criminelle, et ferez justice.

(Sur cette requête le Tribunal de commerce rend un jugement qui prononce le sursis. Voir, pour la formule de ce jugement, celle n° 181. Si la poursuite n'avait pour objet que le délit de banqueroute simple, le Tribunal pourrait, suivant les circonstances, prononcer le sursis ou le passer-outre.)

RÉSUMÉ. — Indication alphabétique.

Admission hypothétique provisionnelle, 8.	Jugement sur la contestation, 2.	Requête de créancier, 4.
Contestation, créance civ., 7.	Mention du jugement, 2.	Révocation des syndics, 3.
Contestation des créances à vérifier, 6.	Plainte insuffisante, 1.	Séparation de juridiction, 5.
Créancier poursuivi criminellement, 1.	Poursuites commencées, 1.	Sincérité des créances produites, 7.
	Preuve testimoniale, 7.	
	Refus des syndics, 3.	

N° 1. La mesure de l'art. 500, qui ne permet pas d'admettre le créancier, poursuivi criminellement ou correctionnellement, aux délibérations de la faillite, doit être restreinte au cas exceptionnel prévu ; il ne suffit donc pas qu'il y ait plainte au sujet de poursuites ; il est nécessaire que des poursuites aient été déjà commencées contre le créancier. Dalloz, n° 636.

2. La mention du jugement qui statue sur la contestation doit être faite sur le procès-verbal de vérification, puisque ce jugement est un des éléments de l'instruction à laquelle cette opération a donné lieu.

3. Si les syndics refusaient de présenter la requête mentionnée dans l'art. 500, les moyens de vaincre leur refus seraient, ou bien une opposition du créancier à ce qu'il fût passé outre aux opérations de la faillite jusqu'après la fixation de la quotité de la créance, ou bien une demande en révocation des syndics. Dalloz, n° 640.

4. Le créancier n'a pas le droit de présenter lui-même cette requête. Lainné, p 189 ; Bédarride, t. 1er, p. 485.

5. Les art. 499 et 500 maintiennent le principe en vertu du-

18.

quel la juridiction consulaire reste séparée de la juridiction civile proprement dite, il suit de là que les difficultés auxquelles peuvent donner lieu les créances civiles appartiennent essentiellement à la juridiction civile, et que l'attribution spéciale dont parle l'art. 635, Code comm., a uniquement pour objet la vérification des créances, abstraction faite des contestations sur la créance même auxquelles cette vérification peut incidemment donner naissance, et dont le jugement est réservé, selon leur nature, à la juridiction qui est appelée à en connaître. Pardessus, nº 1186 ; Boulay-Paty, nº 233.

6. Hors ce cas, c'est le tribunal qui a déclaré la faillite qui doit connaître de toutes les contestations dont les créances à vérifier peuvent être l'objet, car le créancier qui se présente à la vérification se constitue demandeur, et toute demande en matière de faillite se porte devant le juge du domicile du failli. Dalloz, nº 643.

7. En cas de contestation d'une créance purement civile, le tribunal, hors les cas de dol et de fraude, ne peut pas s'écarter de l'art. 1341, Code Nap., relatif à l'admission de la preuve testimoniale, malgré la généralité apparente de l'art. 498 de la loi nouvelle des faillites, dont la disposition doit être considérée, moins comme une dérogation au premier alinéa de l'art. 1341 précité, que comme un cas d'application du second alinéa dudit article. C'est avec cette distinction qu'il faut entendre ce qui a été dit ci-dessus au sujet de l'enquête qui peut être ordonnée, à l'effet d'éclairer les juges sur la sincérité des créances produites. Dalloz, nº 644.

8. Rien n'empêche le tribunal civil, avant même que le tribunal de commerce ait rendu une décision, de prononcer hypothétiquement une admission provisionnelle, pour le cas où ce tribunal ordonnerait de passer outre. Renouard, t. 1ᵉʳ, p. 532.

501. Le créancier dont l'hypothèque ou le privilége seulement serait contesté sera admis dans les délibérations de la faillite comme créancier ordinaire.

FORMULE Nº 186. — **Contestation seulement du privilége ou de l'hypothèque du créancier.**

(*Suite du procès-verbal de vérification des créances* (Voir ci-dessus).

A aussi comparu le sieur L. L. . . . ., demeurant à . . . ., qui nous a présenté un acte d'obligation de la somme de. . . . ., consenti en sa faveur par le sieur F. . . . ., failli, le 1ᵉʳ septembre 1857, devant Mᵉ. . . .,

DES SYNDICS. — Art. 501.

notaire à. . . ., avec affectation hypothécaire, sur tous les immeubles de son débiteur ; en vertu de cet acte une inscription a été requise, le 18 du même mois de septembre, au bureau des hypothèques de. . . .

Le syndic ayant vérifié ce titre de créance, a remarqué que l'acte d'obligation est causé pour prêt fait peu de jours avant l'acte ; or, le jugement qui a déclaré le sieur F. . . ., en état de faillite, et qui est à la date du 1er octobre 1857, en a fait remonter l'époque au 1er août précédent ; aux termes de l'art. 448 du Code de commerce, l'hypothèque et par suite l'inscription précitée seraient nulles, comme obtenues et requises après l'époque de la cessation de paiements, et plus de quinze jours après la date de l'acte constitutif de l'hypothèque.

En conséquence, le syndic a déclaré qu'il contestait formellement la validité de ladite hypothèque ;

Sur quoi,

Nous, juge-commissaire, vu la contestation élevée par le syndic contre la validité de l'hypothèque conventionnelle et de l'inscription ci-dessus, renvoyons, sur ce point, les parties à se pourvoir ainsi qu'elles aviseront ;

Et attendu cependant que la créance elle-même n'est pas contestée ; qu'elle doit par suite être reconnue sincère et véritable, disons et ordonnons que le créancier sera admis, comme créancier ordinaire, à toutes les délibérations de la faillite, pour pouvoir y surveiller, tant ses droits et intérêts que ceux de la masse, et prendre plus tard telles déterminations qu'il avisera.

(*Signatures.*)

RÉSUMÉ.

N° 1. Ces mots de l'art. 501 *le privilége ou l'hypothèque* ne sont pas exclusifs ; ils embrassent aussi les nantissements et les gages. Duvergier, *Collect. des lois*, t. 1838, p. 390.

2. Cette disposition demande explication rapprochée de celle de l'art. 508, aux termes duquel les créanciers hypothécaires privilégiés ou nantis de gages sont exclus de tout concours au vote sur le concordat, sous peine de perdre les garanties attachées à leurs créances ; mais ces deux dispositions n'ont rien de contradictoire : la première autorise les créanciers hypothécaires privilégiés ou nantis de gages à assister aux délibérations sur le concordat, à prendre part à ces délibérations, soit pour éclairer les autres créanciers, soit pour s'éclairer eux-mêmes sur les faits énoncés, tandis que la seconde leur interdit de voter sur les propositions relatives au concordat ; il est certain que le concours de tous les créanciers, quelle que soit leur qualité, est d'une grande utilité pour la masse ; or, un créancier privilégié ou hypothécaire peut fournir, aussi bien qu'un créancier ordinaire,

des renseignements précis, éclairer la discussion par la production de documents qui seraient en ses mains. Dalloz, n° 645.

3. Il y a plus, chaque créancier est appréciateur de la conduite qu'il lui convient de tenir quant à ses intérêts. Or, s'il plaît à un créancier de renoncer à son privilége ou à son hypothèque, en prenant part au vote, il lui importe d'être éclairé, comme tout autre, sur les circonstances de la faillite. D'ailleurs, il arrive souvent qu'on ne vient pas en ordre utile, comme créancier privilégié ou hypothécaire, et dans ce cas, on doit être mis sur la ligne de tous les créanciers ordinaires ; enfin, le concordat peut être rejeté, et dans ce cas, l'union ayant lieu de plein droit, séance tenante, les créanciers hypothécaires ou privilégiés ont intérêt à être présents pour prendre part au vote des mesures à arrêter en commun. Bédarride, n° 488 ; Dalloz, n° 645.

4. Le créancier dont l'hypothèque ou le privilége seulement sera contesté, est admis au nombre des créanciers ordinaires, si toutefois sa créance est reconnue sincère et véritable, car il est évident que si la contestation porte aussi sur la créance elle-même, il y a lieu d'appliquer les règles d'après lesquelles le tribunal saisi de la contestation sursoit, ou passe outre, en décidant, dans ce dernier cas, si la créance sera admise provisoirement. Bédarride, n° 49 ; Dalloz, n°ˢ 646 et 647.

502. A l'expiration des délais déterminés par les art. 492 et 497, à l'égard des personnes domiciliées en France, il sera passé outre à la formation du concordat et à toutes les opérations de la faillite, sous l'exception portée aux art. 567 et 568 en faveur des créanciers domiciliés hors du territoire continental de la France.

503. A défaut de comparution et affirmation dans les délais qui leur sont applicables, les défaillants connus ou inconnus ne seront pas compris dans les répartitions à faire ; toutefois, la voie de l'opposition leur sera ouverte jusqu'à la distribution des deniers exclusivement ; les frais de l'opposition demeureront toujours à leur charge.

Leur opposition ne pourra suspendre l'exécution des répartitions ordonnancées par le juge-commissaire ; mais s'il est procédé à des répartitions nouvelles avant qu'il ait été statué sur leur opposition, ils seront compris pour la somme qui sera provisoirement déterminée par le tribunal, et qui sera tenue en réserve jusqu'au jugement de leur opposition.

S'ils se font ultérieurement reconnaître créanciers, ils ne pourront rien réclamer sur les répartitions ordonnancées par le juge-commissaire; mais ils auront le droit de prélever, sur l'actif non encore réparti, les dividendes afférents à leurs créances dans les premières répartitions.

FORMULE N° 187. — Opposition par un créancier retardataire à de nouvelles répartitions.

L'an. . . ., et le. . . ., je. . . . ., huissier. . . ., soussigné,

A la requête du sieur R. G. . . ., banquier, demeurant à. . . ., qui fait élection de domicile à C. . . ., chez. . . .,

Ai exposé au sieur F. L. . . ., arbitre du commerce, demeurant à C. . ., en sa qualité de syndic définitif de la faillite du sieur F. F. . ., trafiquant de bestiaux, demeurant à. . . ., que le requérant vient d'apprendre que ledit sieur F. F. . . ., a été déclaré en état de faillite, et que les opérations de cette faillite sont même fort avancées, puisque la vérification des créances produites, et leur affirmation ont eu lieu; que même une première répartition de. . . ., pour cent, a été faite à plusieurs créanciers, et qu'il reste cependant encore des deniers à distribuer; le requérant, absent de son domicile depuis plusieurs mois, n'a pu produire son titre de créance, qui consiste en une lettre de change de la somme de. . . ., souscrite par le failli et qui est actuellement échue, ni le faire vérifier et affirmer; mais comme il a intérêt à être compris aux répartitions ultérieures, et à empêcher qu'il y soit procédé à son préjudice, j'ai, à même requête que ci-dessus, déclaré à mondit sieur. . . ., syndic prénommé, que le requérant s'oppose formellement, par le présent, à ce que toutes nouvelles répartitions des deniers de la faillite soient faites hors de sa présence, et au préjudice des droits du requérant, jusqu'à ce qu'il ait été statué sur la présente opposition, où que le Tribunal ait provisoirement déterminé la somme pour laquelle le requérant sera compris dans lesdites répartitions et qui sera tenue en réserve jusqu'au jugement de la présente opposition, sous peine, pour ledit syndic, d'être personnellement responsable des causes de la présente opposition, et de tous dommages-intérêts, et, à même requête que ci-dessus, j'ai donné assignation audit sieur F. L. . . ., comme procède, à comparaître le. . . . du courant, à l'audience du Tribunal de commerce de. . . ., séant en ladite ville, au palais de justice, à. . . . heures du. . . ., pour y voir dire droit à la présente opposition; voir, en conséquence, déclarer que le requérant sera relevé de toute dé chéance qu'il aurait pu encourir ; par suite, voir ordonner qu'il sera compris à toutes répartitions et distributions des deniers de la faillite, auxquelles il sera procédé à l'avenir, après que sa créance aura été reconnue sincère et véritable par le Tribunal dans le jugement à intervenir ; s'entendre enfin ledit sieur. . . ., syndic, condamner à l'excédant des frais qui résulterait d'une contestation mal fondée, envers la présente opposition et assignation ; dont acte, et j'ai laissé copie, etc.

(Signature.)

(Sur ces opposition et assignation, le Tribunal de commerce, sur le rapport du juge-commissaire, statue dans la forme ci-dessus tracée, formule 183.)

RÉSUMÉ (Art. 502).

N° 1. C'est-à-dire, à l'exception de la réserve de fonds qui doit être faite pour les créanciers domiciliés hors de France et pour ceux dont les créances sont encore en contestation. Javerjac et Belloc, art. 502.

RÉSUMÉ (Art. 503). — Indication alphabétique.

Créancier défaillant, **2.**	Frais de jugements, **5.**	Opposition (form. de l'), **2.**
Déchéance des distributions, **1.**	Frais de l'opposition, **5.**	Prétention des retardataires, **4.**
Déchéance définitive, **7.**	Garantie de la légitimité des créances admises, **4.**	Refus de just. sa créance, **1.**
Déchéance des créanciers défaillants, **6.**	Jugement sur l'opposition, **3.**	Répartition unique, **7.**
	Mode de procéder, **4.**	Vérification ultérieure, **1.**

N° 1. Les syndics peuvent, du consentement de la masse, faire déclarer par action directe que tel créancier qui s'est présenté à la vérification des créances et refuse de justifier la sienne de la manière prescrite par le juge-commissaire, sera déchu, à l'égard des distributions de deniers qui seront faites avant la vérification de sa créance ; mais, dans ce cas, ce créancier n'en conserve pas moins le droit de faire vérifier ultérieurement sa créance, et si elle est admise, de prendre part aux distributions ultérieures, conformément à l'art. 513 (Liége, 4 mars 1816, affaire Delcourt). Dalloz, v° *Faillite*, n° 649, et l'arrêt cité en note.

2. L'opposition du créancier défaillant doit être formée par acte extrajudiciaire, signifié aux syndics de la faillite (Lainné, p. 198). Cette voie est celle qu'on suit généralement, du moins à Paris (*Id.*).

3. Le tribunal de commerce saisi de la connaissance de cette opposition en la forme ordinaire, rend un jugement, sur le rapport du juge-commissaire, en présence des syndics, ou eux dûment appelés.

4. Le mode de procéder par voie de simple requête adressée au juge-commissaire, par le créancier, indiqué par quelques auteurs, n'est pas régulier ; la loi ayant voulu qu'un jugement intervînt sur l'opposition, elle voit dans cet acte une action qui n'est pas dispensée des formalités ordinaires, puisque aucun texte ne l'en a dispensée ; il serait en effet difficile de réunir de nouveau les créanciers pour les consulter sur les prétentions de chaque retardataire, et il n'y aurait pas pour la masse une garantie assez forte de la légitimité des créances admises, s'il suffisait, dans ce cas, qu'elles fussent vérifiées par les syndics, avec l'autorisation du juge-commissaire ; il y a donc nécessité de recourir à l'autorité du tribunal de commerce. Dalloz, n° 650, v° *Faillite*.

5. Les frais de l'opposition doivent toujours demeurer à la charge des opposants, ainsi que ceux du jugement auquel elle donne lieu, puisque c'est leur absence lors de la vérification qui a rendu ce jugement indispensable ; mais l'excédant des frais qui résulte d'une mauvaise contestation faite aux opposants reste à la charge des syndics ou de la masse, suivant les circonstances. Renouard et Dalloz, n° 651.

6. La déchéance contre les créanciers défaillants ne peut, du reste, être invoquée que par les autres créanciers de la faillite, et non par le failli lui-même. Bordeaux, 6 décembre 1837 (S.-V. 39.2.194 ; D.P.39.2.103 ; Pardessus, t. 4, n° 1250).

7. Si une seule répartition a lieu pour la distribution de l'actif et qu'elle soit faite ou ordonnancée avant que certains créanciers ne se présentent, ils seront déchus définitivement ; à l'égard de la masse de la faillite, il n'est même pas besoin de faire prononcer cette déchéance par un jugement ; elle est encourue de plein droit et par la seule force de la loi qui l'établit, par cela seul qu'on a laissé expirer les délais qu'elle a fixés. Pardessus, n° 1188 ; Bédarride, n° 498.

CHAPITRE VI.

DU CONCORDAT ET DE L'UNION.

SECTION Ire. — *De la convocation et de l'assemblée des créanciers.*

504. Dans les trois jours qui suivront les délais prescrits pour l'affirmation, le juge-commissaire fera convoquer, par le greffier, à l'effet de délibérer sur la formation du concordat, les créanciers dont les créances auront été vérifiées et affirmées, ou admises par provision. Les insertions dans les journaux et les lettres de convocation indiqueront l'objet de l'assemblée.

FORMULE Nᵒ 188. — Pour l'insertion dans les journaux.

TRIBUNAL DE COMMERCE DE. . . . .

AVIS.

Les créanciers du sieur. . . ., demeurant à. . . ., dont les titres de créance ont été vérifiés et affirmés, sont invités à se rendre en personne, ou par fondé de pouvoirs, le. . . ., à. . . . heures du. . . ., dans la salle du conseil du Tribunal de commerce de. . . ., à l'effet de délibérer sur la formation du concordat, s'il y a lieu, et en cas d'union, pour y être procédé, conformément aux dispositions des art. 529 et 530 du Code de commerce.

(Le greffier, signé.)

FORMULE Nᵒ 189. — Lettres de convocation pour le concordat.

C. . . ., le. . . ., 1859,

Le greffier du Tribunal de commerce de. . . .,

Aux créanciers reconnus du sieur. . ., négociant, demeurant à. . .

M.

Pour me conformer à l'art. 504 du Code de commerce, et en vertu de l'autorisation qui m'en a été donnée par M. le juge-commissaire de la faillite dudit sieur. . . ., je vous invite à vous rendre en personne, ou par un fondé de pouvoirs, le. . . . courant, à. . . heures du. . . ., dans la salle du conseil du Tribunal de commerce de. . . ., à l'effet de délibérer sur la formation du concordat, s'il y a lieu, et en cas d'union des créanciers, pour y être immédiatement consulté, tant sur les faits de la gestion que sur l'utilité du maintien ou du remplacement du syndic, et y donner, en outre, votre avis sur la question de savoir si un secours pourra être accordé au failli, sur l'actif de la faillite, en exécution des art. 529 et 530 du Code précité.

J'ai l'honneur de vous saluer.

(Le greffier, signé.

RÉSUMÉ.

N° 1. Il est dans l'esprit de la loi que les journaux dans les-quels les insertions sont faites soient ceux que désigne l'art. 42, Code de comm., c'est-à-dire le journal ou les journaux que le tribunal de commerce désigne, dans la première quinzaine de janvier, au chef-lieu de leur ressort, ou, à défaut, dans la ville la plus voisine, où doivent être insérés les avis et annonces judi-ciaires ; mais comme aucun texte de loi ne prescrit ce choix à peine de nullité, l'insertion dans d'autres journaux n'entraîne-rait pas cette conséquence et cette nullité. Lainné, p. 203.

2. Cette convocation des créanciers dans les trois jours qui sui-vent les délais prescrits pour l'affirmation est de rigueur, l'art. 504 en impose l'obligation formelle au juge-commissaire. Dalloz, n° 657.

3. Il n'y a pas lieu de surseoir à la convocation des créanciers par cela seul que la créance de l'un d'eux est contestée, en tout ou en partie, ce qui a motivé le renvoi à l'audience ; le concor-dat intervenu en cet état n'en est pas moins valable et obligatoire pour le créancier contesté ; alors, d'ailleurs, que ce créancier avait le droit de prendre part à la délibération, par suite de la reconnaissance d'une partie de sa créance, et que la majorité des trois quarts en somme a pu se former indépendamment de la créance contestée (Rej. 24 mars 1840, S.-V.40.1.312 ; D.P.40.1. 138).

505. Aux lieu, jour et heure qui seront fixés par le juge-commissaire, l'assemblée se formera sous sa prési-dence. Les créanciers vérifiés et affirmés, ou admis par provision, s'y présenteront en personne ou par fondé de pouvoirs.

Le failli sera appelé à cette assemblée ; il devra s'y pré-senter en personne, s'il a été dispensé de la mise en dépôt, ou s'il a obtenu un sauf-conduit, et il ne pourra s'y faire représenter que pour des motifs valables et approuvés par le juge-commissaire.

Formule n° 190.—Procuration d'un créancier pour se faire représenter aux opérations d'une faillite.

Je (nom, prénoms, profession et domicile du créancier mandant) soussigné, donne pouvoir, par le présent, à (nom, prénoms, profession et domicile du mandataire : le pouvoir peut être laissé en blanc; et ce blanc est rempli par le porteur qui doit en faire usage), de, pour moi et en mon nom, se présenter à la faillite du sieur (désignation du débiteur failli), mon débiteur de la somme de. . . .

A cet effet, former opposition au jugement déclaratif de la faillite, soit pour le faire rapporter ou rétracter, soit pour faire changer l'époque de la cessation de paiements, requérir toutes appositions, reconnaissances et levée de scellés ; assister à tous inventaires et récolement ; faire à ce sujet tous dires, réquisitions et réserves ; donner son avis sur la nomination de nouveaux syndics, sur l'adjonction, le remplacement ou la révocation d'un ou plusieurs des syndics nommés, provisoires ou définitifs ; faire vérifier ma créance, en affirmer la sincérité, comme je l'affirme moi-même, par le présent pouvoir, assister à la vérification des autres créances, fournir des contredits aux vérifications faites et à faire, contester la validité de tous titres produits par les autres créanciers, se faire rendre compte de l'état de la faillite, prendre part à toutes les délibérations de créanciers, consentir toutes renonciations, accorder termes et délais, traiter, transiger, composer, et à cet effet signer tous actes, concordats et arrangements particuliers, s'y opposer et les attaquer, devant tous juges compétents, et par toutes voies de droit, nommer tous syndics définitifs de l'union ; leur donner tous pouvoirs, les révoquer, s'il y a lieu ; en nommer d'autres, remettre ou retirer tous titres et pièces, recevoir tous dividendes, en donner quittance, passer et signer tous actes, consentir concordat par-abandon, élire domicile, changer les domiciles élus, faire tous actes conservatoires, et généralement tout ce qui sera nécessaire, quoique non prévu par le présent, promettant l'avouer et approuver.

Fait à. . . ., le. . . .

(La signature, avec ces mots : bon pour procuration, si le mandant n'écrit pas lui-même le pouvoir.)

Formule n° 190 bis. — Procuration d'un créancier pour se faire représenter à l'assemblée pour le concordat.

Je. . . . soussigné, demeurant à. . . ., créancier vérifié et affirmé de la faillite du sieur. . . ., institue, par le présent, pour mon fondé de pouvoir M. . . ., demeurant à. . . ., à l'effet de se présenter pour moi et en mon nom, à l'assemblée des créanciers dudit sieur. . . ., qui aura lieu le. . . . du courant, à. . . . heures du. . . . dans la salle du conseil du Tribunal de commerce de. . . ., et qui a pour objet la délibération sur la formation du concordat, s'il y a lieu, et dans le cas d'union desdits créanciers, l'avis à émettre par eux, tant sur les faits de la gestion que sur l'utilité du maintien ou du remplacement du syndic (ou des syndics), comme aussi sur la question de savoir si un secours pourra être accordé au failli sur l'actif de la faillite ; signer en conséquence le concordat qui paraîtra devoir être consenti, s'y opposer au contraire si mondit procureur fondé le croit nécessaire ; faire, en un mot, dans cette circonstance, tout ce qui sera jugé le plus utile à mes intérêts, et ce que je ferais moi-même, et ce conformément aux art. 505, 529 et 530 du C. de comm., donnant à tout ce qui sera ainsi fait mon entière approbation.

(Signature du mandant.)

(Ce pouvoir doit être sur timbre et enregistré.)

Formule n° 191. — Sommation pour appeler le failli à l'assemblée.

L'an. . . . et le. . . ., je. . . ., huissier,

A la requête du sieur F. L. . . ., arbitre du commerce, demeurant à. . . ., agissant comme syndic définitif de la faillite du sieur. . . ., négociant, demeurant à. . . .

Ai, conformément aux dispositions de l'art. 505 du Code de commerce au titre des faillites et banqueroutes, invité et, en tant que de besoin, sommé ledit sieur. . . ., failli, de se rendre à l'assemblée de ses créanciers qui aura lieu le. . . . du courant, à. . . heures du. . . . dans la salle du conseil du Tribunal de commerce de. . . ., séant au palais de justice, et qui a pour objet la délibération sur la formation du concordat, et à défaut de passer outre aux autres opérations prescrites par la loi, lui déclarant qu'il est tenu de se présenter en personne et qu'il ne pourra se faire représenter que pour des motifs valables et approuvés par le juge-commissaire, dont acte, et j'ai laissé copie, etc.

Formule n° 192. — Procuration d'un failli pour se faire représenter à l'assemblée de ses créanciers pour la formation du concordat.

Je. . . ., soussigné, négociant, demeurant à. . . .,

Appelé à l'assemblée de mes créanciers, convoqués pour délibérer sur la formation du concordat, mais empêché de m'y présenter en personne par suite du dépôt que je subis actuellement dans la maison d'arrêt pour dettes de cette ville (exposer tous autres motifs valables que pourrait avoir le failli de ne pas comparaître en personne),

Institue, par le présent, pour mon fondé de pouvoir M. . . ., demeurant à. . . ., à l'effet de se présenter pour moi et en mon nom à ladite assemblée qui aura lieu le. . . . courant, à. . . . heures du. . . ., dans la salle du conseil du Tribunal de commerce de. . . ., et à toutes réunions ultérieures qui pourront avoir pour objet la formation dudit concordat ou toutes autres opérations où ma présence peut être utile ; faire également, pour moi et en mon nom, la proposition à mesdits créanciers d'un dividende de. . . . pour 100 sur leurs créances respectives, payable. . . . (indiquer les conditions du paiement); signer à cet effet le traité ou concordat qui pourra intervenir sur ces bases ; approuvant, d'ores et déjà, tout ce qui sera ainsi fait pour l'exécution du présent mandat.

(*Signature du failli*).

Enregistré à. . . ., le. . . .

RÉSUMÉ. — **Indication alphabétique.**

No 1. Dans la fixation qu'il fait du jour de la réunion, le juge-commissaire doit veiller à ce que le délai entre la convocation et la réunion soit assez étendu pour que les créanciers domiciliés hors du siège de la faillite puissent avoir le temps de s'y rendre ou d'envoyer leurs instructions à leurs mandataires ; et d'un autre côté il ne doit pas perdre de vue que les opérations de la faillite ne doivent éprouver aucun retard inutile. Dalloz, n° 658.

2. On ne doit pas recevoir à l'assemblée des créanciers non vérifiés, qu'un jugement n'a pas admis par provision, alors même qu'ils établiraient que personne ne conteste leur créance. Pardessus, n° 1234.

3. Chaque phase de la faillite a ses garanties et ses conséquences, et l'assemblée convoquée pour délibérer sur le concordat n'a pas à s'occuper de vérification de créances.

4. On ne peut suppléer à l'absence de vérification dans les formes prescrites qu'en se faisant vérifier par jugement. Dalloz, n° 659.

5. Les créanciers admis par provision ne sont pas soumis à l'affirmation de leur créance, puisque leur créance est contestée ; il y aurait immoralité à pousser à un mensonge des personnes dont les droits sont menacés dans leur existence. La loi a donc

sagement fait en ne commandant pas une affirmation qui suppose une admission définitive. Esnault, t. 1er, n° 391.

6. Les créanciers qui sont admis à faire partie de l'assemblée peuvent s'y faire représenter par un mandataire muni d'un pouvoir sous seing privé ; il n'est pas nécessaire que les procurations soient données par un acte authentique, puisque aucun texte ne le prescrit. Boulay-Paty, n° 525.

7. La loi n'interdit pas à un mandataire de représenter plusieurs créanciers, et quand cette hypothèse se présente, il va de soi que le mandataire a autant de voix qu'il a de mandants. Renouard et Boileux émettent un semblable avis.

8. Le juge-commissaire vérifie les pouvoirs de ceux qui se présentent comme fondés de procuration; la loi nouvelle n'a pas reproduit cette règle de l'ancien art. 517, parce qu'on l'a considérée comme surabondante et inutile, une telle vérification étant de droit. Rapport de M. Renouard; et Pardessus, n° 1234.

9. Lorsque le juge-commissaire découvre que certaines opérations ont été omises ou sont irrégulières, ou que les délais ne sont pas expirés, il doit ordonner qu'on procède aux formalités omises ou qu'on recommence celles qu'il reconnaît irrégulières, ou qu'on attende l'expiration des délais, et il doit ajourner l'assemblée jusque-là, sans permettre de passer outre. Pardessus, n° 1234.

10. C'est celui qui est maître de la créance au moment où l'assemblée se réunit, qui doit y prendre place ; en conséquence, si la créance a passé en d'autres mains depuis l'affirmation, c'est l'ayant cause de celui qui a fait l'affirmation qui doit se présenter, qu'il soit héritier, donataire ou cessionnaire; on doit aussi avoir égard au changement survenu dans la capacité du créancier, depuis l'affirmation; celui qui, depuis cette époque, serait tombé en faillite, doit être représenté par ses syndics, l'interdit par son tuteur, et le mineur devenu majeur viendra lui-même exercer ses droits. Renouard, t. ii, p. 5.

11. La présence du failli à l'assemblée est de la dernière importance pour qu'il y fasse connaître les causes de son désastre, les moyens d'en atténuer les effets, et les propositions qu'il peut faire à ses créanciers. S'il a un sauf-conduit et qu'il ne se présente pas, ou ne fait pas approuver son remplacement par un fondé de pouvoirs, il peut, d'après l'art. 586, être condamné comme banqueroutier simple.

12. Au surplus, on ne peut dénier au failli la faculté de se faire assister d'un conseil. Pardessus, n° 1234; Dalloz, n° 665.

13. Au cas de faillite d'une société anonyme, et pour mettre en pratique la disposition de la loi qui prescrit d'appeler le failli à l'assemblée, la société doit être appelée, par l'intermédiaire de ses anciens administrateurs ou de son liquidateur, à l'assemblée convoquée régulièrement; il ne peut être auparavant passé outre au contrat d'union. Paris, 29 déc. 1838 (S.-V.39.2.347; D. P,39.2.37).

14. Vainement ou dirait que la faillite a dépouillé le liquidateur de ses pouvoirs.

15. Mais pour cela il faut que la société n'ait pas cessé d'exister, soit par le retrait de l'autorisation du Gouvernement, soit par l'effet d'un jugement de dissolution, rendu sur la demande de l'un des associés. Lainné, p. 208; Esnault, no 394; Dalloz, no 724.

16. Par cela même qu'il est reconnu que les étrangers sont habiles à faire le commerce en France, ils participent nécessairement à tous les avantages de la loi commerciale, il leur est donc permis de signer valablement un concordat avec leurs créanciers. Dalloz, no 725.

17. Quant aux sociétés en nom collectif ou en commandite, il n'y a pas de difficulté, elles sont appelées à comparaître dans la personne des associés solidaires, qui sont les faillis. Dalloz, no 666; Lainné, p. 207.

18. Le failli qui n'a pas de sauf-conduit peut être incarcéré au moment où, appelé à l'assemblée des créanciers, il y comparaît; la sommation qui lui a été faite de comparaître à cette assemblée ne peut équivaloir à un sauf-conduit (Amiens, 20 août 1840, S.-V.40.2.499; D.P.41.2.54).

19. La loi ne dit pas par qui le failli doit être appelé; c'est une obligation qui pèse sur les syndics. Esnault, t. 2, no 394.

20. C'est par une sommation faite par huissier que le failli est appelé, afin qu'un acte constate bien l'accomplissement de cette formalité, et c'est ce qui a lieu dans la pratique; cette sommation ne saurait être donnée à la requête du juge-commissaire qui n'est point partie dans les procédures de faillite; il ne convient pas d'ailleurs que ce magistrat descende à ces détails de forme.

506. Les syndics feront à l'assemblée un rapport sur l'état de la faillite, sur les formalités qui auront été remplies et les opérations qui auront eu lieu; le failli sera entendu.

Le rapport des syndics sera remis, signé d'eux, au juge-commissaire qui dressera procès-verbal de ce qui aura été dit et décidé dans l'assemblée.

FORMULE N° 193. — Rapport du syndic définitif à l'assemblée des créanciers pour le concordat.

Messieurs les créanciers,

Sur la requête à lui présentée par M. . . ., négociant, demeurant à. . . ., le Tribunal de commerce de cette ville, par son jugement en date du. . . . déclara le sieur. . . ., marchand, domicilié à. . . ., en état de faillite et en fixa provisoirement l'époque au. . . .

Par ce même jugement, le Tribunal nomma M. . . ., juge au Tribunal de commerce, commissaire de ladite faillite, et nous désigna comme syndic provisoire, ordonna l'apposition des scellés au domicile du failli et le dépôt de sa personne dans la maison d'arrêt pour dettes.

En vertu de ce jugement et conformément à l'art. 490 du Code de commerce, nous avons requis le. . ., au bureau des hypothèques de. . ., au nom de la masse, une inscription hypothécaire sur les immeubles connus du failli ; une autre inscription hypothécaire a été pareillement requise le. . . au nom de la masse, au bureau des hypothèques de. . . sur les immeubles du sieur. . . ., débiteur du failli, en vertu d'un jugement de condamnation rendu contre lui le. . . ., par le Tribunal de. . . . (énoncer tous autres actes conservatoires qui auront été faits, comme saisies-arrêts, saisies conservatoires, protêts faute d'acceptation ou faute de paiement).

Suivant l'avis qui lui fut adressé par le greffier du jugement déclaratif de la faillite, M. le juge de paix du canton de. . . ., sur notre réquisition verbale, apposa le même jour les scellés au domicile du failli.

(Ou bien :) En vertu de l'ordonnance de M. le juge-commissaire, qui nous dispensait de l'apposition des scellés, l'actif du failli pouvant être inventorié en un seul jour, nous procédâmes le. . . . à l'inventaire des valeurs dépendant de la faillite ; un exemplaire de notre inventaire, dressé en double minute et dûment enregistré, a été déposé au greffe du Tribunal de commerce le. . . ., conformément à la loi.

Tous les créanciers connus ayant été réunis le. . . . en assemblée, par M. le juge-commissaire et sous sa présidence, pour y être consultés tant sur la composition de l'état des créanciers présumés que sur la nomination de nouveaux syndics, il est intervenu le. . . . un second jugement du Tribunal qui, sur le rapport de M. le juge-commissaire de la faillite, et d'après l'avis de la majorité de ladite assemblée, nous a maintenu dans les fonctions de syndic définitif de la faillite.

Sur notre réquisition écrite, M. le juge de paix a procédé le. . . . et jours suivants à la levée des scellés ; à mesure de cette levée des scellés,

I.   19

en présence du juge de paix, le failli aussi présent (ou bien : le failli dûment appelé, mais n'ayant pas comparu), nous avons dressé en double minute l'inventaire prescrit par l'art. 480 du Code de commerce, et déposé l'une de ces minutes au greffe du Tribunal, le. . . ., ainsi que cela résulte de l'acte de dépôt du même jour par le greffier.

Conformément aux dispositions de l'art. 482 du Code de commerce, nous avons remis à M. le juge-commissaire le mémoire ou compte sommaire de l'état apparent de la faillite, de ses principales causes et circonstances et des caractères qu'elle paraît avoir.

Les insertions aux journaux et les affiches ont été régulièrement faites.

Un extrait du jugement déclaratif de la faillite a été adressé par le greffier au procureur impérial, et à la diligence du ministère public, la disposition de ce jugement ordonnant le dépôt de la personne du failli dans la maison d'arrêt pour dettes a été exécutée; cette mesure de rigueur dure encore.

Le failli n'ayant pas dressé son bilan, nous nous sommes occupé de sa rédaction à l'aide des renseignements, livres et papiers du failli, où nous n'avons pas toujours trouvé tous les documents désirables, ces livres et ces écritures étant en général mal tenus.

Tous les créanciers présumés ont été invités, tant par insertions dans les journaux que par lettres du greffier, à faire au syndic la remise de leurs titres de créance, si mieux ils n'aimaient en faire le dépôt au greffe ; les créanciers connus, à l'exception du sieur. . . (ou des sieurs), ayant déféré à ces avertissements, tous les titres présentés ont été vérifiés et affirmés, suivant deux procès-verbaux en date du. . . .

Les sieurs. . . ., négociants, ayant formé opposition par un exploit en date du. . . ., envers la disposition du jugement déclaratif de la faillite qui en fixait l'époque au. . . ., sur le motif que l'effet de commerce protesté sur lequel ce jugement s'était basé, n'était pas dû par le failli puisqu'il était acquitté déjà depuis quelque temps sans avoir été retiré ; il fut rendu le. . . . un jugement qui accueillit cette opposition et fixa l'époque de la faillite seulement au. . . . dernier.

Sur la poursuite du syndic définitif, le Tribunal de commerce, par son jugement en date du. . . . a annulé une vente d'immeubles consistant en une maison et jardin joignant consentie par le failli le. . . en faveur du sieur. . . ., vente qui a été reconnue constituer une véritable dation en paiement d'une dette contractée par le failli ; mais cette vente paraissant avoir été faite à sa juste valeur, et le Tribunal ayant donné le choix à l'acquéreur de garder les immeubles vendus ou d'en rembourser le prix, sauf à ce dernier à faire valoir sa créance dans la faillite, ledit sieur. . . . a adopté ce dernier parti; ainsi une somme de. . . . a été réintégrée à la masse.

Enfin, par des insertions dans les journaux faites le. . . . et par une lettre circulaire en date du. . . ., tous les créanciers reconnus ont été invités à se réunir cejourd'hui à l'effet de délibérer sur la formation du concordat, s'il y a lieu, et le failli a été également appelé à cette assemblée, par exploit en date du. . . ., pour y être entendu sur ses dires, explications et propositions.

Voilà, Messieurs, les formalités qui ont été remplies et les opérations qui ont eu lieu.

Nous devons maintenant vous faire connaître l'état de la faillite.

Le passif vérifié et affirmé s'élève à la somme de. . . .; il faut ajouter à cette somme le montant d'une reconnaissance faite par le failli en faveur de sa femme, suivant acte devant Me. . ., notaire, en date du. . ., en représentation du prix d'une maison échue à ladite femme dans la succession de ses père et mère, et vendue par ledit sieur. . . ., failli, au prix de. . . ., il s'ensuit que le passif se porte à la somme de. . ., y compris celle de. . . ., qui serait due audit sieur. . . ., qui n'a pas encore produit son titre.

Sur cette somme totale, trois créances se trouvent privilégiées ou hypothécaires, savoir. . . . (les désigner).

Elles forment ensemble une somme de. . ., ce qui réduit les créances chirographaires à. . . .

Pour faire face à ce passif, vous avez : 1°. . . . (désigner l'actif connu ou réalisé ou à réaliser qui est porté au bilan).

La valeur du mobilier inventorié sera en grande partie absorbée par les frais et dépenses de la faillite, s'élevant à ce jour et approximativement à la somme de. . . .; d'ailleurs une partie de ce mobilier devra être laissée pour l'usage du failli et de sa famille.

C'est vous dire que les créanciers chirographaires n'ont à espérer qu'un faible dividende si l'épouse du failli ne consent pas à venir à son secours.

Voilà, Messieurs les créanciers, tous les renseignements et explications qu'il est en notre pouvoir de vous donner ; c'est à vous à présent à examiner quelle est la détermination qu'il vous convient de prendre dans vos intérêts.

A. . . ., le. . . .   (*Le syndic, signé.*)

(Ce rapport doit être sur timbre.

Formule n° 193 *bis*. — Rapport.

Messieurs les créanciers,

Comme syndic définitif de la faillite du sieur R. V. . . ., fabricant et limonadier, domicilié à. . . ., votre débiteur, la loi nous prescrit de vous faire un rapport sur l'état de la faillite, sur les formalités qui ont été remplies, et les opérations qui ont eu lieu ;

Voici ce rapport :

Sur la requête à lui présentée le. . . ., par MM. A. . . . jeune, B.

M. . . ., marchands de laines, et J. F. . . ., fabricant de bière, tous les trois domiciliés à. . ., le Tribunal de commerce de cette ville, par son jugement en date du même jour, déclara le sieur R. V. . . ., en état de faillite, et en fixa provisoirement l'époque au. . . . précédent; par ce même jugement, le Tribunal nomma M. S, . . ., l'un de ses membres, commissaire de la faillite, et nous désigna comme syndic provisoire; en même temps, le Tribunal ordonna l'apposition des scellés au domicile du failli, et le dépôt de sa personne dans la maison d'arrêt pour dettes.

Le jour même de ce jugement, sur la réquisition du syndic provisoire, les scellés furent apposés, au domicile du failli, conformément aux dispositions de l'art. 463 du Code de commerce, par M. le juge de paix du canton de C. . . .

Un extrait du jugement déclaratif de la faillite a été affiché et inséré dans les journaux, conformément à l'art. 442 du même Code;

Un second extrait du même jugement ayant été adressé par le greffier au procureur impérial, la disposition du jugement ordonnant le dépôt de la personne du failli dans la maison d'arrêt pour dettes a reçu son exécution dès le. . . . dernier.

En exécution de l'art. 490 dudit Code, une inscription hypothécaire a été requise le. . . ., au bureau des hypothèques de l'arrondissement de. . . ., sur tous les biens immeubles du failli.

En vertu de l'art. 462 dudit Code de commerce, tous les créanciers connus du failli ont été invités, par lettres de M. le juge—commissaire, à se réunir le. . . ., à. . . . heures du. . . ., dans la salle des faillites au palais de justice, pour y être consultés, tant sur la composition de l'état des créanciers présumés, que sur la nomination de nouveaux syndics, et sur le vu du procès-verbal de cette assemblée, et après le rapport de M. le juge-commissaire de la faillite, le Tribunal de commerce, par un second jugement en date du. . . ., nous a maintenu dans les fonctions de syndic définitif.

Le. . . . dernier, nous avons requis verbalement M. le juge de paix de procéder à la reconnaissance et à la levée des scellés par lui apposés chez le failli; cette opération a eu lieu le. . . .

Sommé par exploit du ministère de. . . ., huissier, en date du. . . ., de se trouver présent aux opérations de l'inventaire, le failli, alors détenu dans la maison d'arrêt pour dettes, ne se présenta point, ni aucun fondé de pouvoirs pour lui.

Nous avons dressé, à mesure de la levée des scellés, en présence de M. le juge de paix, qui l'a signé à chaque vacation, l'inventaire des biens du failli; l'une des deux minutes de cet inventaire, dûment enregistré, a été déposée au greffe le. . . ., l'autre est restée en nos mains.

Il résulte de cet inventaire qu'il n'a été trouvé au domicile du failli qu'un livre où se trouvent partie des comptes de café dus par divers, et deux cahiers relatifs à la fabrication des étoffes de laine, à laquelle se livrait, depuis quelque temps le failli, le tout mal tenu, sans dates, incomplet et tout à fait insuffisant, pour faire connaître et établir la situation des affaires du débiteur.

Les valeurs inventoriées se sont élevées à la somme de. . . ., elles consistent en meubles meublants, effets mobiliers, métiers à tisser, matériel de café, liqueurs, vins et eaux-de-vie ; plus dix coupes ou pièces d'étoffes fabriquées.

Parmi les meubles et effets mobiliers se trouvent ceux qui furent constitués en dot à la femme du failli, dans son contrat de mariage en date du. . . ., devant M^e. . . ., notaire à. . . ., évalués à la somme de. . . . ., mais avec déclaration que l'évaluation n'en opère pas vente.

Le. . . ., nous avons remis à M. le juge-commissaire, le mémoire ou compte sommaire de l'état apparent de la faillite, de ses principales causes et circonstances, et des caractères qu'elle paraît avoir, prescrit par l'art. 482 du Code de commerce.

Sur le rapport de M. le juge-commissaire de la faillite, le Tribunal de commerce, par son jugement en date du. . . . dernier, a ordonné la mise en liberté du failli, avec sauf-conduit provisoire de sa personne, sans caution (ou bien moyennant caution de se représenter sous peine de paiement de la somme de. . . .), cette mesure est motivée sur ce qu'une plus longue détention était à charge à la masse, et que la présence et le concours du failli pouvaient être utiles au syndic pour éclairer sa gestion.

Le failli n'a jamais fait d'inventaire ; il n'a pas non plus dressé son bilan ; le syndic s'est donc trouvé dans l'obligation de dresser cet acte, à l'aide des faibles documents trouvés dans les livres et papiers du failli, et des renseignements qu'il a pu se procurer auprès de celui-ci.

Le bilan ainsi dressé a été enregistré le. . . ., et déposé au greffe le. . . .

Les créances produites ont été vérifiées et affirmées par deux procès-verbaux successifs, en date du. . . . et du. . . . derniers.

Le nombre des créanciers vérifiés et affirmés est de. . . ., et le montant total de leurs créances de la somme de. . . .

Il faut ajouter à ces chiffres deux créances priviligiées ; la première est de la somme de. . ., pour le montant des contributions directes de l'année, à la charge du failli, la deuxième de la somme de. . . ., due à la régie des contributions indirectes, et pour laquelle une contrainte a été décernée contre le failli, le. . . .

Le total du passif s'élève ainsi à la somme de. . . .

Il résulte du bilan, dressé comme il a été dit ci-dessus, que le sieur R. V. . . ., ne possède aucun immeuble ; mais qu'il a fait des constructions et améliorations considérables sur les immeubles de sa femme, qui consistent en une maison, jardin contigu et dépendances, situés à. . . .

D'après les quittances et mémoires des ouvriers et fournisseurs, que nous avons trouvés dans les papiers de la faillite, les dépenses du mari, à cet égard, s'élèveraient à la somme de. . . .

Sur cette somme, il est dû au sieur A. . . ., marchand de bois de construction, une somme de. . . , pour laquelle la dame R. A. : ., épouse du failli, a consenti une lettre de change devant Mᵉ. . . :, notaire à. . . :, qui est encore due.

Les immeubles de la femme R. A.. . . . lui sont advenus de la succession de son père, F. A. . . .,décédé à. . . ., le. . . ., à la survivance de deux de ses filles R. . . . et M. A. . . ., et des quatre enfants mineurs de V. A. . . ., sa troisième fille, mariée au sieur B. . . .

Le partage de cette succession a été effectué par acte en date du. . ., devant Mᵉ. . . ., notaire à. . . .

Cette succession se composait :

1° De la maison, jardin et dépendances, ci-dessus évalués à. . . .

2° D'une créance sur le sieur. . . ., de. . . .

3° D'une somme de. . . ., dont l'épouse B. . . ., devait faire rapport à la masse à partager, ci. . . .

4° De la valeur des effets mobiliers donnés à la femme du failli, dont il a été déjà parlé, évalués à. . . .

Le total de cette succession était ainsi de la somme de. . . .

Elle était grevée de diverses sommes s'élevant ensemble à. : . .; l'actif net de cette succession se composait d'une valeur de. . . :; en sorte qu'il revenait à R. A. . . ., épouse du failli, la somme de. : . ., pour laquelle elle gardait d'abord le mobilier à elle donné dans son contrat de mariage; elle reçut, en outre, la maison, jardin et dépendances susmentionnés, à la charge par elle de payer à ses deux sœurs ou à leurs représentants une soulte de. . . ., elle fut encore chargée du paiement des dettes de la succession.

Il a été payé le. . . ., au sieur. . . ., une somme de. : . .; sur le passif de ladite succession; par la femme du failli assistée de son mari, cette somme devra être remboursée à ce dernier par sa femme; à moins qu'elle ne prouve qu'elle l'a payée de ses propres deniers, en justifiant par inventaire ou tout autre acte authentique l'origine de ces mêmes deniers.

Deux des mineurs B. . . ., ont également reçu, à leur majorité, une somme de. . . . chacun, sur le montant de la soulte dont était tenue leur tante, la dame R. A. . . ., épouse du failli; ce paiement a été fait encore par cette dernière, par deux actes successifs en date des. . . ., devant ledit Mᵉ. . . ., notaire.

Comme pour la somme ci-dessus, il sera nécessaire de justifier de l'origine des deniers employés par la femme du failli à ces paiements, et à défaut la présomption est qu'elle a payé des deniers du mari, auquel il en est dû récompense.

L'état de la faillite se présente donc de la manière suivante :

L'actif se compose :

1° Des valeurs inventoriées s'élevant à la somme de. . ..

2° Des deux sommes ci-dessus payées par la femme, mais dont récompense serait due au mari, ensemble, ci. . . .

3° De quelques comptes de café, dus par divers, s'élevant, d'après le relevé que le syndic en a fait, à la somme de. . . ., mais portés seulement pour mémoire :

4° Enfin de la plus-value résultant, en faveur du mari, de constructions, augmentations et améliorations par lui faites sur les immeubles de la femme, laquelle plus-value devra être fixée à l'amiable, ou en justice après rapport d'experts, mais que l'on peut évaluer provisoirement à la somme de. . . ., en prenant pour base, d'un côté le montant des dépenses et frais desdites constructions, et de l'autre la valeur présumée actuelle des immeubles de la femme, comparée à la valeur donnée à ces mêmes immeubles, dans l'acte de partage précité.

Le passif étant, comme il a été dit, de la somme de. . . ., et l'actif fût-il réalisé dans les conditions les plus favorables pour les créanciers, il y aurait encore un déficit ou perte pour eux d'environ. . . ., perte assurément considérable.

Tel est, Messieurs les créanciers, l'état présent de la faillite :

Après ces opérations et formalités, des circulaires en date du. . . . courant, vous ont convoqués pour la présente assemblée ; le failli, selon le vœu de la loi, a été sommé, par un exploit de. . ., huissier, en date du. . . ., de s'y trouver en personne.

Nous avons déjà exposé, dans le bilan, que le failli, n'ayant jamais fait d'inventaire, ses papiers et écritures étant irréguliers, incomplets et tout à fait insuffisants, et lui-même n'ayant pu nous fournir des renseignements et des documents certains, il nous a été impossible de dresser le tableau exact de ses profits et pertes ;

La principale cause cependant du désastre de votre débiteur, doit être attribuée sans contredit aux dépenses considérables de constructions dont nous avons parlé, faites dans un but, (la création et l'exploitation d'un bal public), qui n'a pas été atteint ; mais cette cause ne suffit pas pour expliquer le déficit, relativement considérable, trouvé dans ses affaires ; il faut donc le rechercher dans des causes accessoires, mais permanentes, telles qu'un défaut de soin, d'intelligence et d'aptitude dans la fabrication des étoffes de laine qu'il eut, il y a quelques années, la mauvaise idée de réunir à son commerce de limonadier, qui ne paraît pas lui avoir causé des pertes ; à peu près illettré, cette augmentation d'affaires et le désordre qui s'y est glissé et maintenu ne lui ont pas permis de se rendre compte de sa situation.

A part l'état des dépenses de constructions signalées plus haut, il n'a pas été non plus possible, à votre syndic, de dresser le tableau de toutes autres dépenses du failli ; des on dit, quelques rapports venus de divers côtés, mais qui ne présentent aucun caractère de certitude, reprocheraient au failli des dépenses de table, dans des réunions d'amis, trop élevées pour sa position.

A raison du désordre dans les livres et écritures du failli, il nous a été impossible de suivre les opérations de sa fabrication d'étoffes de laine, ainsi que l'emploi des matières premières et des produits fabriqués ; cependant malgré nos laborieuses recherches, nous n'avons pu préciser et saisir des faits de fraude ou de mauvaise foi, ni découvrir aucun détournement d'actif.

D'après ce qui précède, vous comprenez, Messieurs, que vous n'avez à espérer qu'un assez faible dividende, si la femme du failli ne consent pas à venir à son secours ; elle nous a paru toutefois, disposée à le faire, elle le doit d'autant plus qu'un pareil dévouement de sa part est loin d'être purement gratuit, et qu'elle ne peut s'enrichir à ses dépens, ou plutôt aux dépens de ses créanciers, dont l'argent a servi à l'augmentation et amélioration de ses propres immeubles.

Voilà, Messieurs les créanciers, les faits, renseignements et explications que nous avions à vous faire connaître ;

C'est à vous, maintenant, à délibérer sur le parti que vous avez à prendre, après que vous aurez entendu les propositions et les conditions du concordat que votre débiteur est invité à vous faire aujourd'hui.

A. . . ., le. . . .

(Signature du syndic.)

(Observation. Ce rapport doit être écrit sur timbre, mais n'est pas assujetti à la formalité de l'enregistrement.)

RÉSUMÉ.

N° 1. Le rapport des syndics doit être rédigé par écrit, cela résulte clairement des termes de l'art. 506 : le rapport des syndics sera remis signé d'eux au juge-commissaire. La loi est sagement prévoyante alors qu'elle a prescrit une mesure qui laisse trace de l'exposé fait par les syndics, et qui permet de constater les inexactitudes que les parties intéressées peuvent découvrir plus tard ; ce rapport des syndics engage, en effet, leur responsabilité, si les créanciers établissent que, par une altération volontaire de la vérité, les syndics les ont poussés à souscrire un concordat qui préjudicie à leurs intérêts ; les créanciers, dans ce cas, peuvent poursuivre contre les syndics la réparation du préjudice causé. Dalloz, n° 671.

2. Et s'il est prouvé que le failli a directement concouru aux

moyens par lesquels les syndics ont trompé les créanciers, ceux-ci pourront faire prononcer la nullité du concordat. Bédarride, n° 517.

SECTION II. — *Du concordat.*

§ 1er. — De la formation du concordat.

507. Il ne pourra être consenti de traité entre les créanciers délibérants et le débiteur failli, qu'après l'accomplissement des formalités ci-dessus prescrites.

Ce traité ne s'établira que par le concours d'un nombre de créanciers formant la majorité, et représentant, en outre, les trois quarts de la totalité des créances vérifiées et affirmées, ou admises par provision, conformément à la section v du chapitre 5 ; le tout à peine de nullité.

508. Les créanciers hypothécaires inscrits ou dispensés d'inscription, et les créanciers privilégiés ou nantis d'un gage, n'auront pas voix délibérative dans les opérations relatives au concordat pour lesdites créances, et elles n'y seront comptées que s'ils renoncent à leurs hypothèques, gages ou priviléges.

Le vote au concordat emportera de plein droit cette renonciation.

509. Le concordat sera, à peine de nullité, signé séance tenante. S'il est consenti seulement par la majorité en nombre, ou par la majorité des trois quarts en somme, la délibération sera remise à huitaine pour tout délai ; dans ce cas, les résolutions prises et les adhésions données lors de la première assemblée demeureront sans effet.

FORMULE N° 194. — **Procès-verbal renvoyant à huitaine la délibération pour le concordat.**

L'an mil. . . . et le . . ., à . . . . heures du. . . .

Dans la salle du conseil du Tribunal de commerce de. . . .

Par-devant nous. . . ., juge-commissaire de la faillite du sieur. . . ., s'est présenté, d'une part, le sieur. . . ., syndic définitif de ladite faillite, et d'autre part les sieurs, 1°. . . . 2°. . . ., etc., tous créanciers vérifiés et affirmés dudit sieur. . . ., lesquels se sont réunis, en vertu de la convocation que nous en avons fait faire, par lettres du greffier, en date du. . . ., à l'effet de délibérer sur la formation du concordat, conformément à l'art. 504 du Code de commerce.

Demeurant aussi la présence dudit failli, sommé à ces fins par exploit du. . . ., enregistré (ou bien demeurant la présence de M. . ., fondé de pouvoirs du failli, selon procuration sous seing privé en date du. . ., enregistrée à. . . . le. . . .)

L'assemblée s'est de suite formée sous notre présidence, et ledit syndic définitif a fait un rapport sur l'état de la faillite, sur les formalités qui ont été remplies et les opérations qui ont eu lieu; à la suite de ce rapport, signé dudit syndic, et que celui-ci nous a remis, ledit sieur. . ., failli, s'est levé et a déclaré et proposé. . . . (énoncer les dires et propositions du failli.)

L'assemblée ayant immédiatement délibéré sur cette proposition, elle a été acceptée par la presque totalité des créanciers présents, mais attendu que les créanciers consentant au concordat, quoique en majorité par le nombre, ne forment pas, par leurs titres de créance vérifiés, les trois-quarts en somme, nousdit, juge-commissaire, avons renvoyé la délibération à huitaine, pour tout délai, c'est-à-dire à. . . . du courant à. . . . heures du. . . ., conformément à l'art. 509 du Code de commerce.

De tout quoi a été dressé le présent procès-verbal que nous avons signé avec le greffier.

(Signature du juge-commissaire et du greffier.)

FORMULE N° 195. — Procès-verbal d'une délibération des créanciers pour la formation du concordat.

L'an mil. . . . et le. . . . à. . . . heures du. . . .

Dans la salle du conseil du Tribunal de commerce de. . . .

Par-devant nous, juge-commissaire de la faillite du sieur. . . ., négociant, demeurant à. . . .

Ont comparu, d'une part, en vertu du renvoi porté par notre procès-verbal du. . . . dernier, le sieur F. L. . . ., syndic définitif de ladite faillite,

Et d'autre part les sieurs 1°. . . ., 2°. . . ., 3°. . . ., tous les susnommés créanciers reconnus dudit sieur. . . .

Demeurant aussi la présence dudit sieur. . . ., failli (ou bien de son fondé de pouvoirs), l'assemblée s'est de suite formée sous notre présidence, après avoir vérifié les pouvoirs des procureurs fondés susnommés, que nous avons trouvés réguliers;

Et ledit sieur. . . ., syndic, prenant la parole, a dit :

Messieurs,

A votre dernière réunion, pour nous conformer à l'art. 506 du Code de commerce, nous vous rendîmes compte, dans notre rapport, de l'état de la faillite, des formalités qui avaient été remplies et des opérations qui avaient eu lieu ; nous vous fîmes connaître que le passif vérifié et affirmé s'élevait à la somme de. . . ., et en y joignant le montant d'une reconnaissance du failli en faveur de sa femme, représentant le prix d'un immeuble appartenant à cette dernière et vendu par le mari, le total du passif se porterait à la somme de. . . .

Nous vous donnâmes aussi le nombre des créanciers hypothécaires ou privilégiés et le montant de leurs créances, et nous vous fîmes connaître enfin les valeurs actives que vous aviez pour faire face au passif. D'après ce tableau mis sous vos yeux, vous avez pu alors et vous pourrez aujourd'hui apprécier assez exactement votre situation et le dividende que vous pouvez espérer.

Le syndic a ajouté que depuis le jour du renvoi précité, un nouveau créancier, le sieur. . . ., négociant, demeurant à. . . ., avait produit son titre de créance, s'élevant à la somme de. . . . . ; qu'il existait en outre deux créanciers non vérifiés qui pouvaient encore se présenter, dont les créances portées au bilan montaient à la somme de. . . . ., que, d'après tout cela, le passif chirographaire étant d'une somme totale de. . . . ., les créanciers n'avaient plus le droit de compter que sur un dividende de. . . . . si le concordat proposé n'était pas accepté.

Le syndic ayant terminé son rapport, ledit sieur. . . . ., failli, s'est levé et a renouvelé la proposition par lui faite à ses créanciers à la dernière assemblée, leur déclarant qu'il était bien peiné de leur faire supporter un si grand sacrifice, mais qu'il espérait, en se remettant aux affaires, de pouvoir un jour se libérer entièrement envers eux.

Nous. . . ., juge-commissaire, avons engagé l'assemblée à délibérer immédiatement sur les propositions du failli, et ces propositions ayant été acceptées de la double majorité voulue par l'art. 507 du Code de commerce, les conventions suivantes ont été arrêtées et signées, séance tenante, par le failli (ou par le procureur fondé du failli, par la caution, s'il en a été fourni une) et par tous les créanciers chirographaires non privilégiés et consentant au concordat, ou leurs représentants, sauf le sieur. . . . ; ou les sieurs. . . . . qui, de ce requis, ont déclaré ne savoir.

CONCORDAT.

ARTICLE 1er.

Les créanciers chirographaires soussignés, formant la majorité en nombre et représentant en outre par leurs titres de créance, vérifiés et affirmés, plus des trois quarts de la totalité des sommes dues, font abandon au sieur. . . . de. . . . pour 100 sur le montant de leurs créances.

ARTICLE 2.

Ledit sieur. . . . s'oblige à payer à ses créanciers. . . . (tant pour cent).

Le paiement de ce dividende sera effectué. . . . (énoncer les conditions du paiement).

ARTICLE 3.

Le failli est et demeure subrogé dans tous les effets des actes conservatoires faits par le syndic, et notamment dans ceux des inscriptions hypothécaires prises au nom de la masse comme exerçant les droits et actions du failli, contre les débiteurs de ce dernier.

ARTICLE 4.

Le présent concordat sera homologué sans retard à la diligence du syndic, moyennant quoi les créanciers rendent au sieur. . . . la libre administration de ses biens et l'autorisent à agir comme il avisera, pour la conservation de leurs droits.

(Suivent les signatures.)

(Si une caution a été offerte et acceptée, le traité portera un article ainsi conçu : Ledit sieur. . . . se rend caution solidaire dudit sieur. . ., failli, pour l'exécution de tous les engagements par lui contractés dans l'article qui précède. — Cet article est mis avant l'article dernier relatif à l'homologation.)

RÉSUMÉ (Art. 507). — **Indication alphabétique.**

Bilan, immeubles, 6.	Formation du bilan, 1.	Parties de créances cédées, 10.
Caution solidaire de créancier, 12.	Majorité en nombre, 10.	Tuteur de créanciers chirographaires, 13.
Cession après faillite du débiteur, 9.	Majorité des créanciers présents, 15.	Tuteur de créanciers hypothécaires, 14.
Concordat, 4, 5.	Nullités (formalités préalables), 2.	Vérification à la séance pour le concordat, 7.
Droit fixe d'enregistr., 16.	Peine de nullité (application de), 3.	Vote au concordat, 7.
Faillite de plusieurs débiteurs, 8.	Parents du failli créanciers, 11.	
Formalités importantes, 1.		

Nº 1. Parmi les plus importantes formalités dont l'accomplissement est requis par le § 1ᵉʳ de l'art. 507, il faut classer la formation du bilan qui fait connaître tous les créanciers, l'inventaire qui donne un état des forces de la faillite, et la vérification des créances qui sépare les faux créanciers des véritables.

2. Est nul le concordat passé avec le failli, sans qu'au préa-

lable, les formalités prescrites par la loi aient été observées. Paris, 20 fév. 1820 (S.21.2.13).

3. Toutes les expressions de l'art. 507 appellent une sérieuse attention : la peine de nullité qui le termine, quoiqu'elle ne semble s'appliquer qu'au second alinéa, se rattache néanmoins, par les mots conformément à la section v, chap. 5, qu'on y lit, au premier alinéa de l'article. Dalloz, n° 672.

4. Pour qu'un concordat puisse valablement intervenir entre un failli et ses créanciers, il faut nécessairement que l'époque de l'ouverture de la faillite ait été préalablement fixée. 3 janv. 1833, Cass. (S.-V.33.1.138 ; D.p.33.1.85) ; id., 13 nov. 1837, Cass. (S.-V.37.1.948 ; D.p.37.1.465) ; sic Lainné, p. 211.

5. La nouvelle loi paraît avoir nettement résolu les divers points qui faisaient l'objet des arrêts de 1833 et 1837 ci-dessus cités : ainsi, en premier lieu, les tribunaux peuvent fixer la date de la cessation des paiements, soit par le jugement déclaratif, soit par un jugement postérieur (art. 441), en second lieu, après la vérification des créances, cette fixation ne peut plus être faite (art. 581). Enfin au cas de non-fixation par un jugement, l'art. 441 veut que la cessation de paiements soit réputée avoir eu lieu au jour du jugement déclaratif de la faillite, d'où il résulte bien clairement qu'on ne peut plus aujourd'hui déclarer nul un concordat souscrit malgré l'omission par le tribunal de fixer l'époque de la cessation de paiements, puisque l'époque d'ouverture de la faillite est et se trouve implicitement fixée à la date du jugement déclaratif de la faillite. Dalloz, n° 675.

6. Comme le bilan doit comprendre tous les biens du failli, il n'est pas dispensé d'y faire figurer ses immeubles, quoiqu'ils soient grevés d'hypothèques ou autres charges : cette omission est de nature à entraîner la nullité du concordat. Besançon, 29 nov. 1843.

7. Des créanciers vérifiés et affirmés, en présence et du consentement de la masse, à la séance même où est délibéré le concordat, peuvent prendre part à ce concordat et y voter ; dans tous les cas, les créanciers qui ont consenti à cette vérification et à cette affirmation ne sont pas recevables à les critiquer, comme tardives, et à demander de ce chef la nullité du concordat (S.-V.55.1.357).

8. Lorsqu'un créancier a plusieurs débiteurs solidaires d'une même dette, il concourt, à raison de la totalité de cette dette, dans la faillite de chacun des débiteurs, à établir la majorité des

créances requises, pour la validité du concordat. 6 mess. an XIII, Paris (S.5.2.300).

9. Celui qui, même depuis la faillite de son débiteur, s'est rendu cessionnaire de plusieurs créances contre lui, n'est pas en droit d'exiger que pour la composition de la majorité en nombre nécessaire pour le concordat, on lui compte autant de voix qu'il a acquis de créances; il ne peut compter que pour une voix. 24 mars 1840, Cass. (S.-V.40.1.312; D.P.40.1.138).

10. A l'inverse de l'hypothèse ci-dessus, lorsqu'un créancier a transporté des parties de sa créance à plusieurs personnes, on devra, pour supputer la majorité en nombre, compter les cessionnaires comme créanciers distincts, soit que les cessions aient eu lieu avant le jugement déclaratif de faillite, soit après la faillite, si elles sont sérieuses et exemptes de fraude. Dalloz, nº 690.

11. Les créanciers parents du failli ne sont pas exclus du droit de prendre part au concordat. 21 mai 1844, Dijon (S.-V. 44.2.566; D.P.44.2.153).

12. Il en est de même des créanciers qui ont pour caution solidaire un autre créancier du failli; on ne peut les considérer comme ayant le même intérêt que leur caution, et par suite les exclure dans le calcul des créanciers en nombre (Même arrêt).

13. Le tuteur d'un mineur, simple créancier chirographaire, peut prendre part et voter au concordat, sans avoir besoin d'une autorisation du conseil de famille. Pardessus, nº 1237; Esnault, t. 2, nº 405).

14. Il en est autrement si le mineur est créancier hypothécaire.

15. La majorité exigée pour qu'il puisse intervenir un concordat valable entre le failli et ses créanciers est seulement celle des créanciers présents à l'assemblée, et non la majorité de tous les créanciers vérifiés et affirmés. 1847, trib. de comm. de Paris (S.-V.49.2.344); Rouen, 30 juin 1853; Esnault, des Faillites, t. 2, nᵒˢ 504 et 509; Bédarride, t. 2, nº 530; Bioche, vº Faillites, nº 793; Tiercelin, Elém. de dr. comm., nº 543. Cela résulte assez clairement de ces mots de l'art. 507 : Il ne pourra être consenti de traité entre les créanciers délibérants, etc.; c'est aussi l'opinion de M. Alauzet, Des Faillites et Banqueroutes, p. 174.

16. Quelle que soit la somme que le failli s'oblige à payer, par le concordat, il n'est dû à l'enregistrement que le droit fixe de trois francs (loi 24 mai 1834, art. 14).

RÉSUMÉ (Art. 508). — **Indication alphabétique.**

Assistance à l'assemblée des créanciers privilégiés, **2.**	Femme mariée créancière,**9.** Hypothèque (renonciation à), **4.**	Modification de la majorité, **10.** Procès-verbal, **11.**
Créancier à la fois hypothécaire, **1.**	Hypothèque des immeubles d'un tiers, **6.**	Tuteur non autorisé, **8.**
Créancier hypoth. (assistance à l'assemblée d'un),**2,3.**	Majorité acquise avec ou sans les créanciers hypothécaires, **10.**	Vote au concordat (réserves), **1.**
Créancier irrégulièrement représenté, **7.**		Vote, renonciation à l'hypothèque, **5.**
Failli légataire des biens hypothéqués, **6.**	Mention de la renonciation à l'hypothèque, **11.**	

N° **1.** Les créanciers qui n'ont hypothèque que pour quelques-unes de leurs créances peuvent, pour les autres, prendre part à la délibération et au vote pour le concordat ; il est toutefois prudent qu'ils fassent dans ce cas leurs réserves pour éviter l'application du § 2 de l'art. 508. Dalloz, n° 692 ; Alauzet, p. 180.

2. Non-seulement les créanciers hypothécaires ou privilégiés peuvent assister aux assemblées de la faillite, mais ils doivent même y être appelés. 24 août 1836 ; rej. Dalloz, n° 694.

3. Un créancier hypothécaire qui n'a aucune chance d'être colloqué en ordre utile, peut concourir au concordat, et par conséquent, encore qu'il n'y ait pas concouru, former opposition à ce concordat entaché de fraude à son égard. 21 décembre 1840, ch. req. (S.-V.41.1.313).

4. Le créancier hypothécaire qui, dans le système de la loi actuelle, peut voter au concordat en renonçant à son hypothèque, peut également s'opposer à ce concordat, mais en faisant la même renonciation. Seulement sa renonciation, dans ce cas, doit être expresse pour que son opposition soit recevable, l'art. 508 donnant au vote seul l'effet d'emporter renonciation ; en conséquence, ce créancier ne serait pas fondé, en argumentant du rang de sa créance à se refuser à faire cette renonciation qu'il regarde comme sans intérêt. Devilleneuve et Massé, observations sur l'arrêt du 21 décembre 1840 qui précède ; Esnault émet une opinion semblable, t. II, n° 416.

5. La disposition de l'art. 508, d'après laquelle le vote au concordat emporte renonciation aux priviléges et hypothèques, s'applique même au cas où les délibérations sont demeurées sans effet, et où un concordat n'aurait pas, en définitive, été formé. 22 août 1844, Bordeaux (S.-V.45.2.287).

6. La disposition de l'art. 508 n'est applicable qu'au cas où l'hypothèque frappe les biens du failli lui-même ; elle ne s'applique pas au cas où cette hypothèque a été consentie par un tiers, par exemple par la femme du failli; l'hypothèque continue donc de subsister malgré le vote du créancier; peu importe qu'au moment du concordat le failli fût, comme légataire, propriétaire de tout ou partie des biens hypothéqués, si alors l'existence du testament n'était pas connue du créancier. 31 mars 1849 Rennes (S.-V.49.2.440) ; Cass., 20 juin 1854 (S.-V.54.1.593).

7. Le vote au concordat n'emporte pas renonciation au privilége ou à l'hypothèque, si le créancier était irrégulièrement représenté, ou s'il a voté, étant incapable. Renouard, t. II, p. 24.

8. Il en est ainsi à l'égard du vote émis par le tuteur d'un mineur non autorisé à cet effet par délibération du conseil de famille, dans la forme voulue pour l'aliénation des biens des mineurs, et des transactions qui les intéressent. Cass., 18 juill. 1843 (S.-V.43.1.778 ; D P.43.1.433).

9. Une femme mariée sous le régime dotal, dont le mari vient à tomber en faillite, ne peut, dans le concordat auquel elle a été appelée comme créancière de sa dot, consentir des sacrifices plus grands que ceux que le concordat fait subir aux autres créanciers ; dans le cas où elle aurait consenti à de pareils sacrifices, les juges doivent refuser l'homologation du concordat. 9 mars 1846, Rouen (S.-V.46.2.537 ; D.P.46.4.168).

10. Si l'on avait compté pour la formation du concordat la majorité en sommes des créances de nature hypothécaire ou privilégiée, quoique les créanciers n'eussent pas, en fait, renoncé expressément ou tacitement à leurs priviléges ou hypothèques, l'opération devrait être maintenue, si la supputation de ces sommes n'a pas eu pour effet de modifier la majorité qui eût été acquise, abstraction faite de ces sommes; l'opération, au contraire, est nulle si cette supputation a changé la majorité. Dalloz, n° 700.

11. Puisque le vote au concordat emporte de plein droit renonciation au privilége ou à l'hypothèque, on doit mentionner au procès-verbal les noms des créanciers privilégiés ou hypothécaires qui y prennent part ; les autres créanciers ont intérêt à établir cette renonciation, qui est définitive et absolue, et dont le créancier ne peut se faire relever, en prétextant de son ignorance des dispositions de la loi. Bédarride, t. II, n° 541 ; Dalloz, n° 701.

RÉSUMÉ. — **Indication alphabétique.**

Assemblée 2e avant hui-
taine, 8.
Augmentation de délai, 8.
Authenticité du concord., 15
Cas de force majeure, 9, 10.
Concordat séance tenante, 1.
Convocation spéciale, 14.
Délai de huitaine, fatal, 7.
Diminution du délai de hui-
taine, 8.
Etat d'union, 4.

Garantie de la régularité des
actes de la faillite, 15.
Indicat. d'un nouveau jour,
11, 12.
Jugement qui refuse le sur-
sis, 13.
Majorité déplacée, 3.
Majorité en nombre, 4.
Majorité en sommes, 4.
Nouvelle assemblée, 14.
Plein droit (union de), 4.

Procès-verbal (concordat),
15.
Règles pour chaque acte de
la faillite, 15.
Remise à huitaine, 5, 6.
Seule séance, 1.
Signature du juge-commis-
saire, 15.
Signatures en dehors de
l'assemblée, 3.
Suspension de la séance, 2.

No 1. Il importait qu'on ne pût pas colporter des concordats, sur lesquels on aurait obtenu des signatures par faiblesse, par séduction, par corruption. Cette considération a fait inscrire dans l'art. 509 ces mots : *Signé séance tenante*; mais on ne doit pas conclure de cette disposition qu'il est interdit de consacrer plusieurs séances à la délibération du concordat; dans beaucoup de faillites, la complication est telle qu'une seule séance ne peut suffire à faire connaître la situation; le législateur a bien indiqué lui-même la possibilité de continuer la délibération au delà d'une séance, puisqu'il prévoit l'hypothèse où une remise à huitaine est de droit. Boileux sur Boulay-Paty, no 563; Dalloz, no 703.

2. De ce que le concordat doit être signé, à peine de nullité, séance tenante, il ne résulte pas que la séance dans laquelle il est délibéré ne puisse être suspendue, et que la signature ne soit valablement donnée à la fin de la séance reprise, lorsque d'ailleurs aucun vote n'est intervenu avant la suspension. Ch. req., 13 fév. 1855 S.-V.55.1.357.

3. La nullité du concordat n'est encourue qu'autant que les signatures obtenues isolément, et en dehors de l'assemblée, déplacent la majorité en nombre ou la majorité en sommes; car si, malgré l'absence de ces signatures, les deux majorités sont réalisées, elles ne sont en définitive qu'un complément dont l'irrégularité ne saurait vicier un droit acquis. Nîmes, 18 mai 1813; Dalloz, no 703.

4. Lorsque la proposition de concordat n'obtient ni la majorité en nombre ni la majorité en sommes, elle est rejetée, et les créanciers se trouvent être, de plein droit, en état d'union; cependant il suffit que le concordat ait été consenti par la majorité des créanciers délibérants pour qu'il y ait lieu à remettre la délibération à huitaine, sans qu'il soit nécessaire de la majorité des

créanciers vérifiés et affirmés. Caen, 2 fév. 1842 (S.V.42.2.375; D.-P.42.2.196).

5. Ce n'est qu'autant que la seconde délibération, c'est-à-dire celle qui a lieu dans la huitaine, n'amène pas une majorité légale, qu'aucune remise à huitaine ne peut plus avoir lieu. Dalloz, n° 704.

6. Quand il y a renvoi pour une nouvelle délibération du concordat, ce renvoi ne peut être fait à un délai plus long que celui de huitaine fixé par l'art. 509 : peu importe que les créanciers demeurent à une distance considérable. Bordeaux, 10 mai 1845 (S.-V.46.2.316).

7. Ce délai de huitaine, indiqué par l'ancien art. 522 et reproduit par l'art. 509 de la nouvelle loi des faillites, comporte un délai fatal; après ce délai, il ne peut plus être consenti de concordat, et il doit être procédé au contrat d'union. Req., 6 août 1840 (S.-V.41.1.65; D.-P.41.1.213); Renouard, t. II, p. 32; Esnault, n° 410; Vincent, t. 1er, p. 437.

8. La seconde assemblée ne peut avoir lieu avant la huitaine, parce qu'il y aurait surprise à l'égard des créanciers, puisqu'ils sont autorisés par la loi à compter sur le délai qu'elle a fixé : le délai ne peut être augmenté, car les créanciers qui avaient fait leurs dispositions pour assister à la première assemblée, et pour se préparer hypothétiquement à la seconde, seraient détournés de leurs affaires et dérangés dans les prévisions d'emploi de leur temps, si l'intervalle fixe que la loi a réglé était arbitrairement prolongé. Renouard, t. II, p. 32.

9. Toutefois, si un cas de force majeure, une maladie ou un incendie, par exemple, avaient empêché la tenue de l'assemblée, les tribunaux pourront, suivant les circonstances, annuler ou maintenir la délibération; mais, à part ces cas exceptionnels, il faut s'en tenir à la rigueur de la loi qui, pour éviter les soupçons et les fraudes, a indiqué un jour fixe.

10. Si un cas de force majeure ou de nécessité absolue empêche la tenue de l'assemblée à la huitaine, on peut s'adresser au tribunal de commerce pour obtenir l'indication d'un autre jour. Renouard, t. II, p. 34.

11. Et cette indication peut même être faite par le juge-commissaire. Pardessus, n° 1237.

12. Si le failli se trouve empêché par force majeure d'assister à la délibération qui précède le concordat, il peut demander et doit obtenir, sur la justification de cet empêchement, l'indication d'un nouveau jour; et, s'il a été néanmoins passé outre, il

est fondé à poursuivre l'annulation de la délibération intervenue. Paris, 28 avril 1857 (S.-V.1857.2.452).

13. Et le jugement qui refuse au failli un sursis au concordat et qui, par suite, rend définitive l'union prononcée entre les créanciers, n'est pas, comme le jugement qui accorde le sursis, affranchi de toutes voies de recours (même arrêt).

14. Il est nécessaire de convoquer spécialement chaque créancier pour la nouvelle assemblée tenue dans la huitaine ; le défaut de cette convocation n'emporte pas nullité ; cependant il est régulier de la faire, puisque les créanciers qui ne se sont pas présentés à la première réunion ne savent pas s'il doit en être tenu une nouvelle Renouard, t. II, p. 34 ; Dalloz, n° 705. La convocation est indispensable dans le cas du n° 10 ci-dessus. Alauzet, p. 187.

15. L'authenticité est nécessaire au concordat, et cette authenticité existe par la signature du juge-commissaire, au bas du procès-verbal qu'il doit rédiger, et qui n'est autre que le concordat lui-même. Boulay-Paty, n° 251. Il ne faut pas perdre de vue que tous les actes de la faillite ont leurs règles à part, et que leur régularité est suffisamment garantie par la présence du juge-commissaire. Dalloz, n° 707.

510. Si le failli a été condamné comme banqueroutier frauduleux, le concordat ne pourra être formé.

Lorsqu'une instruction en banqueroute frauduleuse aura été commencée, les créanciers seront convoqués à l'effet de décider s'ils se réservent de délibérer sur un concordat, en cas d'acquittement, et si, en conséquence, ils sursoient à statuer jusqu'après l'issue des poursuites.

Ce sursis ne pourra être prononcé qu'à la majorité en nombre et en somme déterminée par l'art. 507. Si, à l'expiration du sursis, il y a lieu à délibérer sur le concordat, les règles établies par le précédent article seront applicables aux nouvelles délibérations.

20.

FORMULE Nº 196. — Lettre de convocation aux fins de l'art. 510 du Code de commerce.

C. . . ., le. . . .

Le greffier du Tribunal de commerce de. . . . aux créanciers du sieur E. A. . . ., fabricant, demeurant à. . . .

Monsieur,

Pour me conformer aux ordres de M. le juge-commissaire de la faillite dudit sieur E. A. . . ., et en exécution de l'art. 510 du Code de commerce, j'ai l'honneur de vous inviter à vous présenter en personne, ou par un fondé de pouvoirs, à l'assemblée des créanciers qui aura lieu le. . . ., à. . . . heures du. . . ., dans la salle du conseil dudit Tribunal de commerce, à l'effet de décider, conformément au susdit art. 510 du Code de commerce, si vous vous réservez de délibérer sur un concordat, en cas d'acquittement du failli de l'accusation de banqueroute frauduleuse qui s'instruit en ce moment contre lui et si, en conséquence, il sera sursis à statuer jusqu'après l'issue des poursuites.

J'ai l'honneur de vous saluer.

(*Signature du greffier.*)

OBSERVATION.—Un avis conforme à la lettre de convocation ci-dessus est inséré dans les journaux à ce destinés.

FORMULE Nº 197. — Procès-verbal de délibération dressé par le juge-commissaire de cette assemblée.

L'an. . . . et le. . . ., à. . . . heures du. . . .

Dans la salle du conseil du Tribunal de commerce de. . . . et par-devant nous. . . ., juge-commissaire de la faillite du sieur. . . ., s'est présenté, d'une part, le sieur F. L. . . . ., syndic définitif de ladite faillite;

Et d'autre part les sieurs 1º. . . ., 2º. . . ., 3º. . . ., tous créanciers vérifiés et affirmés dudit sieur. . . ., lesquels se sont réunis en vertu de la convocation que nous en avons fait faire, par lettres du greffier, en date du. . . ., aux fins de l'art. 510 du Code de commerce.

L'assemblée s'est de suite formée sous notre présidence, et le syndic, prenant la parole, a exposé à l'assemblée qu'une instruction en banqueroute frauduleuse a été commencée et se poursuit maintenant devant M. le juge d'instruction du Tribunal civil de. . . . contre ledit failli, accusé d'avoir détourné une partie de son actif mobilier en faisant transporter nuitamment chez un ami à la campagne, où elles ont été retrouvées, des marchandises et autres valeurs mobilières (ou bien tous autres faits constituant le crime de banqueroute frauduleuse, comme par exemple en antidatant un ordre sur un effet de commerce par lui négocié postérieurement à sa déclaration de faillite, en se reconnaissant frauduleusement débiteur, par son bilan ou dans ses écritures, ou par actes publics ou sous seing privé, de sommes qu'il ne devait pas).

Mais comme une ordonnance de non-lieu ou même un arrêt d'acquittement peut intervenir en faveur du failli, il y a lieu par les créanciers de décider ce qu'il leur convient de faire dans de pareilles circonstances, conformément aux dispositions de l'art. 510 du Code de commerce.

Après cet exposé fait par le syndic, nous, juge-commissaire, avons engagé tous les créanciers présents à délibérer immédiatement et à décider, conformément au susdit art. 510, s'ils se réservent de délibérer sur le concordat en cas d'acquittement, et si, en conséquence, ils sursoient à statuer jusqu'après l'issue des poursuites.

Déférant à notre invitation, lesdits créanciers ont de suite délibéré, et l'assemblée a décidé à la double majorité voulue par l'art. 507 du Code de commerce, c'est-à-dire à la majorité des créanciers en nombre et représentant en outre, par leurs titres de créance vérifiés et affirmés, plus des trois quarts en somme, qu'il y a lieu de surseoir jusqu'après l'issue des poursuites pour, en cas d'acquittement du failli de l'accusation de banqueroute frauduleuse dirigée contre lui, délibérer sur la formation du concordat, ce parti paraissant concilier à la fois les intérêts de la masse et ceux du failli.

De tout quoi a été dressé le présent procès-verbal, que nous avons signé avec le greffier.

(Signatures du juge-commissaire et du greffier.)

RÉSUMÉ.

N° 1. La prohibition de concorder avec le failli condamné comme banqueroutier frauduleux est d'ordre public ; mais la loi nouvelle ne se contente plus, comme l'ancienne, d'une simple présomption ; il faut qu'une condamnation pour banqueroute frauduleuse ait été prononcée, sans distinction, du reste, entre le cas où le jury a reconnu et admis des circonstances atténuantes et le cas contraire. Dalloz, n° 713.

2. Si, lors de la délibération sur le concordat, à l'expiration du sursis dont parle le § 3 de l'art. 510, une seule majorité est obtenue, il n'y a pas lieu de considérer les créanciers comme étant en état d'union ; l'intention du législateur paraît être que, par analogie de ce qui est prescrit quand on délibère sur le concordat, on remette à huitaine pour tout délai, afin de mettre les dissidents à même de s'éclairer plus amplement dans une deuxième réunion. Boileux, n° 578.

Une société anonyme peut faire un concordat ; pour cela il faut qu'elle n'ait pas cessé d'exister, soit par le retrait de l'autorisation du Gouvernement, soit par l'effet d'un jugement de dissolution rendu à la demande de l'un des associés ; les administrateurs sont les organes naturels de la société faillie ; c'est donc pour eux un devoir de se présenter devant l'assemblée des créanciers.

511. Si le failli a été condamné comme banqueroutier simple, le concordat pourra être formé. Néanmoins, en cas de poursuites commencées, les créanciers pourront surseoir à délibérer jusqu'après l'issue des poursuites, en se conformant aux dispositions de l'article précédent.

(On procède pour la convocation des créanciers et ses suites comme il vient d'être exposé pour l'exécution de l'art. 510.)

512. Tous les créanciers ayant eu droit de concourir au concordat, ou dont les droits auront été reconnus depuis, pourront y former opposition.

L'opposition sera motivée, et devra être notifiée aux syndics et au failli, à peine de nullité, dans les huit jours qui suivront le concordat ; elle contiendra assignation à la première audience du tribunal de commerce.

S'il n'a été nommé qu'un seul syndic, et s'il se rend opposant au concordat, il devra provoquer la nomination d'un nouveau syndic, vis-à-vis duquel il sera tenu de remplir les formes prescrites par le présent article.

Si le jugement de l'opposition est subordonné à la solution de questions étrangères, à raison de la matière, à la compétence du tribunal de commerce, ce tribunal surseoira à prononcer jusqu'après la décision de ces questions.

Il fixera un bref délai dans lequel le créancier opposant devra saisir les juges compétents et justifier de ses diligences.

FORMULE N° 198. — Opposition au concordat par un créancier.

L'an. . . . et le. . . ., je. . . ., huissier soussigné,

A la requête du sieur. . . ., banquier, demeurant à. . . ., créancier dûment vérifié et affirmé de la faillite du sieur I. P. . . ., marchand de vins, demeurant à. . . .

Ai déclaré 1° au sieur F. L. . . ., en sa qualité de syndic définitif de ladite faillite, et 2° au sieur F. P. . . ., propriétaire, domicilié à. . . ., comme héritier dudit sieur I. P. . . ., son frère, failli, que le requérant est bien et dûment opposant au concordat intervenu le. . . entre le failli et ses créanciers, par lequel il a été fait au failli abandon ou remise de 90 pour 100 sur le montant total des créances vérifiées et affirmées, par les motifs, notamment, que ce traité n'a été préparé et formé que sur les énonciations mensongères et frauduleuses insérées au bilan de la faillite ; qu'on voit en effet figurer audit bilan le sieur F. P. . . ., frère du failli, pour la somme de. . . ., à raison de prêts faits à diverses époques, et pour lesquels il lui aurait été souscrit récemment des lettres de change ; qu'il est certain que, d'un côté, le prétendu prêteur n'était pas en position de prêter des sommes aussi considérables, et que, d'un autre côté, l'on ne trouve pas trace des emprunts sur les écritures et les livres du failli ; que de pareils faits constituent des fraudes ayant pour but de détourner et soustraire, au préjudice des créanciers, une partie de l'actif, et attendu que, dans l'exposé que le failli a fait à ses créanciers assemblés pour la formation du concordat, il a pris les énonciations du bilan pour base des calculs qu'il leur a présentés, pour fixer sa situation, et que ce bilan, quoique rédigé par le syndic, est nécessairement l'ouvrage du failli, puisqu'il n'a été dressé que sur les notes et les pièces fournies par ce dernier ; c'est pourquoi j'ai assigné, tant ledit sieur. . . ., syndic définitif, que ledit sieur. . . ., en sadite qualité, à comparaître à la première audience du Tribunal de commerce de. . . ., qui aura lieu le. . . . du courant, à heures du. . . ., au palais de justice, et à toutes audiences suivantes s'il est utile, pour, par les motifs ci-dessus déduits et par tous autres griefs qui seront développés en plaidant, y voir dire droit à la présente opposition, y voir en conséquence et par application des dispositions de l'art. 512 du Code de commerce, déclarer nul et de nul effet le susdit concordat avec dépens, sans préjudice des droits et actions du requérant à raison des faits ci-dessus, pour les exercer quand et comme il avisera, et j'ai laissé copie.

(Signature de l'huissier.)

FORMULE N° 199. — Requête pour provoquer la nomination d'un nouveau syndic, lorsque le seul syndic nommé se rend opposant au concordat.

A Monsieur. . . ., juge-commissaire de la faillite du sieur I. P. . ., marchand de vins, demeurant à. . . .

Le sieur F. L. . . ., demeurant à. . . ., seul syndic définitif de ladite faillite, nommé en cette qualité par jugement du Tribunal de commerce, en date du. . . .

A l'honneur de vous exposer :

Qu'il croit de son devoir, et qu'il est par suite dans l'intention de former opposition au traité, ou concordat, intervenu le. . . . entre le failli et ses créanciers chirographaires reconnus, vérifiés et affirmés, par lequel ces derniers ont fait remise à leur débiteur de 90 p. cent sur le montant total de leurs créances; les motifs sur lesquels l'exposant entend fonder son opposition sont le dol et la fraude, à l'aide desquels le failli, en portant dans son bilan des créances qu'il ne devait pas et en présentant aussi une fausse situation, est parvenu à obtenir un pareil concordat.

Mais comme l'exposant est seul syndic de la faillite, il devient nécessaire, aux termes de l'art. 512 du Code de commerce, de faire nommer un nouveau syndic, vis-à-vis duquel devront être remplies les formalités relatives à l'opposition au concordat, prescrites par le même article.

En conséquence, l'exposant demande qu'il vous plaise, Monsieur le juge-commissaire, convoquer, dans le plus bref délai, les créanciers de la faillite à une réunion, pour y être consultés, conformément aux dispositions de l'article précité et de l'art. 462 du Code de commerce, sur la nomination du nouveau syndic, auquel devra être signifiée l'opposition au concordat, et qui devra défendre à l'instance qui sera engagée à cet égard, et ferez justice.

A. . . ., le. . . .   (*Le syndic, signé.*)

ORDONNANCE.

Nous. . . ., juge-commissaire de la faillite du sieur. . . ., vu les faits exposés dans la requête qui précède et les dispositions des art. 462 et 512 du Code de commerce, ordonnons que, par lettres du greffier et par des insertions aux journaux en la forme usitée, les créanciers dudit P. . . ., failli, seront convoqués pour le. . . . courant, à. . . . heures du. . . ., dans la salle du conseil du Tribunal de commerce, pour y être consultés sur la nomination du nouveau syndic, qui devra remplacer ledit P. . . ., seul syndic de la faillite, déjà nommé, et qui veut se rendre opposant au concordat intervenu le. . . ., entre le failli et ses créanciers.

Donné à. . . ., le. . . .   (*Le juge-commissaire, signé.*)

OBSERVATION. — Les lettres du greffier et les avis à insérer dans les journaux sont dans la forme de ceux ci-dessus formulés nᵒˢ 188 et 189.

FORMULE Nᵒ 200. — Jugement du Tribunal de commerce qui sursoit à prononcer sur une opposition au concordat, jusqu'après solution de questions étrangères à la compétence.

Le Tribunal de commerce de l'arrondissement de. . . . a rendu le jugement dont la teneur suit :

Audience du. . . .

Entre le sieur P. V. . . ., banquier, demeurant à. . . ., comparant par Mᵉ. . . ., son agréé, d'une part ;

Le sieur F. L. . . ., arbitre de commerce, demeurant à. . . ., en sa qualité de syndic définitif de la faillite du sieur I. P. . . ., marchand de vins, demeurant à. . . ., comparant en personne, d'autre part ;

Et le sieur F. P. . . ., propriétaire, demeurant à. . . ., comme seul et unique héritier connu dudit sieur I. P. . . ., failli, son frère, comparant par Mᵉ. . . ., avocat, qu'il assiste encore, d'autre part ;

Dans le fait :

Ledit sieur I. P. . . ., failli, est décédé le. . . . courant, après avoir obtenu un concordat de ses créanciers, par lequel il lui a été fait remise de 90 p. cent et accordé un délai de. . . . pour le paiement, sans intérêt, des 10 p. cent restants.

Par un exploit en date du. . . ., du ministère de. . . ., huissier à. . . ., ledit sieur P. V. . . . a formé opposition au concordat précité, intervenu le. . . . courant, entre le failli et ses créanciers chirographaires, ladite opposition motivée sur le dol et la fraude qui auraient été employés par le débiteur et qui auraient déterminé ses créanciers, en les trompant, à accéder audit traité. Cette opposition a été signifiée au syndic de la faillite et audit sieur F. P. . . ., avec assignation devant le Tribunal de commerce, pour y voir dire droit à ladite opposition, et y voir, en conséquence, déclarer nul et de nul effet le susdit concordat, à l'égard de tous les intéressés, avec dépens.

Sur cette assignation, la cause ayant été appelée à la présente audience, le Tribunal a d'abord entendu, en son rapport, M. le juge-commissaire de la faillite.

Après quoi les parties ont pris les conclusions suivantes :

Ouï pour ledit S. . . ., créancier opposant, Mᵉ. . . ., agréé, qui pour sa partie a conclu à ce qu'il plaise au Tribunal lui adjuger les fins de son exploit d'opposition et d'assignation ;

Ouï ledit F. L. . . ., syndic, qui a déclaré s'en remettre à justice,

Ouï pour ledit sieur F. P. . . . Mᵉ. . . ., avocat, qui pour sa partie et d'elle assisté a conclu à ce qu'il plaise au Tribunal, attendu que ledit sieur F. P. . . . conteste formellement la qualité d'héritier du failli qui lui est donnée dans l'exploit d'assignation précité, et qu'on persiste à lui attribuer malgré la renonciation par lui faite à la succession de sondit frère, par acte au greffe en date du. . . ., surseoir, aux termes de l'art. 512, § 4, du Code de commerce, à prononcer sur ladite opposition jusqu'après la décision par les Tribunaux civils des questions étrangères à la compétence du Tribunal de commerce et réserver les dépens.

En droit : Que faut-il statuer dans l'état de la cause ? *Quid* des dépens ? Sur quoi :

Attendu que du moment que la qualité d'héritier du failli attribuée audit sieur F.P. . . . est contestée, il n'appartient pas au Tribunal de commerce de statuer sur cette exception ; que c'est là une question d'état qui, à raison de la matière, est de la compétence exclusive des Tribunaux civils et qui, aux termes de l'art. 512 précité du Code de commerce, doit leur être renvoyée.

Par ces motifs,

Le Tribunal, après en avoir délibéré, jugeant en dernier ressort et en audience publique, vu le rapport de M. le juge-commissaire de la faillite et les dispositions du susdit art. 512 du Code de commerce, § 4, avant dire droit aux parties, et sans rien préjuger, surseoir à statuer sur le mérite de l'opposition au concordat dont il s'agit, portée devant lui, jusqu'après la décision par les Tribunaux compétents, sur la question d'état et la qualité d'héritier attribuée à la partie de. . . ., fixe à quinze jours le délai dans lequel le créancier opposant devra saisir les juges compétents, et justifier de ses diligences. Réserve les dépens.

Ainsi jugé. . .

(*Suivent les signatures du président et du greffier.*)

OBSERVATION. — Le Tribunal civil est saisi de la question qui doit être portée devant lui par assignation, à la requête de la partie la plus diligente, mais sans préliminaire de conciliation, par application de l'art. 49, nº 2, du Code de procédure civile, la demande requérant célérité.

FORMULE Nº 201. —**Assignation devant le Tribunal civil, après sursis par le Tribunal de commerce, pour cause d'incompétence.**

L'an. . . ., et le. . . ., je. . . ., huissier. . . ., etc.

A la requête du sieur D. . . . fils, banquier, demeurant à. . . ., qui constitue Mᵉ. . . . pour son avoué près le Tribunal civil de première instance de. . . ., ai exposé au sieur J. A. . . ., propriétaire demeurant à. . . ., ce qui suit :

Le sieur E. A. . . ., filateur, quand vivait demeurant à. . . ., fut déclaré en état de faillite par jugement du Tribunal de commerce de. . ., en date du. . . . Les opérations de sa faillite ont été conduites jusqu'au concordat qui a été passé le. . . entre le failli et ses créanciers, moyennant un abandon par ces derniers de 90 pour 100 sur leurs créances, et le paiement des 10 pour 100 restants dans un an sans intérêt ; le failli est décédé après la formation de ce concordat, mais avant son homologation, laissant pour héritier ledit sieur J. A. . . ., son parent. Le requérant ayant acquis la preuve que le failli avait trompé ses créanciers assemblés pour la formation du concordat, en prenant pour base des calculs qu'il leur présentait, pour fixer sa situation, les énonciations de son bilan, sur lequel figurent des créances simulées, notamment une créance de la somme de. . . ., portée sur la tête dudit sieur J. A. . . ., forma opposition audit concordat, motivée sur les faits de fraude susénoncés ; en notifiant son opposition au syndic de la faillite et audit sieur J. A. . . ., pris comme héritier du failli, et son représentant en cette qualité, le requérant les assigna devant le Tribunal de commerce pour y voir dire droit à son opposition et y voir, en conséquence, annuler, pour cause de fraude et de mauvaise foi de la part du failli, le concordat précité ; sur cette assignation, le Tribunal de commerce, vu que la qualité d'héritier du failli, attribuée au sieur J. A. . . ., son parent, était contestée par ce dernier, a rendu le. . . . un jugement par lequel il a sursis jusqu'après la décision par les juges compétents de la question relative à la susdite qualité d'héritier qui était contestée et a fixé à quinze jours le délai dans lequel le créancier opposant devrait saisir les juges compétents et justifier de ses diligences.

C'est pourquoi et attendu que ledit sieur J. A. . . . s'est emparé, le jour même du décès du failli, des bijoux, d'une montre en or que celui-ci possédait, ainsi que de divers objets mobiliers, tels que linge de corps, vêtements et autres ; qu'il a aussi reçu et qu'il détient encore une partie de l'argenterie et du linge de table, portée chez lui la veille du jour où la faillite fut déclarée, et qui appartient à la faillite, tous lesquels faits seront prouvés en cas de dénégation ; attendu que ledit sieur J. A. . . . a ainsi recélé et diverti des effets appartenant à la succession à laquelle il dit avoir renoncé ; mais qu'aux termes de l'art. 792 du Code Napoléon, il est déchu de la faculté d'y renoncer, j'ai assigné ledit sieur J. A. . . . à comparaître huitaine franche, après la date du présent, à l'audience, et par-devant les juges composant ledit Tribunal civil de première instance de. . . . pour s'y entendre déclarer déchu de la faculté de renoncer à la succession dudit feu E. A. . . ., son cousin, et par suite déclarer héritier pur et simple de celui-ci, et comme tel tenu au paiement de toutes les dettes avec dépens, et j'ai laissé copie, etc.

(*Signature de l'huissier.*)

RÉSUMÉ (Art. 511).

N° 1. Ainsi, en cas de poursuites pour banqueroute simple, les créanciers ont le choix ou de former le concordat, ou d'attendre l'issue des poursuites, qui amènent toujours avec elles des éclaircissements et des révélations. Javerzac et Belloc, Code de commerce.

RÉSUMÉ (Art. 512). — Indication alphabétique.

Abréviation de délai, 20.	Ce délai est de rigueur, 18.	Nomination du nouveau syndic, 21.
Approbation du concordat, 3.	Droit de délibération, 1.	
Augmentation de délai, 17.	Droit d'opposition, 1, 15.	Opposit. (recevabilité), 4, 5.
Compétence en matière d'opposition au concordat, 22.	Droit d'attaquer le concordat homologué, 14.	Opposition fondée sur le dol et la fraude, 12.
Créancier admis provisoirement, 2.	Dol au préjudice d'un créancier hypothécaire, 4.	Opposition motivée suffisamment, 6.
Créancier nanti de gage, 4.	Droit d'examen des irrégularités, 3.	Opposition doit être notifiée au syndic, 19.
Créancier privilégié et hypothécaire, 4.	Durée du sursis, 23.	Opposition doit être notifiée au failli, 19.
Délai de huitaine (à qui s'applique), 7, 8.	Faillite censée connue de tous, 14.	Signification du concordat, 16.
Délai de huitaine, date du concordat, 16.	Jour de départ du délai de huitaine, 13.	Tribunal (compétence), 24.
	Moyens de l'opposition, 6.	

N° 1. Des termes généraux de l'art. 512, il faut conclure que les créanciers ayant droit de délibérer pour la formation du concordat sont aussi les seuls qui ont qualité pour y former opposition; que ce droit est refusé aux créanciers qui n'ont pas fait vérifier leurs créances avant la signature du concordat, quoique légalement mis en demeure de le faire, et bien qu'ils allèguent que le concordat n'a pas été précédé de toutes les formalités prescrites; la demande qu'ils formeraient pour faire vérifier leurs créances, conjointement avec leur opposition au concordat, ne rendrait pas admissible cette opposition, qui doit nécessairement être précédée de la constatation et admission de leurs titres. Dalloz, n° 727 et 728; Colmar, 26 mai 1840 (D.-P. 41.2.49).

2. Le créancier admis provisoirement jouit de la faculté de s'opposer au concordat; mais si sa créance est définitivement rejetée avant le jugement de son opposition, cette opposition tombe, parce qu'elle était basée sur la qualité présumée de créancier du demandeur, qualité qui s'évanouit avec le rejet de sa créance. Renouard, t. II, p. 41.

3. Il résulte encore de la généralité des termes de l'art. 512 que les créanciers qui ont accédé au concordat, et qui paraissent l'avoir ainsi approuvé, ont cependant le droit d'y former

opposition ; les signataires n'ont voulu, en effet, consentir qu'à un acte régulier ; ils n'ont adhéré qu'à charge d'homologation par le tribunal, et ne se sont pas interdit l'examen des faits, des irrégularités et des nullités dont l'acte peut être vicié, et surtout des faits de dol et de fraude qui seraient découverts avant la complète consommation du traité. Renouard, t. II, p. 42.

4. Les créanciers nantis de gage, privilégiés et hypothécaires, n'ayant pas voix délibérative au concordat, sont sans droit pour y former opposition ; mais on doit déclarer justement recevable l'opposition du créancier hypothécaire qui se fonde, soit sur le dol pratiqué à son préjudice, dans le concordat, soit sur ce qu'il ne vient pas en ordre utile dans l'ordre de distribution des deniers, et non sur sa seule qualité de créancier. Req. 21 déc. 1840 ; Pardessus, n° 1239.

5. Soit sur ce qu'il a renoncé à son hypothèque depuis le concordat, mais dans le délai de l'opposition, soit sur ce que les formalités n'ont pas été remplies. Cass., 13 nov. 1837 ; Dalloz, n° 731.

6. L'exploit d'opposition au concordat est suffisamment motivé et ne saurait par conséquent être annulé lorsque le créancier opposant déclare s'en référer aux moyens par lui consignés dans le procès-verbal de l'assemblée des créanciers délibérant sur le concordat, procès-verbal dont le failli et les créanciers ne peuvent prétendre cause d'ignorance. Caen, 20 fév. 1822 ; Renouard, t. II, p. 43, d'après lequel cette solution devrait être suivie encore aujourd'hui.

7. Le délai de huitaine dans lequel l'opposition au concordat doit être formée s'applique non-seulement aux créanciers qui ont pris part à la délibération, mais encore à ceux qui en étaient absents. Rej., 26 avril 1820 (S.21.1.7). Nancy, 14 déc. 1829 (S.30.2,69).

8. Et même aux créanciers dont les créances n'ont pas encore été vérifiées. Aix, 24 août 1829 (S.30.2.3).

9. Bien que le retard dans la vérification provienne de contestations élevées par les syndics. Rej. 12 janv. 1831 (S.31.1.76); id. Bordeaux, 27 juin 1832 ; Bordeaux, Dalloz, p.33.2.116.

10. Les créanciers dont les créances ont été vérifiées et à l'égard desquelles toutes les formalités ont été remplies ne sont pas recevables, après le délai de huitaine, à attaquer le concordat pour inobservation des formalités requises pour sa validité ; le concordat ne peut plus, quand ce délai est expiré, être attaqué que pour cause de dol ou de fraude par les créanciers ; peu

importe qu'à l'époque où le concordat a été consenti, les créanciers opposants prétendissent exercer un droit exclusif sur certaines parties de l'actif, et n'eussent alors, à raison de cette prétention, aucun intérêt à attaquer le concordat. Rej., 27 mars
1838 (S.-V.38.1.762; Dalloz, p.38.1.207).

11. Le créancier qui n'a pas pu former opposition au concordat dans le délai de huitaine est recevable à former opposition
après ce délai, si c'est par la fraude du failli qu'il a été mis dans
l'impossibilité d'agir dans le délai prescrit. Rouen, 8 juin 1818
(S.18.2.235).

12. Du reste, pour que l'opposition fondée sur le dol et la
fraude puisse être reçue, il est nécessaire que les faits de dol ou
de fraude n'aient été découverts que postérieurement au concordat, car le créancier qui en a eu connaissance à cette époque
a pu et dû agir dans le délai de huitaine ; et s'il a laissé cet acte
s'accomplir sans s'y opposer, il est considéré comme ayant renoncé à ce moyen, et comme déchu, par suite de son acquies-
cement.

13. C'est du jour du concordat que court le délai de huitaine
accordé pour former opposition, et il n'y a pas d'exception à
faire en faveur des créanciers dont les droits n'ont été reconnus
que depuis le concordat, car ces créanciers ont pu, dès qu'une
contestation s'est élevée au sujet de leurs titres, demander une
admission provisoire qui doit leur être accordée si leurs créances
ont un caractère sérieux en apparence ; ces créanciers doivent
surveiller toutes les opérations de la faillite et se mettre en mesure de former leur opposition dès que cette faculté leur est reconnue. Dalloz, n° 737.

14. Les créanciers qui n'ont pris aucune part à la délibération
pour le concordat ne peuvent attaquer, par voie d'exception, un
concordat dûment homologué, sur le fondement qu'ils en avaient
jusque-là ignoré l'existence ; il est indubitable qu'une convocation spéciale n'est pas nécessaire pour mettre les créanciers
en demeure de se faire vérifier, et par suite de prendre part au
concordat : la faillite, et c'est un point capital de la matière,
est censée connue de tous les intéressés, par l'affiche et la publication dans les journaux du jugement qui l'a déclarée (art.
442), et les créanciers sont avertis par les papiers publics, indépendamment des lettres de convocation, qui ne sont qu'une
précaution surabondante de la loi, de soumettre leurs titres à la
vérification (art. 492). Boulay-Paty, n° 278 ; Dalloz, n° 736.

15. Le délai d'opposition court donc contre ces créanciers,

puisqu'ils sont réputés légalement instruits de tout ce qui se passe Req., 26 avril 1830.

16. Pour faire courir le délai de huitaine, il n'est pas nécessaire de signifier le concordat aux créanciers qui ne l'ont pas signé; ce délai court indépendamment, de toute signification, à partir de la date du concordat. Rouen, 14 avril 1813 (S.13.2. 258).

17. Il n'y a pas lieu à augmentation de délai à raison des distances. Pardessus, n° 1240 ; Renouard, t. II, p. 44; Goujet et Merger, n° 68 ; Alauzet, p. 191.

18. Ce délai est de rigueur, et la déchéance qui en résulte peut être opposée même aux mineurs, aux interdits, aux femmes mariées, sauf leur recours contre leurs tuteurs et maris. Pardessus, *loco cit.*; Bédarride, t. II, n. 566.

19. L'opposition doit être signifiée aux syndics et au failli ; les syndics représentent ici la masse, et, quoiqu'en général ils soient aussi les représentants du failli, comme le débat est d'une importance majeure, le législateur a jugé utile de mettre en cause le failli en personne. Dalloz, n° 743.

20. Il faut toutefois concilier cette disposition avec le Code de procédure, notamment avec l'art. 416, qui exige un délai d'un jour au moins, et avec l'art. 1033, qui ne compte dans le délai des ajournements ni le jour de l'assignation ni celui de l'échéance. L'art. 417 du même Code ne permet d'abréger ce délai qu'avec l'autorisation spéciale du président du tribunal de commerce. Renouard, t. II, p. 44.

21. La nomination du nouveau syndic, dont parle le § 3 de l'art. 512, appartient au tribunal de commerce, qui reste libre dans son choix, aux termes de l'art. 462, § 5; si le tribunal n'a pas effectué la nomination de ce syndic *ad hoc* ou spécial, dans la huitaine qui suit le concordat, le syndic ancien qui aura provoqué cette nomination avant l'expiration de la huitaine pourra valablement signifier son opposition pendant un nouveau délai de huitaine, qui courra du jour où son successeur aura été nommé; on ne pourrait, en effet, déclarer déchue une opposition, pour n'avoir pas été signifiée au tuteur *ad hoc*, alors que ce tuteur n'avait pas encore été constitué. Renouard, t. II, p. 45 ; Bédarride, t. II, n° 570; Dalloz, n° 746.

22. Le § 4 de l'art. 512 est une innovation au Code de commerce de 1807; et cette innovation consiste, ainsi que l'a très bien expliqué M. Dupin, président de la Chambre des députés, lors de la discussion de la loi, en ce que la connaissance de ce fait acciden-

tel, qui était de la compétence des tribunaux civils, entraînait le jugement aux mêmes tribunaux de l'opposition au concordat : l'ancien art. 635 du Code de commerce portait, en effet, que les tribunaux de commerce connaîtraient des oppositions au concordat, lorsque les moyens d'opposition seraient fondés sur des actes ou opérations dont la connaissance est attribuée par les lois aux tribunaux de commerce; dans tous les autres cas, ces oppositions seront jugées par les tribunaux civils : ainsi l'opposition au concordat était partagée entre la juridiction civile et la juridiction commerciale ; c'est ce partage que la loi a voulu faire cesser, sans cependant attribuer aux tribunaux de commerce la connaissance de questions qui sont étrangères à sa compétence, comme, par exemple, les questions d'état et les questions administratives. Alauzet, p. 194. D'après le nouveau projet, a dit M. Dupin, toutes les oppositions au concordat seront jugées par le tribunal de commerce ; mais si, incidemment à une opposition à un concordat, se joignait une question d'état (par exemple une contestation de la qualité d'héritiers du débiteur principal, attribuée à une personne), les tribunaux civils, en jugeant la question d'état, ne jugeront que la question de leur compétence, et l'on reviendra devant le tribunal de commerce pour juger tout ce qui peut être relatif à l'opposition au concordat. C'est là, tout à fait, le sens du § 4 de l'art. 512, ainsi que le déclara le rapporteur de la loi.

23. Pour rester dans l'esprit général de la loi, qui est d'accélérer le plus possible les opérations de la faillite, le législateur a voulu que le sursis fût de courte durée.

24. Le dernier § de l'art. 512 indique qu'il n'est pas nécessaire que la question pour laquelle cette incompétence a lieu soit déjà soumise aux juges civils ; ces mots : *le créancier opposant devra saisir les juges compétents et justifier de ses diligences*, prouvent bien que le tribunal civil n'est pas encore saisi de la connaissance de la question, lorsque le tribunal sursoit et fixe le bref délai qu'il accorde au créancier opposant, pour saisir les juges compétents, c'est-à-dire les juges civils.

513. L'homologation du concordat sera poursuivie devant le tribunal de commerce, à la requête de la partie la plus diligente ; le tribunal ne pourra statuer avant l'expiration du délai de huitaine fixé par l'article précédent.

Si, pendant ce délai, il a été formé des oppositions, le

tribunal statuera sur ces oppositions et sur l'homologation par un seul et même jugement.

Si l'opposition est admise, l'annulation du concordat sera prononcée à l'égard de tous les intéressés.

FORMULE N° 202. — Requête au Tribunal de commerce pour l'homologation du concordat.

A Messieurs les président et juges composant le Tribunal de commerce de. . . .

Le sieur F. L. . . ., syndic définitif de la faillite du sieur E. A. . . ., filateur, demeurant à. . . .

A l'honneur de vous exposer :

Qu'après l'accomplissement de toutes les formalités prescrites par la loi, les créanciers chirographaires, vérifiés et affirmés dudit sieur E.A... ayant été réunis en assemblée le. . . ., sous la présidence de M. . . ., juge-commissaire de ladite faillite, ledit sieur E. A. . . . a offert à sesdits créanciers un dividende de. . . . pour 100 payable. . . . avec le cautionnement solidaire du sieur. . . . ou des sieurs. . . ., qui garantissaient aussi le paiement de tous les frais et dépenses de la faillite, (si le failli est représenté par un mandataire, la requête porte : ledit sieur . . . ., par l'organe de. . . ., son fondé de pouvoirs, suivant procuration publique ou sous seing privé à lui donnée par le failli le. . . ., enregistrée à. . . ., le. . . ., a offert, etc.) ;

Que l'assemblée ayant de suite délibéré sur cette proposition, elle a été acceptée de la double majorité voulue par l'art. 507 du Code de commerce.

En conséquence, les créanciers ont consenti le même jour un concordat conforme à la proposition ci-dessus à eux faite par leur débiteur, avec le cautionnement susindiqué, lequel traité a été signé, séance tenante, par les créanciers acceptants, par le failli (ou par le mandataire du failli) et par la caution (ou les cautions) de ce dernier.

Et attendu que plus de huit jours se sont écoulés depuis lors sans qu'aucune opposition ait été signifiée au syndic non plus qu'au failli, et qu'en cet état il ne manque plus audit traité que la sanction de la justice.

L'exposant conclut à ce qu'il plaise au Tribunal, vu ce qui résulte du procès-verbal dressé par M. le juge-commissaire, le. . . ., dûment enregistré, homologuer ledit concordat pour être rendu obligatoire pour tous les créanciers et être ensuite exécuté dans toutes ses dispositions.

A. . . ., le. . . .

(*Le syndic, signé.*)

I.   21

FORMULE N° 203. — **Jugement qui homologue un concordat.**

Le Tribunal de commerce de l'arrondissement de. . . . a rendu le jugement dont la teneur suit :

Entre le sieur F. L. . . ., etc., syndic définitif de la faillite du sieur E. A. . . ., filateur, demeurant à. . . .

Dans le fait :

Le syndic de la faillite a présenté cejourd'hui au Tribunal une requête dans laquelle il expose. . . . (transcrire la requête).

Sur cette requête, la cause ayant été appelée à la présente audience ;

Ouï ledit syndic, qui a conclu à ce qu'il plaise au Tribunal lui adjuger les fins de sa requête ;

Ouï M. le juge-commissaire de la faillite en son rapport à l'audience, et déposé ensuite sur le bureau, tout à fait favorable à l'homologation du concordat dont il s'agit.

En droit, faut-il homologuer ledit concordat ?

Considérant que le concordat intervenu le. . . . a été délibéré et consenti par les créanciers dudit sieur E. A. . . ., formant la majorité en nombre et représentant en outre les trois quarts de la totalité des créances vérifiées et affirmées (ou admises par provision) ;

Considérant que le vœu des créanciers étant ainsi établi et rien ne s'opposant d'ailleurs à ce que ledit concordat soit homologué, c'est le cas d'adjuger au syndic les fins de la requête avec d'autant plus de raison que, par la liquidation définitive de la faillite, les créanciers n'obtiendraient pas le dividende qui leur est assuré par le concordat, et que d'un autre côté il ne résulte du rapport du juge-commissaire aucun indice de fraude ou de mauvaise foi de la part du failli ; que, d'après les renseignements qui ont été recueillis, le déficit existant dans les affaires du failli ne doit être attribué qu'aux pertes qu'il a éprouvées depuis quelques années dans son commerce, au manque absolu de ressources pécuniaires pour les réparer, et aux dépenses assez considérables qu'a dû nécessiter l'entretien de sa famille ;

Par ces motifs,

Le Tribunal, après en avoir délibéré, jugeant publiquement et en premier ressort, disant droit à la requête du syndic, et vu ce qui résulte du rapport du juge-commissaire, a homologué et homologue le concordat passé le. . . . entre le failli et ses créanciers, pour être exécuté dans toutes ses dispositions.

FORMULE N° 204. — **Jugement qui annule un concordat.**

Le Tribunal de commerce de l'arrondissement de. . . . a rendu le jugement dont la teneur suit :

Entre le sieur D. . . . fils, banquier, demeurant à. . . ., comparant par M^e. . . ., agréé, d'une part ;

Le sieur E. A. . . . ., filateur, demeurant à. . . . ., comparant par Mᵉ. . . ., avocat, d'autre part ;

Et le sieur F. L. . . ., avocat, demeurant à. . . ., syndic définitif de la faillite dudit sieur E. A. . . . ., comparant en personne, encore d'autre part :

En point de fait :

Par un exploit dûment enregistré, en date du. . . ., du ministère de. . . ., huissier, ledit sieur D. . . . fils a formé opposition au concordat passé le. . . . entre le failli et ses créanciers, les motifs pris de ce que, dans le bilan de la faillite, figure le sieur J. A. . . . ., frère du failli, pour une somme de. . . ., résultant de prêts faits à diverses époques, et pour lesquels une lettre de change a été souscrite peu de jours avant la faillite; que tout démontre que cette créance n'est pas sincère ; qu'il résulte, en effet, des renseignements recueillis par le créancier opposant que le prétendu prêteur n'était pas en position d'avancer de l'argent à son frère; que, d'un autre côté, le livre-journal du failli ayant disparu, on n'a pu constater l'importance et l'époque de ces prétendues remises d'argent, ni suivre l'emploi qui en aurait été fait par le failli ; que ce dernier, dans l'exposé qu'il fit à ses créanciers assemblés pour la formation du concordat, prit les énonciations de son bilan pour base des calculs qu'il leur présenta pour fixer sa situation; qu'en agissant ainsi il les a trompés en leur présentant une fausse situation, et que dès lors le concordat est l'œuvre de la fraude et de la mauvaise foi; en signifiant son opposition au failli et au syndic, ledit sieur D. . . . fils les a, en même temps, assignés devant le Tribunal de commerce pour, par les motifs ci-dessus énoncés, y voir déclarer nul et de nul effet l'acte ou traité précité du. . . . avec dépens.

Sur cette assignation, la cause ayant été appelée à la présente audience;

Ouï pour ledit sieur D. . . . fils, opposant, Mᵉ. . . ., agréé, qui a conclu à ce qu'il plaise au Tribunal lui adjuger les fins de son exploit d'opposition ;

Ouï, pour ledit sieur E. A. . . ., failli, et de lui assisté, Mᵉ. . . ., avocat, qui a conclu à ce qu'il plaise au Tribunal, attendu que la créance du sieur J. A. . . . a été vérifiée, affirmée et admise au passif; que cette créance est sincère et basée sur un titre librement souscrit par le débiteur; que les faits de fraude et de simulation ne sont nullement justifiés ; que de vagues présomptions sont insuffisantes pour établir la fraude, qui ne se présume jamais, et doit être clairement prouvée et démontrée; démettre ledit sieur D. . . . fils de son opposition, le condamner en mille francs de dommages et aux dépens ; disant droit, au contraire, à la demande du concluant en homologation du concordat susénoncé, homologuer ledit traité pour être ensuite exécuté dans toutes ses dispositions;

Ouï ledit sieur F. L. . . ., syndic, qui a déclaré s'en remettre à la sagesse du Tribunal ;

21.

En droit, faut-il dire droit à l'opposition précitée? Faut-il, au contraire, homologuer le traité dont il s'agit? Que faut-il statuer sur les dommages et les dépens?

Considérant qu'il résulte des débats et des documents fournis au Tribunal que la créance du sieur J. A. . ., frère du failli, est une créance simulée, au moins en grande partie; que la position bien connue dudit sieur J. A. . . . démontre qu'il n'a jamais été en position d'effectuer, à titre de prêt, des remises de fonds pour la somme considérable portée au bilan sous son nom; qu'il a été avancé, à la vérité, que lui-même avait eu recours à des emprunts pour venir au secours de son frère, mais qu'à cet égard on n'a pu produire que des lettres d'une parente qui promettait quelques envois de fonds; que ces envois, s'ils ont été effectués, n'auraient consisté qu'en quelques faibles sommes bien inférieures à la créance portée au bilan; qu'il est difficile d'admettre que, dans l'état de gêne où se trouvait depuis longtemps le failli, son frère, qui connaissait parfaitement cette situation, lui eût confié des sommes considérables sans exiger d'autre garantie que sa signature; que la lettre de change dont ledit sieur J. A. . . . est porteur, souscrite dans les circonstances dont il vient d'être parlé, ne peut, à elle seule, établir la créance, du moment que les présomptions les plus graves que le Tribunal a le droit d'admettre s'élèvent contre la sincérité de ce titre;

Considérant que les conditions du concordat n'ont été arrêtées entre le failli et ses créanciers qu'en prenant pour base les énonciations mensongères et frauduleuses du bilan, qui est bien l'œuvre du failli, puisqu'il n'a été rédigé par le syndic que sur les notes et les pièces que le failli lui a fournies; mais que ce bilan et le concordat qui en a été la conséquence ne peuvent avoir d'existence, comme tout autre contrat, qu'autant que la bonne foi a présidé à leur formation et que les parties contractantes y ont donné un consentement valable; que la majorité des créanciers, dans la cause, n'a pu donner un consentement valable, puisqu'il a été surpris par des manœuvres frauduleuses.

Par ces motifs,

Le Tribunal, après en avoir délibéré, jugeant publiquement et en premier ressort, ouï M. le juge-commissaire en son rapport à l'audience et déposé ensuite sur le bureau, sans s'arrêter aux conclusions dudit sieur. . . ., failli; disant droit, au contraire, à l'opposition dudit sieur D. . . . fils envers le concordat dont il s'agit, admet ladite opposition, déclare nul et de nul effet, à l'égard de tous les intéressés, l'acte en date du. . . ., qualifié concordat, et condamne ledit sieur E. A. . . . aux dépens, qui seront passés en frais de syndicat.

FORMULE N° 205. — Jugement qui rejette des oppositions au concordat.

Le Tribunal de commerce de. . . . a rendu le jugement dont la teneur suit :

Audience publique du. . . .

Entre le sieur A. P. . . ., négociant, demeurant à. . . ., syndic définitif de la faillite du sieur D. . . ., entrepreneur de travaux publics et limonadier, demeurant à. . . ., et les sieurs 1°. . ., 2°. . ., 3°. . . et 4°. . . ., tous créanciers dudit sieur D. . . ., agissant dans un intérêt commun, demandeurs en opposition, d'une part ;

Ledit sieur D. . . . et le sieur V. V. . . ., négociant, demeurant à. . . ., autre syndic définitif de ladite faillite, assignés défendeurs, d'autre part ;

En fait :

Après l'accomplissement des formalités voulues par la loi, M. le juge-commissaire fit convoquer les créanciers pour le. . . ., à l'effet de délibérer sur la formation du concordat ; dans cette assemblée, le failli proposa à ses créanciers un dividende de 20 pour 100 payable dans un an sans intérêt ; la majorité des créanciers en nombre accepta cette proposition, mais ces créanciers ne formant pas les trois quarts de la totalité des créances vérifiées et affirmées, la délibération fut remise à huitaine pour tout délai ; en vertu de ce renvoi, et le. . . ., une nouvelle assemblée eut lieu en présence du juge-commissaire. Le failli renouvela sa proposition avec le cautionnement du sieur. . . .

Cette nouvelle proposition ayant été acceptée des deux majorités voulues par l'art. 507 du Code de commerce, il intervint, ledit jour, un concordat entre le failli et ses créanciers, qui fut signé séance tenante.

Postérieurement, et par exploit en date du. . . ., le sieur A. P. . ., l'un des syndics, et les sieurs. . . . déclarèrent au sieur V. V. . . ., autre syndic, et audit D.. . . ., failli, qu'ils étaient opposants audit concordat ; les motifs pris de ce que ce concordat était irrégulier, et, ainsi que la faillite, le fruit du dol, et notamment : 1° de ce que le failli avait caché la presque totalité de ses livres, et que ceux qu'il avait voulu remettre, commencés depuis très-peu de temps, sans suite, incomplets et irréguliers, ne faisaient pas connaître sa situation, et qu'en pareil cas un concordat ne devant pas évidemment être formé, il ne saurait être homologué ; 2° de ce qu'aucune des dépenses excessives et des pertes alléguées par D. . . pour justifier sa faillite, dans son mémoire du. . . joint au bilan, n'étaient justifiées en aucune manière ; que ces pertes et dépenses, qui s'élevaient à. . . ., francs, n'avaient jamais existé ; que le failli devait détenir ces sommes qu'il supposait avoir perdues ou dépensées ; qu'aussi il ne rendait aucun compte des sommes considérables qu'il aurait touchées peu avant sa faillite; qu'il dissimulait donc son actif, soit en ne donnant pas compte de ces sommes, soit en omettant de porter sur le bilan partie de ses créances actives et de son mobilier; que, d'un autre côté, il avait exagéré son passif, surtout lorsqu'il avait pris la précaution insolite de consentir à sa femme, le. . . ., une hypothèque conventionnelle frauduleuse et illégale de plus de. . . . francs, et lorsqu'il avait porté dans un premier bilan du. . . . pour. . . . francs de papier sur lui-même; 3° de ce que D. . . . n'avait obtenu un concordat qu'en offrant ou en donnant diverses sommes en sus du dividende qui était énoncé; 4° de ce que le sieur C. . . . ., l'un de ses créanciers, n'avait pu diviser sa voix, adhérer au concordat pour une partie de sa créance et le rejeter pour l'autre, et que d'autres créanciers dont les créances étaient garanties par la femme du failli ou par d'autres cooblignés, dont le failli n'était que caution, n'auraient pas dû voter au concordat et ne pouvaient pas obliger les autres créanciers, leurs intérêts étant opposés, de sorte qu'il n'y avait pas eu réellement, pour la formation du concordat, les majorités voulues par la loi; 5° enfin, de ce que le ministère public n'avait pas été mis à même de connaître les causes de la faillite, et qu'un pareil concordat était évidemment contraire à l'intérêt public et à la masse des créanciers; c'est pourquoi et par le même exploit lesdits sieurs A. P. . . . et C. G. . . ., I. L. . . ., assigneront lesdits sieurs V. V. . . . et D. . . . devant le Tribunal, pour y voir dire droit sur leur opposition, y voir dire que le susdit concordat ne sera pas homologué, et voir au contraire annuler ce concordat par les motifs ci-dessus et par toutes autres voies de droit, avec dépens.

Sur cette opposition, la cause portée à l'audience du. . . ., les défenseurs des parties prirent les conclusions suivantes:

Ouï, pour ledit sieur A. P. . . . et consorts, Mᵉ. . . ., avocat, qui a conclu à ce qu'il plaise au Tribunal, disant droit à l'opposition formée par ses parties, envers le concordat intervenu le. . . ., entre le failli et ses créanciers, dire et déclarer qu'il ne doit pas être homologué; annuler ledit concordat et condamner les adversaires aux dépens.

Très-subsidiairement admettre les concluants à prouver, tant par actes que par témoins, qu'après l'assemblée du. . . . dernier, le sieur D. . . . envoya un exprès à. . . ., qu'il fit lui-même le voyage de L. . . . et de Q. . . ., et que les créanciers qui ont voté pour le concordat, après l'avoir rejeté dans la première séance, ont accepté du sieur D. . . des avantages particuliers et un supplément de dividende; que notamment ledit D. . . . a souscrit à Q. . . . un effet de. . . . fr. en faveur de. . . ., l'un des créanciers; un effet de. . . . fr. en faveur de. . . ., qu'il en a proposé un au sieur. . . ., et qu'il a fait les mêmes propositions à d'autres créanciers dont quelques-uns ont refusé; pour, sur cette preuve faite et rapportée, être ensuite statué ce qu'il appartiendra, les dépens demeurant dans ce cas réservés;

Ouï pour ledit V. V. . . ., l'un des syndics, et pour ledit D. . . ., failli, et d'eux assisté, et autorise Mᵉ. ... ., avoué, qui a conclu à ce qu'il plaise au Tribunal, sans s'arrêter à l'opposition du sieur A. P. . ., syndic C. . . ., G. , . ., J. . . . et L. . . ., créanciers, et les en démettant, homologuer le concordat dont il s'agit, et condamner les opposants aux dépens ;

M. D. . . ., juge-commissaire de la faillite, a fait ensuite au Tribunal un rapport sur les caractères de la faillite et sur l'admissibilité du concordat, après quoi la cause fut renvoyée au conseil, pour en être délibéré, et le jugement être prononcé à une autre audience.

En droit :

Le Tribunal a eu à examiner les questions suivantes :

1° Faut-il accueillir, d'ores et déjà, l'opposition faite par les sieurs P. . . . et consorts, et refuser par suite l'homologation du concordat dont il s'agit?

2° Dans le cas de la négative, doit-on, avant dire droit, admettre la preuve subsidiairement offerte par les opposants, ou bien faut-il, au contraire, homologuer le susdit concordat?

3° Qui doit supporter les dépens ?

Attendu, sur la première question, que le législateur, dans la nouvelle loi sur les faillites, a donné une preuve évidente de son désir de favoriser les concordats, en se montrant sur ce point bien moins rigoureux que l'ancien Code de commerce, puisque le concordat a été permis dans le cas de condamnation pour banqueroute simple ; qu'en consacrant cette innovation, il a même classé au nombre des cas de banqueroute simple plusieurs de ceux qui antérieurement caractérisaient la banqueroute frauduleuse ; que, dès lors, c'est en se pénétrant de cet esprit de la loi nouvelle qu'il faut envisager les dispositions de l'art. 515 qui détermine les circonstances dans lesquelles les Tribunaux de commerce doivent refuser leur homologation au concordat intervenu entre le failli et ses créanciers ;

Attendu que ces circonstances sont ainsi déterminées par la loi :

1° Si les formalités qui doivent précéder le contrat n'ont pas été remplies ;

2° Si des motifs d'intérêt public s'opposent à l'homologation ;

3° Si le concordat est contraire à l'intérêt des créanciers ;

Attendu, quant à la première catégorie, que le Tribunal a vérifié, dans la cause, l'exactitude absolue de toutes les formalités prescrites par la loi sur les faillites et banqueroutes, et que le rapport qui lui en a été fait par le juge-commissaire lui a donné toute certitude à cet égard ; que d'ailleurs les opposants eux-mêmes n'ont objecté l'omission ou l'oubli d'aucune de ces formalités ;

Attendu, sur la deuxième catégorie, que si l'on peut imputer au sieur D. . . ., comme à tous les faillis en général, d'avoir agi avec imprévoyance, il ne résulte pas néanmoins du rapport du juge-commissaire, et des déclarations du sieur V. . . ., l'un des syndics, que la faillite présente des caractères de fraude, ni qu'on puisse reprocher au failli aucune soustraction, ni aucun acte d'improbité; que, quoique le failli n'ait pas complétement justifié le chiffre de ses pertes, il paraît cependant positif qu'il en a éprouvé de considérables, et qu'il a été surtout entraîné par les dépenses de construction d'une maison à. . . ., et l'établissement d'un café et d'un salon; que ces diverses circonstances, favorables à D. . . ., résultent de ce fait même que les syndics n'ont adressé en commun, ni en particulier, aucun rapport à M. le juge-commissaire, pour attirer l'attention du ministère public; que, dans cette position, aucun motif d'intérêt public ne peut donc déterminer le Tribunal à refuser sa sanction au traité intervenu entre D. . . et ses créanciers;

Attendu que vainement les opposants prétendent que le sieur D. . . cache ses livres, car il a produit tous ceux qu'il a tenus depuis l'établissement de son café, et leur régularité n'est pas contestée; que quoique le sieur D. . ., par sa qualité d'entrepreneur de travaux publics, doive être rangé dans la classe des commerçants, il serait injuste de pousser la rigueur des conséquences jusqu'à décider qu'il est par cela même forcé de représenter des livres de commerce; que d'ailleurs, rien n'indiquant qu'il en ait tenu, on ne peut l'accuser de les avoir soustraits, alors surtout qu'il existe dans les papiers de la faillite des liasses concernant les diverses entreprises; que, si des associations en participation ont obligé le sieur D. . . . à tenir quelques livres relativement aux entreprises faites en commun, il n'est pas étonnant qu'il ne les ait pas conservés après leur liquidation;

Attendu que les opposants objectent que le sieur D. . . . ne justifie pas le chiffre de ses pertes, ni l'emploi des sommes par lui reçues peu avant sa faillite, car, d'un côté, le fait des pertes ne peut guère être révoqué en doute, et d'un autre côté il résulte suffisamment, des explications données par le failli et par V. . . ., l'un des syndics, que le plus grand nombre des effets souscrits en dernier lieu par D. . . . n'était que le renouvellement de ceux antérieurement souscrits, et que les sommes réellement comptées à ce dernier ont été employées aux travaux et constructions qu'il a entrepris;

Attendu que c'est aussi sans fondement que les opposants soutiennent qu'il y a eu des traités particuliers entre le failli et des créanciers qui ont signé le concordat: que leurs allégations, à cet égard, ne sont pas justifiées, et que certaines se trouvent même contredites par le résultat de la correspondance des créanciers avec le syndic V. . . .; que cette correspondance a prouvé au Tribunal que les éclaircissements donnés par ce syndic, lors de la première réunion, pour le concordat, joints à la promesse d'une caution, que le sieur D. . . . n'avait pu alors présenter, ont déterminé les adhésions postérieures de la part de quelques créanciers, qui étaient dans l'ignorance de ces faits; qu'on ne saurait faire un grief au sieur D. . . . d'être allé les instruire lui-même, de leur avoir fait écrire par l'un des syndics, et d'avoir employé des émissaires pour donner connaissance à ses créanciers de ce que leur procureur fondé, l'un des opposants, avait pu leur laisser ignorer;

Attendu, sur la troisième catégorie, que le concordat dont il s'agit est évidemment dans l'intérêt des créanciers, puisque, en cas d'union et si la masse venait à perdre les procès dispendieux, longs et toujours chanceux qu'elle aurait à soutenir contre la dame D. . . ., les créanciers ne pourraient espérer plus de. . . . pour cent, et qu'en supposant le gain complet de tous les procès, ainsi qu'une liquidation exempte de toutes difficultés, il paraît certain que le dividende ne dépasserait pas. . . . pour cent; qu'il est donc bien sensible que la réception d'un dividende de. . . . pour cent, assuré par une caution dont la moralité et la solvabilité ne peuvent être contestées, est préférable pour les créanciers aux chances d'une liquidation longue et pénible et qui ne pourrait presque en aucun cas leur promettre un plus fort dividende ; que si le Tribunal doit veiller à ce que les intérêts de la minorité ne soient pas sacrifiés par une majorité factice ou mal éclairée, il doit aussi opposer une barrière salutaire au caprice, à l'erreur d'une minorité qui voudrait sacrifier les intérêts de la masse à sa propre satisfaction ;

Attendu qu'il est, dès lors, sans utilité d'examiner si, parmi les créanciers qui ont adhéré au concordat, il en est qui aient d'autres garanties à exercer, car ils ne font que représenter ces garants eux-mêmes, lorsque le failli est le débiteur principal; et lorsqu'il n'est que la caution d'un débiteur, même solvable, la double majorité exigée par la loi est une garantie suffisante pour balancer cette circonstance peu importante dans la cause, puisqu'elle ne s'applique qu'à une créance de. . . . fr., dont le sieur C. . . . est porteur, et qui, quoique retranchée de la masse du passif, n'en laisse pas moins acquises au concordat les deux majorités voulues pour sa validité ;

Attendu que l'on concilie facilement la quotité du dividende promis avec la conservation d'une partie des droits de la dame D. . . ., si l'on considère que le maintien du café et du salon situés à. . . ., et la continuation des entreprises du failli, sur diverses routes, semblent assurer un résultat avantageux, qui aurait disparu en cas d'union, par suite de la vente de la maison, et des nouvelles adjudications de routes, à la folle enchère ; que d'autre part l'intérêt des créanciers est encore de laisser au failli le moyen d'arriver à une réhabilitation qui leur donne l'espoir d'obtenir eux-mêmes leur paiement intégral ;

Attendu, sur la deuxième question, que les documents sur lesquels on appuie l'offre d'une preuve, loin de rendre les faits vraisemblables, laissent le plus grand doute sur leur sincérité ; qu'au surplus les obligations qui auraient été la suite d'avantages particuliers faits par le failli étant nulles, et de pareils traités caractérisant un délit de la part des créanciers qui les auraient acceptés, la preuve en serait aussi difficile que sans objet ; qu'il importe dès lors, dans la position où se trouve le failli vis-à-vis de l'administration des ponts et chaussées, de ne pas exposer le sieur D. . . . et sa caution aux fâcheuses conséquences du retard que cette offre de preuve a pour but d'entraîner, et qui par suite doit être rejetée ;

Attendu que le concordat a été consenti par une majorité de. . . . . créanciers, sur. . . ., ayant droit de délibérer, et que ces créanciers représentent une somme de. . . ., sur celle de. . . . francs, montant des créances vérifiées, tandis que les opposants ne représentent en totalité qu'une somme de. . . ., ce qui ne permet pas de sacrifier à leurs prétentions l'intérêt d'une masse de plus de cent mille francs ; que par suite rien ne s'oppose à l'homologation du concordat, puisque les autres motifs énoncés dans l'opposition n'ont pas été soutenus à l'audience, et ne sont pas mieux fondés ; que d'ailleurs le Tribunal trouve une nouvelle garantie dans cette circonstance que l'homologation est requise par l'un des syndics, dans l'intérêt de la grande majorité des créanciers ;

Par ces motifs,

Le Tribunal, après avoir délibéré, jugeant en premier ressort, vu ce qui résulte du rapport du juge-commissaire, sans s'arrêter à l'opposition des sieurs. . . ., comme mal fondée, et les en démettant, disant droit au contraire, sur les conclusions du sieur D. . . . et du sieur V. . . ., l'un des syndics de la faillite, homologue le concordat intervenu entre le sieur D. . . . et ses créanciers chirographaires le. . . . ., pour être exécuté dans toutes ses dispositions ; compense les dépens entre parties, exposés jusqu'à ce jour ; met à la charge de D. . . . l'enregistrement et l'expédition du présent jugement, comme frais d'homologation, et ordonne que les frais de signification du présent jugement seront supportés par les opposants.

Ainsi jugé, etc.

Quoique un peu long, nous donnons comme formule ce jugement, qui a été réellement rendu, parce qu'il fait connaître plusieurs griefs articulés contre le failli, et présentés comme moyens d'opposition à l'homologation du concordat ; quant à la décision, nous pensons que, dans des circonstances pareilles, un Tribunal de commerce pourrait fort bien admettre la preuve des faits de dol et de fraude employés pour obtenir des votes favorables au concordat ; il pourrait même y avoir lieu, aux termes de l'art. 597 de la loi des faillites, à poursuivre correctionnellement le failli et les créanciers, à raison du traité particulier qui serait intervenu entre eux, et d'où résulterait un avantage à la charge de l'actif du failli. (*Note de l'auteur.*)

FORMULE N° 206. — Notification du jugement qui a prononcé sur une opposition au concordat.

L'an. . . ., et le. . . .,je. . . ., huissier. . . .

A la requête du sieur V. V. . . ., négociant, demeurant à. . . ., l'un des syndics définitifs de la faillite du sieur D. . . ., entrepreneur de travaux publics et limonadier, demeurant à. . . ., et encore à la requête de ce dernier, qui font élection de domicile à. . . .

Ai notifié, suivant sa forme et teneur, aux sieurs. . . ., le premier autre syndic définitif de ladite faillite, et les autres créanciers dudit sieur D. . . ., le jugement contradictoirement rendu entre parties, comme procèdent, par le Tribunal de commerce de. . . ., en date du. . . ., et qui a rejeté l'opposition, formée par ces derniers, envers le concordat intervenu le. . . . entre le failli et ses créanciers chirographaires, et a homologué, au contraire, ledit concordat pour être exécuté dans toutes ses dispositions, à l'égard de tous les intéressés, afin qu'ils ne l'ignorent, et j'ai laissé copie auxdits sieurs A. P. . . ., syndic et consorts, tant dudit jugement que du présent exploit, et à chacun d'eux en particulier, dans leur domicile susdit, en parlant à. . .

(Signature de l'huissier.)

RÉSUMÉ. — **Indication alphabétique.**

Appel du jugement d'homologation, 6.

Appréciation souveraine des juges, 8.

Bail de caution, 5.

Caractères des moyens d'opposition, 8.

Conditions pour l'homologation, 5.

Droit de poursuivre l'homologation, 1, 9.

Homologation avant huitaine, 4.

Homologation demandée par les héritiers du failli, 3.

Jugement rendu sur requéte, 2.

Jugement d'homologation, (appel), 6.

Plaidoiries contradictoires, 2.

Tierce opposition au jugement d'homologation, 7.

N. 1. Le droit de poursuivre l'homologation du concordat appartient au failli et aux syndics ; le juge-commissaire ne peut réclamer l'homologation du concordat, comme partie principale ; il n'est pas compris dans ces expressions : *la partie la plus diligente*. Dalloz, n° 756.

2. Il n'est pas nécessaire que la partie la plus diligente, qui provoque l'homologation, assigne les autres intéressés, failli ou créanciers, pour être présents au jugement : le tribunal de commerce prononce sur simple requête et sur le vu des pièces, sans plaidoiries ni débats contradictoires. Pardessus, n° 1243 ; Boulay-Paty, n° 266.

3. L'homologation d'un concordat obtenu par un failli peut, après le décès de ce dernier, être poursuivie par ses héritiers. Paris, 23 fév. 1839 (S.-V.39.2.135) ; Esnault, t. II, p. 431.

4. L'homologation d'un concordat prononcée avant l'expiration de la huitaine accordée aux créanciers pour y former opposition empêche le jugement d'homologation de produire son effet. Renouard, t. II, p. 52 ; Dalloz, n° 757.

5. Des juges ne peuvent, en homologuant un concordat, imposer au failli, ou à ses héritiers, la condition de fournir caution

jusqu'à concurrence des dividendes promis. Paris, 23 fév. 1839 (S.-V.39.2.135; D.p.39.2.82).

6. Les jugements qui statuent sur les oppositions au concordat et sur l'homologation sont susceptibles d'appel. Colmar, 17 mars 1813 (S.14.2.140); Renouard, t. ıı, p. 63.

7. Mais la voie de la tierce opposition n'est pas ouverte contre le jugement d'homologation. Toulouse, 18 janv. 1828 (S.29.2. 133.)

8. Au surplus l'appréciation, par les juges saisis d'une opposition à un concordat, du caractère des faits présentés par le créancier opposant comme étant un obstacle au concordat, est souveraine et ne peut tomber sous la censure de la Cour de cassation. Rej. 14 mai 1839 (S.-V.39.1.696).

9. L'autorisation du juge-commissaire n'est pas nécessaire au syndic qui veut se pourvoir, et il peut agir sans le concours des autres syndics. Paris, 28 août 1855 (J.-P.55.2.90); Alauzet, p. 195.

514. Dans tous les cas, avant qu'il soit statué sur l'homologation, le juge-commissaire fera au tribunal de commerce un rapport sur les caractères de la faillite et de l'admissibilité du concordat.

Formule nᵒ 207. — Rapport fait au Tribunal par le juge-commissaire sur les caractères de la faillite et sur l'admissibilité du concordat.

Messieurs,

En notre qualité de juge-commissaire de la faillite du sieur. . . . et conformément à l'art. 514 de la loi sur les faillites et banqueroutes, nous devons faire au Tribunal un rapport sur les caractères de la faillite et sur l'admissibilité du concordat intervenu le. . . . entre le failli et ses créanciers chirographaires, vérifiés et affirmés; voici ce que les documents soumis à notre examen et à notre surveillance nous ont appris à cet égard :

Il résulte, soit du mémoire ou compte sommaire de l'état apparent de la faillite, de ses principales causes et circonstances, et des caractères qu'elle paraît avoir, qui nous a été remis par le syndic et que nous avons transmis, avec nos observations, à M. le procureur impérial, soit de tous les renseignements que nous avons ultérieurement recueillis sur les actes et la conduite dudit sieur. . . . qu'une grande imprévoyance peut lui être justement reprochée; qu'il a montré peu d'aptitude pour le genre d'affaires par lui entrepris; négligent lui-même, il a été encore

mal secondé par des employés sur lesquels il n'a pas exercé une surveillance éclairée ; ses livres et ses écritures sont mal tenus, irréguliers
et incomplets ; il a négligé de faire des inventaires, et le syndic a été
obligé de dresser le bilan de l'état de ses affaires, avec assez de peine,
et à l'aide des renseignements, livres et papiers qui ont pu lui être fournis
par le failli ; ce bilan révèle un actif médiocre, composé de 1º. . . .,
2º. . . ., etc., et un passif qui s'élève à la somme de. . . . ; passif
qui, d'après l'état des créances vérifiées et affirmées, s'est trouvé grossi
et porté au chiffre de. . . . Cette situation laisse un déficit ou perte pour
les créanciers de la somme de. . . .

Cette perte provient, selon le failli, d'abord du peu de ressources pécuniaires qu'il possédait au début de sa carrière commerciale, et des
dépenses de premier établissement ; le mariage qu'il a contracté avec
une femme qu'il croyait riche a été pour lui une nouvelle cause de
dépenses et de pertes ; il est aussi reconnu que l'économie n'a pas présidé à son ménage ; il s'est vu bientôt contraint à recourir à des emprunts,
à payer par suite des intérêts qui, en s'accumulant, ont aggravé sa position ; de là impossibilité d'acheter avantageusement et nécessité de
vendre souvent sans bénéfice.

En résumé, la conduite du failli peut être caractérisée par un défaut
d'ordre et d'économie, par la négligence et le peu d'aptitude pour la
direction des affaires ; mais il ne paraît pas qu'on puisse lui reprocher
des faits de fraude et de mauvaise foi.

Les explications fournies par le failli à ses créanciers assemblés pour
la formation du concordat, et les dires et observations de ces derniers
ont confirmé la vérité des faits ci-dessus rapportés ; en conséquence,
les propositions à eux faites par leur débiteur de leur payer un dividende de. . . ., dans un délai de. . . ., ont été adoptées par la double
majorité, voulue par l'art. 507 de la loi précitée, et le concordat a été
signé séance tenante.

Nous estimons qu'il y a lieu pour le Tribunal d'homologuer le concordat qui est soumis aujourd'hui à sa sanction.

(*Le juge-commissaire, signé.*)

RÉSUMÉ.

1. La formalité prescrite par cet article a pour objet d'assurer
qu'aucune surprise ne soit faite à la religion du tribunal appelé
à donner son homologation ; le rapport du juge-commissaire
doit être écrit, et mention doit en être faite dans le jugement
qui statue sur l'opposition. Dalloz, nº 764.

2. L'homologation du concordat prononcée par le tribunal,
sans rapport préalable du juge-commissaire, est nulle. Douai, 23
déc. 1839 ; arrêt qui décide que cette formalité est substantielle.

3. Tant d'intérêts importants et divers sont irrévocablement engagés dans la décision sur le concordat, qu'on ne saurait autoriser les tribunaux de commerce à s'affranchir arbitrairement d'une instruction préliminaire que la loi a expressément ordonnée, et à défaut de laquelle elle a présumé que leur décision ne serait pas rendue en suffisante connaissance de cause. Renouard, t. II, p. 56 ; Dalloz, n° 765.

4. Toutefois il semble qu'il devrait en être autrement si le juge-commissaire a siégé parmi les juges qui ont rendu le jugement d'homologation ; et c'est même ce qui a été jugé par arrêt de la Cour de Besançon le 29 nov. 1843 ; mais on doit suivre de préférence l'opinion de M. Renouard et la doctrine de l'arrêt de Douai du 23 déc. 1839 (D.P.41,2.43).

515. En cas d'inobservation des règles ci-dessus prescrites, ou lorsque des motifs tirés, soit de l'intérêt public, soit de l'intérêt du créancier, paraîtront de nature à empêcher le concordat, le tribunal en refusera l'homologation.

(Voir la formule n° 204, qui refuse l'homologation du concordat.)

§ 2. — *Des effets du concordat.*

516. L'homologation du concordat le rendra obligatoire pour tous les créanciers portés ou non portés au bilan, vérifiés ou non vérifiés, et même pour les créanciers domiciliés hors du territoire continental de la France, ainsi que pour ceux qui, en vertu des articles 499 et 500, auraient été admis par provision à délibérer, quelle que soit la somme que le jugement définitif leur attribuerait ultérieurement.

517. L'homologation conservera à chacun des créanciers, sur les immeubles du failli, l'hypothèque inscrite en vertu du troisième paragraphe de l'art. 490. A cet effet, les syndics feront inscrire aux hypothèques le jugement d'homologation, à moins qu'il n'en ait été décidé autrement par le concordat.

FORMULE N° 208. — Bordereau d'inscription hypothécaire, en exécution de l'art. 517 du Code de commerce.

Résultant d'un jugement en date du. . . ., rendu par le Tribunal de commerce de. . . ., homologatif du concordat intervenu le. . . . entre le sieur D. . . ., entrepreneur de travaux publics, demeurant à. . . ., et ses créanciers chirographaires, dûment vérifiés et affirmés, et dont une expédition en due forme a été représentée à M. le conservateur des hypothèques.

L'inscription est requise par le sieur F. L. . . ., avocat, demeurant à. . . ., en sa qualité de syndic définitif de la faillite dudit sieur D. . ., au nom et dans l'intérêt des créanciers ci-après nommés, savoir :

1° Le sieur J. . . ., fabricant, demeurant à. . . ., qui fait élection de domicile à. . . ., chez. . . ., créancier de la somme principale de. . . montant du dividende lui revenant, aux termes dudit concordat exigible le. . . .

2° Le sieur F. C. . . ., banquier, demeurant à. . . ., qui fait élection de domicile en sa demeure, créancier de la somme principale de. . ., montant du dividende lui revenant, aux termes du même concordat.

3°. . . . et (désigner de même tous les créanciers vérifiés et affirmés).

Intérêts dont la loi conserve le rang à liquider pour chaque créancier. (*Mémoire.*)

Frais de mise à exécution provisoirement évalués pour chaque créancier à cent francs. . . ., ensemble ci. . . .

L'inscription est requise contre ledit sieur D. . . ., et sur tous les immeubles situés dans l'étendue du bureau des hypothèques de. . . ., pour conserver à chacun de sesdits créanciers l'hypothèque inscrite à leur profit au bureau des hypothèques de. . . ., le. . ., vol. . ., n°. . ., en vertu du troisième paragraphe de l'art. 490 du Code de commerce précité.

Pour tous les créanciers susnommés,

(*F. L., syndic, signé.*)

RÉSUMÉ (Art. 515). — **Indication alphabétique.**

Appel du jugement d'homologation, 9.
Appel non suspensif, 13.
Appel par les créanciers opposants, 11, 12.
Appréciation nouvelle des faits, 4.
Acquittement de banqueroute, 4.
Chose jugée au criminel, 5.
Concordat passé à l'étranger, 7, 8.
Créanciers n'ayant pas formé opposition au concordat, 12.

Décision au criminel, 4.
Défense d'exécuter, 14.
Délai plus long que huitaine, 1.
Effets de la chose jugée au criminel sur les intérêts civils, 5.
Empêchement à l'homologation, 1.
Etat d'union non définitif, 18.
Exécution du concordat, 13.
Homologation d'un concordat passé à l'étranger, 7.
Incapacité grossière, 19.

Jogement étranger d'homologation, 7, 8.
Jugem. d'homologation attaqué, 10.
Loi nouvelle, 2.
Nouv. concordat, 15,16,17.
Pouvoir du tribunal de commerce, 2, 3, 4.
Pouvoir de modifier un traité, 6.
Refus d'homologation, 4, 18.
Rejet de la demande d'homologation, 15.
Union suivie de concordat, 20.

No 1. L'inobservation de la règle qui veut que, quand il y a renvoi pour une nouvelle délibération du concordat, en conformité de l'art. 509, ce renvoi ne puisse être fait à un délai plus long que celui de huitaine, fixé par cet article, est une cause qui empêche l'homologation du concordat intervenu plus tard ; et dans ce cas les créanciers sont de plein droit et nécessairement constitués en état d'union. Bordeaux, 10 mai 1845 (S.-V. 46.2.316).

2. La loi nouvelle a étendu les pouvoirs du tribunal de commerce pour l'appréciation du concordat ; ce tribunal est appelé à examiner le traité, tant dans l'intérêt de l'ordre public et de la morale que dans l'intérêt privé des créanciers, et à voir si ces intérêts ont été compromis par des calculs chimériques, ou sacrifiés à des complaisances coupables, si ce n'est même à des collusions dont les exemples ne sont que trop fréquents. Renouard, rapport sur la loi.

3. Le tribunal a pleine liberté aujourd'hui de refuser l'homologation sans admettre la présomption de banqueroute, ou d'homologuer le concordat sans déclarer le failli excusable. Pardessus, n° 1244.

4. Le tribunal de commerce, pour accorder ou refuser l'homologation du concordat, a une sorte de pouvoir discrétionnaire, indépendant, dans son exercice, de l'appréciation qui peut déjà avoir eu lieu des faits reprochés au failli. Ainsi le tribunal peut, après que le failli a été renvoyé d'une plainte en banqueroute portée contre lui, apprécier de nouveau les faits qui lui étaient imputés, et se fonder sur ces faits pour refuser l'homologation du concordat par lui obtenu ; la décision au criminel n'a en ce cas aucunement l'effet de la chose jugée au civil. Paris, 21 mai 1831 (S.-V.31.2.243 ; D.P.32.2.182). — Bédarride, t. II, n° 583 ; Esnault, t. II, n° 434.

5. Cependant ce principe n'est pas toujours applicable, et la chose jugée au criminel doit, dans certains cas, avoir effet quant aux intérêts civils ; par exemple, comme l'enseigne Merlin, Répert., v° Chose jugée, § 15, si, entre le fait sur lequel a porté l'action publique et le fait qu'il s'agit ensuite de juger civilement, il y a une telle connexité, que la vérité ou la fausseté de l'un emporte nécessairement la vérité ou la fausseté de l'autre, le jugement criminel lie le juge civil, et a irrévocablement l'autorité de la chose jugée : ainsi la déclaration de culpabilité de l'accusé, d'un failli, par exemple, déclaré coupable de détournements de tout ou partie de son actif, et condamné par

suite comme banqueroutier frauduleux, lie les juges civils, et le condamné ne peut contester devant eux la réalité du fait reconnu à sa charge. Dans ce cas, le tribunal de commerce ne peut accorder l'homologation du concordat. Dalloz, v° *Chose jugée*, n° 597, 2°.

6. Il n'est pas au pouvoir du tribunal de commerce, auquel l'homologation du concordat est demandée, d'apporter aucune modification à ce traité; il doit se borner à l'approuver ou à le rejeter, car le concordat est un contrat que les parties peuvent seules modifier, comme toutes les autres conventions, sauf à la justice à en prononcer la nullité quand elles sont contraires à la loi. Dalloz, n° 775; Nancy, 6 juin 1846 (D.P.46.2.198).

7. On peut demander en France l'homologation d'un concordat passé à l'étranger, soit par un Français, soit par un étranger, ou faire déclarer exécutoire en France un jugement étranger qui aurait prononcé l'homologation d'un concordat. Fœlix, *Droit international*, p. 417; de Saint-Nexent, n° 446.

8. Décider autrement, ce serait vouloir qu'il y eût deux concordats dans une même faillite, ou bien que telle faillite, régie par un concordat à l'étranger, fût nécessairement soumise en France au régime de l'union; le législateur veut que les juges français se bornent à examiner les décisions des magistrats étrangers pour en faire disparaître les clauses contraires aux lois, sans pouvoir revenir sur le fond du procès. Dalloz, v° *Droits civils*, n°s 416 et suiv.

9. Le jugement qui refuse l'homologation du concordat est sujet à l'appel de la part de la partie qui l'a provoquée. Boulay-Paty, t. 1er, n° 268; Bédarride, t. II, n° 55.

10. Le jugement qui accorde l'homologation est inattaquable de la part des créanciers; ils avaient la voie de l'opposition au concordat, et s'ils ne l'ont pas prise, ils ont à se reprocher de n'avoir pas employé la seule voie qui leur fût ouverte; s'ils l'ont prise, et qu'ils aient succombé, ils ne sont plus recevables à renouveler une contestation dans laquelle ils ont été déclarés mal fondés. Pardessus, n° 1245; Devilleneuve et Massé, n° 58; Esnault, t. II, n° 354.

11. Le jugement qui prononce sur l'homologation est cependant susceptible d'appel, mais cet appel n'est recevable que de la part de ceux qui, personnellement, ou par les syndics, leurs représentants, ont formé opposition dans le délai de huitaine fixé par l'art. 512. Décider autrement, ce serait indirectement fournir aux créanciers le moyen de prolonger un délai de

I.   22

rigueur et d'éluder la loi. Renouard, t. II, p. 65; Pardessus, n° 1245.

12. Les créanciers qui n'ont pas formé opposition à l'homologation du concordat en temps utile sont forcés de reconnaître pour jugement obligatoire celui qui serait nul en la forme ou incompétemment rendu, car l'incompétence, pas plus que la nullité, ne peuvent fournir un moyen d'attaque à celui qui a laissé passer les délais sans attaquer le jugement. Dalloz, n° 778.

13. L'appel du jugement d'homologation du concordat ne suspend point l'exécution de ce concordat, surtout lorsqu'il est interjeté par un créancier, en son propre et privé nom ; en sorte que les délais accordés au failli pour payer courent du jour du jugement d'homologation, et non, en cas d'appel, du jour de l'arrêt confirmatif. Paris, 26 juill. 1833 (S.-V.33.2.439).

14. A l'égard des défenses d'exécuter, aucun jugement portant défense d'exécuter ne peut être rendu que parties présentes, ou dûment appelées ; et spécialement, le tribunal, en homologuant le concordat passé avec le failli, quoique les créanciers refusant n'aient point été cités en homologation, ne peut pas fixer un délai pour les mettre en cause, et cependant ordonner le sursis des poursuites commencées par l'un des créanciers du failli, si ce dernier n'est point présent au jugement ou n'y a pas été appelé. Paris, 3 frim. an XII.

15. Le rejet de la demande en homologation d'un concordat, alors même que le jugement qui a rejeté cette demande a déclaré en même temps le failli excusable, ne permet pas au failli de proposer un nouveau concordat à ses créanciers : ceux-ci se trouvent, de plein droit, en état d'union. — Il n'en est pas de ce cas comme de celui où un concordat homologué a été ensuite annulé par une cause autre que la découverte d'un dol du failli ou sa condamnation comme banqueroutier frauduleux survenues depuis l'homologation. Rouen, 3 mai 1846 (S.-V.47.2.561). — Bédarride, n° 718 ; Devilleneuve, *Observation sur cet arrêt*.

16. Mais il en serait autrement si tous les créanciers eux-mêmes, d'accord avec le failli, venaient demander à la justice l'homologation du nouveau concordat. Devilleneuve, *ibid.*

17. Lorsqu'un concordat ne réunit pas les conditions exigées, (par exemple, parce que les créanciers qui l'ont consenti, bien que formant la majorité en nombre, ne représentent pas les trois quarts en somme des créances vérifiées et affirmées), la nullité doit, sans doute, en être prononcée ; mais il ne résulte pas de là l'impossibilité pour le failli de faire, s'il y a lieu, un nou-

veau concordat avec ses créanciers, et d'en obtenir l'homologation...., alors même que le jugement qui l'a d'abord refusé a
déclaré les créanciers en état d'union. Ch. req., 10 août 1847
(S.-V.51.1.100).

18. Le contrat d'union, quand il n'est pas la conséquence
d'un refus d'homologation péremptoire, ne peut pas être considéré comme un état définitif ; il ne le serait qu'autant que le
failli, lorsque le refus d'homologation n'est fondé que sur l'absence
de l'une des deux majorités, n'userait pas du droit qu'il a d'en appeler à une seconde réunion ; mais s'il veut en user, la déclaration que ses créanciers sont en état d'union ne saurait le lui
ravir ; elle ne fait que constater un état provisoire auquel les
parties intéressées peuvent toujours mettre un terme, en profitant
de la faculté qui leur appartient de provoquer une nouvelle réunion des créanciers (Observations de M. l'avocat général Rouland
présentées sur l'affaire jugée par l'arrêt du 10 août 1847 précité).

19. L'homologation du concordat consenti à un failli par ses
créanciers peut être refusée par les juges, pour simple cause
d'une incapacité grossière du failli dans la gestion de ses affaires, et en l'absence de toute fraude de sa part, alors même que
le concordat serait avantageux aux créanciers qui l'ont consenti
(S.-V.56.2.589).

20. De même encore, lorsqu'un failli a été, sur des présomptions de banqueroute frauduleuse, poursuivi criminellement, et
que le concordat n'étant pas dès lors possible, il est intervenu
un contrat d'union entre ses créanciers, il n'en peut pas moins
y avoir lieu à un concordat, après que le failli a été déchargé
de la prévention. Angers, 14 août 1816 (S.-V.51.1.100 à la note).

RÉSUMÉ (Art. 516). — **Indication alphabétique.**

22.

N⁰ 1. Depuis la nouvelle disposition de l'art. 516, tous les créanciers composant la masse sont liés et obligés par le concordat homologué, qu'ils aient ou non comparu. Cependant, si un créancier vient à prouver qu'il y a eu omission frauduleuse de sa créance dans le bilan, on peut juger que le concordat n'est pas obligatoire à son égard; mais c'est toujours en vertu du principe que la fraude fait exception à toutes les règles. Pardessus, n⁰ 1249.

2. Après le concordat dûment homologué et précédé de toutes les formalités prescrites pour mettre les intéressés en demeure d'y prendre part, aucun créancier ne peut, à peine de dommages-intérêts, faire incarcérer le failli, sous prétexte qu'il ignorait ce concordat, et que le jugement d'homologation ne lui a pas été signifié lors de l'incarcération du débiteur. Bruxelles, 13 fév. 1811 (S.11.2.483; D.A.8.167).

3. Au surplus, le défaut de vérification et d'affirmation dans les délais que la loi a tracés n'entraîne pas déchéance contre les créanciers qui se présentent plus tard et font la justification de leurs droits; leur retard ne les prive que du droit de revenir sur les distributions déjà faites; à plus forte raison, ces créanciers conservent-ils la faculté d'établir la sincérité de leurs titres contre le failli; et la reconnaissance que celui-ci en aurait faite dans son bilan les dispense-t-elle de fournir la preuve de cette sincérité. Pardessus, n⁰ 1249; Dalloz, n⁰ 787.

4. Le tiers qui, dans un concordat, se rend caution du failli, n'est réputé cautionner que les créances vérifiées et affirmées; son engagement ne peut avoir plus d'étendue, à moins de stipulation expresse; il faut que la caution ait connu ou pu connaître les créances cautionnées avant de se porter garante, et c'est par la signature des créanciers au concordat que la caution peut avoir cette connaissance. Paris, 9 juillet 1828; Rouen, 2 juin 1815 (S.16.2.49); Pardessus, n⁰ 1249; Renouard, t. 1ᵉʳ, p 542; Dalloz, n⁰ 788.

5. Le créancier d'une rente viagère due par le failli doit subir la loi du concordat; ainsi la rente viagère, comprise au bilan d'un failli qui en est débiteur, soumet le créancier de cette rente, pour les annuités échues ou à échoir, aux conditions du concordat. Cass., 22 mars 1847 (D.P.47.1.236).

6. Mais la réduction ne peut porter sur le capital de la rente, capital que le failli ou ses créanciers qui le représentent, ne sont pas fondés à restituer, en le réduisant proportionnellement

aux remises faites par le concordat. Troplong, *Cont. aléat.*, n° 323.

7. Un étranger qui, ayant fait faillite dans son pays, y a obtenu un concordat, ne peut s'en prévaloir pour s'opposer aux poursuites exercées contre lui en France, par un Français qui n'y a pas adhéré ; car si le concordat a été passé dans un pays où les traités de cette nature ne sont pas soumis à l'homologation des tribunaux, il ne présente alors qu'une convention privée qui ne saurait avoir effet en France ; et, dans le cas contraire, le jugement homologatif ne peut être exécuté contre un Français, qu'après avoir été déclaré exécutoire par un tribunal français Dalloz, n° 791 ; Lainné, p. 254.

8. La femme qui prend part au concordat obtenu par son mari failli, par lequel les créanciers de ce dernier lui font remise de toutes ses dettes, n'est pas réputée, par cela seul, lui faire remise de ses reprises matrimoniales, et spécialement de sa dot qu'elle a à répéter contre lui ; la remise ne s'applique qu'aux autres dettes mobilières que le mari peut avoir contractées envers sa femme. Rej., 2 mars 1840 (S.-V.40.1.564) ; Troplong, *Cont. de mar.*, t. 3, n° 1657).

9. D'un autre côté le concordat ne doit profiter qu'au failli ; sa femme ne pourrait se prévaloir du concordat pour, dans le règlement de ses droits, faire considérer son mari comme non failli. Dalloz, n° 795.

10. Par suite du principe d'après lequel le concordat ne profite qu'au failli qui l'a obtenu, il faut décider que le concordat personnel qu'obtient le gérant d'une société de commerce tombée en faillite ne fait pas cesser l'état de faillite de cette société, et que le tribunal du domicile du failli ne cesse pas, même après ce concordat, d'être compétent pour connaître des demandes formées par les syndics à raison de la faillite. Douai, 9 mars 1842 (S.-V.43.2.14).

11. Le concordat ne peut être opposé aux créanciers hypothécaires ou privilégiés ; ces créanciers, ne prenant point part au vote du concordat, doivent, en effet, rester en dehors de ce traité, à moins qu'ils ne consentent à descendre au rang de simples chirographaires ; mais s'ils conservent leur qualité spéciale ils peuvent agir intégralement sur l'objet qui leur sert de garantie. C'est ce qu'enseignent tous les auteurs, notamment Pardessus, n° 1248, et Bédarride, t. ii, n° 596.

12. Les créanciers inscrits ont, pour se faire payer, deux actions bien distinctes ; l'une spéciale et privilégiée sur les im-

meubles affectés à leur créance, et l'autre en paiement, au marc le franc sur les valeurs mobilières ; en effet, lorsque la vente du mobilier et la distribution de la masse chirographaire précèdent la vente des immeubles du failli, les art. 553 et suivants admettent tous les créanciers indistinctement à prendre part à cette distribution, au prorata de leurs créances, sauf aux créanciers hypothécaires, qui sont ensuite intégralement payés sur le prix des immeubles, à rendre à la masse chirographaire une somme égale au dividende qu'ils ont touché ; à la vérité, si ces créanciers ne sont payés qu'en partie sur le produit des immeubles, ou ne le sont pas du tout, ils doivent être considérés comme purement et simplement chirographaires, soit pour la portion de créance non utilement colloquée, soit pour la créance entière, suivant l'une ou l'autre des deux hypothèses (art. 556) ; une conséquence rigoureuse de ce changement de qualité est de rendre le concordat obligatoire pour les créanciers devenus ainsi simples chirographaires ; mais il ne faut pas en conclure qu'ils ont perdu la faculté d'exercer leur droit hypothécaire, ils n e sont liés par le concordat qu'en ce qui concerne leur action mobilière, et ce concordat reste sans influence sur les droits qui dérivent pour eux de l'action hypothécaire. Dalloz, nᵒ 799 ; Cass., 28 janv. 1840 (S.-V.40.1.105 ; D.p.40.4.109).

13. Il résulte spécialement de ce système, conforme aux principes de la matière, que le créancier du failli concordataire, qui est tombé dans la classe des chirographaires, parce qu'il a été frustré du bénéfice de son hypothèque par le fait de son débiteur qui l'avait trompé sur le nombre des créanciers inscrits avant lui, ne peut rencontrer dans le concordat un obstacle à l'action en stellionat tendant à la contrainte par corps ; en effet, la contrainte par corps, dans ce cas, remplace les sûretés hypothécaires, et dès lors, le concordat qui n'a pu porter atteinte à l'hypothèque ne peut pas davantage empêcher l'action en stellionat. Vainement on objecte que le concordat a fait remise au failli de la contrainte par corps ; cette remise, ainsi que l'explique l'art. 455, C. comm., ne s'applique qu'à la contrainte par corps prononcée par un jugement du tribunal de commerce, et nullement à celle qui, en matière de stellionat, a une cause purement civile et quasi-pénale ; cette distinction ressort de la nature des choses, l'état de faillite dérive de dettes commerciales ; le concordat n'est qu'un règlement amiable de la faillite ; la remise de la contrainte par corps stipulée par le concordat ne doit pas s'étendre au delà de la faillite et des motifs qui l'ont

provoqué, mais bien se restreindre aux contraintes par corps dont l'état de faillite suspend l'exercice, c'est-à-dire à celles qui avaient pour cause des dettes commerciales ; s'il en était autrement, le failli concordataire serait dans une position toute privilégiée qui n'appartiendrait qu'à lui seul, puisqu'il se trouverait affranchi de la contrainte par corps, non-seulement pour stellionat, mais encore, et à plus forte raison, pour violation de dépôt, reliquat de comptes de tutelle, en un mot, pour toutes les causes spéciales de contrainte par corps en matière purement civile. Rouen, 9 déc. 1840 ; Cass. 28 janv. 1840 ; Paris, 13 nov. 1843 (S.-V.44.2.22 ; D.P.44.1.53, ce dernier arrêt rendu depuis la loi de 1838) ; Dalloz, n° 800.

14. Le concordat consenti à un failli redevable de l'administration des contributions indirectes ne peut être opposé à cette administration, qui, par suite, a droit d'obtenir, même par la voie de la contrainte par corps, le montant intégral de sa créance privilégiée. Paris, 29 août 1836 ; Dalloz, n° 798 (S.-V.37.2.14).

15. Les engagements du concordat sont des engagements commerciaux pour lesquels le failli est contraignable par corps. Bordeaux, 6 déc. 1837 ; sans que toutefois on puisse considérer comme contraire aux lois une clause expresse du concordat contenant renonciation à cette voie d'exécution. Cass. 3 janv. 1814 (S.-V.14.1.142 ; D.A.8.90).

16. Le concordat est obligatoire pour toute espèce de créanciers, qu'ils soient porteurs de titres civils ou commerciaux ; et s'il n'y a qu'une catégorie de créanciers pour la remise forcée, il ne peut y en avoir deux pour l'exécution : après le concordat, le créancier civil ne demande et ne peut demander que le dividende fixé par le concordat, c'est-à-dire, par un engagement purement commercial; c'est de cet engagement seul que le créancier poursuit désormais l'exécution ; ainsi son ancien titre a cessé d'exister ; il y a eu novation dans la créance ; peu importe donc que le bénéfice de la contrainte par corps ne soit pas attaché à ce titre primitif frappé d'extinction, dès l'instant où elle appartient au contrat commercial qui s'est formé entre le concordataire et tous les créanciers obligés par le concordat. Dalloz, n° 803.

17. Comme l'homologation est un véritable jugement, elle ne peut produire ses effets qu'autant que ce jugement a été signifié dans les formes ordinaires ; en conséquence, l'homologation du concordat ne fait pas cesser l'état de la faillite, si elle n'a pas été signifiée aux syndics. Amiens, 27 fév. 1839 ; Dalloz, n° 806.

18. Le failli qui a obtenu un concordat de ses créanciers et en a lui-même provoqué l'homologation en justice n'est plus admissible à contester la légitimité des créances vérifiées par les syndics, et qui figurent au concordat, sous prétexte que cette vérification lui est étrangère, et qu'il n'y a pas assisté; des exceptions de cette nature ne doivent pas être écoutées lorsqu'elles ne reposent pas sur des erreurs de calcul, mais sur des moyens de droit, auxquels le failli est présumé avoir renoncé par l'exécution qu'il a donnée au concordat. Douai, 16 avril 1813 (S.-V. 14.2.286; D.A.8.165); Sic Renouard, sur l'art. 497, t. II, p. 29.

19. Le failli, en donnant son consentement au concordat, reconnaît, par cela même, les titres des créanciers qui y sont intervenus, ainsi que le montant des sommes pour lesquelles ils ont été admis, et il ne peut détruire l'effet de cette reconnaissance par une protestation intervenue même avant le jugement d'homologation ; il prétendrait en vain qu'il n'était pas, à cette époque, relevé de son incapacité. Req., 23 avril 1834 (S.-V.34. 1.230; D.P.34.1.178).

20. En effet les actes consentis par le failli pendant qu'il est frappé de dessaisissement ne sont nuls que relativement à la masse, et quant à lui, il est lié par ses actes ; or, par le concordat le failli forme un contrat, cela ne saurait être douteux, et ce caractère résulte avec évidence, tant des effets d'un tel acte que du soin que le législateur a pris de l'entourer de toutes les garanties désirables. Dalloz, n° 807.

21. Néanmoins, si par le concordat le failli s'engage à payer les créanciers qui ont pris part à cet acte, et se met dans l'impossibilité de contester les dettes qu'il a ainsi reconnues, il ne renonce pas aux droits actifs qu'il peut avoir contre les tiers, car ce traité n'a pour objet que de régler sa position vis-à-vis de ses créanciers, et non à l'égard de ses débiteurs ; ainsi il peut réclamer contre l'un de ses créanciers le paiement d'une dette omise dans l'actif du bilan. Bordeaux, 27 janv. 1846 (D.P.46. 4.287).

22. Bien que le concordat rétablisse le débiteur failli dans la plénitude de ses droits, et le rende passible de toutes les actions personnelles qui ont des causes postérieures à la faillite, néanmoins, s'il s'agit de dettes contractées dans l'intérêt de la masse, relativement à des biens que, par le concordat, le failli a abandonnés à ses créanciers, les actions relatives à ces dettes doivent être dirigées contre les représentants de la masse qui les a faites ou qui en a profité, et non contre le failli auquel elles sont de-

venues étrangères par l'abandon qu'il a fait de son actif à ses créanciers. — Spécialement, les loyers courus depuis la faillite, d'une chose nécessaire à l'exploitation d'une usine, et dont la masse a profité, en continuant l'exploitation de l'usine dans son intérêt, sont dus, non par le failli qui, par un concordat, a abandonné l'usine à des créanciers, mais par la masse des créanciers.

RÉSUMÉ (Art. 517). — **Indication alphabétique.**

Bordereau d'inscript., **7.** 9.	Effet de l'inscription du jugement d'homologat.., 5.	Indication du nom de chaque créancier au bordereau, 3.
Créances chirographaires devenues hypothécaires, 1.	Extinction de l'hypothèque, 13.	Inscription au profit de chaque créancier, 2.
Créancier domicilié hors de France, 4.	Formes du bordereau d'inscription, 7, 9.	Inscription (une seule), 3.
Créanciers inconnus, 6.	Hypothèque grevant les cautions, 8.	Négligence des syndics à requérir l'inscription, 5.
Droit de s'inscrire, 5.	Hypothèque légale, 10.	Péremption de dix ans, 11.
Effet puissant de l'homologation, 1.		Rang et date uniformes, 5.

N° 1. Un puissant effet que produit l'homologation du concordat est de convertir les créances chirographaires en créances hypothécaires, non pour les faire concourir avec les créances hypothécaires qui les précèdent, mais en ce sens qu'elles revêtent ce caractère vis-à-vis des créanciers postérieurs à l'ouverture de la faillite. Dalloz, n° 838.

2. L'inscription doit être requise individuellement au profit de chaque créancier dénommé au procès-verbal d'admission des créances. Pardessus, n° 1248.

3. Mais il peut suffire d'une inscription du jugement homologatif avec indication des noms de tous ceux auxquels cette inscription doit profiter. Lainné, p. 254.

4. Elle doit être prise aussi au nom des créanciers domiciliés hors de France et qui sont encore dans les délais de la vérification.

5. En cas de négligence des syndics, tout créancier peut faire opérer l'inscription dans son intérêt ; mais l'effet de l'inscription ne peut créer un avantage particulier au profit du créancier qui aurait fait opérer l'inscription avant que les syndics eux-mêmes ou d'autres créanciers se fussent adressés au bureau des hypothèques ; l'hypothèque aura un rang et une date uniformes pour tous les créanciers de la masse. Dalloz, n° 838.

6. Les créanciers inconnus qui n'ont pas révélé leur existence au moment où l'inscription se réalise ne jouissent pas des garanties hypothécaires accordées aux autres créanciers.

7. Le bordereau présenté par les syndics au nom de la masse

doit énoncer le nom des créanciers et indiquer le chiffre des créances ; or, l'accomplissement de cette double formalité est impossible, alors qu'il est douteux que des créanciers existent. Bédarride, t. II, n° 604.

8. L'hypothèque des art. 490 et 517 de la nouvelle loi grève les cautions du failli comme le failli lui-même, sans qu'il soit besoin d'une stipulation spéciale du concordat pour obtenir cet effet. Bédarride, t. II, n° 607.

9. Les syndics doivent énoncer encore dans le bordereau la somme due, l'époque de son exigibilité et l'élection de domicile dans l'arrondissement où est situé le bureau des hypothèques ; cette dernière formalité a pour objet d'assurer, en cas d'aliénation de l'immeuble, aux créanciers pour lesquels l'inscription a été prise, les effets ordinaires qui y sont attachés, c'est-à-dire les notifications prescrites par les art. 2183 et suivants du Code Napoléon.

10. L'hypothèque établie par l'art. 490, expliquée et conservée par l'art. 517, est une hypothèque légale, puisque le jugement déclaratif et le jugement d'homologation n'emportent pas condamnation, et qu'il n'y a que les jugements de cette sorte qui confèrent l'hypothèque judiciaire ; au surplus, cette question, si c'est bien une hypothèque légale ou une hypothèque judiciaire, importe peu, puisque les effets en sont les mêmes. Dalloz. n° 494.

11. De même que les inscriptions ordinaires, l'inscription prise en vertu de l'art. 517 est soumise à la péremption de dix ans.

12. Dans la pratique, le renouvellement s'opère à la demande de chaque créancier individuellement ; mais rien ne s'oppose à ce qu'un renouvellement collectif ait lieu, et dans le cas de seconde faillite, il en est presque toujours ainsi. Dalloz, n° 842.

13. L'hypothèque des art. 490 et 517 prend fin de la même manière que les hypothèques ordinaires ; le failli n'en peut obtenir la radiation absolue et définitive qu'en justifiant de sa libération vis-à-vis de tous les créanciers dénommés au concordat. Dalloz, n° 343.

518. Aucune action en nullité du concordat ne sera recevable, après l'homologation, que pour cause de dol découvert depuis cette homologation, et résultant, soit de la dissimulation de l'actif, soit de l'exagération du passif.

FORMULE N° 209. — **Assignation en nullité de concordat après son homologation pour cause de dol découvert depuis cette homologation.**

L'an. . . . et le. . . ., je. . . . -, huissier soussigné,

A la requête des sieurs D. . . . fils, banquier, domicilié à. . . ., et G. R. . . ., mécanicien, demeurant à. . . .

Ai exposé au sieur E. A. . . . ., filateur, demeurant à. . . ., déclaré en état de faillite par jugement du Tribunal de commerce de. . . ., en date du. . . ., qu'il intervint entre lui et ses créanciers un concordat, à la date du. . . ., par lequel ses créanciers lui firent remise de 90 pour 100 sur le montant de leurs créances vérifiées et affirmées ; que ce concordat fut ensuite, à la requête du failli, homologué par jugement du Tribunal de commerce de. . . ., en date du. . . .

Mais attendu que, postérieurement audit jugement d'homologation, les requérants ont acquis la preuve que le failli avait trompé ses créanciers pour en obtenir ledit concordat ; qu'ainsi ledit sieur E. A. . . . . avait déclaré au syndic de sa faillite et répété à l'assemblée de ses créanciers, pour bien établir sa situation, qu'il ne lui était rien dû sur ses comptes de filature, régulièrement soldés par les fabricants jusqu'au jour de sa faillite, moyennant des escomptes qui variaient depuis 10 pour 100 jusqu'à 18 pour 100, et qu'il n'avait pas tenu de livre particulier de ces comptes ;

Que néanmoins ledit sieur E. A. . . ., à suite du jugement d'homologation précité, remis à la tête de ses affaires et ayant repris l'administration de ses biens, est allé réclamer à plusieurs fabricants, notamment aux sieurs 1°. . . ., 2°. . . ., etc., des sommes considérables pour des comptes de filature antérieurs à sa faillite, et a même exhibé un livre contenant le détail de ces comptes ; qu'il résulte même de l'examen de ce livre que les escomptes accordés n'ont jamais dépassé 12 pour 100 ; attendu que ledit sieur E. A. . . . . a ainsi dissimulé une notable partie de son actif, et que pour arriver à ses fins il a soustrait un de ses livres ; que dès lors, et aux termes de l'art. 518 du Code de commerce, une action en nullité de concordat est ouverte aux créanciers intéressés, basée sur le dol découvert depuis le jugement d'homologation ; que cette homologation se confondant avec le concordat et en faisant le complément, la rescision ou l'annulation de l'acte pour cause de dol et de fraude, entraine, comme conséquence nécessaire, le rapport du jugement qui a prononcé l'homologation, qui n'est point séparée du concordat ; attendu que ledit sieur D. . . . fils, l'un des requérants, n'a signé ledit concordat que par erreur et dans l'ignorance des faits susrelatés ; que le sieur G. R. . . ., aussi requérant, n'a pas même signé ledit traité ; c'est pourquoi j'ai assigné ledit sieur E. A. . . . à comparaître au délai de la loi, ce délai augmenté de celui à raison des distances, à l'audience du Tribunal de commerce de. . . ., séant en ladite ville, au palais de justice à. . . . heures du. . . ., et à toutes autres audiences s'il est utile, pour y entendre déclarer nul et de nul effet, à l'égard des requérants et de tous autres créanciers qu'il appartiendra, le susdit concordat en date du. . . ., par les motifs ci-dessus et par tous autres moyens de droit avec dépens; sauf au Tribunal, en prononçant la nullité demandée, à agir conformément aux dispositions de l'art. 522 du Code de commerce, et à prendre telle mesure que les circonstances paraîtront exiger, et j'ai laissé copie, etc.

(Signature de l'huissier.)

RÉSUMÉ.

N° 1. L'action en nullité d'un concordat vicié de dol et de fraude ne se prescrit que par dix ans, aux termes de l'art. 1304 du Code Napoléon. Pardessus, n° 1250 (S.-V.40.2.354); Esnault, t. II, n° 421.

2. Pour qu'un concordat puisse être attaqué par voie de nullité pour dol et fraude, dans les dix ans fixés par l'art. 1304 du Code Napoléon, il faut que le créancier qui intente cette action n'ait pu avoir connaissance, au moment du concordat, des faits de dol et de fraude sur lesquels il entend baser cette action; il y est non recevable si les titres de créance qu'il veut attaquer ont été produits et vérifiés lors du concordat et s'il ne les a pas contredits. Riom, 20 juillet 1840 (S.-V.40.2.354; D.P.40.2.241).

3. L'omission, dans un bilan dressé par un failli, d'objets qui lui appartiennent réellement, ne donne pas par elle-même et en l'absence de toute intention frauduleuse, ouverture à l'action en nullité, pour cause de dol, du concordat passé entre le failli et ses créanciers. Bordeaux, 11 janvier 1833 (S.-V.33.2.380; D.P. 33.2.97).

4. Les créanciers d'un failli sont non recevables à former individuellement tierce opposition au jugement qui annule le concordat; ils ne peuvent agir que par le ministère des syndics ou d'un fondé de pouvoirs qui représente la masse. 11 mai 1822, Paris (S.14.2.147). Suivant Esnault, t. II, n° 437, la décision de cet arrêt ne serait plus admissible aujourd'hui.

519. Aussitôt après que le jugement d'homologation sera passé en force de chose jugée, les fonctions des syndics cesseront.

Les syndics rendront au failli leur compte définitif, en présence du juge-commissaire; ce compte sera débattu et arrêté. Ils remettront au failli l'universalité de ses biens, livres, papiers et effets. Le failli en donnera décharge.

Il sera dressé du tout procès-verbal par le juge-commissaire, dont les fonctions cesseront.

En cas de constestations, le tribunal de commerce prononcera.

FORMULE N° 210. — Procès-verbal de reddition de compte par le syndic au failli.

L'an. . . . et le. . . .

Par-devant nous. . . ., juge au Tribunal de commerce de. . . ., commissaire de la faillite du sieur J. A. . . ., marchand filateur, demeurant à. . . ., dans la salle des assemblées des faillites, au palais de justice, à. . . . heures du. . . .

A comparu, d'une part, le sieur D. . . . fils, syndic définitif de ladite faillite,

Et ledit sieur J. A. . . ., failli, d'autre part ;

Ledit syndic nous a exposé que le concordat passé entre ledit sieur J. A. . . . et ses créanciers chirographaires, le. . . ., ayant été homologué à sa requête sans aucune opposition, par jugement du Tribunal, en date du. . . ., le jugement d'homologation a été notifié au failli par exploit enregistré du ministère de. . . ., huissier, en date du. . . .; ce jugement ayant acquis aujourd'hui l'autorité de la chose jugée, l'exposant doit, aux termes de l'art. 519 du Code de commerce, rendre audit sieur J. A. . . . son compte définitif de gestion, et lui remettre l'universalité de ses biens, livres, papiers et effets.

En conséquence, ledit syndic a présenté son compte audit sieur J. A. . . . de la manière suivante :

CHAPITRE Ier.

RECETTE :

1° Créance recouvrée par le syndic, portée par un jugement de condamnation en date du. . . ., contre le sieur. . . ., capital, intérêts et frais, ci. . . . . . .   1,000 » »

2° Produit de la vente des marchandises, selon procès-verbal de. . . ., huissier, en date du. . . . . . .   6,000 » »

3° Montant de divers comptes recouvrés par le syndic. .   200 » »

4° Etc. (détailler tous les articles de recette et faire le total).

DÉPENSE :

1° Montant des contributions pour l'année. . . . . . .   100 »»
2° Prime de l'assurance pour l'année. . . . .   50 »»
3° Secours alimentaires au failli. . . . .   500 »»
4° Loyers de la maison pour six mois de l'année dernière
     et pour la présente année.. . . . .   1,800 »»
5° Entiers frais de la faillite. . . . .   300 »»
6° Frais de gérance au syndic. . . . .   700 »»
7° Etc. (détailler les articles de la dépense et faire le
     total).

RÉCAPITULATION.

Total de la recette.. . . . .   » »»
Total de la dépense.. . . . .   » »»

            Reste en caisse. . . . .   » »»

Ledit sieur J. A. . . ., après avoir vérifié le susdit compte de gestion, en a reconnu l'exactitude, et moyennant la remise qui lui a été faite par ledit syndic des pièces à l'appui, a approuvé les susdites dépenses et remercié le syndic du soin avec lequel il avait rempli ses fonctions.

Demeurant l'approbation de son compte, ledit syndic a déclaré que la somme de. . . . serait distribuée sans retard aux créanciers chirographaires, ainsi qu'il en demeurait chargé par le susdit concordat, formant le résidu de sa recette.

Après quoi ledit syndic a remis au failli l'universalité de ses biens, livres, papiers et effets, ainsi que toutes les pièces relatives à la procédure de la faillite que ledit sieur. J. A. . . . a acceptée, et en a fourni décharge, à la condition néanmoins par le syndic de rapporter les quittances du dividende de. . . ., qu'il doit payer lui-même aux créanciers avec le produit des sommes par lui recouvrées pendant l'exercice de ses fonctions, ainsi que cela a été dit.

De tout quoi a été dressé le présent procès-verbal, qui a été signé par ledit syndic, par ledit sieur J. A. . . ., failli, par nous juge-commissaire et par le greffier.

                          (*Signatures.*)
Enregistré à. . . ., le. . . .

(OBSERVATION. Si le compte du syndic est contesté par le failli, le procès-verbal du juge-commissaire le constate ainsi) :

Ledit sieur J. A. . . . ., filateur failli, après avoir vérifié le susdit compte de gestion, en a reconnu l'exactitude, sauf toutefois l'article relatif à la gérance de la filature pendant l'espace de. . . ., que le syndic porte en dépense pour la somme de. . . ; le failli conteste cet article par la raison que le syndic ayant placé dans l'usine de filatures, un contre-maître, pour la surveillance des travaux, auquel il a alloué la somme de. . . . par mois, il n'y a pas lieu d'allouer en sus des frais de gérance au syndic, qui en réalité n'a pas géré et s'est borné à quelques visites faites, de temps en temps, dans l'établissement, ou que du moins ces frais de gérance doivent être grandement réduits.

Nous. . . ., juge-commissaire, vu la contestation ci-dessus soulevée par le failli, avons, aux termes de l'art. 519, § 4, du Code de commerce, délaissé les parties à se pourvoir comme elles aviseront.

De tout quoi a été dressé le présent procès-verbal, etc. (comme ci-dessus).

Formule n° 211.—Assignation devant le Tribunal de commerce sur une contestation du compte des syndics.

L'an. . . . et le. . . ., je. . . ., huissier, soussigné,

A la requête du sieur J. A. . . ., filateur, demeurant à. . . .

Ai exposé au sieur D. . . . fils, banquier, demeurant aussi à. . . ., en sa qualité de syndic définitif de la faillite du requérant, qu'après l'accomplissement de toutes les formalités voulues par la loi, il est intervenu le. . . ., entre ce dernier et ses créanciers, un concordat par lequel le requérant s'est engagé à leur payer, dans le délai de. . . ., un dividende de. . . . pour cent; ce traité a été homologué par jugement du Tribunal en date du. . . ., qui a acquis aujourd'hui l'autorité de la chose jugée; aux termes de l'art. 519 du Code de commerce, le syndic a dû rendre au requérant le compte définitif de sa gestion; les parties à cet effet ont comparu le. . . ., devant M. le juge-commissaire de la faillite; le requérant, ayant examiné le compte à lui présenté par ledit syndic, a remarqué que celui-ci portait en dépense une somme de. . . . francs, pour quatre mois et quelques jours de gérance de l'usine de filature, quoique aux articles de la dépense figurent encore les frais du traitement du contre-maître que le syndic a préposé lui-même à la surveillance de l'établissement, et auquel il a alloué une somme de. . . . francs par mois, ce qui fait en réalité supporter au requérant de doubles frais de gérance ou surveillance; le requérant a donc contesté les frais de gérance que le syndic s'est alloués, tout au moins comme exagérés. M. le juge-commissaire a dressé, le même jour, procès-verbal de la contestation et délaissé les parties à se pourvoir ainsi qu'elles aviseront; c'est pourquoi, et attendu qu'il importe au requérant de reprendre au plus tôt l'administration de ses affaires, j'ai assigné ledit sieur D. . . . fils, comme procède, à comparaître le. . . ., à l'audience du Tribunal de commerce de. . . ., dans le lieu ordinaire de ses séances, au palais de justice, à. . . heures du. . . ., et à toutes audiences suivantes, s'il est utile, pour y entendre déclarer que la somme de 700 francs ci-dessus sera rayée du compte du syndic, comme indûment portée en dépense, à titre de frais de gérance de l'usine de filature dépendant de la faillite ; le tout avec une somme de. . . ., à titre de dommages-intérêts, et avec dépens, et j'ai laissé copie, etc.

FORMULE N° 212. — Jugement du Tribunal de commerce qui prononce sur la contestation du compte du syndic.

Audience publique du. . . .

Entre le sieur J. A. . . . ., filateur, domicilié à. . . . ., demandeur d'une part ;

Et le sieur D. . . . fils, banquier, domicilié aussi à. . . ., en sa qualité de syndic définitif de la faillite dudit sieur J. A. . . . ., défendeur d'autre part ;

En fait :

Par un exploit à la date du. . . ., du ministère de. . . ., huissier, ledit sieur J. A. . . . a exposé audit sieur D. . . . fils qu'après l'accomplissement, etc. (on transcrit ou l'on analyse l'exploit d'assignation).

Sur cette assignation la cause portée à l'audience de ce jour, les défenseurs des parties ont pris les conclusions suivantes :

Ouï pour ledit sieur J. A. . . ., et de lui assisté Me. . . ., agréé qui a conclu à ce qu'il plaise au Tribunal lui adjuger les fins de son exploit d'assignation précité ;

Ouï pour ledit sieur D. . . . fils, et de lui également assisté Me. . ., avocat, qui a conclu à ce qu'il plaise au Tribunal,

Attendu que la gérance d'un établissement important de filature n'est pas bornée à la surveillance, dans l'atelier des ouvriers et des machines ; qu'elle a obligé dans l'espèce, et à cause même du discrédit de la faillite, le syndic à se mettre en rapport avec les divers fabricants de la localité et des environs, pour en obtenir des laines pour la filature ; qu'elle l'a encore obligé à des achats d'huiles et autres articles nécessaires à l'exploitation ; à des règlements, à une comptabilité, à des déplacements fréquents, à des visites, à des séances longues et multipliées dans l'usine, enfin à toute la haute direction de l'établissement ; que de pareils soins l'ont détourné de ses propres affaires ;

Attendu que la somme portée en dépense, comme frais de gérance, est loin d'être exagérée, si l'on considère que le concluant n'a réclamé aucune autre indemnité comme syndic ;

Rejeter la demande dudit sieur J. A. . . . ., failli, comme injuste et mal fondée ; dire et déclarer, au contraire, que la somme de. . . . fr., pour les causes ci-dessus, n'est pas exagérée ; qu'elle doit être maintenue au compte du syndic et lui être allouée comme frais de gérance et à titre d'indemnité, et condamner ledit sieur J. A. . . . aux dépens.

En droit :

Que faut-il statuer dans l'état de la contestation ?

Qui doit supporter les dépens ?

Considérant que l'art. 462, § 5, du Code de commerce, dispose que les syndics d'une faillite pourront, quelle que soit leur qualité, recevoir, après avoir rendu compte de leur gestion, une indemnité que le Tribunal arbitrera, sur le rapport du juge-commissaire ;

Considérant qu'il résulte des explications des parties, et des documents fournis au Tribunal, que le syndic a géré et administré avec zèle et intelligence les affaires de la faillite, et dirigé notamment l'exploitation de l'usine de filature qui en dépend ; que cette exploitation, par son importance, a dû nécessairement le détourner de ses propres affaires, et lui prendre un temps qu'il aurait consacré à sa maison de banque ; que la considération que le syndic est créancier de la faillite d'une somme considérable, et à ce titre intéressé à la bonne administration des affaires de la faillite, n'est pas un motif de lui refuser les frais qu'il réclame, puisque le législateur a eu soin d'exprimer, dans l'art. 462 précité, que cette qualité n'était pas un obstacle à l'allocation d'une indemnité, et qu'il a laissé au Tribunal le soin d'apprécier les circonstances et d'arbitrer l'indemnité qui peut être due aux syndics ;

Considérant que la somme de 700 francs ne paraît pas exagérée et doit être allouée au syndic, soit comme frais de gérance, soit à titre d'indemnité de ses fonctions de syndicat ;

Considérant que la partie qui succombe doit supporter les dépens ;

Par ces motifs,

Le Tribunal, après en avoir délibéré, jugeant en dernier ressort ; vu ce qui résulte du rapport de M. le juge-commissaire de la faillite, sans s'arrêter à la contestation du failli, qui est déclarée mal fondée, disant droit, au contraire, sur les conclusions du syndic, maintient au compte, par lui présenté au failli, ladite somme de 700 francs, comme frais de gérance, et au besoin à titre d'indemnité arbitrée par le Tribunal, condamne le failli aux dépens.

RÉSUMÉ.— **Indication alphabétique.**

Abandon des biens aux créanciers, 4.
Administ. confiée au failli, 3.
Ayant cause du failli, 10.
Cautions et coobligés du failli, 13.
Commissaires à l'exécution du concordat, 7.
Comptes de gestion des syndics, 14.
Concours du juge-commissaire au jugement, 18.
Convention autre que le concordat, 5.

Décharge aux syndics, 14.
Différence entre les divers syndics, 6.
Effet important du concordat, 1.
Failli réintégré dans ses droits, 21.
Fin du dessaisissement du failli, 2.
Gérant du failli, 8.
Héritiers du failli, 10.
Honoraires (privat. des), 8.
Libération que produit le concordat, 9.

Novation conditionnelle, 12.
Novation de titres, 11.
Présence du juge-commissaire au compte, 16.
Réception du compte et des pièces, 15.
Recouvrem. de créances, 4.
Réduction de salaires, 20.
Remise des livres et papiers, 19.
Renvoi à l'audience, 17.
Surveillance et assistance de commissaires, 3.

N° 1. Un des effets les plus importants du concordat dûment homologué est de faire cesser la mission des syndics, de remettre

I.   23

le failli à la tête de ses affaires et de lui restituer la plénitude de l'exercice de ses droits et actions.

2. Mais ce n'est qu'après que le jugement d'homologation a acquis l'autorité de la chose jugée que le dessaisissement prend fin.

3. Lorsqu'il a été fait entre les créanciers et le failli un concordat par lequel ce dernier est autorisé à administrer ses biens sous la surveillance et l'assistance de commissaires, toute demande en justice dirigée contre le failli directement n'est pas nulle, à son égard, par cela seul qu'elle n'a pas été formée simultanément contre les commissaires; la demande est seulement irrégulière à l'égard de ces commissaires. Rej. 21 juin 1825 (S.-V.26.1.301 ; D.P.25.1.225).

4. Le failli, après l'abandon de tous ses biens à ses créanciers par suite d'un concordat, a encore intérêt et qualité pour poursuivre le recouvrement des créances qu'il a abandonnées à ses créanciers, si ces derniers négligent de le faire. Paris, 5 avril 1834 (S.-V.34.2.270).

5. Toute convention autre qu'un concordat intervenue entre le failli et ses créanciers n'a pas pour effet de faire cesser le dessaisissement; les conséquences d'un tel acte sont bornées à ce qu'il exprime; ainsi, le traité par lequel les créanciers d'un failli consentent à sa mise en liberté moyennant le cautionnement de sa femme, ne doit pas être assimilé au concordat, et n'a pas pour effet de faire recouvrer au failli l'exercice de ses droits et l'administration de ses biens. Bordeaux, 14 novembre 1829; Dalloz, n° 814.

6. Il n'y a pas d'assimilation à faire entre les syndics nommés par les créanciers pour surveiller l'exécution du concordat passé avec le failli, et les syndics de l'union, dont les fonctions sont déterminées par le Code de commerce; il n'existe entre les premiers et les créanciers que les rapports ordinaires entre mandants et mandataires ; en conséquence, ces syndics ne sont pas justiciables du tribunal de commerce pour les actes d'exécution de leur mandat ; si donc les créanciers les assignent en reddition de comptes de leurs opérations, ils doivent les traduire devant le tribunal civil. Caen, 7 août 1819 ; Dalloz, n° 817, et C.N. de S.-V.2.126 ; D.A.8.237.

7. Enfin, par application des règles du mandat, le commissaire des créanciers, nommé à l'exécution du concordat, ne peut être contraint par l'un d'eux à une reddition de comptes, tant que la masse de la faillite n'est pas liquidée; il suffit qu'il remette au

créancier un tableau de situation de l'actif et du passif. Bruxelles, 24 mars 1821.

8. Le gérant d'une faillite nommé par les créanciers dans le concordat passé avec le failli qui, par négligence, n'a pas fait le recouvrement des capitaux, peut être privé, non-seulement des honoraires qui lui ont été promis, mais encore du remboursement de ses avances, et être déclaré comptable des sommes non recouvrées. Rouen, 16 févr. 1829; Dalloz, n° 823 (S.-V.30.2.344; C.N.2.221).

9. Lorsque le concordat, et c'est le cas le plus fréquent, contient une remise de partie de la dette, le failli est pleinement libéré, même sur ses biens à venir, au moins dans le for extérieur, jusqu'à concurrence de cette remise; cela doit être ainsi décidé, quoique le Code de commerce de 1807 et la loi de 1838 ne s'en soient pas expliqués.

10. Les héritiers ou autres ayants cause du failli peuvent, comme lui, se prévaloir des stipulations du concordat. Dalloz, n° 825.

11. Les créanciers font par le concordat novation à leurs titres, et parfois la stipulation particulière dont ils pouvaient réclamer l'exécution, en vertu de la convention, se trouve modifiée par le concordat; ainsi quoique, en matière de lettres de change et de billets à ordre, les art. 157 et 187, C. comm., défendent aux tribunaux d'accorder des délais au débiteur, il n'est pas douteux que le créancier concordataire qui a un effet de cette nature pour titre ne soit tenu de subir les conséquences du jugement par lequel il est accordé au failli, en retard, un ou plusieurs délais pour s'acquitter du paiement des dividendes. Rej. 7 avril 1817.

12. Du reste, cette novation est conditionnelle; elle ne fait disparaître la cause de la dette du failli qu'autant que le concordat est maintenu; mais cette cause revit aussitôt que le traité est anéanti. Dalloz, n° 826.

13. La remise accordée au failli par le concordat n'a pas le même caractère que la décharge conventionnelle dont il est parlé dans les art. 1285 et 1287, Code Napoléon; le failli n'est déchargé que parce qu'il ne peut pas payer, et nullement par un sentiment de bienveillance de ses créanciers à son égard; cette remise ne peut être considérée comme volontaire de la part du créancier qui, d'ailleurs, fait toutes réserves; par suite, elle ne libère pas les cautions ou coobligés du failli, contre lesquels les droits du créancier sont conservés. Paris, 8 juin 1831 (S.-V.31.2.221; D.P.31.2.222); Sic Duranton, t. XVIII, n° 361; Troplong, Cautionnement, n° 504; Massé, t. V, n° 322.

23.

14. La décharge donnée par le failli aux syndics avant l'homologation du concordat est radicalement nulle et ne fait pas obstacle à ce que le failli ne puisse demander aux syndics, après le concordat homologué, compte de leur gestion. Paris, 18 juin 1825 (D.p.25.2.233).

15. Mais la réception par le failli, sans protestation ni réserves, après l'homologation du concordat, des livres et papiers et du carnet de caisse, tenu pendant la durée du syndicat, avec le reliquat de la recette, opère une décharge pour les syndics et rend le failli non recevable à demander un nouveau compte (Même arrêt).

16. La présence du juge-commissaire à la reddition du compte des syndics est une garantie de la sincérité de ce compte, et empêche ainsi la supposition de dépenses non réalisées et l'exagération de celles qui ont été réellement effectuées ; elle a aussi pour effet de faciliter l'accord entre les syndics et le failli sur les contestations qui peuvent se présenter dans un compte de quelque étendue et souvent compliqué ; au surplus, en cette circonstance, le juge-commissaire n'exerce plus qu'un pouvoir moral ; sa mission judiciaire est terminée avec la faillite. Dalloz, n° 845.

17. S'il s'élève des contestations, il n'est pas enjoint au juge-commissaire par cet article, § 4, de renvoyer les parties à l'audience ; il n'a pas même ce pouvoir ; c'est à la partie la plus diligente à saisir le tribunal en la forme ordinaire. Dalloz, même n° 845.

18. Il n'est pas nécessaire que le juge-commissaire concoure au jugement sur les contestations ; sans nul doute le concours du juge-commissaire est souvent utile pour éclairer la religion du tribunal, mais ici il n'est pas indispensable, la loi ne l'ayant pas ordonné ; d'ailleurs, les fonctions de ce magistrat ont pris fin avec le procès-verbal qu'il a dû rédiger. Bédarride, t. II, n° 625.

19. Quoique la loi prescrive aux syndics de remettre au failli, après avoir rendu leur compte définitif, l'universalité de ses biens, livres, papiers et effets, le failli, en cas de contestation, ne peut contraindre les syndics à se dessaisir, au moins des pièces relatives à leur gestion ; il a seulement le droit d'en exiger communication. Bédarride, t II, n° 626.

20. Le failli replacé à la tête de ses affaires, après arrangement avec ses créanciers, peut faire réduire par les tribunaux les salaires accordés par le syndic à un agent dont il s'est fait aider, même avec l'autorisation de la justice, dans l'administration de la

faillite, encore bien que la dépense dont la réduction est demandée par le failli eût été, avant son rétablissement dans l'exercice de ses droits, approuvée et autorisée par l'assemblée des créanciers (Rej. 13 mai 1840, S.-V.40.1.722 ; D.P.40.1.221). Esnault, t. II, n° 450. C'est là une application du droit d'appréciation que l'art. 462, § 5, réserve au tribunal de commerce quant à la fixation de l'indemnité réclamée par les syndics.

21. Au demeurant, le failli replacé à la tête de ses affaires les prend dans l'état où elles se trouvent au moment où il est réintégré dans ses droits (Rej., 7 mars 1848 ; S.-V.49.1.140).

§ 3. — De l'annulation ou de la résolution du concordat.

520. L'annulation du concordat, soit pour dol, soit par suite de condamnation pour banqueroute frauduleuse intervenue après son homologation, libère de plein droit la caution.

En cas d'inexécution, par le failli, des conditions de son concordat, la résolution de ce traité pourra être poursuivie contre lui devant le tribunal de commerce, en présence des cautions, s'il en existe, ou elles dûment appelées.

La résolution du concordat ne libérera pas les cautions qui y seront intervenues pour en garantir l'exécution totale ou partielle,

FORMULE N° 213. — Commandement à la requête d'un créancier concordataire au failli en paiement du dividende promis.

L'an. . . ., à la requête du sieur D. . . . fils, banquier, demeurant à M. . . ., qui fait élection de domicile en sa demeure, et encore à C. . . . ., chez Mᵉ. . . . ., avoué près le Tribunal civil de première instance de cette dernière ville, j'ai. . . . (immatricule de l'huissier) soussigné, notifié au sieur E. A. . . ., filateur, demeurant à M. . . . ., 1° le jugement rendu par le Tribunal de commerce de. . . ., en date du. . . ., qui a homologué le concordat intervenu le. . . ., entre ledit sieur E. A. . . ., failli, et ses créanciers chirographaires vérifiés et affirmés; 2° l'inscription hypothécaire requise au bureau des hypothèques de. . . ., vol. . . ., n°. . . ., en vertu dudit jugement d'homologation, et en exécution de l'art. 517 du Code de commerce ; et en vertu des titres précités, j'ai fait commandement audit sieur E. A. . . d'avoir à payer, sans plus de retard, au requérant, la somme de. . . ., montant du dividende, à raison de. . . . pour cent, lui revenant, aux ter-

mes dudit concordat, et qui est échue depuis le, . . ., et j'ai déclaré
audit sieur E. A. . . ., que, faute par lui d'obéir et satisfaire au présent commandement, il y sera contraint par toutes saisies et rigueurs de
droit, et notamment par la saisie et la vente forcée de ses biens immeubles, trente jours après la date du présent exploit, qui sera visé en
ce jour par M. le maire de la commune de. . ., aux termes de l'art. 673
du Code de procédure civile, sous la réserve de tous autres droits et
actions du requérant, et notamment du droit de poursuivre, aux formes
de droit, la résolution du susdit concordat, faute d'exécution des conditions y stipulées, avec dépens ; et j'ai laissé copie du jugement, de
l'inscription hypothécaire précités, ainsi que du présent exploit audit
sieur. . . ., etc.

Visé par nous, maire de la commune de. . ., conformément à la loi.

(Signatures.)

FORMULE N° 214. — Assignation devant le Tribunal de commerce par un créancier, en résolution d'un concordat, faute d'exécution des conditions y stipulées.

L'an. . . ., et le. . . ., à la requête du sieur D. . . . fils, banquier,
demeurant à M. . . ., j'ai. . . . (immatricule de l'huissier) soussigné,
donné assignation au sieur E. A. . . ., filateur, demeurant à. . . .,
débiteur principal, et au sieur J. A. . . ., demeurant à. . . ., comme
caution dudit E. A. . . ., son frère failli, aux termes du concordat intervenu le. . ., entre ce dernier et ses créanciers chirographaires, ledit
concordat dûment homologué par jugement du Tribunal de commerce
de. . . ., en date du. . . ., à comparaître le. . . ., heure de. . . ., à
l'audience du Tribunal de commerce de. . . ., séant à. . . ., pour,
attendu que ledit jugement d'homologation a acquis aujourd'hui l'autorité de la chose jugée ; qu'un commandement de payer le dividende à
lui dû, aux termes dudit concordat, a été notifié, dans l'intérêt du requérant, audit sieur E. A. . . . ., par exploit de. . . ., huissier, en
date du. . . ., lequel est demeuré sans résultat ; y voir ledit sieur E.
A. . . ., débiteur failli, prononcer, en exécution des dispositions de
l'art. 520 du Code de commerce, la résolution dudit traité, faute d'exécution des conditions y stipulées, et ledit sieur J. A. . . . pour être
présent, en sadite qualité de caution, et appelé pour faire valoir ses
droits et exceptions, s'il y a lieu, et pour s'entendre en outre, ledit
sieur failli, condamner en une somme de. . . :, à titre de dommages-
intérêts, avec dépens, et j'ai laissé copie du présent audit sieur. . ., etc.

(Signature de l'huissier.)

RÉSUMÉ. — Indication alphabétique.

Nº 1. Comme dans les contrats ordinaires, les conditions illi-
cites ou contraires aux mœurs et à l'ordre public rendent nul le
concordat intervenu entre le failli et ses créanciers.

2. Cependant il serait possible qu'en raison, soit du défaut de
corrélation entre les clauses du concordat, soit de l'exécution
donnée de bonne foi à la plupart des clauses qui y sont renfermées, on sentît la nécessité de limiter la nullité à la clause atteinte du vice allégué.

3. Ainsi, par exemple, bien que l'engagement souscrit par un
failli au profit d'un créancier, pour obtenir son adhésion au concordat, soit illicite (surtout lorsque ce créancier est l'un des syndics) et puisse être annulé, même sur la demande du failli;
néanmoins, en cas pareil, il n'y a pas lieu, sur la demande reconventionnelle du syndic, à annuler le concordat, alors que le
failli a rempli toutes les conditions que cet acte lui imposait. Paris, 11 juill. 1837; S.-V.37.2.397; D.P.37.2.148).

4. L'annulation et la résolution se distinguent, non-seulement
quant aux causes qui donnent ouverture à l'une et à l'autre de
ces actions, mais encore quant aux effets qu'elles produisent; la
première a pour effet de remettre les parties au même point où
elles étaient avant le concordat; la seconde, au contraire, est
sans effet rétroactif. Quand l'annulation est prononcée, même sur
la demande d'un ou de plusieurs créanciers, le concordat est
anéanti, et tous les créanciers sont remis dans la même situation
que s'il n'en était jamais intervenu. Pardessus, nº 1247; Dalloz,
nº 864.

5. L'annulation du concordat, en cas de condamnation pour
banqueroute frauduleuse, a lieu de plein droit. Pardessus, nº
1250; Renouard, t. II, p. 98.

6. Cette annulation ne doit pas être prononcée en justice, puisque l'art. 522 porte que, sur le vu de l'arrêt de condamnation, le tribunal de commerce nommera un juge-commissaire et un ou plusieurs syndics. M. Lainné, p. 264, pense le contraire; mais son opinion ne paraît pas devoir être suivie.

7. De ce que l'annulation du concordat pour cause de dol ou de banqueroute frauduleuse libère les cautions, il s'ensuit qu'elles peuvent répéter les sommes qu'elles auraient payées pour le failli. Dalloz, n° 881.

8. La résolution du concordat pour cause d'inexécution des conditions y stipulées peut être poursuivie par tout créancier à l'égard duquel le concordat n'aura pas été exécuté. Lainné, p. 267; Renouard, t. II, p. 79.

9. Et cette résolution ainsi prononcée ne profite pas uniquement à celui qui l'a demandée; elle produit son effet, même vis-à-vis des autres créanciers de la faillite. Pardessus, n° 1251; Esnault, t. II, n° 460, et cela par le motif qu'admettre la divisibilité du concordat, c'est changer tout à fait les conditions, les bases sur lesquelles il repose; c'est fausser tous les calculs en vertu desquels il a été consenti par le failli et par ses créanciers, l'annulation ou la résolution étant prononcée par le tribunal qui, conformément à l'art. 522, a nommé un juge-commissaire et un ou plusieurs syndics; l'indivisibilité, en pareil cas, existe par la force des choses, puisque les syndics désignés et qui, d'ordinaire, sont les anciens, doivent procéder sur les errements antérieurs au concordat. Dalloz, n° 866.

10. Mais lorsque le tribunal n'aura pris aucune de ces mesures, et tant qu'elles n'auront pas été provoquées par les créanciers qui voudront profiter de la résolution, le jugement devra conserver son caractère purement individuel. Dalloz, n° 866.

11. Il est cependant des créanciers ordinaires qui ne pourront pas profiter de la résolution, et auxquels on ne saurait l'opposer; ce sont ceux qui, avant la résolution prononcée, auront reçu l'intégralité du dividende convenu, et cela ne contredit pas le principe de l'indivisibilité, car en recevant leur dividende, les créanciers ainsi satisfaits ont perdu leur qualité; peu leur importe que le concordat reçoive ou non son exécution à l'égard des autres créanciers. Dalloz, n° 870.

12. L'art. 1244, Code Nap., est applicable au failli; en conséquence, les juges peuvent lui accorder des délais modérés moyennant caution.

13. Le débiteur peut faire cesser les effets de la résolution en

satisfaisant le demandeur, tant qu'un jugement en dernier ressort ou passé en force de chose jugée n'aura pas prononcé. Pardessus, nᵒ 1251 ; Dalloz, nᵒ 871.

14. La résolution n'est pas la seule voie ouverte aux créanciers, en cas d'inexécution du concordat ; aux termes de l'art. 1184 du Code Napoléon, ils ont le droit de poursuivre l'exécution du traité, et ils ont souvent plus d'intérêt à agir ainsi que de faire revivre l'état de faillite de leur débiteur. Lainné, p. 270.

15. Comme toute action en nullité ou en rescision dont la durée n'a pas été limitée à un délai moindre, le droit de demander la nullité du concordat pour dol ou fraude dure dix ans, à partir du jour où le dol ou la fraude ont eté découverts ; il y a lieu d'appliquer la règle générale de l'art. 1304, Code Nap. Lyon, 1ᵉʳ août 1825 ; Rej., 12 déc. 1837.

16. Cette action n'est prescrite que suivant les règles du droit commun (Bruxelles, 21 juin 1843), et cet arrêt décide en outre que le concordat ayant remis le failli dans la jouissance de ses droits et dans l'administration de ses biens, c'est contre lui que la demande en nullité doit être intentée, et non contre des syndics dont les fonctions ont cessé.

17. L'action en résolution du concordat doit durer trente ans suivant le droit commun ; mais est-ce à partir de l'échéance des engagements ou de l'homologation du concordat ? Cette dernière opinion paraît préférable ; en effet, ainsi que le fait remarquer M. Renouard, cette action est indépendante de celle qui résulte des engagements, et qui devra durer également trente ans à partir de l'époque où ils seront échus. Renouard, *Faillite*, t. ii, p. 104; Alauzet, p. 213.

521. Lorsque, après l'homologation du concordat, le failli sera poursuivi pour banqueroute frauduleuse, et placé sous mandat de dépôt ou d'arrêt, le tribunal de commerce pourra prescrire telles mesures conservatoires qu'il appartiendra. Ces mesures cesseront de plein droit du jour de la déclaration qu'il n'y a lieu à suivre, de l'ordonnance d'acquittement ou de l'arrêt d'absolution.

FORMULE N° 215. — Jugement du Tribunal de commerce qui prescrit des mesures conservatoires, aux termes de l'art. 521 du Code de commerce.

Le Tribunal de commerce de l'arrondissement de. . . . a rendu le jugement dont la teneur suit :

Audience publique du. . . .

M. le président du Tribunal a rapporté que le procureur impérial près le Tribunal de première instance de. . . . vient de donner, par sa lettre en date du. . . ., avis au Tribunal de commerce que le sieur J. A. . . ., marchand, demeurant à. . . ., déclaré en état de faillite par jugement du Tribunal de commerce de. . . ., en date du. . . ., et qui, après l'accomplissement de toutes les formalités voulues par la loi, a passé le. . . ., avec ses créanciers chirographaires, un concordat homologué par autre jugement du même Tribunal de commerce de. . ., en date du. . . ., est aujourd'hui poursuivi pour banqueroute frauduleuse, et placé sous mandat d'arrêt, comme accusé d'avoir soustrait ses livres de commerce et d'avoir encore fait figurer dans son bilan des créances qu'il ne devait pas.

En conséquence ledit sieur président a demandé au Tribunal, vu les circonstances susrelatées, et en exécution de l'art. 521 du Code de commerce, de prescrire, pour la conservation des droits, tant du failli que de ses créanciers, telles mesures conservatoires qu'il jugera utile d'ordonner.

Sur quoi,

Vu l'art. 521 du Code de commerce ; vu l'avis du procureur impérial ;

Considérant que le débiteur failli, quoique prévenu ou accusé, est encore sous la prévention d'innocence ; qu'une semblable position fait un devoir au Tribunal d'agir avec prudence et circonspection, dans le choix des mesures à adopter ; que c'est bien là le vœu du législateur, puisqu'il veut que les mesures conservatoires prises cessent de plein droit, du jour de la déclaration qu'il n'y a lieu à suivre sur l'accusation portée contre le failli, ou de l'arrêt d'acquittement.

Par ces motifs,

Le Tribunal, après en avoir délibéré, jugeant publiquement et en dernier ressort, disant droit à la demande de son président, ordonne d'office que tous les biens, livres et papiers du sieur J. A. . . ., seront provisoirement placés sous le séquestre; nomme en cette qualité le sieur. . . ., ancien négociant, domicilié à. . . ., lequel est chargé de gérer et administrer les biens et affaires dudit sieur J. A. . . ., en bon père de famille, avec les droits et les devoirs d'un mandataire salarié, à la charge de rendre compte de sa gestion à qui il appartiendra.

Ainsi jugé, etc.

(OBSERVATION. Chaque créancier étant en droit de provoquer les mesures conservatoires dont parle l'art. 521, peut présenter requête à
cet effet, au Tribunal de commerce, et faire rendre un jugement conforme.)

RÉSUMÉ.

N° 1. Le droit de prendre des mesures conservatoires appartient également au tribunal de commerce quand le prévenu est
en état de mandat d'amener, ce qui peut durer longtemps lorsqu'il est en fuite ; le *Moniteur* de 1838, p. 806, énonce que l'art.
521 a été adopté avec cette modification, et c'est évidemment par
erreur que cet article a néanmoins conservé sa première rédaction. Cette omission ne met pas obstacle à ce que, dans le cas où
le débiteur est sous le coup d'un mandat d'amener, des mesures
conservatoires soient prises. Renouard, t. ii, p. 104 ; Lainné, p.
273 ; Bédarride, t. ii, p. 650.

2. Chaque créancier est en droit de provoquer les mesures
conservatoires dont parle l'art. 521. Le ministère public doit lui-
même donner avis au tribunal de commerce des poursuites exercées contre le failli, afin que ce tribunal soit averti et qu'il prescrive les mesures qu'il juge opportunes. Dalloz, n° 684.

522. Sur le vu de l'arrêt de condamnation pour banqueroute frauduleuse, ou par le jugement qui prononcera,
soit l'annulation, soit la résolution du concordat, le tribunal de commerce nommera un juge-commissaire et un ou
plusieurs syndics.

Ces syndics pourront faire apposer les scellés.

Ils procèderont, sans retard, avec l'assistance du juge de
paix, sur l'ancien inventaire, au récolement des valeurs,
actions et des papiers, et procèderont, s'il y a lieu, à un supplément d'inventaire.

Ils dresseront un bilan supplémentaire.

Ils feront immédiatement afficher et insérer dans les
journaux à ce destinés, avec un extrait du jugement qui
les nomme, invitation aux créanciers nouveaux, s'il en
existe, de produire, dans le délai de vingt jours, leurs titres de créances à la vérification, cette invitation sera
faite aussi par lettres du greffier, conformément aux art.
492 et 493.

FORMULE Nᵒ 216. — Jugement du Tribunal de commerce qui prononce la résolution du concordat, faute d'exécution des conditions du traité.

Le Tribunal de commerce de. . . . a rendu le jugement dont la teneur suit :

Audience publique du. . . .,

Entre le sieur D. . . . fils, fabricant, domicilié à. . . ., demandeur en résolution de concordat, d'une part ;

Et le sieur E. A. . . ., filateur, domicilié à. . . ., défendeur, d'autre part ;

Et le sieur J. A. . . ., négociant, aussi domicilié à. . . ., défendeur, encore d'autre part ;

En point de fait :

Ledit sieur D. . . . fils, par un exploit dûment enregistré du ministère de. . . ., huissier, en date du. . . ., a fait donner assignation (analyser l'exploit d'assignation),

Sur cette assignation, la cause portée à l'audience de ce jour ;

Ouï pour ledit sieur D. . . . fils Mᵉ. . . ., agréé, qui a conclu à ce qu'il plaise au Tribunal lui adjuger les fins de son exploit d'assignation précité, avec dépens et tels dommages-intérêts qu'il plaira au Tribunal d'arbitrer ;

Ouï pour ledit sieur E. A. . . . Mᵉ. . . ., agréé, qui a conclu à ce qu'il plaise au Tribunal :

Attendu que, si le failli fut amené à promettre dans son concordat de payer à ses créanciers un dividende de. . . . p. cent, il ne prit cet engagement qu'à raison de la promesse qui lui fut faite par plusieurs de ses créanciers, et notamment par ledit sieur D. . . . fils, de lui faire gagner en filatures le montant de ce dividende, puisqu'il n'avait guère d'autre ressource pour s'acquitter dans les délais stipulés ; que cette promesse n'ayant pas été tenue, le concluant s'est vu dans l'impossibilité de remplir de son côté ses engagements,

Rejeter la demande dudit sieur D. . . . fils et le condamner aux dépens, sous l'offre du concluant de lui faire des filatures jusqu'à concurrence de la somme de. . . ., montant de son dividende.

Ouï de nouveau Mᵉ. . . . qui, pour son client, a répliqué et déclaré que si, lors d'une première réunion pour la formation du concordat, on fit entrevoir l'espoir pour le débiteur que, plus soigneux de ses affaires pour l'avenir, sa clientèle ne l'abandonnerait pas, aucune promesse expresse ne fut faite à cet égard, notamment de la part dudit sieur D. . . . fils ; que rien d'ailleurs de semblable ne fut même dit dans la deuxième assemblée où le concordat fut voté et signé, avec une diminution du dividende antérieurement demandé, mais avec la condition d'un bail de caution ; en conséquence, M⁰. . . . a persisté dans ses conclusions,

Ouï pour le sieur J. A. . . ., assigné comme caution du failli, M⁰. . ., avoué, qui a déclaré s'en référer aux exceptions et moyens de défense présentés par ledit sieur E. A. . . .

En droit :

Faut-il prononcer la résolution du susdit concordat, faute d'exécution des conditions y stipulées ? Qui doit supporter les dépens ?

Considérant que par l'art. . . . du concordat il a été stipulé que, faute par ledit sieur E. A. . . . de payer les dividendes promis dans les délais fixés, il serait déchu, après une mise en demeure, du bénéfice du concordat, quinze jours après le commandement de payer ou mise en demeure qui lui sera faite ;

Considérant qu'il est constant et reconnu que D. . . . fils a fait commandement à E. A. . . . de lui payer le dividende de sa créance, dans les termes du concordat, et que celui-ci n'a pas obtempéré en temps voulu à cette sommation ;

Considérant d'ailleurs que rien ne justifie l'existence du fait sur lequel est basée l'exception proposée par E. A. . . . ; qu'il a été avancé et non dénié que quelques pourparlers seulement, ayant trait à l'allégation de ce débiteur, eurent lieu lors d'une première réunion des créanciers pour la formation du concordat ; mais que des promesses formelles eussent-elles été faites à cet égard, si elles n'ont pas été converties en stipulations expresses dans le concordat intervenu à la suite d'une seconde réunion, elles seraient comme non avenues, aux termes de l'art. 509 du Code de commerce, qui décide que les résolutions prises et les adhésions données lors de la première assemblée demeureront sans effet, ce qui doit s'entendre aussi des conditions de ces mêmes adhésions ;

Considérant que la partie qui succombe doit supporter les dépens ;

Par ces motifs,

Le Tribunal, après en avoir délibéré, jugeant publiquement et en premier ressort, disant droit à la demande de D. . . . fils, sans s'arrêter aux exceptions dudit sieur E. A. . . ., prononce la résolution, faute d'exécution des conditions stipulées entre parties, du concordat dont il s'agit, nomme M. . . ., l'un de ses membres, juge-commissaire, et le sieur F. . . ., syndic de ladite faillite ; ordonne l'accomplissement des formalités prescrites par l'art. 522 et suivants du Code de commerce, et l'exécution provisoire du présent jugement, nonobstant appel ; condamne ledit sieur E. A. . . . . aux dépens.

FORMULE N° 217. — Jugement qui, sur le vu de l'arrêt de condamnation pour banqueroute frauduleuse, prononce l'annulation du concordat.

Le Tribunal de commerce de. . . a rendu le jugement dont la teneur suit :

Audience du. . . .

Entre le sieur D. . . . fils, banquier, demeurant à. . . ., demandeur, comparant en personne, d'une part ;

Et le sieur P. B. . . ., demeurant à. . . ., défendeur défaillant, d'autre part ;

En fait :

Ledit sieur D. . . . fils, en sa qualité de créancier de la faillite dudit sieur P. B. . . ., a présenté cejourd'hui, au Tribunal, une requête où il expose : que ledit sieur P. B. . . . a été déclaré en état de faillite par jugement du Tribunal en date du. . . .; qu'après l'accomplissement des formalités voulues par la loi, il est intervenu le. . . ., entre le failli et ses créanciers chirographaires, un concordat qui a été homologué par un autre jugement du Tribunal en date du. . . .; que, postérieurement à l'homologation de ce concordat, le failli a été poursuivi comme banqueroutier frauduleux pour avoir soustrait un de ses livres, dissimulé une partie de son actif et porté, ou fait porter, au bilan dressé par le syndic, sur les pièces et documents fournis par le failli, des sommes qu'il ne devait pas; que cette poursuite s'est terminée par un arrêt de condamnation en. . . . années d'emprisonnement, rendu le. . . . par la Cour d'assises du. . . . contre ledit sieur P. B. . . ., pour banqueroute frauduleuse.

Ce dernier subit aujourd'hui sa peine dans la maison centrale de. . . .

Dans ces circonstances, ledit sieur D. . . . fils conclut, dans ladite requête, à ce qu'il plaise au Tribunal, vu ledit arrêt de condamnation et les dispositions de l'art. 522 de la loi du 28 mai 1838 sur les faillites et banqueroutes, annuler le susdit concordat et nommer, par le même jugement un juge-commissaire et un ou plusieurs syndics de la faillite dudit sieur P. B. . . .; ordonner l'accomplissement des formalités prescrites, en pareil cas, par la loi, et ordonner l'exécution provisoire du jugement à intervenir.

Sur cette requête, la cause appelée à l'audience de ce jour;

Ouï ledit sieur D. . . . fils en personne, qui a conclu à ce qu'il plaise au Tribunal lui adjuger les fins de sadite requête.

Nul pour ledit sieur P. B. . . ., failli.

En droit : Faut-il annuler le concordat dont il s'agit?

Considérant que les articles 521 et 522 de la loi du 28 mai 1838 précitée sont impératifs et prescrivent au Tribunal de commerce, sur le vu de l'arrêt de condamnation, pour banqueroute frauduleuse, rendu après l'homologation du concordat contre le débiteur failli, de prononcer l'annulation d'un pareil traité, et de nommer, par le même jugement, un juge-commissaire et un ou plusieurs syndics de la faillite qui revit ainsi ;

Par ces motifs,

Le Tribunal, après en avoir délibéré, jugeant publiquement et en premier ressort, vu l'expédition en due forme de l'arrêt de condamnation pour banqueroute frauduleuse rendu le. . . . contre P. B. . . . par la Cour d'assises du département du. . . ., produite dans la cause, prononce l'annulation du concordat dont il s'agit, nomme M. . . ., l'un de ses membres, juge-commissaire, et le sieur F. L. . . ., syndic de la faillite ; ordonne l'accomplissement des formalités prescrites par l'art. 522 et suivants de la loi précitée ; ordonne l'exécution provisoire du présent jugement, dispose enfin que les dépens seront passés comme frais de faillite. Ainsi jugé, etc.

(OBSERVATIONS : — Si le syndic ou les syndics croient devoir faire apposer les scellés, voyez, pour les formalités, les formules relatives à l'apposition et à la levée des scellés, nos 55, 56, 73, 111, 112 et 113 ;

Pour le récolement des valeurs, voir formule n° 115 ;

Pour le supplément d'inventaire, même formule que pour l'inventaire. Voir n° 54.

Et pour le bilan supplémentaire, voir la formule pour le bilan, n° 100.

FORMULE N° 218. — **Invitation aux créanciers nouveaux de produire leurs titres de créance dans le délai de vingt jours.**

AVIS.

Par jugement du. . . . le Tribunal de commerce de. . . . a prononcé la résolution, faute d'exécution des conditions stipulées, du concordat intervenu le. . . . entre le sieur. . . ., failli, et ses créanciers ; par ce même jugement, le Tribunal a nommé M. . . . juge-commissaire, et le sieur. . . . syndic de la faillite, aux termes de l'art. 522 du Code de commerce.

En conséquence, les créanciers nouveaux dudit sieur. . . . sont invités à produire, dans le délai de vingt jours, entre les mains du syndic de la faillite, leurs titres de créance, accompagnés d'un bordereau indicatif des sommes par eux réclamées.

La vérification des titres aura lieu le. . . . courant, à. . . . heures du. . . ., au palais de justice, dans la salle des faillites, contradictoirement entre le créancier, ou son fondé de pouvoir, et le syndic, en présence du juge-commissaire qui en dressera procès-verbal.

(OBSERVATION : Le délai de vingt jours ci-dessus est absolu, et n'est pas augmenté à raison des distances; il commencera à courir du jour de la présente affiche ou insertion.)

A. . . ., le. . . .

(*Signature du greffier.*)

FORMULE Nº 219. — **Lettre circulaire du greffier pour inviter les créanciers nouveaux à produire leurs titres de créance.**

C. . . ., le. . . .,

Monsieur,

Par son jugement en date du. . . ., le Tribunal de commerce de. . . . a prononcé la résolution, faute d'exécution des conditions stipulées, du concordat intervenu le. . . . entre le sieur. . . ., failli, et ses créanciers chirographaires; par ce même jugement, le Tribunal a nommé M. . . . juge-commissaire, et M. . . . syndic de la faillite, aux termes de l'art. 522 du Code de commerce.

En conséquence, j'ai l'honneur de vous inviter, conformément aux dispositions de ce même article, à produire, dans le délai de vingt jours, vos titres de créance accompagnés d'un bordereau indicatif des sommes par vous réclamées entre les mains dudit syndic.

La vérification des titres de créance aura lieu le. . . . courant, à. . . . heures du. . . ., au palais de justice, dans la salle des faillites, contradictoirement entre le créancier, ou son fondé de pouvoirs, et le syndic, en présence du juge-commissaire qui en dressera procès-verbal.

Le délai de vingt jours ci-dessus est absolu et n'est pas augmenté à raison des distances; il commencera à courir du jour de l'affiche et insertion faites cejourd'hui dans les journaux à ce destinés.

J'ai l'honneur de vous saluer.

(*Le greffier, signé.*)

RÉSUMÉ.

Nº 1. La nomination des syndics, dans le cas de l'art. 522, n'est pas assujettie aux formalités de l'art. 462. Renouard, t. II, p. 106.

Ces syndics ne sont pas dans l'obligation d'apposer les scellés; c'est une faculté que la loi leur laisse; le législateur a considéré que les mesures prises dans les premiers temps de la faillite ont fait connaître la consistance de l'actif, et qu'il pouvait être inutile d'entraver par une apposition de scellés la reprise des opérations; toutefois, comme les marchandises ont pu être renouvelées, comme des changements notables peuvent avoir eu lieu dans la consistance de l'actif, on a dû laisser aux syndics les soin d'apprécier l'opportunité de l'apposition des scellés. Boileux, n° 684.

2. On n'a pas voulu charger le failli du soin de dresser le bilan supplémentaire, par la raison que probablement il aurait souvent mal exécuté ce travail, la résolution ou l'annulation du concordat ayant été prononcée contre son gré. Dalloz, n° 888.

3. Le délai de vingt jours est absolu ; il n'est pas augmenté à raison des distances, et il commence à courir du jour de l'insertion et de l'affiche. Bédarride, t. II, n° 666, et Boileux, n° 688.

4. Mais jusqu'à l'expiration des vingt jours les opérations de la faillite sont nécessairement suspendues. Dalloz, n° 889.

523. Il sera procédé, sans retard, à la vérification des titres de créance produits en vertu de l'article précédent.

Il n'y aura pas lieu à nouvelle vérification des créances antérieurement admises et affirmées, sans préjudice néanmoins du rejet ou de la réduction de celles qui depuis auraient été payées en tout ou en partie.

(Le procès-verbal de vérification, les contestations de créances ont lieu comme il est dit, formules n°s 168 et 170.)

524. Ces opérations mises à fin, s'il n'intervient pas de nouveau concordat, les créanciers seront convoqués à l'effet de donner leur avis sur le maintien ou le remplacement des syndics.

Il ne sera procédé aux répartitions qu'après l'expiration, à l'égard des créanciers nouveaux, des délais accordés aux personnes domiciliées en France, par les art. 492 et 497.

FORMULE N° 220. — Lettre de convocation, en exécution de l'art. 524 du Code de commerce.

Le greffier du Tribunal de commerce de. . . .,

Aux créanciers du sieur. . . ., négociant failli, demeurant à. . . .

Monsieur,

Conformément aux dispositions de l'art. 524 du Code de commerce, et en vertu de l'autorisation qui m'en a été donnée par M. le juge-commissaire de la faillite,

I.   24

J'ai l'honneur de vous inviter à vous rendre en personne, ou par fondé de pouvoirs, le. . . . du courant, à. . . . heures du. . . , dans la salle des faillites, au palais de justice, pour y donner votre avis sur le maintien ou le remplacement du syndic de ladite faillite.

Veuillez, Monsieur, agréer mes salutations.

(Le greffier, signé.)

RÉSUMÉ (Art. 523).

N° 1. L'art. 523 ne prescrit pas, comme l'art. 492, de déposer les titres entre les mains des syndics; il veut qu'on procède à la vérification sans retard, sans qu'on soit tenu d'attendre, pour cette vérification, l'expiration du délai de vingt jours accordé aux créanciers pour produire leurs titres, car il n'est pas nécessaire que cette vérification se fasse en assemblée des créanciers; il suffit que les syndics contrôlent les titres produits, sans même qu'on soit tenu d'appeler le failli; mais le failli, s'il est présent, est en droit d'assister à la vérification et de contredire. Bédarride, n° 668.

2. Les créanciers nouvellement vérifiés doivent affirmer leurs créances, quoique l'article ne le prescrive pas; mais cela s'induit de ces termes : « Il n'y aura pas lieu à nouvelle vérification des créances antérieurement admises et affirmées; » il doit y avoir parité, pour cette formalité de l'affirmation, entre les nouvelles créances et les anciennes, pour pouvoir concourir aux distributions. Bédarride, n° 668.

3. On suit pour le jugement des contestations la forme indiquée par les art. 498 et suivants; ainsi, le tribunal décide s'il y a lieu de surseoir ou de passer outre. Dalloz, n° 892.

RÉSUMÉ (Art. 524).

N° 1. Il ne peut intervenir de nouveau concordat qu'en cas de résolution du premier pour défaut d'exécution, et non dans le cas d'annulation pour cause de dol et fraude, ou de condamnation pour banqueroute frauduleuse. (Opinion du rapporteur.)

2. Le nouveau concordat, lorsqu'il est licite et consenti par la majorité en nombre et en sommes, est soumis à l'opposition des créanciers, dans les formes indiquées pour le premier; il est également soumis à la nécessité de l'homologation et ne devient obligatoire pour la minorité qu'en vertu de l'homologation. Dalloz, n° 894.

525. Les actes faits par le failli postérieurement au jugement d'homologation et antérieurement à l'annulation ou à la résolution du concordat ne seront annulés qu'en cas de fraude aux droits des créanciers.

FORMULE N° 221. — **Jugement qui annule un acte fait par le failli en fraude des droits des créanciers.**

Le Tribunal de commerce de l'arrondissement de. . . . a rendu le jugement dont la teneur suit :

Audience du. . . .

Entre le sieur F. L. . . ., syndic de la faillite du sieur E. A. . . ., apprêteur, demeurant à. . . ., d'une part;

Et le sieur J. A. . . . ., négociant, demeurant aussi à. . . ., d'autre part;

Nul pour ledit sieur E. A. . . ., failli.

En point de fait :

Par un exploit d'assignation du ministère de. . . ., huissier, en date du. . . ., ledit syndic a fait exposer au défendeur que le. . . , il est intervenu, entre ledit sieur E. A. . . ., failli, et ses créanciers, un concordat par lequel, moyennant le paiement d'un dividende de 20 p. cent, payable dans un an, sans intérêt, ledit failli était remis à la tête de ses affaires et rétabli dans l'administration de ses biens; que ce concordat fut homologué par jugement du Tribunal de commerce en date du. . . .; que, peu de jours après cette homologation et par acte public devant Me. . . ., notaire à. . . ., en date du. . . ., ledit sieur. . . ., failli, a baillé à ferme audit sieur J. A. . . ., pour l'espace de six années, et au prix de. . . par année, son établissement de foulons et d'apprêts, et aurait, d'après l'acte, reçu par anticipation l'entier prix de ferme des six années; que bientôt après le failli a été poursuivi comme coupable de banqueroute frauduleuse pour avoir fait figurer dans ses livres et dans son bilan des sommes qu'il ne devait pas; mais que, par arrêt de la Cour d'assises de. . . ., en date du. . . ., il a été renvoyé de cette accusation; que la plus grande partie de ses créanciers n'ayant pas été payés du montant de leur dividende dans le délai convenu, le concordat, sur la demande de deux de ses créanciers, a été résolu par un jugement du Tribunal, en date du. . . .; qu'il importe aujourd'hui, dans l'intérêt des créanciers non payés, de faire annuler ledit bail à ferme comme fait en fraude des droits des créanciers par la stipulation et le paiement anticipé des six années de ferme, précaution insolite qui décèle, de la part du débiteur failli, l'intention évidente d'enlever à ses créanciers le meilleur gage de leur dividende.

24.

En conséquence, ledit sieur J. A. . . . a été assigné devant le Tribunal pour y voir déclarer nul et de nul effet ledit bail à ferme comme fait en fraude des droits des créanciers dudit sieur E. A. . . . par le paiement anticipé de l'entier prix de ferme; si toutefois un pareil paiement est sincère, sauf, dans ce cas, audit sieur J. A. . . . à agir comme il avisera pour la répétition de la somme par lui payée, avec dépens et trois cents francs à titre de dommages.

Sur cette assignation, la cause appelée à l'audience de ce jour,

Ouï ledit sieur. . . ., syndic, qui a conclu à ce qu'il plaise au Tribunal lui adjuger les fins de son exploit d'assignation;

Ouï pour ledit sieur J. A. . . . Me. . . ., avocat, qui a conclu à ce qu'il plaise au Tribunal :

Attendu que l'acte de bail à ferme dont il s'agit est un titre authentique qui fait pleine foi de la convention qu'il renferme entre les parties contractantes, leurs héritiers et ayants cause; que les créanciers dudit sieur E. A. . . . sont les ayants cause de ce dernier et sont tenus de respecter un acte que ce dernier ne saurait attaquer;

Attendu d'ailleurs que l'acte est sincère et doit être tenu pour tel jusqu'à ce que le contraire soit établi;

Démettre ledit syndic de sa demande et le condamner aux dépens; et au cas où le Tribunal croirait devoir annuler ledit acte de bail à ferme, réserver au concluant tous ses droits, à raison des sommes par lui avancées, pour les faire valoir dans la faillite.

Nul pour ledit sieur E. A. . . ., défaillant.

En point de droit :

Faut-il annuler le bail à ferme dont il s'agit? Que faut-il décider quant aux réserves dudit sieur J. A. . . . et quant aux dépens?

Considérant que l'art. 525 du Code de commerce dispose que les actes faits par le failli, postérieurement au jugement d'homologation et antérieurement à l'annulation ou à la résolution du concordat, seront annulés, en cas de fraude aux droits des créanciers; que la seule question à examiner est celle de savoir si, en fait, l'acte de bail à ferme attaqué est frauduleux à l'égard des droits des créanciers;

Considérant que l'affirmative ne saurait être douteuse; que le failli, par la position qui lui était faite par le concordat, a eu évidemment en vue, en stipulant le paiement par anticipation des six années de bail, de mettre ses créanciers, non payés, dans l'impuissance de pratiquer des saisies-arrêts sur ces annuités; qu'il est impossible d'admettre, d'un autre côté, que le preneur ait méconnu cette situation du bailleur; que s'il a couru les chances d'une poursuite en nullité de cet acte, c'est par l'appât d'un bénéfice assez considérable résultant d'une location faite, à ce qu'il paraît, à bas prix; qu'il est toutefois plus probable qu'il n'a pas même avancé l'entier montant des fermages;

Considérant que le preneur, fût-il de bonne foi, l'acte n'en devrait pas moins être annulé, aux termes de l'article précité, du moment qu'il est reconnu qu'il a été fait par le failli, en fraude des droits de ses créanciers ; et la circonstance du paiement insolite de l'entier montant des fermages est, à elle seule, suffisante pour établir cette fraude ;

Considérant que si la masse des créanciers représente le failli, en ce sens qu'elle peut exercer tous ses droits, il n'est pas moins vrai que les créanciers ne perdent pas les leurs, et peuvent les faire valoir contre lui, quand ce dernier cherche à les affaiblir ou à les annihiler ;

Considérant que les dépens doivent être mis à la charge de la partie qui succombe ;

Par ces motifs,

Le Tribunal, ouï M. le juge-commissaire dans son rapport à l'audience, après en avoir délibéré, jugeant publiquement et en premier ressort, donne défaut contre ledit sieur E. A. . . ., non comparant, ni personne pour lui, et disant droit aux conclusions du syndic de la faillite dudit sieur E. A. . ., sans s'arrêter à celles dudit sieur J. A. . ., annule, comme fait en fraude des droits des créanciers concordataires, le bail à ferme dont il s'agit ; condamne lesdits sieurs J. A. . . . et E. A. . . . aux dépens, néanmoins sans dommage ;

Dit qu'il n'y a lieu de s'occuper des réserves faites par ledit sieur J. A. . . .

Ainsi jugé, etc.

RÉSUMÉ.

N° 1. Aucune des nullités prévues par les art. 466 et suivants n'est applicable au cas de l'art, 525 ; ainsi, plus de présomption de fraude contre les actes qui ont pu intervenir entre le failli et ses créanciers, quelque rapprochés qu'ils soient de l'annulation du concordat ; ils ne peuvent être attaqués que pour cause de fraude aux droits des créanciers, cause d'annulation qui est de droit commun. Cette différence se justifie par la différence de position du failli aux deux époques ; dans la première, on considère avec raison que le tiers qui traite avec le débiteur dont les affaires sont embarrassées a suivi les chances de sa fortune ; dans la seconde, c'eût été une inconséquence de soumettre à des présomptions de fraude les actes intervenus par suite d'un concordat, puisque le failli ayant repris l'administration de ses biens, la loi et les créanciers encouragent en quelque sorte les tiers à traiter avec lui et à lui faciliter l'exécution du concordat. Ces tiers ont vu dans le failli un homme que ses créanciers eux-mêmes avaient remis à la tête de ses affaires ; mais s'il est juste de mettre ces tiers à l'abri de toute atteinte quand ils ont été de bonne foi, il est aussi juste et nécessaire, comme dans les cas ordinaires, d'annuler les actes, s'il est établi qu'ils ont agi de mauvaise foi. Bédarride, n° 683 ; Dalloz, n° 896.

526. Les créanciers antérieurs au concordat rentreront dans l'intégralité de leurs droits à l'égard du failli seulement ; mais ils ne pourront figurer dans la masse que pour les répartitions suivantes, savoir :

S'ils n'ont touché aucune part de dividende, pour l'intégralité de leurs créances ; s'ils ont reçu une partie du dividende, pour la portion de leurs créances primitives, correspondantes à la portion du dividende promis qu'ils n'auront pas touchée.

Les dispositions du présent article seront applicables au cas où une seconde faillite viendra à s'ouvrir, sans qu'il y ait eu préalablement annulation en résolution du concordat.

SECTION III. — *De la clôture en cas d'insuffisance de l'actif.*

527. Si, à quelque époque que ce soit, avant l'homologation du concordat, ou la formation de l'union, le cours des opérations de la faillite se trouve arrêté par insuffisance de l'actif, le tribunal de commerce pourra, sur le rapport du juge-commissaire, prononcer, même d'office, la clôture des opérations de la faillite.

Ce jugement fera rentrer chaque créancier dans l'exercice de ses actions individuelles, tant contre les biens que contre la personne du failli.

Pendant un mois, à partir de sa date, l'exécution de ce jugement sera suspendue.

Formule n° 222. — **Jugement qui prononce la clôture des opérations de la faillite par insuffisance de l'actif.**

Le Tribunal de commerce de.. . . . a rendu le jugement dont la teneur suit :

Audience du. . . . .,

M. . . ., juge-commissaire de la faillite de la dame J. C. . . ., marchande, demeurant à. . .,

A rapporté au Tribunal que M. E. L. . . . ., ayant été nommé syndic provisoire de ladite faillite, par jugement du Tribunal, en date du. . . qui déclara ladite J. C. . . . en état de faillite, il procéda le. . . ., en présence de M. le juge de paix, à l'inventaire des marchandises et effets mobiliers existant au domicile de la faillie ; qu'un second jugement du Tribunal, en date du. . . ., maintint le syndic provisoire dans les fonctions de syndic définitif; qu'une ordonnance sur requête rendue le. . ., par M. le juge-commissaire, autorisa le syndic définitif à procéder à la vente des marchandises et effets mobiliers susénoncés, vente qui eut lieu le. . ., et ne produisit, d'après le compte du syndic, qu'une somme de. . . ., parce que les marchandises seules purent être vendues, les effets mobiliers ayant été réclamés par le mari, le sieur. . . ., comme étant sa propriété : qu'une partie de la somme, produit de la vente, avait servi au paiement de deux ouvriers privilégiés, et que le surplus avait été insuffisant pour faire face aux frais de la faillite, exposés jusqu'à ce jour ; que, malgré toutes les recherches faites par ledit syndic, celui-ci n'avait pu parvenir à découvrir d'autres objets mobiliers ou marchandises, au moyen desquels il pût faire face aux frais de la faillite ; en conséquence, ledit sieur. . . ., commissaire, vu que le cours des opérations de la faillite se trouve arrêté par insuffisance d'actif, a proposé au Tribunal de prononcer la clôture des opérations de la faillite conformément à la loi.

Sur quoi,

Le Tribunal, après en avoir délibéré, jugeant publiquement et en premier ressort, vu ce qui résulte du rapport de M. le juge-commissaire de la faillite de ladite dame J. C. . . . ., prononce la clôture des opérations de la faillite, en exécution de l'art. 527 du Code de commerce.

Ainsi jugé, etc.

RÉSUMÉ (art. 526).

Ancienne faillite rouverte, 3.	Effets du jugement d'homologation, 3.	Hypothèque de l'art. 517, 4.
Créanciers anciens payés en partie, 5.	Exemple d'application de l'art. 526, 6.	Loi (effet rétroactif), 7.
Créanciers payés intégralement de leurs dividendes, 5.	Faillite sur faillite, 1.	Nouvelle cessation de paiements, 1.
Droits d'hypoth. acquis, 2.	Garantie des obligations du concordat, 4.	Seconde faillite (droits acquis), 2.

N° 1. La loi nouvelle admet qu'il peut y avoir faillite sur faillite ; mais la nouvelle faillite ne doit être déclarée qu'après constatation d'une nouvelle cessation de paiements, de la même manière que dans l'hypothèse d'une première faillite. Dalloz, n° 901.

2. Au cas de seconde faillite, l'inscription prise en faveur des premiers créanciers, conformément à l'art. 490, et celle résultant du jugement d'homologation du concordat, aux termes de l'art. 517, continue de subsister ; l'existence de la faillite nouvelle

ne peut nuire aux droits acquis. Lainné, p. 27 et 283 ; Renouard, t. II, p. 114.

3. Mais si c'est l'ancienne faillite qui est rouverte, les effets du jugement d'homologation et de son inscription tombent nécessairement avec le concordat annulé ou résolu qui, sauf, quant à la masse, les conséquences des paiements effectués sur les dividendes, est censé n'avoir jamais existé ; mais l'inscription prise en vertu de l'art. 490 continue seule de subsister. Renouard, t. II, p. 114.

4. L'homologation du concordat qui, aux termes de l'art. 517, conserve à chacun des créanciers, sur les immeubles du failli, l'hypothèque inscrite en vertu de l'art. 490, n'a d'autre objet que la garantie des obligations prises par le failli dans son concordat ; de là il suit que, dans le cas d'une seconde faillite, les créanciers antérieurs au concordat de la première, et qui viennent en concours avec les créanciers de la seconde, ne peuvent être colloqués sur le prix des immeubles que pour ce qui leur est dû, aux termes du concordat, et non pour la valeur nominale de leurs créances primitives. Paris, 20 juin 1850 (S.-V.51.2.542); Esnault, t. II, n° 475 ; Bédarride, t. II, n° 695.

5. En dernière analyse, les créanciers qui veulent exercer le droit hypothécaire créé en leur faveur par l'art. 517 ne peuvent aucunement concourir sur l'actif mobilier avec les nouveaux créanciers, lorsqu'ils reçoivent hypothécairement la totalité du dividende stipulé par le premier concordat, soit que ce paiement ait eu lieu avant la deuxième faillite ou depuis ; s'ils ne reçoivent par ce moyen qu'une portion de leur dividende, ils ne peuvent concourir que pour la portion du capital non représenté par la part du dividende reçu, le tout conformément à l'art. 526 ; c'est à eux à voir s'ils n'ont pas intérêt à renoncer à leur droit hypothécaire, pour obtenir un dividende plus fort que celui qui leur est assuré par l'hypothèque de l'art. 517. Dalloz, n° 903.

6. D'après l'art. 526, et pour donner un exemple de son application : le créancier de 100,000 francs qui, après avoir concordé à 50 pour 100, a reçu 20,000 francs, montant des deux premiers dividendes payables en cinq ans, peut, en cas de résolution du concordat, figurer dans la nouvelle faillite, non pour 80,000 francs, complément de sa créance primitive, mais pour 60,000 francs, correspondant aux trois cinquièmes du dividende promis qu'il n'a pas touchés ; ceux qui ont touché l'intégralité du dividende promis ne sont plus créanciers vis-à-vis de la masse ; ils ne peuvent, en conséquence, rien réclamer à nouveau contre

cette masse qui, réciproquement, n'est pas fondée à faire rapporter à ces créanciers ce qu'ils ont touché. Savary-Parere, 49, p. 421 ; Dalloz, n° 898.

7. Comme la loi n'a pas d'effet rétroactif, les créanciers admis et affirmés dans une première faillite terminée par l'homologation du concordat, avant la promulgation de la loi de 1838, et qui n'ont pas reçu l'intégralité des dividendes qui leur étaient promis, ne peuvent, en cas de nouvelle faillite ouverte sous l'empire de la loi de 1838, invoquer les dispositions de l'art. 526 de cette loi. Tribunal de commerce de Paris, 4 mai 1842.

(Observation. Ces questions de rétroactivité offrent de jour en jour moins d'intérêt.)

RÉSUMÉ (Art. 526). — **Indication alphabétique.**

Appel du jugement de clôture, 2.	Déclaration de faillite malgré l'insuffisance de l'actif, 2.	Jugement de clôture (acte d'administration), 2.
Appel du jugement de rétractation, 3.	Droit de saisie-arrêt, 7.	Jugement de rétractation, 3.
Autorité de la chose jugée, 2.	Effets sévères de cette clôture, 1.	Marchandises et effets mobiliers. 1.
Clôture sur demande, 4.	Exercice des actions individuelles, 5,	Obligation de déclarer la faillite, 3.
Clôture prononcée d'office, 4.	Faillite déclarée sous l'ancienne loi, 8.	Répart. au marc le franc 7.
Continuation de l'état de faillite, 4 bis.	Immeubles (seul actif), 1.	Reprise des opérations de la faillite, 5.
		Utilité de la poursuite, 6.

N° **1.** Cette clôture doit avoir des effets sévères, car tout porte à croire que le failli ne sera arrivé à cette absorption totale de son actif que par des fraudes ou des négligences bien peu pardonnables ; dans cet esprit, l'article dispose que chaque créancier rentrera dans l'exercice de ses actions individuelles tant contre les biens que contre la personne du débiteur.

2. Quelque insuffisant que paraisse l'actif, la faillite n'en doit pas moins être déclaré et suivie des opérations préliminaires d'apposition de scellés, d'inventaire, etc.

3. Un tribunal de commerce ne peut refuser de déclarer, sur la demande des créanciers, la faillite d'un commerçant en état de cessation de paiements, en se fondant sur le défaut d'intérêt des créanciers, par suite de l'insuffisance de l'actif. Besançon, 13 janv. 1845 (D.p.46.4.289).

4. C'est le tribunal de commerce qui prononce cette clôture, soit sur la demande des créanciers ou des syndics, soit même d'office; du reste, l'état de faillite et toutes les incapacités qui en découlent continuent de subsister, comme après la clôture de l'union ; c'est afin que ce point fût bien constant qu'on a substitué dans l'art. 527 le mot failli au mot débiteur, et c'est pour exprimer la même pensée qu'au lieu de clôture de la faillite on a dit clôture des opérations de la faillite. Rapport de M. Renouard; Dalloz, n° 906.

4 *bis*. La clôture des opérations d'une faillite pour cause d'insuffisance de l'actif ne fait pas cesser l'état de faillite et le dessaisissement qui en résulte, C. comm., art. 443 et 527; par suite, le transport d'une créance consenti postérieurement à cette clôture par le failli, sans l'assistance du syndic, est nul. C. imp. de Paris, 18 déc. 1858 (S.-V.59.2.151).

5. Puisque chaque créancier rentre dans l'exercice de ses actions individuelles, il s'ensuit que les paiements faits par le failli sur les poursuites individuelles d'un créancier profitent à celui qui les a exercées et non à la masse ; le remède à cet inconvénient est dans la faculté ouverte à tout intéressé de faire reprendre les opérations, sans préjudice du droit de la masse de faire tomber les paiements et les actes qui, faits de mauvaise foi, seraient l'œuvre de la connivence et de la fraude. Renouard, t. II, p. 121.

6. Il est certain que si chaque créancier ne pouvait, après le jugement de clôture, poursuivre que dans l'intérêt de la masse, cette faculté ne serait jamais exercée; tandis que la certitude d'être indemnisés de leur vigilance engage les créanciers à agir avec promptitude. Bédarride, n° 702, et Boileux, n° 417.

7. Comme conséquence de ce qui précède, chaque créancier a le droit de faire saisir-arrêter les sommes dues au failli par des tiers, et de se les faire attribuer exclusivement, si aucune opposition ne vient se joindre à la sienne, avant la distribution ; dans le cas contraire, il y a lieu à une répartition, au marc le franc, entre les divers créanciers saisissants, à moins qu'avant la distribution on n'ait fait rapporter le jugement de clôture, auquel cas la masse entière concourt à la distribution. Dalloz, n° 908.

8. D'après le préambule de la loi, la disposition de l'art. 527 est applicable aux faillites déclarées sous la loi ancienne; le législateur a cru devoir faire fléchir ici le principe de la non-rétroactivité des lois.

528. Le failli, ou tout autre intéressé, pourra, à toute époque, le faire rapporter par le tribunal, en justifiant qu'il existe des fonds pour faire face aux frais des opérations de la faillite, ou en faisant consigner entre les mains des syndics une somme suffisante pour y pourvoir.

Dans tous les cas, les frais des poursuites exercées en vertu de l'article précédent devront être préalablement acquittés.

FORMULE N° 223. — **Jugement qui rapporte le jugement ayant prononcé la clôture des opérations de la faillite par insuffisance de l'actif.**

Le Tribunal de commerce de. . . . a rendu le jugement dont la teneur suit :

Audience du. . . .

Entre le sieur E. L. . . ., filateur, demeurant à. . . ., syndic définitif de la faillite de la dame J. C. . . ., fabricant, demeurant aussi à. . . ., d'une part ;

Et ladite dame J. C. . . ., défaillante, d'autre part ;

En fait :

Ledit syndic a présenté, cejourd'hui, au Tribunal une requête où il expose que, par son jugement en date du. . . ., le Tribunal a prononcé d'office la clôture des opérations de la faillite de la dame J. C. . . ., pour insuffisance de l'actif ; il résultait, en effet, du rapport de M. le juge-commissaire que l'actif inventorié par le syndic, après apposition de scellés, ne consistait qu'en quelques effets mobiliers revendiqués par un tiers qui en était propriétaire, et en quelques marchandises de peu de valeur, qui furent vendues en vertu d'ordonnance de M. le juge-commissaire, mais dont le prix, déduction faite des salaires privilégiés payés à des ouvriers, fut plus qu'absorbé par les frais de faillite déjà exposés ; que le syndic vient d'apprendre que la somme de. . . ., est due à la dame faillie, pour solde du prix d'une assez forte partie de marchandises par elle vendues au sieur. . . ., quelques mois avant la faillite, et qu'elle a portées comme soldées sur ses livres, par l'énonciation de la facture acquittée, sur laquelle cependant il restait dû ladite somme de. . . ., ainsi que le débiteur l'a déclaré à l'un des créanciers de la faillite, ajoutant qu'il était prêt à faire compte au syndic de cette somme actuellement échue ; que ces fonds étaient suffisants pour faire face aux frais des opérations de la faillite ; ledit syndic conclut à ce qu'il plaise au Tribunal rapporter, aux termes de l'art. 528 du Code de

commerce, son précédent jugement du. . ., ayant prononcé la clôture
des opérations de la faillite, à raison de l'insuffisance de l'actif.

Sur cette requête, la cause appelée à l'audience de ce jour :

Ouï ledit syndic qui a conclu à ce qu'il plaise au Tribunal lui adjuger
les fins de sadite requête.

Nul pour ladite dame J. C. . . ., faillie.

En point de droit :

Faut-il rétracter le jugement du. . . ., qui a prononcé la clôture des
opérations de la faillite par insuffisance d'actif ?

Quid des dépens ?

Considérant que du moment qu'il est justifié qu'il existe des fonds
pour faire face aux frais déjà exposés, et aux frais ultérieurs des opérations de ladite faillite, il y a lieu, sans difficulté pour le Tribunal, de
rapporter son susdit jugement, en date du. . . ., qui a prononcé la
clôture des opérations de la faillite par insuffisance d'actif, conformément aux dispositions de l'art. 528 précité du Code de commerce ; et
que d'ailleurs il n'y a pas eu de frais de poursuites exercées individuellement par des créanciers de la faillite (ou bien), et que d'ailleurs
les frais de poursuites exercées individuellement par les sieurs créanciers de la faillite ont été préalablement acquittés, ainsi que cela résulte
des quittances produites.

Par ces motifs,

Le Tribunal, ouï M. le juge-commissaire en son rapport à l'audience,
après en avoir délibéré, jugeant publiquement et en premier ressort,
vu les dispositions des art. 527 et 528 du Code de commerce, disant
droit à la requête du syndic, et en défaut de la dame J. C. . . ., qui n'a
pas comparu, ni procureur fondé pour elle, rapporte son précédent jugement en date du. . . ., qui a prononcé la clôture des opérations de
ladite faillite, par insuffisance de l'actif, lequel restera comme non
avenu ; ordonne que les opérations de ladite faillite reprendront leur
cours, et dispose que les dépens seront employés en frais de syndicat.

Ainsi jugé, etc.

RÉSUMÉ.

N° 1. Si, au lieu de fonds, il est justifié qu'il existe des marchandises ou effets mobiliers pour subvenir aux frais, le tribunal devra prononcer le rapport du jugement de clôture. Bédarride,
n° 710, et Pardessus, n° 1269, qui cependant regardent comme
condition indispensable que l'actif mobilier soit d'une réalisation facile ; et comme les immeubles ne sont pas d'une réalisation facile, dans ce cas, le tribunal ne serait pas fondé à rapporter le jugement de clôture ; il est cependant plus juste de décider que, dans ces divers cas, il n'y a pas insuffisance d'actif,

et il est douteux que le tribunal de commerce prononçât la clôture, ou maintînt le jugement qui l'aurait prononcée (*Note de l'auteur*).

2. Le jugement qui prononce la clôture des opérations de la faillite n'est susceptible ni d'opposition, ni d'appel; c'est plutôt un acte d'administration qu'un véritable jugement; et comme il n'est obligatoire que tant qu'il n'est pas rétracté, il n'est pas susceptible d'acquérir l'autorité de la chose jugée. Bédarride, n° 711.

3. Quant au jugement qui prononce sur la rétractation, il n'est pas douteux qu'il est toujours susceptible d'appel, car il prononce sur une chose indéterminée, et il ne peut en rien être considéré comme acte d'administration; le failli ou tout autre intéressé peut se pourvoir contre le jugement rendu sur la demande en rétractation. Bédarride, t. II, n° 712.

SECTION IV. — *De l'union des créanciers.*

529. S'il n'intervient point de concordat, les créanciers seront de plein droit en état d'union.

Le juge-commissaire les consultera immédiatement, tant sur les faits de la gestion que sur l'utilité du maintien ou du remplacement des syndics. Les créanciers privilégiés, hypothécaires ou nantis d'un gage, seront admis à cette délibération.

Il sera dressé procès-verbal des dires et observations des créanciers, et, sur le vu de cette pièce, le tribunal de commerce statuera comme il est dit à l'art. 462.

Les syndics qui ne seraient pas maintenus devront rendre leur compte aux nouveaux syndics en présence du juge-commissaire, le failli dûment appelé.

FORMULE N° 224. — Procès-verbal de M. le juge-commissaire d'une faillite constatant qu'il n'y a pas eu de concordat.

L'an mil. . . ., et le. . . ., à. . . . heures du. . . .

Dans la salle des faillites du Tribunal de commerce de, . . ., au palais de justice, par-devant nous. . . ., juge suppléant audit Tribunal, commissaire de la faillite du sieur H. M. . . ., sellier, demeurant à. . . .,

s'est présenté, d'une part, Me F. L. . . . ., avocat, syndic de la faillite
dudit H. M. . . ., qui nous a exposé que les formalités relatives aux
vérification et affirmation de titres de créance étant terminées, nous
avions fait convoquer par lettres du greffier tous les créanciers reconnus pour le. . . courant ; que, dans l'assemblée qui eut lieu sous notre
présidence, il rendit compte de l'état de la faillite, des formalités qui
avaient été remplies et des opérations qui avaient eu lieu, conformément à l'art. 506 du Code de commerce ; qu'à la suite de ce rapport,
ledit sieur H. M. . . ., par l'organe du sieur. . . ., son procureur fondé,
avait proposé à ses créanciers un dividende de. . . . pour cent, payable
sans intérêt, et sous le cautionnement du sieur. . . ., dans un délai
de. . . ., à partir du jour de l'homologation du traité à intervenir ;
que l'assemblée ayant délibéré sur cette proposition, elle fut acceptée
par la majorité des créanciers reconnus, mais que les créanciers consentant au concordat, quoiqu'en majorité par le nombre, ne formant
point, par leurs titres de créance vérifiés, les trois quarts en somme,
nous avions renvoyé la délibération aux présents jour et heure, en exécution de l'art. 509 du Code précité.

Sur quoi, demeurant la présence des sieurs. . . ., tous les susnommés créanciers vérifiés et affirmés dudit sieur H. M. . . ., ou leurs représentants ;

Demeurant aussi la présence dudit sieur. . . . ., comme procureur
fondé du failli.

L'assemblée s'est de suite formée sous notre présidence et ledit
sieur. . . ., au nom dudit H. M. . . ., a renouvelé l'offre par lui faite
à la dernière séance, de payer à ses créanciers, avec le concours et la
garantie solidaire dudit sieur. . . ., un dividende de. . ., dans un délai
de. . . ., à partir de l'homologation du traité.

Cette proposition de concordat n'ayant point, après délibération de
l'assemblée, été acceptée de la majorité voulue par l'art. 507 du Code
de commerce, et les créanciers étant ainsi, de plein droit, en état d'u-
nion, ainsi que nous leur en avons fait la déclaration, nous dit juge-
commissaire, pour nous conformer aux dispositions des art. 529 et 530
du même Code, avons immédiatement consulté les créanciers tant sur
les faits de la gestion que sur l'utilité du maintien ou du remplacement
du syndic définitif ; et leur avis unanime a été que ledit sieur F. L. . .
devait être maintenu dans ses fonctions dont il s'était jusqu'à ce jour parfaitement acquitté.

Les créanciers présents, ayant ensuite été consultés sur la question
de savoir si un secours pourrait être accordé au failli sur l'actif de la
faillite, la majorité a été d'avis que ce n'était point le cas, vu la modi-
cité de cet actif.

Et de tout ce que dessus nousdit juge-commissaire avons dressé le
présent procès-verbal que nous avons signé avec le greffier, etc.

Enregistré à. . . .

(Si le failli ni procureur fondé pour lui ne comparaît pas à l'assemblée pour le concordat, le procès-verbal constate cette absence de la manière suivante, après le rapport du syndic :)

A la suite de ce rapport, signé du syndic et que celui-ci nous a remis, nousdit juge-commissaire, attendu que, malgré la sommation à lui faite par exploit du. . . . dudit mois de. . . ., du ministère de. . . ., huissier à. . . ., ledit sieur H. M. . . . ne s'est pas présenté ni procureur fondé de sa part, pour faire à ses créanciers des propositions de concordat, et qu'ainsi lesdits créanciers se trouvent de plein droit en état d'union, ainsi que nous l'avons déclaré, avons immédiatement consulté l'assemblée, etc. (La fin comme ci-dessus.)

FORMULE N° 225. — Jugement du Tribunal de commerce qui maintient un syndic définitif, à suite d'une délibération pour le concordat.

Le Tribunal de commerce de l'arrondissement de. . . . ., département de. . . ., a rendu le jugement dont la teneur suit :

M. . . ., juge suppléant au Tribunal, commissaire de la faillite du sieur H. M. . . ., sellier-carrossier, demeurant à. . . .,

A rapporté qu'en vertu de l'art. 504 de la dernière loi sur les faillites et banqueroutes, il avait fait convoquer, par lettres du greffier, les créanciers vérifiés et affirmés dudit H. M. . . ., pour le. . . . courant, à. . . heures du. . . ., à l'effet de délibérer sur la formation du concordat; que le failli avait été également appelé à cette réunion; que plusieurs créanciers ayant déféré à l'invitation à eux adressée, l'assemblée s'était formée sous sa présidence, et que le sieur F. L. . . ., avocat, syndic définitif, avait fait un rapport sur l'état de la faillite, sur les formalités qui avaient été remplies et les opérations qui avaient eu lieu; qu'à la suite de ce rapport, que ledit syndic lui avait remis, et ledit sieur H. M. . . ., ne s'étant point présenté, ni procureur fondé de sa part, pour faire des propositions de concordat, lesdits créanciers s'étaient ainsi trouvés de plein droit en état d'union ;

Qu'immédiatement et pour se conformer à l'art. 529 de la loi précitée, il avait consulté les créanciers présents, tant sur les faits de la gestion que sur l'utilité du maintien ou du remplacement du syndic, et que leur avis unanime avait été que ledit sieur F. L. . . . devait être maintenu dans ses fonctions, dont il s'était parfaitement acquitté jusqu'à ce jour.

En conséquence, ledit sieur commissaire, après avoir déposé sur le bureau le procès-verbal de l'assemblée, a proposé au Tribunal de maintenir dans ses fonctions le syndic définitif actuel.

Sur quoi, vu le procès-verbal dressé le. . . . courant, par M. le juge-commissaire de la faillite du sieur H. M. . . ., et les dispositions des art. 462, 529 et 534 de la dernière loi sur les faillites et banqueroutes ;

Le Tribunal, après en avoir délibéré, jugeant en dernier ressort, ayant égard à la proposition faite par M. . ., juge-commissaire de la faillite du sieur H. M. . . ., maintient ledit sieur F. L. . . . dans les fonctions de syndic définitif aux fins de poursuivre la vente des immeubles, marchandises et effets mobiliers du failli, et la liquidation de ses dettes actives et passives.

Ainsi jugé, etc.

FORMULE N° 226. — Procès-verbal des dires et observations des créanciers dans l'assemblée pour la formation du concordat, lorsqu'ils sont d'avis de remplacer le syndic et d'accorder un secours au failli sur l'actif de la faillite, et dans le cas d'union.

L'an. . . ., et le. . . ., à. . . ., heures du. . . . ., dans la salle des faillites du Tribunal de commerce de. . . ., au palais de justice,

Par-devant nous A. G. . . ., juge audit Tribunal, commissaire de la faillite du sieur. . . ., commissionnaire en marchandises, demeurant à. . . .

S'est présenté, d'une part, M. F. L. . . ., fabricant, demeurant aussi à. . . ., créancier et syndic définitif de ladite faillite,

Et d'autre part, les sieurs. . . . (désigner tous les créanciers comparants ou leurs fondés de pouvoirs), tous les susnommés créanciers vérifiés et affirmés dudit sieur. . . ., lesquels se sont réunis en vertu de la convocation que nous en avons fait faire par lettres du greffier, en date du. . . . courant, à l'effet de délibérer sur la formation du concordat, conformément à l'art. 504 du Code de commerce.

Demeurant aussi la présence dudit sieur. . . ., failli, sommé à ces fins, par un exploit du. . . . courant de. . . ., huissier.

L'assemblée s'est de suite formée sous notre présidence, et le syndic définitif a fait un rapport sur l'état de la faillite, sur les formalités qui ont été remplies et les opérations qui ont eu lieu.

A la suite de ce rapport, signé dudit syndic, écrit sur timbre, et que celui-ci nous a remis, ledit sieur.. . . ., failli, s'est levé et a déclaré que, dans la malheureuse position où il se trouvait, il ne pouvait offrir à ses créanciers que l'abandon pur et simple de tout son actif actuel, leur promettant en outre que, si la fortune lui devenait favorable, il s'empresserait de les indemniser des pertes qu'il était obligé de leur faire éprouver aujourd'hui.

Cette proposition de concordat n'ayant pas, après délibération de l'assemblée, été acceptée par aucune des deux majorités voulues par l'art. 507 du Code précité, et les créanciers se trouvant ainsi de plein droit en état d'union, nousdit juge-commissaire, pour nous conformer aux dispositions des art. 529 et 530 du même Code, avons immédiatement consulté les créanciers présents, tant sur les faits de la gestion que sur l'utilité du maintien ou du remplacement du syndic définitif, et leur avis a été qu'il y avait lieu de remplacer le syndic actuel, qui d'ailleurs demande à se retirer, n'ayant plus de temps à consacrer aux affaires de la faillite, et de nommer à sa place le sieur. . . ., ancien avocat, demeurant à. . . ., versé dans la gestion et administration des faillites ;

Les créanciers ayant ensuite été consultés sur la question de savoir si un secours, indépendamment de celui déjà fourni au failli, pouvait lui être encore accordé sur l'actif de la faillite, la majorité a décidé que, vu la bonne conduite du failli depuis ses malheurs, l'espoir qu'avec quelque appui il pourra reprendre ses affaires et arriver, ainsi qu'il le promet, à indemniser un jour ses créanciers des pertes qu'il leur fait subir, c'était le cas d'accorder un secours au failli qui se trouve actuellement dénué de tout.

En conséquence, le syndic a proposé de fixer la quotité de ce secours à la somme de. . . . une fois payée ;

Nousdit, juge-commissaire, avons cru devoir au contraire fixer le secours à accorder au failli à une somme dé. . . . payable par mois jusqu'à la liquidation définitive de la faillite, ou du moins jusqu'à ce que le failli ait trouvé avant cette époque d'autres ressources.

Et de tout ce que dessus, nousdit juge-commissaire, avons dressé le présent procès-verbal que nous avons signé avec le greffier.

A. . . ., le. . . .

(*Signatures du juge-commissaire et du greffier.*)

Formule n° 227. — Jugement qui nomme un syndic définitif en remplacement du syndic précédemment nommé.

Le Tribunal de commerce de l'arrondissement de. . . ., département de. . . ., a rendu le jugement dont la teneur suit :

Audience du. . . .

M. A. G. . . . ., juge au Tribunal, commissaire de la faillite du sieur. . . ., commissionnaire en marchandises, demeurant à. . . ., a rapporté qu'en vertu de l'art. 504 du Code de commerce il avait fait convoquer, par lettre du greffier, les créanciers chirographaires vérifiés et affirmés dudit sieur. . . ., pour le. . . . courant, à. . . . heures du. . . ., à l'effet de délibérer sur la formation du concordat ; que le failli avait été également appelé et avait comparu à cette réunion ; que la presque totalité des créanciers ayant déféré à l'invitation à eux adressée, l'assemblée s'était formée sous sa présidence ; qu'après le rapport du syndic définitif sur l'état de la faillite, sur les formalités qui avaient été remplies et les opérations qui avaient eu lieu, lequel rapport, écrit sur papier timbré, lui avait été remis par le syndic, le failli s'étant levé, avait déclaré que, dans la malheureuse position où il se trouvait, il ne pouvait offrir à ses créanciers que l'abandon pur et simple de tout son actif actuel, leur promettant de les indemniser si, comme il l'espérait, la fortune lui redevenait favorable ;

I.   25

Que cette proposition de concordat n'ayant pas, après délibération, été acceptée par aucune des majorités voulues par l'art. 507 du Code de commerce, les créanciers s'étaient ainsi trouvés, de plein droit, en état d'union ;

Qu'immédiatement, et pour se conformer à l'art. 529 du Code précité, il avait consulté les créanciers présents, tant sur les faits de la gestion que sur l'utilité du maintien ou du remplacement du syndic, et que leur avis avait été qu'il y avait lieu de remplacer le syndic actuel qui, d'ailleurs, demandait à se retirer, n'ayant plus assez de temps actuellement pour s'occuper des affaires de la faillite, et de nommer à sa place le sieur. . . ., ancien avocat, demeurant à. . . ., versé dans la gestion des faillites.

Que les créanciers ayant ensuite été consultés sur la question de savoir si un secours, indépendamment de celui déjà fourni au failli, pouvait lui être encore accordé sur l'actif de la faillite, la majorité y avait consenti.

En conséquence, ledit sieur. . . ., commissaire, après avoir déposé sur le bureau le procès-verbal de ladite assemblée, a proposé au Tribunal de nommer ledit sieur. . . ., ancien avocat, demeurant à. . . ., syndic définitif de ladite faillite, en remplacement du sieur. . . ., syndic, précédemment nommé, ou tout autre que le Tribunal croira devoir désigner.

Sur quoi, vu le procès-verbal dressé le. . . . par M. . . ., juge-commissaire de la faillite dudit sieur. . . . et les dispositions des art. 462, 529 et 534 du Code de commerce ;

Le Tribunal, après en avoir délibéré, jugeant publiquement et en dernier ressort, ayant égard, à la proposition faite par M. A. G. . . ., juge-commissaire de la faillite dudit sieur. . . ., nomme le sieur. . . ., ancien avocat, demeurant à. . . ., syndic définitif de ladite faillite, en remplacement du sieur. . . ., syndic précédemment nommé, dont les fonctions ont cessé, et qui rendra son compte au nouveau syndic, aux formes de droit, aux fins par le nouveau syndic de poursuivre la vente des immeubles, marchandises et effets mobiliers du failli, et la liquidation de ses dettes actives et passives, conformément à la loi.

Ainsi jugé, etc.

FORMULE N° 228. — **Requête au juge-commissaire pour faire fixer les jour, lieu et heure où le syndic remplacé rendra son compte au nouveau syndic.**

A Monsieur. . . ., juge-commissaire de la faillite du sieur. . . ., commissionnaire en marchandises, demeurant à. . . .

Le sieur F. L. . . ., ancien avocat, demeurant à. . . ., en sa qualité de syndic, etc.,

A l'honneur de vous exposer :

Qu'à la suite de la délibération des créanciers de ladite faillite pour la formation du concordat qui eut lieu le. . . ., les créanciers n'ayant pas accepté les propositions à eux faites par leur débiteur, se sont trouvés de plein droit en état d'union ; qu'ils ont été d'avis de remplacer le syndic déjà nommé qui, d'ailleurs, demandait à se retirer ; que sur le vu du procès-verbal de cette délibération dressé par vous le. . . ., et sur votre rapport, le Tribunal de commerce, par son jugement en date du. . . ., a nommé l'exposant syndic définitif de ladite faillite, en remplacement du sieur. . . ., syndic précédemment nommé, qui doit rendre son compte au nouveau syndic, aux termes de l'art. 529 du Code de commerce, en votre présence, et le failli dûment appelé.

En conséquence, l'exposant vous prie, Monsieur le juge-commissaire, de vouloir bien fixer, par votre ordonnance, les jour, lieu et heure où le syndic remplacé rendra son compte de gestion au nouveau syndic, en votre présence, afin que l'exposant puisse inviter ledit syndic à venir procéder à cette reddition de compte, et y appeler en même temps le failli, et vu l'urgence, ordonner l'exécution de votre ordonnance sur la minute.

A. . . .,le. . . .

(Le syndic, signé.)

ORDONNANCE.

Nous. . . ., juge-commissaire du la faillite du sieur. . . .,

Vu la requête ci-dessus et les dispositions de l'art. 529 du Code de commerce, ordonnons que le sieur. . . ., syndic précédemment nommé de ladite faillite, rendra son compte au nouveau syndic nommé à sa place par jugement du Tribunal de commerce en date du. . . , le. . . du courant, à. . . . heures du. . . . dans la salle du conseil dudit Tribunal, au palais de justice, en notre présence, et le failli dûment appelé, et, vu l'urgence, ordonnons l'exécution sur minute de notre présente ordonnance.

Donné en notre hôtel, à. . . . , le. . . .

(Le juge-commissaire, signé).

FORMULE N° 229. — Sommation par le nouveau syndic à l'ancien de venir rendre son compte.

L'an. . . ., et le. . . ., je. . . ., huissier,

A la requête du sieur F. L. . . ., ancien avocat, demeurant à. . . ., agissant comme syndic définitif de la faillite du sieur. . . ., commissionnaire en marchandises demeurant à. . . ., nommé, en cette qualité, par jugement du Tribunal de commerce de. . . ., en date du. . . ., et en remplacement du sieur. . . ., précédemment nommé syndic définitif de ladite faillite, ai notifié audit sieur. . . . l'ordonnance sur pied de

25.

requête rendue, le. . . ., par M. le juge-commissaire de la faillite, qui
fixe les jour, lieu et heure où ledit sieur. . . . devra rendre son compte
de gestion au requérant, comme procède ; c'est pourquoi j'ai invité et,
en tant que de besoin, sommé ledit sieur. . . à se rendre ledit jour. . . du
courant, à. . . heures du. . ., dans la salle du conseil du Tribunal, au
palais de justice pour, en exécution de l'art. 529 du Code de commerce,
rendre son compte de gestion de ladite faillite au requérant comme nouveau syndic, en présence de M. le juge-commissaire, à peine, en cas de
refus, de tous dépens et dommages–intérêts, et j'ai laissé copie de l'ordonnance de M· le juge-commissaire précitée, ainsi que du présent audit
sieur. . . .

(Signature de l'huissier,)

FORMULE N° 230. — Sommation au failli pour être présent à cette reddition de compte du syndic remplacé.

L'an. . . . et le. . . ., je. . . ., huissier,

A la requête du sieur F. L. . . ., ancien avocat, demeurant à. . . ,
agissant comme syndic définitif de la faillite du sieur. . . ., commissionnaire en marchandises, nommé en cette qualité par jugement du
Tribunal de commerce de. . . ., en date du. . . ., en remplacement du
sieur. . . ., précédemment syndic de la même faillite, ai invité et, en
tant que de besoin sommé ledit sieur. . . ., failli, à se rendre le. . . .
du courant, à. . . . heures du. . . ., dans la salle du conseil dudit Tribunal, au palais de justice, jour, lieu et heures fixés par ordonnance de
M. le juge-commissaire de la faillite, en date du. . . ., dûment enregistrée, pour, conformément aux prescriptions de l'art. 529 du Code de
commerce, être présent à la reddition de son compte qui doit être faite
par ledit ancien syndic au requérant, comme procède, en présence de
M. le juge-commissaire, avec dépens.

(Signature de l'huissier.)

FORMULE N° 231. — Procès-verbal de reddition de compte par le syndic remplacé au nouveau syndic.

L'an. . . . et le. . . .

Par-devant nous. . . ., juge au Tribunal de commerce de. . . .,
commissaire de la faillite du sieur. . . ., commissionnaire en marchandises demeurant à. . . .

Dans la salle du conseil dudit Tribunal, au palais de justice, à. . . .
heures du. . . .

A comparu, d'une part, le sieur F. L. . . ., ancien avocat, demeurant
à. . . ., syndic définitif de ladite faillite, nommé en cette qualité par
jugement du Tribunal de commerce de. . . . en date du. . . ., en rem-

placement du sieur. . . ., négociant, demeurant à. . . ., syndic précédemment nommé de la même faillite ;

Ledit sieur P. . . ., ancien syndic, d'autre part, à l'effet de rendre son compte de gestion au nouveau syndic, conformément à l'art. 529 du Code de commerce :

Demeurant la présence du sieur. . . ., failli, dûment appelé à la présente reddition de compte, par exploit en date du. . . ., du ministère de. . . ., huissier, le tout conformément aux dispositions du susdit art. 529 du Code de commerce ;

En conséquence, ledit sieur. . . . a présenté son compte de gestion de la faillite au nouveau syndic, comme suit :

CHAPITRE Ier.—RECETTE.

(Voir la formule n° 210.)

RÉSUMÉ. — Indication alphabétique.

Cas d'exclusion du syndicat, 6.
Conventions (authenticité des), 4.
Droits des créanciers unis, 2.
Droit fixe d'enregistrement, 5.

Etat d'union, 3.
Formalités du procès-verbal, 4.
Gestion collective des syndics, 7, 8.
Nullité de l'état d'union, 1.
Obligation solidaire, 8.

Procès-verbal (énonciations du), 1.
Procès-verbal (formalités substantielles, 4.
Parenté des syndics, 6.
Traité amiable, 3.

N° 1. Bien que l'union ne soit plus formulée par un contrat, néanmoins la nullité de l'état d'union et des actes qui en ont été la conséquence peut être requise, si les créanciers se sont constitués en cet état, sans avoir préalablement voté sur le concordat ; le juge-commissaire doit donc veiller à ce que les causes qui ont mis obstacle au concordat soient mentionnées au procès-verbal, pour qu'on ne puisse pas attaquer, plus tard, les actes des syndics définitifs.

2. La masse des créanciers unis n'est pas saisie de la propriété des biens du failli, mais elle est investie, *de plano*, du droit de les faire vendre pour arriver à une liquidation. Dalloz, n° 922.

3. Le failli en état d'union (après tentative infructueuse de concordat) n'en conserve pas moins le droit de faire avec ses créanciers un traité amiable, par lequel il serait rétabli à la tête de ses affaires. Lyon 29 août 1849 (S.-V.50.2.18) ; mais un tel traité n'est valable qu'après avoir été homologué par le tribunal de commerce (Même arrêt).

4. Les procès-verbaux du juge-commissaire, lorsqu'ils contiennent des conventions passées par les créanciers, soit entre

eux, soit avec le failli, doivent être revêtus des formalités substantielles exigées pour les actes authentiques ; en conséquence,
est nul le procès-verbal du juge-commissaire, portant contrat
d'union entre les créanciers, s'il a été rédigé hors de leur présence et s'il n'a pas été signé par eux. Bordeaux, 13 janv. 1834
(S.-V.34.2.311).

5. Le contrat d'union est soumis au droit fixe de trois francs,
sauf le droit proportionnel, si l'acte contient quelque obligation
de sommes. Loi du 22 frim. an VII, art. 68, § 3, n° 6.

6. Par suite de l'analogie qui existe entre les syndics de l'u-
nion et ceux qui ont préparé les actes préliminaires de la faillite
la parenté est une cause d'exclusion (art. 463).

7. Dans leur administration, les syndics de l'union doivent
agir collectivement de la même manière que les syndics définitifs, à moins qu'ils n'en soient dispensés par le juge-commissaire, qui peut encore ici charger l'un d'entre eux de faire seul
tel acte spécial.

8. Quand il y a gestion collective, il y a obligation solidaire
pour tous les syndics, relativement aux faits de cette gestion ;
dans le cas contraire, celui-là seul qui a agi est responsable.
Dalloz, n° 930.

530. Les créanciers seront consultés sur la question de
savoir si un secours pourra être accordé au failli sur l'actif
de la faillite.

Lorsque la majorité des créanciers présents y aura consenti, une somme pourra être accordée au failli à titre de
secours sur l'actif de la faillite, les syndics en proposeront
la quotité qui sera fixée par le juge-commissaire, sauf recours au tribunal de commerce, de la part des syndics seulement.

FORMULE N° 232. — Jugement du Tribunal de commerce sur le recours
du syndic contre la fixation par le juge-commissaire du secours au
failli.

Le Tribunal de commerce de l'arrondissement de. . . ., département
du. . . ., a rendu le jugement dont la teneur suit :

Audience publique du. . . .

Le sieur. . . ., syndic définitif de la faillite du sieur. . . ., commis-

sionnaire en marchandises demeurant à. . . ., a présenté cejourd'hu
au Tribunal une requête où il expose : que les créanciers dudit sieur. . .
ayant été convoqués le. . . ., conformément à la loi, pour délibérer sur
la formation du concordat, le failli avait déclaré à ses créanciers que,
dans la malheureuse position où il se trouvait, il ne pouvait offrir à ses
créanciers que l'abandon pur et simple de tout son actif actuel, leur promettant en outre que si la fortune lui redevenait favorable, ce qu'il avait
lieu d'espérer, il s'empresserait de les indemniser des pertes qu'il était
obligé de leur faire subir aujourd'hui ; mais que cette proposition de concordat n'ayant pas, après délibération de l'assemblée, été acceptée par
aucune des deux majorités voulues par l'art. 507 du Code de commerce,
les créanciers s'étaient trouvés ainsi de plein droit en état d'union ; que
le juge-commissaire, pour se conformer aux dispositions des art. 529 et
530 du même Code, avait immédiatement consulté les créanciers présents, d'abord, tant sur les faits de la gestion que sur l'utilité du maintien
ou du remplacement du syndic définitif, et ensuite sur la question de savoir si un secours, indépendamment de celui déjà fourni au failli, pourrait encore lui être accordé sur l'actif de la faillite ; que la majorité touchée de la malheureuse position du failli, et sachant bien que des malheurs seuls avaient précipité sa ruine, avait consenti à lui accorder un
secours sur l'actif de la faillite encore considérable ; que le syndic ayant
proposé d'accorder au failli une somme de. . . . à titre de secours une
fois payée, M. le juge-commissaire avait fixé au contraire la quotité de
ce secours à une somme de. . . ., payable par mois et seulement pendant. . . . mois.

Mais attendu que le secours ainsi fixé par M. le juge-commissaire est
à peu près insignifiant et ne peut guère modifier la position du failli ;
qu'il a été dans l'intention des créanciers de lui venir en aide, pour la
reprise de ses affaires, en s'imposant un nouveau sacrifice, et que l'actif
de la faillite peut le permettre, l'exposant conclut à ce qu'il plaise au Tribunal, sans s'arrêter à la fixation du secours faite par M. le juge-commissaire, fixer au contraire à ladite somme de. . . ., une fois payée, le
secours qui sera accordé au failli sur l'actif de la faillite, comme plus conforme aux désirs et aux intentions des créanciers.

Sur cette requête, la cause appelée à l'audience de ce jour,

Ouï ledit syndic, qui a conclu à ce qu'il plaise au Tribunal lui adjuger
les fins de sa susdite requête.

En droit : Faut-il dire droit à la requête du syndic ? *Quid* des dépens ?

Considérant que la connaissance des ressources de la faillite et de la
situation du failli met le syndic à même de fixer convenablement le
chiffre et le mode de secours qui peuvent être accordés au failli ;

Considérant que le failli, encore jeune, peut espérer, par un travail
assidu, surmonter la position où il se trouve, et qu'il convient de l'aider
à cet effet, surtout dans les premiers temps ; que d'ailleurs il est établi
que sa ruine doit être attribuée à des malheurs, et non à l'inconduite ou
à la mauvaise foi ;

Par ces motifs,

Le Tribunal, ouï M. le juge-commissaire en son rapport à l'audience, après en avoir délibéré, jugeant publiquement et en premier ressort, vu les art. 529 et 530 du Code de commerce, disant droit sur la requête du syndic ci-dessus, maintient la quotité du secours accordé au failli sur l'actif de la faillite, à ladite somme de. . . . proposée par le syndic et une fois payée, dispose que les frais de la présente instance seront employés en frais de syndicat.

Ainsi jugé, etc.

RÉSUMÉ. — Indication alphabétique.

Droit de recours contre la fixation du secours au failli, 5.
Formes du recours des syndics, 6.
Jugement (dernier ressort), 7.
Majorité des créanciers en nombre, 3.
Réunion où les créanciers sont consultés sur le secours, 4.
Secours au failli (autorisation de la majorité des créanciers pour), 1.

Nº 1. Ici le législateur n'a pas voulu, alors que l'actif est insuffisant pour l'acquit des dettes, autoriser le tribunal à disposer d'une partie du gage commun, sans que la majorité des créanciers l'ait voulu.

2. La position des créanciers est souvent, en effet, aussi digne d'intérêt que celle de leur débiteur.

3. C'est, sans aucun doute, des créanciers en nombre que la loi exige ici le consentement pour qu'il puisse être accordé des secours au failli ; car la majorité spéciale, en somme, est une majorité anormale à laquelle on ne doit recourir que dans les cas formellement exprimés. Bédarride, nº 739 et Lainné, p. 299.

4. C'est dans la réunion où l'on délibère sur le concordat ou sur le syndicat de l'union que les créanciers sont consultés sur le secours à accorder au failli ; il est dans l'esprit de la loi qu'on ne remette pas l'examen de cette question à un autre moment, et qu'on ne convoque pas une nouvelle assemblée pour y statuer, car les convocations multipliées fatiguent les créanciers, qui finissent par ne plus se présenter. Dalloz, nº 935.

5. Il n'est permis ni au failli, ni aux créanciers pris individuellement de recourir contre la fixation du juge-commissaire, ce droit a été réservé aux syndics seulement, parce qu'on suppose que ces derniers ne sont pas absorbés par des préoccupations personnelles, et que d'ailleurs la connaissance des ressources de la faillite et de la situation du failli, les met à même de fixer convenablement le chiffre des secours. Dalloz, nº 936.

6. C'est par une simple requête, sans citation ni ajournement au failli, que les syndics forment leur recours, car le secours accordé au failli est une libéralité que lui font ses créanciers, et qu'il n'a pas le droit de critiquer. Bédarride, nº 742.

7. Le tribunal de commerce statue sur ce secours en dernier ressort (art. 582 de la loi nouvelle).

8. Le failli n'a pas un droit acquis au secours, par cela seul qu'il n'existe pas de prévention de banqueroute. Rej., 17 nov. 1818 (S.19.1.260).

531. Lorsqu'une société de commerce sera en faillite, les créanciers pourront ne consentir de concordat qu'en faveur d'un ou de plusieurs des créanciers.

En ce cas, tout l'actif social demeurera sous le régime de l'union. Les biens personnels de l'associé avec lequel le concordat aura été consenti en seront exclus, et le traité particulier passé avec eux ne pourra contenir l'engagement de payer un dividende que sur des valeurs étrangères à l'actif social.

L'associé qui aura obtenu un concordat particulier sera déchargé de toute solidarité.

FORMULE Nº 233. — **Concordat avec un seul des associés.**

L'an. . . . et le. . . ., à. . . . heures du. . . .

Dans la salle du conseil du Tribunal de commerce de. . . .

Par-devant nous. . . ., juge-commissaire de la faillite de la société de commerce D. . . . oncle et neveu, marchands de nouveautés, demeurant à. . . .

Se sont réunis, en suite de la convocation légale faite par la voie du greffe, MM. 1º. . . ., 2º. . . ., etc. (désigner les comparants par leurs noms, prénoms, professions et domiciles); tous les susnommés créanciers chirographaires vérifiés et affirmés de ladite société, ou leurs représentants;

Et encore MM. 1º. . . ., 2º. . . ., etc. (désigner de même ces comparants); tous ces derniers créanciers chirographaires vérifiés et affirmés et personnels dudit sieur D. . . . neveu, et tous à l'effet de délibérer, sous notre présidence, sur la formation du concordat, conformément à l'art. 507 du Code de commerce.

Demeurant aussi la présence desdits sieurs D. . . . oncle et neveu, faillis, l'assemblée, ainsi composée, s'est de suite formée sous notre

présidence, après vérification des pouvoirs des procureurs fondés susnommés que nous avons trouvés réguliers ;

Le syndic a fait un rapport sur l'état de la faillite, sur les formalités
qui ont été remplies, et les opérations qui ont eu lieu ;

A suite de ce rapport, signé dudit syndic, et que celui-ci nous a remis,
ledit sieur D. . . . oncle s'est levé et a déclaré que, n'ayant plus aucun
bien, il ne pouvait offrir à ses créanciers que le faible dividende de. . .
pour 100, payable dans un an, sans intérêts, espérant trouver quelques
ressources dans son travail pour s'acquitter ; sur la demande à lui faite
de fournir au moins une caution pour assurer le paiement à l'échéance
d'un si minime dividende, ses créanciers ont obtenu pour réponse qu'il
lui était encore impossible de fournir aucune espèce de cautionnement.

Ledit sieur D. . . . neveu s'est levé à son tour, et il a offert, tant à
ses créanciers sociaux qu'à ses créanciers personnels, de leur payer un
dividende de. . . . pour 100, dans un délai de. . . ., à partir du jour
de l'homologation du concordat, avec le cautionnement solidaire de sa
mère.

L'assemblée ayant immédiatement délibéré sur ces deux propositions,
a refusé d'accepter celle du sieur D. . . . oncle, et a accepté, au contraire, la proposition du sieur D. . . . neveu à la double majorité voulue par l'art. 507 du Code de commerce, c'est-à-dire à la majorité en
nombre des créanciers sociaux, représentant en outre les trois quarts de
la totalité des créances vérifiées et affirmées, lesquels, réunis aux créanciers personnels de l'associé D. . . . neveu, ont encore formé la double majorité en nombre et en sommes voulue par ledit art. 507 du Code
de commerce.

    En conséquence,

Considérant qu'il ne s'élève aucune présomption de fraude ou de mauvaise foi contre ledit sieur D. . . . neveu, les conventions suivantes ont
été arrêtées et signées séance tenante par ledit D. . . . neveu, failli,
par la dame veuve D. . . ., sa mère, comme sa caution solidaire, par
tous ses créanciers sociaux et personnels, chirographaires non privilégiés consentant au concordat, ou leurs représentants, savoir :

CONCORDAT.

ARTICLE Iᵉʳ.

Les créanciers sociaux et personnels dudit sieur D. . . . neveu font
à ce dernier, qui l'accepte, remise pure, simple et définitive de tous intérêts et frais, et en outre de. . . . pour 100 sur le principal de leurs
créances vérifiées et affirmées.

ARTICLE II.

Les. . . . pour 100 non remis seront payés dans le délai de. . . ., à
partir du jour de l'homologation du présent concordat, et sans intérêts.

ARTICLE III.

Ladite dame veuve D. . . ., mère du failli, présente, déclare se porter caution solidaire du sieur D. . . . . neveu, son fils, pour le paiement du susdit dividende de. . . . . pour 100, promis, aux termes ci-dessus.

ARTICLE IV.

Les dettes privilégiées et qui consistent aux suivantes. . . ., et les frais de la procédure de faillite seront acquittés intégralement par ledit sieur D. . . . neveu, ainsi que les frais d'homologation du présent traité.

ARTICLE V.

Moyennant le paiement du dividende précité et des frais susmentionnés, tous lesdits créanciers déclarent ledit sieur D. . . . neveu entièrement quitte et libéré à leur égard ; en conséquence, ils lui donnent dès à présent mainlevée de toutes les oppositions qu'ils auraient pu former antérieurement à sa faillite, à quelque titre que ce soit, comme aussi ils s'obligent à retirer de la circulation ou à acquitter à leurs échéances les billets souscrits ou endossés par le failli, de manière à ce qu'il ne puisse être inquiété ni recherché par les tiers porteurs ; néanmoins ils entendent réserver tous leurs droits et actions contre ses coobligés.

ARTICLE VI.

Le failli demeure subrogé dans tous les effets des actes conservatoires faits par le syndic, et notamment dans ceux des inscriptions hypothécaires prises au nom de la masse, comme exerçant les droits et actions du failli contre les débiteurs de ce dernier, mais seulement pour ce qui concerne la masse de ses créanciers personnels, tout l'actif social devant demeurer sous le régime de l'union.

ARTICLE VII.

Il est expressément convenu que, faute par ledit sieur D. . . . neveu de satisfaire à tout ou partie des conditions de paiement ci-dessus stipulées, il sera et demeurera, huit jours après la sommation qui lui aura été notifiée à cet effet, déchu du bénéfice du présent traité, et les créanciers non payés rentreront dans la plénitude de leurs droits.

ARTICLE VIII.

Le présent concordat sera homologué, sans retard, à la requête de la partie la plus diligente, moyennant quoi les créanciers sociaux et personnels dudit sieur D. . . . neveu lui rendent l'administration de tous ses biens personnels, à la charge par lui toutefois de désintéresser son associé, s'il y a lieu, à raison de la portion dont il pourrait rester tenu, à son égard, dans les dettes sociales, imputation faite de sa part, dans l'actif social, et du dividende de. . . . pour 100 ci-dessus.

Et de tout ce dessus, nousdit, juge-commissaire, après avoir fait donner lecture du présent concordat, que nous avons signé séance tenante avec tous les créanciers ou leurs représentants, le failli, sa caution et le greffier, avons donné acte aux parties.

(*Signatures de tous les susnommés.*)

RÉSUMÉ. — Indication alphabétique.

Actif social, 2, 3.
Associé de bonne foi, 1.
Biens personnels de chaque associé, 3.
Concordat avec un seul des associés, 3.
Concordat avec les créanciers sociaux, 5.

Droits distincts des associés, 7.
Devoirs distincts des associés, 7.
Etablissem. commercial, 9.
Faillite de la société, 8.
Faillite de chaque associé, 8.

Gérant en faillite, 4.
Majorité des créanciers personnels de l'associé, 6.
Mise sociale, 3.
Motifs de l'innovation de l'art. 531, 1.
Réhabilitation (dettes sociales), 10.

Nᵒ 1. L'innovation apportée par l'art. 531 au Code de commerce de 1807 est motivée sur ce qu'un associé peut être absent, pendant que son coassocié dilapide l'actif ; il peut être de bonne foi, lorsque des actes frauduleux ou insensés, accomplis à son insu, engagent et perdent sa maison ; sa fortune particulière, celle de sa femme ou de sa famille, peuvent, en dehors de l'actif social, acquitter une forte partie de sa dette. Devant toutes ces considérations, l'application rigoureuse des principes absolus de la solidarité, et de l'unité fictive de la personne sociale, empêcherait d'adoucir en rien sa position individuelle ; souvent cette rigueur blesserait l'équité et serait nuisible aux créanciers. Dalloz, nᵒ 939.

2. Le concordat consenti avec un ou plusieurs des associés est une faveur qui ne doit jamais aller jusqu'à affecter à la libération personnelle des concordataires la moindre partie de l'actif social, qui appartient collectivement à tous ; cet actif demeure donc tout entier sous le régime de l'union, et se trouve intégralement consacré à l'extinction de la dette sociale. Rapport de M. Renouard sur la loi.

3. Lorsqu'une société tombe en faillite, les biens personnels de chaque associé sont bien le gage des créanciers, mais ils n'appartiennent pas à l'actif de la société ; ils n'entrent pas dans son domaine ; la société a un actif tout particulier, qui se compose de tout ce qui n'est pas la propriété particulière des associés, tels que marchandises, effets mobiliers, meubles, ustensiles d'exploitation, immeubles, créances ou valeurs appartenant à la raison sociale, et aussi la mise de chaque associé ; il suit de là que, si l'associé n'a pas versé sa mise au moment de

la faillite, il sera tenu de le faire, même après le concordat obtenu ; s'il pouvait conserver la part des ressources qu'il devait à la société, il acquerrait sa libération aux dépens de ses coassociés. Bédarride, t. 2, n° 752. C'est cet actif qui tombe dans le régime de l'union, aussi bien que les meubles et les immeubles personnels des associés, quand il n'intervient pas de concordat avec quelques-uns d'eux ; mais quand un concordat intervient avec l'un d'eux, il faut décider à son égard ce qui est décidé en règle générale à l'égard de tout failli, qui obtient un concordat. Dalloz, n° 939.

4. L'art. 531 est applicable, alors même que le concordat a été consenti en faveur du gérant d'une société commerciale, lequel est seul personnellement en faillite. Douai, 9 mars 1842 ; (S.-V.43.2.14).

5. Le commerçant, membre d'une société tombée en faillite, et déclaré lui-même personnellement en état de faillite, ne peut obtenir de concordat valable de ses créanciers personnels, qu'autant que les créanciers sociaux lui en accordent un de leur côté ; le même débiteur ne saurait être à la fois concordataire, et sous le coup d'un contrat d'union ; dans ce cas, il y a lieu de refuser l'homologation du concordat consenti par les seuls créanciers personnels. Paris, 19 août 1844 (S.-V.44.2.616).

6. Lorsque les créanciers personnels d'un associé solidaire composent la majorité en nombre et en somme, ils ne peuvent accorder à leur débiteur le bénéfice d'un concordat, malgré l'opposition des créanciers sociaux ; les uns et les autres sont des créanciers ayant contre ce débiteur des droits analogues ; il est donc juste de compter leurs votes et leurs créances dans la même mesure. Renouard, t. 2, p. 143.

7. Dans une société, il y a des droits et des devoirs fort distincts : ceux des associés entre eux, et ceux des associés à l'égard des tiers ; à l'égard des tiers, il y a pour les associés obligation solidaire et indéfinie ; entre les associés, il n'y a obligation de payer les dettes de la société que dans la proportion de leur intérêt à celle-ci ; ainsi donc la renonciation à la solidarité consentie par les créanciers en faveur de l'un des débiteurs, ne saurait évidemment avoir pour effet de dégager celui-ci de ses obligations envers ses codébiteurs sociaux ; si donc la part appartenant au concordataire dans l'actif social, jointe à ce qu'il a payé pour obtenir son concordat, n'équivaut pas à la portion dont il est tenu dans les dettes de la société, les associés non concordataires peuvent exiger qu'il fournira la différence. Duvergier.

Collection des lois, t. 38, p. 403 ; Renouard, t. 2, p. 143, et d'autres auteurs se prononcent dans le même sens.

8. Bien que la faillite d'une société entraîne la faillite de chaque associé solidaire, il n'en résulte pas que le concordat social puisse être opposé aux créanciers personnels de chaque associé, si ceux-ci ne se sont pas présentés, n'ont pas été admis au passif de la faillite sociale et par suite n'ont pas été appelés à prendre part au concordat. Rej., 10 nov. 1845 (S.-V.45.1.789 ; D.P.45.1. 417) ; Renouard, t. 2, p. 138.

9. Les associés d'un établissement commercial, quoique obligés sur la totalité de leur avoir social et personnel, ou extra-social, ne sont cependant obligés qu'au titre de société ; si donc la société tombe en faillite, et que par concordat il leur soit fait une remise en la qualité d'associés, cette remise les libère, quant à leur avoir personnel, tout aussi bien que relativement à leur avoir social. Cass., 3 juin 1818 (S.18.1.277 ; D.A.8.170) ; Esnault, n° 488.

10. Au surplus, il n'est pas absolument vrai que, même vis-à-vis des créanciers de la société, l'associé qui a conclu un concordat particulier, soit déchargé de la solidarité, puisque aux termes de l'art. 604, il ne peut obtenir sa réhabilitation, s'il n'a payé toutes les dettes sociales. Dalloz, n° 941.

FIN DU PREMIER VOLUME.

TABLE

DES LIVRE, TITRE, CHAPITRES, SECTIONS ET PARAGRAPHES

CONTENUS DANS CETTE PREMIÈRE PARTIE.

———⊷❍⊶———

————

(On trouvera à la fin de la 2e partie de l'ouvrage, outre la suite de la présente table, une table générale des formules et une table analytique et raisonnée des matières contenues dans les deux parties de l'ouvrage).

ERRATA.

—

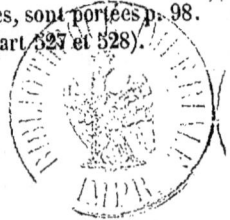

www.ingramcontent.com/pod-product-compliance
Lightning Source LLC
Chambersburg PA
CBHW060959220326
41599CB00023B/3772